2016 山东发展统计报告

Shandong Fazhan Tongji Baogao

潘振文 主编

山东大学出版社

图书在版编目(CIP)数据

山东发展统计报告. 2016/潘振文主编. —济南:
山东大学出版社,2016. 6
ISBN 978-7-5607-5556-4

Ⅰ. ①山… Ⅱ. ①潘… Ⅲ. ①经济统计—研究报告—
山东省—2016 Ⅳ. ①C832. 52

中国版本图书馆 CIP 数据核字(2016)第 140986 号

责任策划:马银川
责任编辑:王立强 张 瑞
封面设计:张 荔

出版发行:山东大学出版社
社 址 山东省济南市山大南路 20 号
邮 编 250100
电 话 市场部(0531)88364466
经 销:山东省新华书店
印 刷:济南景升印业有限公司
规 格:720 毫米×1000 毫米 1/16
22. 5 印张 388 千字
版 次:2016 年 6 月第 1 版
印 次:2016 年 6 月第 1 次印刷
定 价:53. 00 元

《山东发展统计报告(2016)》
编　委　会

序

2015年，是全面深化改革的关键之年，是全面推进依法治国的开局之年，是“十二五”规划收官之年，也是“十三五”奠基之年，更是新常态的阶段性特征日益突出之年。面对复杂严峻的宏观经济环境，全省深入贯彻落实中央和省委、省政府各项决策部署，统筹稳增长、调结构、促改革、防风险、惠民生各项工作，主动适应和引领新常态，加快推进经济转型升级，积极因素不断累积，新动能、新优势逐步集聚，全省经济运行平稳，稳中有进，稳中提质。

一年来，全省统计系统以党的十八大和十八届三中、四中、五中全会精神为指导，深入学习贯彻习近平总书记系列重要讲话精神，紧紧围绕全省稳增长、促改革、调结构、惠民生、防风险工作大局，积极适应、反映和服务新常态，深化统计改革创新，大力实施依法统计，全面准确及时反映经济社会发展实际，各项统计事业取得新进展。

《山东发展统计报告(2016)》,收录了统计部门及财政、金融、社会保障、调查总队等经济管理部门的分析研究成果,真实地记录、描述、反映、分析了全省各行业的发展成果、发展态势以及发展前景,深刻剖析了经济社会发展面临的机遇和挑战,并有针对性地提出对策建议。包含了"综合篇""行业篇""区域篇"和"专题篇"四方面的内容,涵盖面广,层次高,视野宽,分析深,是统计部门全力打造的精品工程,也是全省广大统计工作者集体智慧的结晶,是统计反映发展、服务决策的集中体现,必将对全省经济社会发展起到积极的作用。

当前,我国正处于贯彻落实"五位一体"总体布局和"四个全面"战略布局,深入推进创新、协调、绿色、开放、共享发展的关键时期,经济发展进入新常态,经济保持中高速增长,产业迈向中高端水平,大众创业、万众创新蓬勃发展,新产业、新业态、新商业模式层出不穷;改革开放进入攻坚期、深水区,面临诸多矛盾叠加、风险隐患增多的复杂局面。全面深化统计改革,加快建立现代统计体系,任务艰巨,使命光荣。我们要以饱满的热情,创新的举措,务实的作风,攻坚克难,扎实工作,努力开创山东统计改革发展新局面,为加快经济文化强省建设、谱写山东人民美好生活新篇章做出新的更大贡献!

潘振文

2016年6月

目　录

综　合　篇

行　业　篇

区　域　篇

专 题 篇

综 合 篇

经济运行平稳　转型升级步伐加快

——2015年山东省经济社会发展情况及展望

2015年，面对复杂严峻的宏观经济环境，全省深入贯彻落实中央和省委、省政府各项决策部署，统筹稳增长、调结构、促改革、防风险、惠民生各项工作，主动适应和引领新常态，加快推进经济转型升级，积极因素不断累积，新动能、新优势逐步集聚，全年经济运行平稳，稳中有进，稳中提质。

一、2015年全省经济运行情况

初步核算并经国家统计局审核，2015年全省实现生产总值(GDP)63002.3亿元，按可比价格计算，比上年增长8.0%，一季度、上半年、前三季度分别为7.8%、7.8%和8.0%，保持了平稳运行态势。其中，第一产业增加值4979.1亿元，增长4.1%；第二产业增加值29485.9亿元，增长7.4%；第三产业增加值28537.4亿元，增长9.6%。全年人均GDP为64168元，按年均汇率折算首次过1万美元。2015年全省经济运行的主要特点：

(一)主要调控指标运行稳定

就业形势基本稳定。全年城镇新增就业116.8万人，农村劳动力转移就业127.5万人，城乡就业连续12年实现双过百万。城镇登记失业率3.35%，低于4%的全年控制目标。物价低位运行。全年居民消费价格比上年上涨1.2%，涨幅比上年回落0.7个百分点。其中，城市上涨1.4%，农村上涨0.9%。工业生产者出厂价格下降4.8%，购进价格下降5.0%，降幅均比上年扩大3.2个百分点。财政收入平稳增长。全年公共财政预算收入5529.3亿元，比上年增长10.0%。其中，税收收入4203.1亿元，增长6.0%；占公共财政预算收入的比重为76.0%，比上年同口径提高0.2个百分点。居民收入协调稳定增长。全年全省居民人均可支配收入22703.0元,增长8.8%,扣除价格因素实际增长7.5%。其中,城镇居民人均可支配收入31545.0元,增长8.0%,扣除价格因素实际增长6.5%。农村居民人均可支配收入12930.0元,增长8.8%,扣除价格因素实际增长7.8%。城乡居民收入倍差由上年的2.46缩小到2.44。金融信贷平稳运行。年末金融机构本外币存款余额76795.5亿元,比上年末增长9.5%。年末本外币贷款余额59063.3亿元,比上年末增长10.1%。

(二)行业生产平稳增长

农业生产稳定增长。全年粮食总产达到942.5亿斤,比上年增长2.5%,实现"十三连增"。其中,夏粮469.5亿斤,增长3.7%;秋粮473.1亿斤,增长1.4%。牧、渔业生产平稳。猪牛羊禽肉产量762.0万吨,增长0.5%;禽蛋产量423.9万吨,增长9.2%;牛奶产量275.4万吨,下降1.5%;水产品总产量884.4万吨,增长2.0%。工业生产平稳增长。全年规模以上工业增加值比上年增长7.5%。月度累计增速除1—2月达到8.0%外,基本稳定在7.3%—7.5%区间。其中,重工业增长7.5%,轻工业增长7.4%。分行业看,41个大类行业中有36个实现增长,增长面为87.8%。分产品看,全省重点调度的120种工业产品中,有73种产品产量实现增长,增长面为60.8%。规模以上工业企业产销率达到98.7%。建筑业保持增长。全年有资质的建筑企业实现总产值9381.7亿元,比上年增长0.7%。其中,国有及国有控股企业产值2312.9亿元,增长5.2%。服务业较快增长。全年规模以上服务业营业收入比上年增长10.0%,快于规模以上工业7.4个百分点。其中,生产性服务业增长9.5%,居民服务业增长25.3%。

(三)需求领域有稳有缓

固定资产投资稳中趋缓。全年完成投资47381.5亿元,比上年增长13.9%,一季度、上半年、前三季度分别增长14.8%、14.6%和14.4%,增速呈现小幅放缓态势。其中,房地产开发投资5892.2亿元,增长1.3%,扣除价格因素实际增长3.7%。市场消费稳定增长。全年实现社会消费品零售总额27761.4亿元,增长10.6%,扣除价格因素实际增长10.4%。四个季度依次增长10.8%、10.4%、10.4%和10.6%,呈现上半年小幅缓降、下半年筑稳回升的态势。其中,限额以上单位消费品零售额13058.7亿元,增长6.2%。对外贸易降势放缓。全年实现进出口总额2417.5亿美元,比上年下降12.7%,一季度、上半年、前三季度依次下降18.1%、16.9%和16.3%,降幅逐季收窄。其中,出口1440.6亿美元,下降

0.4%；进口976.9亿美元，下降26.1%。利用外资平稳增长。全年实际到账外资163.0亿美元，增长7.3%。

（四）转型升级步伐加快

高新技术行业加快发展。全年实现高新技术产业产值47718.8亿元，比上年增长10.5%；占规模以上工业总产值的比重为32.5%，比年初提高1.12个百分点。高技术行业增加值增长8.9%，快于规模以上工业1.4个百分点。工业能耗继续下降。全年规模以上工业能耗由上年增长1.4%转为下降0.6%。重点监测的70项产品中，51项产品单位综合能耗下降。重点产品中，火电下降0.2%，电解铝下降1.3%，平板玻璃下降1.6%，生铁下降2.2%，炼焦下降4.0%。服务业驱动力明显增强。全年服务业增加值占GDP的比重为45.3%，比上年提高1.8个百分点；对经济增长的贡献率为45.1%，创改革开放以来的新高，比上年提高6.8个百分点。消费升级态势良好。全年限额以上单位商品零售中，家用电器和音像器材类、建筑及装潢材料类、文化办公用品类、通讯器材类保持较快增长，增速分别为10.3%、12.2%、16.0%和14.1%。投资方向渐趋优化。全年工业技改投资占全部工业投资的比重为60.6%，比上年提高1.0个百分点。六大高耗能行业投资占全部投资的比重为15.3%，比上年降低0.4个百分点。其中，技改投资占六大高耗能行业投资的比重为57.2%。服务业投资占全部投资的比重为47.3%，比上年提高0.2个百分点。出口结构得到改善。全年一般贸易出口额占出口总额比重为62.8%，比上年提高4.9个百分点。

（五）新动能聚集发展

新兴行业快速增长。全年互联网和相关服务、软件和信息技术服务业营业收入分别增长40.7%和12.9%，分别快于规模以上服务业营业收入增速30.7个和2.9个百分点。从固定资产投资看，全年保险业增长4.8倍、航空运输业增长1.9倍、互联网和相关服务增长1.8倍、邮政业增长1.5倍，软件和信息技术服务业增长86.2%、科技推广和应用增长72.9%。从产品产量看，光缆增长60.2%，计算机服务器增长44.5%，动车组增长14.6%、风力发电机组增长18.4%、固体废弃物处理设备增长1.1倍。创新驱动力明显增强。全年国内发明专利申请量和授权量分别比上年增长20.9%和60.2%。年末每万人口发明专利拥有量达到4.9件，比上年增加1.3件。民营经济保持活跃。全年民营经济增加值32070.0亿元，增长8.7%，快于GDP增速0.7个百分点；占GDP比重达到50.9%，比上年提高0.4个百分点。规模以上民营工业增加值增长10.4%，民营固定资产投资增长18.1%，限额以上民营单位社会消费品零售总额增长11.1%,分别快于全省平均水平2.9个、4.2个和0.5个百分点。私营企业出口增长12.5%,高于全省平均水平12.9个百分点。

二、当前经济运行存在的主要问题

当前经济运行仍面临较大的下行压力,经济结构的调整难度依然较大,具体问题表现在:

(一)工业企业盈利水平下降

截至2015年底,全省工业生产者购进价格、出厂价格已分别连续44个和47个月同比下降,且降幅比上年明显扩大。此外,企业还普遍承受用工、融资成本增加、产能利用率不足、节能环保以及技术改造投入增加等方面的压力,盈利空间面临进一步下探。根据2015年四季度工业企业生产经营及景气状况调查,全省工业企业产能利用率为75.7%,分别比三季度、二季度降低0.5个和1.4个百分点。受此影响,规模以上工业营业成本、销售费用、管理费用分别增长2.9%、9.2%和5.8%,依次高于营业收入0.3个、6.6个和3.2个百分点。产成品库存增长12.3%,高于主营业务收入9.5个百分点。利润总额由上年增长4.6%转为下降2.6%。

(二)供给侧结构调整任重道远

从规模以上工业看,全省工业增长仍以高耗能行业为重要支撑。全年六大高耗能行业增长11.0%,高于规模以上工业3.5个百分点。而装备工业低位运行,全年增加值增长7.1%,低于规模以上制造业增速1.8个百分点,说明全省工业更新装备的需求偏弱,影响传统产业转型升级进程。同时,资产规模庞大的国有经济低迷,制约了市场活力的提升。国有企业增加值下降0.5%,国有控股企业下降1.9%。从固定资产投资看,先进行业的资金投向相对不足,高新技术产业投资增长10.9%,装备制造业投资增长10.8%,分别低于工业投资增速2.2个和2.3个百分点。

(三)投资增长后劲不足

新开工项目单体平均投资规模缩小。全年新开工项目计划总投资增长5.7%,低于新开工项目个数增速29.6个百分点。大项目储备不足。亿元以上新开工项目4681个,计划总投资17366.3亿元,分别下降22.3%和21.1%。亿元以上新开工项目个数占全部新开工项目的11.5%,比上年下降8.5个百分点。到位资金仍然偏紧。全年固定资产投资到位资金49237.0亿元,增长12.3%,仍低于全部投资增速1.6个百分点。其中,利用外资、国内贷款分别下降20.0%和4.4%。

(四)市场需求总体偏弱

从国际市场看,受大宗商品价格下降与全球生产需求减少的影响,全年进出口总额下降12.7%，比上年回落16.7个百分点；出口下降0.4%，回落8.3个百分点；进口下降26.1%，回落26.1个百分点。规模以上工业出口交货值下降2.1%。贸易摩擦冲击较大，全年共遭受国外贸易救济调查65起，涉案金额6.3亿美元。从国内贸易看，汽车市场趋于饱和，对消费增长的拉动力减弱。全年限额以上单位汽车类商品零售额增长5.0%，比上年回落5.8个百分点。新的消费热点尚未形成，且面临外省电子商务的消费分流，2015年仅1家列入国家统计局重点监测的44家网上零售交易平台之中，反映出全省电子商务发展相对滞后，在一定程度上制约了消费需求对经济增长的拉动作用。

三、2016年全省经济发展形势展望

展望2016年，国内外经济形势依然严峻，机遇与挑战并存。

从国际看，国际经济总体处于缓慢复苏中，1月19日国际货币基金组织(IMF)发布的2015年经济增长预测值为3.1%，比上年回落0.3个百分点，2016年和2017年预测值分别为3.4%和3.6%，好于2015年。同时，受大宗商品价格走低、国际贸易减弱、资本流动与汇率波动加剧等因素影响，世界经济增长分化发展趋势明显，发达经济体增长加快，新兴国家及发展中国家增长乏力。美国经济平稳向好，IMF预计2015年增长2.5%，比上年加快0.1个百分点，2016年和2017年预测值均为2.6%。欧元区经济温和复苏，IMF预计2015年增长1.5%，比上年加快0.6个百分点，2016年和2017年预测值均为1.7%。但失业率居高不下，仍维持在11.0%左右。日本经济增长动力不稳，IMF预计2015年增长0.6%，比上年回升0.7个百分点，2016年和2017年预测值分别为1.0%和0.3%。新兴国家除中国与印度仍保持较快增长外，其他国家普遍低速增长，俄罗斯和巴西面临经济衰退风险，巴西自2014年二季度以来持续负增长，2015年二季度同比下降2.6%，IMF预计2016年下降3.5%，2017年零增长；俄罗斯自2015年一季度开始负增长，全年下降3.7%，IMF预计2016年下降1.0%，2017年增长1.0%。非洲、拉丁美洲增速明显放缓，加之地缘政治、地区冲突以及大国经济政策调整等因素影响，全球经济格局仍将持续调整，经济增长面临较多的风险性、不确定性因素。

从国内看，经济保持平稳运行，风险总体可控，运行质量稳步提高。随着新一轮改革开放的持续推进，“大众创业，万众创新”的深入开展以及“中国制造2025”、“一带一路”、长江经济带、京津冀协同发展、西部大开发、东北老工业基地振兴等战略规划的有效实施，国内经济的新动能将不

断积聚并发展壮大。供给侧结构改革将进一步对接差异化、个性化的市场需求,化解低端过剩产能,推动传统产业转型升级,增强实体经济的稳定性。长期看,国内经济发展仍处于重要的战略机遇期,工业化、城镇化、信息化和农业现代化将为经济发展提供强大动力,追赶发达国家的空间广阔,具备经济长期平稳运行的客观基础。

从省内看,经济保持中高速增长的同时,能耗水平持续下降,居民收入稳定增长,就业与物价总体平稳,市场预期保持稳定,“双创”成效显现,新登记市场主体与发明专利授权量快速增长,全省经济平稳运行的态势没有改变。从长期看,改革红利加大释放,创新能力逐步增强,依托较好的经济基础,全省经济转型的巨大潜力将加速转化为现实的增长动力。“两区一圈一带”、中韩自贸区、“一路一带”以及更大范围的区域经济融合发展,将会进一步拓展全省经济发展空间,巩固经济增长动力。

但是,经济下行压力不容忽视。房地产市场回暖仍存在不确定性,化解过剩产能形势严峻,对外贸易下降幅度高于全国平均水平,企业盈利水平下滑,局部金融风险上升,平衡财政收支难度加大,制约经济动力活力的体制机制因素仍然存在,加之劳动用工成本上升、融资渠道狭窄、资源环境约束等因素影响,将对全省经济的稳定、健康发展带来不利影响。

综合分析,在国际环境没有明显变化的前提下,2016 年全省经济仍将在动力转换中平稳运行,并在一段时期内延续稳中趋缓、结构优化、质量提升的发展态势。

四、做好 2016 年全省经济工作的建议

展望 2016 年,全省仍需坚定信心,按照创新、协调、绿色、开放、共享的发展理念,把握好稳增长与调结构的平衡点,积极做好“去产能、去库存、去杠杆、降成本、补短板”各项工作,推动全省经济提质增效、行稳致远。

第一,巩固提升政策落实效果。当前国家及省里都出台了一系列稳增长、促改革的政策措施,目前政策效应开始显现,需要进一步巩固提升。一是继续全面深化改革。持续推进简政放权,建立健全“四张清单,一个平台”为主要框架的政府权力运行体系。简化行政审批手续,进一步放宽民间投资准入,增强市场活力,营造浓厚的“大众创业,万众创新”氛围。二是保持干事创业的热情。按照“一个定位,三个提升”的要求,把政策落实责任逐项分解,加强部门间协调配合,争分夺秒落实各项政策措施,特别是企业普遍关心的简化审批和降息减税清费政策,增强企业发展后劲。三是迅速形成有效投资。加快国家重大工程包、省重点项目、全国工商联

执委会签约项目的建设进度，加大基础设施领域投资力度，推广 PPP 模式，撬动社会资本支持重点项目和重点领域建设，发挥投资对于稳增长的关键作用。

第二，加快转方式调结构。一是深入实施创新驱动发展战略。落实促进创新驱动的 23 条举措，改善创新环境，形成有利于创新主体的管理体制与收益分配格局，充分调动提升创新主体的积极性。二是推动产业转型升级。认真落实好农业提质增效转型升级实施方案以及 22 个制造行业、17 个服务行业转型升级方案，推动全省经济平稳实现动力转换，强化经济发展动能。三是加快区域经济融合发展。积极融入京津冀协同发展、中原经济区等战略规划中，加快“两区一圈一带”建设，推动济莱协作区建设，拓展全省经济发展空间。

第三，全面扩大开放。一是落实好稳定外贸增长的各项政策。推进贸易便利化，破解贸易融资瓶颈，推动获得原油进口资质的企业增加进口，帮助更多企业开展及扩大出口业务。二是加快推进国际产能合作。加快走出去步伐，积极对接“一带一路”战略，深化中韩、中日、中德地方合作，更好地参与国际分工，整合全球价值链。三是实施精准招商。按照“突破欧美，深化日韩，提升港澳台”的思路，推动与世界 500 强合作行动方案的落实，突出重点地区和合作领域招商，创新引资方式，争取在国企混合所有制引资、政府引导基金、境外上市借债等方面有所突破。

第四，进一步加快新型城镇化进程。要把城镇化作为稳增长、调结构的重要举措来抓，加强引导，加强协调，使更多的农民从农村进入城市，更多地享受发展的成果。要创新城镇化发展路径和机制，优化城镇化布局，提升城镇承载力，促进公共资源在城乡之间均衡配置、生产要素在城乡之间自由流动。

第五，切实改善民生。一是稳定就业。继续实施就业优先战略，强化创业吸纳就业的渠道作用，引导就业人员向服务业转移，通过各类培训改善就业质量。二是完善社会保障体系。稳步提升居民社会保障的覆盖面与保障水平，减少不同人群的保障差异，稳定消费预期。三是推进城乡公共服务均衡发展。统筹推进教育、卫生、文化、社会服务等领域均衡发展，积极适应居民消费提档升级的需求，增加发展型和享受型消费的产品供给，加快发展养老、健康、文化、旅游、体育产业等社会服务业，加快释放消费潜力。

（山东省统计局　曹　亮）

生育水平波动较大　城镇化率稳步提升

——2015 年山东省人口发展情况

2015 年为“十二五”的收官之年，山东省坚持以科学发展观为指导，将人口发展融入经济、政治、文化、社会以及生态文明“五大建设”全局，促进人口数量、素质、结构、分布协调发展，立足我省实际，积极采取取消合法二胎生育间隔、实施单独两孩政策等措施，2016 年还将实施全面放开二孩政策，多举措、全方位地确保全省人口均衡发展。

一、2015 年山东人口发展主要特点

（一）人口总量适度增加，生育水平波动较大

2015 年全省 1.00%人口抽样调查结果推算，山东常住人口 9847.16 万，比上年净增 57.73 万。出生率 12.55‰，比上年下降 1.68 个千分点，出生人口 123.58 万，比上年少出生 15.72 万；死亡人口 65.68 万，死亡率 6.67‰，比上年下降 0.17 个千分点；自然增长人口 57.90 万，自然增长率 5.88‰，比上年下降 1.51 个千分点。妇女总和生育率（指一定时期内各年龄别妇女生育率的合计）为 1.33，比上年下降 0.11。2013 年 6 月放开二孩生育间隔和 2014 年 5 月 30 日实施单独两孩政策相继对出生人口数量产生影响。然而，2015 年为农历羊年，受传统观念属相偏好影响，全年出生率较 2014 年下降，但比 2013 年提高 1.14 个千分点。因此，从总体趋势看，与生育政策调整前相比，生育水平仍有较大提升。

（二）老龄人口总量增加，增量呈逐年上升趋势

自 1995 年山东进入老年型社会，老年人口数量持续增加，老年人口占比逐年升高。2015 年，全省 0－14 岁人口占常住人口比重为 16.62%，较上年提高 0.18 个百分点；15－64 岁人口占 71.17%，较上年下降 0.83 个百分点；65 岁及以上人口占 12.21%，较上年提高 0.65 个百分点，总数达到 1202.34 万，比上年增加 70.68 万。“十二五”时期，山东 65 岁及以

上人口年均增加量为51.78万。其中2011年增加21.24万,2012年增加44.47万,2013年增加56.64万,2014年增加65.85万,增量呈逐年上升趋势。

(三)社会抚养压力增大,农村地区大于城镇地区

伴随老年人口比重上升,出生人口增多,山东社会抚养压力逐年增大。2015年,全省总抚养比(每100名劳动年龄人口要负担的0—14岁和65岁及以上人口数)为40.51,较上年增加1.62。其中城镇地区总抚养比为37.20,农村地区为45.03,比城镇地区高出7.83。全省老年人口抚养比(每100名劳动年龄人口要负担的65岁及以上老年人口数)达到17.16,较上年增加1.10。其中农村地区为20.67,比城镇地区高出6.09。造成这一现象的主要原因是部分农村地区的劳动年龄人口长时间在城镇地区打工,成为城镇地区的劳动年龄人口,造成农村劳动年龄人口减少。而需要抚养的0—14岁的少年儿童和65岁及以上的老年人口大多数被留在了农村,使得农村地区的社会抚养压力远大于城镇地区,而农村地区的养老保障体系,各种养老机构、养老设施却远远落后于城镇地区。

(四)人口素质稳步提升,高学历人才比例升高

为实现山东由教育大省向教育强省、人力资源大省向人力资源强省的跨越,我省进一步加快教育改革与发展步伐,建设完善的现代教育体系,人力资源竞争力显著提升。2015年山东6岁及以上人口平均受教育年限8.86年,其中男性平均受教育年限9.32年,女性8.39年;城镇地区9.74年,乡村地区7.72年。各种受教育程度人口占6岁及以上人口比重分别为:大学专科及以上占10.79%,高中占11.28%,中职占4.68%,初中占41.02%,小学占25.42%。其中大学专科及以上受教育人群所占比例较上年上升1.95个百分点,表明我省高学历结构人才比例在不断提升。

(五)城镇化率提升较快,人口密度保持稳定

近年来,我省认真贯彻落实党中央关于推进城镇化的决策部署,全面实施新型城镇化战略,以“人的城镇化”为核心,全面提升城镇承载能力、辐射带动力和可持续发展能力,为加快推进新型城镇化建设提供了强劲动力。2015年我省城镇常住人口达到5613.87万,较上年增加228.70万,城镇化率57.01%,较上年提高2.00个百分点,超全国平均水平0.91个百分点;提升幅度超全国平均水平0.67个百分点,居全国第1位。城镇化率在全国31个省(直辖市、自治区)中列第12位,比上年提高1个位次,继续保持了较快发展势头。

2015年我省人口密度为每平方公里624人,较上年增加4人,列全国第 5 位。人口密度每平方公里 800 人以上的市有济南、枣庄和青岛，分别为 892 人、850 人和 806 人。人口密度最低的市是东营市，每平方公里仅有 256 人。

二、山东人口发展面临的挑战

(一)人口总量过多、增量过大仍是我省最主要的人口问题

尽管我省人口已经进入低速增长时期，但我省人口众多的基本情况并没有改变，人口对经济、社会、资源、环境的压力仍长期存在。取消合法二胎生育间隔、实施单独两孩政策、全面放开二孩政策的相继实施必将会助推我省人口增长，而不断增长的人口势必会对经济和自然环境形成巨大压力。制定科学合理的实施方案，做好新旧相关人口政策的衔接，以实现人口与经济、资源、环境的协调发展是我省面临的重要问题。

(二)就业结构性矛盾突出，农村抚养压力大于城镇

“十二五”期间，我省劳动适龄人口一直保持在 7000 万以上的规模，老年人口总量逐年上升。就业和养老的双重压力使我省面临人口与经济社会、资源环境协调可持续发展和加快社会保障体系建设的严峻考验。就业方面，劳动力结构性供大于求的压力持续加大，随着科学技术进步加快和产业结构优化升级，技能人才短缺的就业结构性矛盾问题更加凸显。社会抚养方面，农村大量劳动年龄人口流向城镇地区，农村地区社会抚养压力远大于城镇地区，而受经济发展、财政体制、社会观念等因素的影响，我省农村地区社会保障体系无论是覆盖面、发展模式等方面都落后于城镇地区。

(三)出生人口不断增加，社会公共服务资源不足

2013 年放开二孩生育间隔，2014 年启动单独两孩政策，2016 年全面二孩政策的实施，必将造成未来 3—5 年人口出生数量的叠加。出生人口的增加，将给社会各方面的公共服务资源带来挑战，特别是在医疗教育机构方面，直接面临新增孕产妇的孕期保健、住院分娩、优生优育等妇幼保健服务工作和幼儿园入托入院、适龄儿童入学等需求量上升的压力。

三、促进我省人口健康发展的对策建议

(一)控制人口总量增长，调整人口结构分布

控制人口总量增长，提高人口素质，调整人口结构，充分考虑人口变化对经济社会发展的长期性、基础性影响。在人口总量稳定发展的基础上，统筹解决人口素质、结构、分布等问题，促进人口长期均衡发展，为山东省人口与经济社会协调发展创造良好的人口环境。

(二)大力发展职业教育,进一步优化人才结构

以成才途径多元化和促进就业为导向,建立包括职业教育、应用教育、专业教育的多方面现代职业教育体系。积极发展创业和再就业培训教育,构建终身教育服务平台。以重点区域为依托,加快人才开发一体化进程,全方位推进跨区域的人才开发交流与合作。支持重点发展区域、欠发达地区引进急需人才。

(三)建立健全社会养老体系,积极应对人口老龄化

以满足老年人养老服务需求为目标,加快体制机制创新,加大公共财政投入力度,全面构建与我省人口老龄化进程相适应、与经济社会发展水平相协调,以居家为基础,社区为依托,机构为支撑,资金保障与服务保障相匹配,基本服务与选择性服务相结合,政府主导、政策扶持、社会参与、市场运作,机构、社区、家庭、个人相互协调联动,覆盖城乡的全社会养老服务体系,实现老年人老有所养、老有所依、安度晚年,共享经济社会发展成果。

(四)加强出生人口预测,针对目标人群给予优质服务

积极开展出生人口预测,测算好本地符合全面二孩政策的目标人群,科学分析未来出生人口变化态势。针对高龄产妇增加、生育高峰期等问题,首先要提升孕产妇特别是高龄产妇的救治能力;其次要加强对孕产妇、尤其是高龄孕产妇的优生指导,有的放矢地加强对目标人群进行生育健康培训,确保出生人口素质和妇幼安全。应加快幼儿园及学校的建设,进一步扩充调整教育资源,提升服务能力,有效应对新增人口的教育需求。

(山东省统计局　杜　鹃)

保持总体稳定　压力不容忽视

——2015年山东省就业情况

2015年，省委、省政府高度重视就业工作，积极应对经济新常态带来的挑战，加大就业投入和政策支持力度，在经济平稳运行支撑下，经过各级各部门的共同努力，克服重重困难，全省就业形势总体保持稳定。

一、全省就业总体稳定

(一)就业总量继续增加，就业结构继续优化

2015年末，全省就业人员达到6632.5万人，比上年末增加了26.0万人，增长0.4%。随着产业结构不断调整升级与城镇化发展步伐加快，全省劳动力不断从第一产业向第二、第三产业转移，就业人员在三次产业间的分布进一步调整和优化。2015年末，全省第一产业就业人员1963.2万人，第二产业2338.0万人，第三产业2331.3万人，与上年末相比，第一产业就业人员减少60.0万人，第二、第三产业分别增加43.8万人、42.2万人。三次产业就业构成由上年的30.7%、34.7%、34.6%调整为29.6%、35.2%、35.2%，第三产业占比提高0.6个百分点，第三产业不断发展壮大，对就业起到积极的推动作用。

(二)超额完成年度既定就业目标任务

2015年，省政府出台了《山东省实施就业优先战略行动方案》，进一步完善了我省的就业政策体系。在省委、省政府的正确领导下，全省各级各有关部门始终把促进就业作为重大政治责任和改善民生的头等大事，积极应对经济下行压力对就业工作的不利影响，全力推进各项就业政策的顺利实施，千方百计拓宽就业渠道，不断优化就业环境，坚持扩大就业规模，确保了全省就业形势的总体稳定，超额完成2015年度既定的就业目标任务。全省实现城镇新增就业116.8万人，完成年度计划的116.8%，其中：失业人员实现再就业51.2万人，完成年度计划的

113.8%;就业困难人员就业11.4万人,完成年度计划的142.5%。农村劳动力转移就业127.5万人,完成年度计划的106.3%。年末实有城镇登记失业人员43.7万人,城镇登记失业率3.35%,控制在4.0%以内,仍旧保持了较低水平。就业稳成为全省经济社会运行总体稳定的一个重要标志。

(三)创业带动就业工作取得新进展

2015年,省政府出台了《关于进一步做好新形势下就业创业工作的意见》,对就业创业工作进行了全面规划。全省上下高度重视,加强组织领导,把促进创业工作摆上重要工作议程,创造性地开展工作,创业带动就业工作取得新进展,创业逐渐成为就业工作的主攻方向和新的增长点。全省全年实现创业48.8万人,直接带动就业119.3万人。从事创业活动享受减免行政事业性收费39.4万人,享受一次性创业补贴3.1万人,全省共认定创业孵化基地599个,扶持创业4.6万人。我省及时调整完善创业担保贷款,加大创业信贷扶持力度,全省共发放创业担保贷款60830笔,发放创业担保贷款91.3亿元,直接扶持创业6.5万人,带动(吸纳)就业34.6万人,创业成为就业增长新引擎。

(四)高校毕业生就业工作成效显著

山东省是教育大省,2015届普通高校毕业生数量达到51.0万人,占全国总量的6.8%,就业压力较大。省委、省政府始终高度重视高校毕业生就业工作,把高校毕业生就业摆在就业工作首位,通过实施高校毕业生就业促进计划、大学生创业引领计划、"三支一扶"服务基层计划等项目,促进高校毕业生的合理流动和配置,进一步提高就业质量。全省各地举办多场次面向高校毕业生的就业招聘会,积极开展"公共就业和人才服务进校园"活动,为高校毕业生送政策、送指导、送信息,送鼓励,有针对性地加强对高校毕业生的就业创业指导。充分利用创业园、创业孵化基地,为高校毕业生提供项目推介、创业指导、融资服务、跟踪扶持等服务,积极促进高校毕业生就业创业。积极开展就业宣传,鼓励高校毕业生到基层就业、到小微企业就业,使高校毕业生就业渠道进一步拓宽。2015年底,全省共有47.0万应届高校毕业生落实了就业单位,总体就业率达到90.0%,全省高校毕业生就业工作成效显著。

(五)就业援助实现"应援尽援"

2015年,我省进一步加强对困难人员的就业援助,对就业困难人员实行"一对一"就业帮扶,实现"应援尽援"。全省全年新增就业困难人员10.3万人,有10.2万名就业困难人员实现就业,公益性岗位安置1.3万人。全省城镇新增零就业家庭10692户,已援助10692户,有11667户零就业家庭成员实现就业,城镇零就业家庭实现动态消零。全省共新产生农村"零转移就业贫困家庭"2708 户,援助 2708 户,帮扶就业 3988 人,农村"零转移就业贫困家庭"实现存量消零。

(六)就业服务质量进一步提升

就业服务是就业工作的重要内容,也是提升群众满意度的重要环节。2015 年,我省大力推动人力资源市场整合,加强公共就业信息服务平台建设,以"山东半小时公共就业服务圈"建设为依托,进一步丰富了公共就业服务内容,扩大了公共就业服务范围,不断改善就业服务手段,就业服务质量得到进一步提高。2015 年,全省共有 128.2 万人参加职业培训,116.3 万人取得证书,94.8 万人实现就业。办理就业登记 177.2 万人次,单位登记招聘 270.6 万人次,登记求职 205.9 万人次,职业指导 97.3 万人次,接受创业服务 28.7 万人次。

二、2016 年就业存在的困难和问题

(一)经济增长对就业拉动作用放缓

经济增长是就业增长的基础条件。2015 年我省经济运行总体平稳,但发展速度变缓,下行压力短时期内还难以改变。近几年来,城镇新增就业规模虽持续增长,但同比增幅缩小。近两年来企业用工也出现一定规模的缩减,在目前大的经济环境下,有一部分企业生产经营困难,造成企业用工不足,用工预期没有明显改善,而劳动适龄人口总量仍在增加,从总体上使就业产生更大的压力。

(二)"转方式、调结构"将进一步加深就业结构性矛盾

"转方式、调结构"是当前及今后一个时期经济发展的重点和主攻方向。在实施过程中,科学技术不断进行革新,产业结构不断调整优化,对管理型、智力型、技术型人才需求不断增加,依靠廉价劳动力、资源等的粗放型产业将加快淘汰,部分劳动力将因不适应而不可避免地被淘汰,化解产能过剩短期内也势必会造成局部性失业。我省钢铁、煤炭、水泥等八个工业行业产能过剩,开工不足,增长乏力,中小企业经营困难出现裁员、部分地方的企业停产整治引发的区域性集中失业风险已有显现。同时,科技进步、劳动生产率提高等因素,也使一些企业减少对新员工的吸纳,甚至排挤出部分劳动力,这也会加剧就业的结构性问题。

(三)城镇化发展导致农村劳动力转移就业压力增大

近两年来,我省城镇化建设不断加快,城镇化率不断提高,农村大量的富余劳动力向城镇转移,城镇人口快速增加,农村劳动力转移就业压力增大。一是城镇对农村劳动力就业吸纳能力有限,每年城镇中新成长劳

动力、高校毕业生需要就业,挤占了农村劳动力的就业空间;二是由于户籍限制、素质技能要求等因素,农村劳动力向大中型城市转移的门槛较高,寻找合适的工作难度大。再加上广大农民很难支付得起城市高额的定居费用,就业的稳定性难以保障,也会导致产生许多就业问题。

(四)重点群体就业困难有增无减

劳动人口中的"4050"人员、高校毕业生和外出农民工等是就业政策的重点帮扶群体,2016年就业环境仍然比较脆弱,就业形势依然较为严峻。首先是高校毕业生群体,预计2016年的高校毕业生人数仍将继续增加,较高的就业愿望与较低的职业技能,使高校毕业生的就业形势难上加难。其次是产业转型过程中的下岗工人数也会进一步增加,随着淘汰落后产能和新兴产业发展速度的加快,这些岗位技能低的下岗工人的再就业问题将会变得更加突出。再次是农民工就业人数依然庞大,不仅流动性强,而且缺乏必要的职业技能,农民工群体在未来劳动力市场中的竞争优势难以维持。对于这些重点帮扶群体,就业问题、再就业问题以及失业的生活托底问题,将是未来就业领域的一个重大挑战。

三、采取强有力措施,积极化解就业难题

(一)优化激励政策,全力拓宽就业渠道

"十三五"时期是经济发展进入新常态的关键阶段。在就业政策制定方面,要着重考虑如何适应经济新的发展形势,协调推进就业政策、宏观经济政策和产业政策的落实,创造更多的就业岗位,充分利用和消化吸收现有的劳动力资源。一方面,为了缓解就业压力,继续深入实施就业优先战略,积极出台和落实各项稳就业、促就业的优惠政策,优化改善相关的激励政策,落实好减税、降费等扶持政策,千方百计扩大就业;另一方面,大力发展就业容量大的第三产业、中小企业和劳动密集型产业。随着经济进入新常态,服务业中的中小企业将是创造就业的主体,要扶持成长性好的中小企业发展,降低涉及社保缴费、员工招聘和培训等方面的成本,激发企业积极性,更好地发挥这些企业吸纳劳动力的作用,提高市场需求弹性,扩大就业容量。

(二)多管齐下,有效化解就业结构性矛盾

就业结构性矛盾,是经济转型的必然产物,也是"转型中的烦恼"。在今后的就业工作中,要采取多种措施,多管齐下,有效化解就业结构性矛盾,使经济转型与扩大就业形成良性互动。一是继续推进产业的转型升级,加快发展高新技术产业,加快发展现代服务业,从而提供更多适合的岗位;二是采取多种形式妥善做好化解产能过剩中职工的分流安置工作,

在微观层面促进劳动力在城乡间、地区间、行业间的流动,实现劳动力资源的均衡配置,实现就业渠道的多样化;三是要更多地重视和加强人才培养,以适应产业转型和技能升级需求,降低失业风险;四是大力推动创业,创业始终是解决就业结构性矛盾的一个主要抓手,既可以解决就业问题,也可以解决经济发展内生动力不足的问题;五是进一步完善人力资源市场,积极调控好人力资源市场,严格进行劳动关系监察,依法处理劳动纠纷,积极扶持经营性人力资源机构的建立与发展,拓展职介招聘途径。

(三)加强职业培训,全面提高劳动者的就业能力

职业培训是实现创新驱动发展的重要支撑,也是解决就业矛盾、全面提高就业质量的根本举措。要适应城乡全体劳动者就业需要和职业生涯发展要求,加快构建覆盖城乡全体劳动者、适合劳动者多样化差异需求的职业培训体系。一是加强创新高技能人才培训,满足技术创新和产业结构升级对高技能人才的需求;二是加强对重点人群的职业培训,特别是适应新型城镇化建设需要,深入开展新生代农民工职业技能培训;三是加强岗位技能提升培训,充分发挥企业在职业培训工作中的重要作用,鼓励企业通过多种方式广泛开展在岗职工技能提升培训和高技能人才培训;四是积极推进创业培训,依托有资质的教育培训机构,针对创业者特点和创业不同阶段的需求,开展多种形式的创业培训。

(四)加强教育改革,大力推进高等学校创新创业教育

高校毕业生是未来经济社会发展的中坚力量,他们的文化素养和创新创业能力会对经济社会发展有重大的推动作用。2015 年 5 月,国务院办公厅印发了《关于深化高等学校创新创业教育改革的实施意见》,对推进高等教育综合改革、促进高校毕业生实现更高质量的创业就业有重要意义,创新创业教育成为高等教育改革的新热点。创新创业教育形式应该多样化,不能只局限于课程教育,既要基于科学基础上进行课程教育,也要基于实践基础上进行实战教育。应加大支持力度,积极创建教育实践基地和创业示范基地,鼓励各种科技创新资源向在校学生开放,鼓励社会资金以各种形式支持创新创业教育活动,使创新创业教育能真正实现高校毕业生能力的全面发展,更好地服务于国家现代化建设。

(山东省统计局　薛　艳)

投资较快增长　结构渐趋优化

——2015年山东省固定资产投资发展情况及展望

2015年是“十二五”收官之年，山东固定资产投资逐步进入新常态运行轨迹，投资增速从高速转入中高速，投资结构渐趋优化。

一、固定资产投资运行的主要特点

（一）投资增速全年呈回落态势

2015年，全省投资增速1—3月达到最高值14.8%，之后呈逐步回落趋势，全年完成投资47381.5亿元，增长13.9%，为2002年以来最低增速。全国、江苏投资分别增长10.0%和10.5%，广东、浙江投资分别增长15.9%和13.2%，山东投资增速居全国第13位。

三次产业投资比例调整，由上年的1.7∶51.2∶47.1调整为1.9∶50.8∶47.3。二产投资比重降低0.4个百分点，主要受工业投资减速的影响，增速由上年的22.5%回落到13.1%，回落9.4个百分点。

（二）投资结构继续改善

一是服务业投资表现较好，增速加快、比重提高。2015年，全省服务业投资完成22390.4亿元，增长14.2%，比上年加快5.4个百分点；占全部投资的比重为47.3%，比上年提高0.2个百分点。从行业看，现代新兴服务业投入力度加大，保险业增长4.8倍、航空运输业增长1.9倍、互联网和相关服务增长1.8倍、邮政业增长1.5倍，软件和信息技术服务业、科技推广和应用等高技术服务业分别增长86.2%、72.9%。

二是工业技改投资保持较快增长。2015年，全省工业技改投资完成14074.0亿元，增长15.2%，比全部工业投资增速（13.1%）高2.1个百分点；占全部工业投资的比重为60.6%，比上年提高1.0个百分点。工业三大门类中，制造业技改投资占91.9%，比上年提高0.9个百分点，采掘业占3.3%，电力热力燃气及水生产和供应业占4.8%，分别比上年降低

0.2个、0.7个百分点。

三是高耗能行业投资减速。2015年，全省六大高耗能行业投资完成7263.2亿元，增长11.6%，增速比上年回落14.4个百分点；占全部投资的比重为15.3%，比上年降低0.4个百分点。在投向上，六大高耗能行业技改投资占了一半以上，达到57.2%。

(三)基础设施投资快速增长

2015年，全省基础设施投资完成6234.0亿元，增长21.5%，比全部投资增速高出7.6个百分点，比上年提高3.3个百分点。基础设施投资对全部投资增长的贡献率达到19.0%，比上年提高5.0个百分点。其中，航空运输业投资增长188.9%，互联网和相关行业增长176.9%，邮政业增长154.9%，水的生产和供应业、水利管理业、装卸搬运和运输代理业、燃气生产和供应业分别增长57.5%、45.0%、41.3%、40.8%。

(四)民间投资稳定增长

2015年，全省民间投资完成38613.0亿元，增长13.4%，低于全部投资增速0.5个百分点；占固定资产投资的比重为81.5%，比上年降低0.4个百分点，占比仍高于全国16.0个百分点。在基础设施投资中，民间投资增长26.2%，比全部基础设施投资增速高4.7个百分点；占全部基础设施投资的比重达到51.5%。在航空运输业、互联网和相关服务、邮政业的民间投资分别增长6.7倍、3.2倍、1.3倍。

(五)固定资产投资先行指标回升

一是本年到位资金形势好于上年。2015年，全省本年到位资金49237.0亿元，增长12.3%，增速比上年提高1.1个百分点。债券、外商直接投资和自筹资金表现突出，债券到位资金5.2亿元，由上年下降77.0%转为增长95.0%，提高172.0个百分点；外商直接投资145.6亿元，由上年下降39.8%转为增长13.0%，提高52.8个百分点；自筹资金到位40090.2亿元，增长16.1%，增速比上年提高2.1个百分点。

二是新开工项目大幅增长。2015年，全省新开工项目接近4.1万个，比上年增加10673个，增长35.3%；新开工项目计划总投资3.8万亿元，速度由上半年下降5.5%转为增长5.7%，下半年逐步扭转了下降局势，为下一年度投资增长储蓄了后备规模。

二、需要关注的问题

(一)新开工大项目减少

2015年，亿元以上新开工项目4681个，比上年减少1346个，下降22.3%；新开工项目计划总投资1.74万亿元，比上年减少4636.5亿元，下降21.1%。随着"十二五"收官、大型项目的陆续竣工,投资大项目的储备衔接和落地开工将成为稳定投资增长的重要环节。

(二)高新技术产业投资增速放缓

2015年,全省高新技术产业投资完成7457.5亿元,增长10.9%,增速比上年回落7.3个百分点。主要受化学原料和化学制品制造业、铁路船舶航空航天和其他运输设备制造业减少影响,这两个行业的同比增速分别下降3.3%和28.7%。

(三)房地产开发投资持续走低

2015年,全省房地产开发投资完成5892.2亿元,增长1.3%,增幅比上年回落5.6个百分点;占全部固定资产投资的比重为12.6%,比上年降低1.6个百分点;对全部固定资产投资增长的贡献率仅为1.3%,比上年降低5.3个百分点。

三、2016年投资形势展望

(一)促进投资增长的有利因素

从我省来看,促进经济社会发展的新优势、新潜力、新支撑正在集聚和形成。

一是全面融入国家"三大战略"和环渤海地区合作发展,积极推动国际产能和装备制造合作等,将为我省在全球范围内优化配置资源提供广阔空间,塑造开放性经济发展的竞争优势。预计2016年全省国际产能和装备制造合作投资将超过65亿美元。

二是积极推广政府与社会资本合作,做好总规模1200亿元的政府和社会资本合作发展基金募集与投资运作工作,在基础设施、社会事业等方面选择一批项目,明确相应PPP模式后向社会公开推介。同时,全面启动实施总规模超千亿元的17只政府股权投资引导基金,尽快发挥基金投资综合效益。

三是一批重大基础设施互联互通项目相继开工,"两网两通"(即实现"市市通高铁,县县通高速"的规划目标),预计今年"两网两通"投资750亿元,对于稳增长、调结构将形成新的辐射和支撑。

(二)制约投资增长的不利因素

虽然我省经济运行总体平稳、稳中有进、稳中提质,但经济下行压力仍然较大。

一是企业市场预期不强、投资意愿不足。据全省规模以工业企业2015年四季度景气状况调查结果显示,下季度企业固定资产投资计划比上年同期增加的占8.5%,低于上年同期4.2个百分点;减少的占

23.1%,高于上年同期3.1个百分点。可以说企业投资积极性不高。

二是企业融资成本居高不下。据全省规模以上工业企业生产经营及景气状况调查结果,2015年第四季度,14.9%的企业认为本季度融资成本上升,比第三季度提高0.8个百分点,比第二季度提高2.6个百分点,为年内最高水平。从调研情况看,部分行业如化工行业企业普遍反映在融资额度、期限等方面受到了一定的限制,企业基本经营资金得不到保证,对生产经营和投资将带来较大影响。

三是产能过剩矛盾制约投资增长。从产能利用情况看,2015年第四季度,我省规模以上工业企业产能利用率为75.7%,比第三季度降低0.5个百分点,比第二季度降低1.4个百分点,为年内最低水平。其中,煤炭、炼油、钢铁、水泥、玻璃、电解铝、船舶等产能过剩行业产能利用率分别为63.9%、62.0%、66.8%、65.4%、75.2%、76.0%、79.6%,化解过剩产能形势不容乐观,这些行业投资受到一定制约。

综合分析,2016年全省投资增长趋势将继续向新常态区间理性回归,投资增长仍面临下行趋势。

四、保持投资平稳健康增长的对策与建议

(一)进一步强化重大项目投资带动作用

要继续抓好投资规模大、带动作用强、引领能力大、经济效益好的项目储备及推进,确保亿元以上项目,尤其是特大项目早落地、早开工,发挥好大项目、好项目的引领带动作用,切实提高投资的综合效益,不断增强投资增长的后劲。

(二)进一步强化建设资金保障

充分利用多层次资本市场,提高投资直接融资比重。在保持政府债务率处于合理区间的前提下,适当扩大地方债券发行规模。加强债务分类管理,重视债务结构调整和存量置换,适度扩大债务投资比例。大力推广政府与社会资本合作投资模式和政府购买服务,积极推进各类社会资本参与投资。同时,完善清理和盘活存量资金长效机制,用足用好国家专项建设基金,对超过期限仍未使用的财政拨付资金重新安排,切实提高财政资金使用效率。

(三)进一步优化投资结构

加大对传统产业的技改投资力度,提高创新能力和对先进技术的吸收,通过技术改造实现扩大再生产和转型升级,提高投资的质量和效益,增强传统产业核心竞争力和可持续发展能力。结合我省产业和技术优势,加大高端装备制造、航空装备、节能环保、生物技术、信息技术、智能制

造、新能源等高技术产业投资，通过投资结构优化，调整存量、优化增量，促进产业结构升级。

（四）进一步发挥基础设施投资的带动作用

以改善民生、保障城市安全、投资拉动效应明显为导向，重点加强城市道路交通基础设施建设、城市管网建设和改造、污水和垃圾处理设施建设以及城市互联互通建设，在稳定传统基础设施建设的同时，拓展新的基础设施投资领域，努力保持基础设施投资持续稳定增长。

（山东省统计局　赵延亭）

财政收入稳步扩大　财政支出保障有力

——2015 年山东省财政运行情况

2015 年，在省委、省政府的坚强领导下，全省经济运行总体平稳、稳中有进、稳中向好。在此基础上，财政预算执行结果良好，收入和支出再上新台阶，各项目标任务圆满完成。

一、2015 年财政预算执行的主要特点

（一）收入目标圆满完成，收入结构不断改善

今年以来，受经济下行压力加大的影响，全省财政收入增长遇到了多年少有的困难。对此，各级进一步统一思想，坚决贯彻落实省委、省政府对财政工作的一系列重要指示精神，加强税费征管，依法组织财政收入。经过各方面共同努力，财政收入预算圆满完成。2015 年，全省一般公共预算收入突破 5500 亿元，达到 5529.3 亿元，比上年增长 10.0%。同时，收入质量得到进一步提高。按相同口径计算，税收收入占一般公共预算收入的比重为 79.1%，比上年提高 0.2 个百分点。其中，增值税、营业税、企业所得税、个人所得税等主体税种共完成 2089.2 亿元，占税收收入的 59.2%，比上年提高 0.4 个百分点。

（二）民生投入大幅增加，保障能力明显增强

2015 年，全省一般公共预算支出突破 8000 亿元，达到 8250.0 亿元，比上年增长 14.9%。其中，全省一般公共服务支出仅增长 1.7%，“三公”经费等一般性支出得到严格控制；用于民生方面的支出达 6440.0 亿元，占全部支出的比重为 78.1%，比上年提高 1.0 个百分点。同时，各级采取定向调控、强化工作督导、清查存量资金、加强资金调度等措施，紧抓支出预算执行，特别是对因库款紧张而影响重大专项支出实施的项目，省市联手采取“点供”方式定向超拨调度款，确保项目能够顺利执行、尽快落地。前 11 个月，全省财政支出进度首次超过 90%，达到 93.4%，是近年

来进度最快的一年。对财政存量资金分类处置,最大限度地发挥好财政资金使用效益。全省动支盘活以前年度各类财政存量资金2200多亿元,消化进度居全国首位。年底全省一般公共预算、政府性基金预算、国有资本经营预算结余结转规模分别比上年下降29.3%、39.8%、16.3%(见图1)。

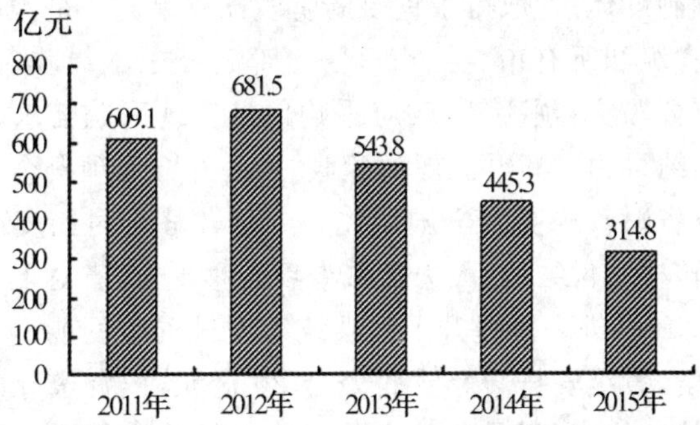

图1　2011—2015年全省一般公共预算结余结转情况

(三)财政职能充分发挥,支持发展成效显著

一是着力支持经济平稳增长。在年初省级预算安排基础上,年中针对经济下行压力持续加大的情况,及时研究推出20条积极财政政策措施。大力扶持产业结构调整中遇到困难的项目以及存在某种市场失灵的特殊领域,支持大众创业、万众创新和公共服务设施建设,有力促进稳增长转方式调结构。二是着力促进区域协调发展。2015年,省对下转移支付达到1832.3亿元,比上年增加252.9亿元。进一步完善革命老区、重点生态功能区、资源枯竭城市转移支付政策,完善县级基本财力保障机制,重点对财政困难县给予财力补助,缩小区域间基本公共服务差距。统筹安排各类预算和政府债券资金,支持铁路、公路、机场、港口、水利等重大项目建设,提升基础设施对区域协调发展的支撑力。认真落实区域发展战略,积极对接国家"一带一路"战略,大力推动海洋经济、高效生态经济、省会城市群和西部经济隆起带产业升级、联动发展。三是创新机制吸引社会资金。着力完善财政与银行、保险、担保机构的联动机制,调动银行和社会资本增加投入的积极性。省财政支持设立了19只政府引导基金,推动各级财政参与设立各类基金规模达到1500亿元。发起设立1200亿元的政府和社会资本合作(PPP)发展基金,全省储备PPP项目738个,概算总投资7000多亿元。省财政联合有关部门分四批向社会推介项目300个,成功签约133个。积极做好地方政府债券发行,全年发行地方政府债券2179亿元,有效降低了债务付息负担。加强国库现金管理，实施以存引贷，引导银行增加信贷投放3000多亿元。首次以政府购买服务、分年度将还本付息资金列入预算方式，争取国开行、农发行政策性贷款授信额度6000亿元。

(四)深化财税体制改革，依法理财有序推进

按照中央要求部署，结合实际不断细化财税改革方案，初步形成“1+22”的财税改革制度体系，取得了重要的阶段性成果。一是预决算公开实现“全覆盖”。省级和所有市、县(市、区)全部公开了本级政府预决算、部门预决算和“三公”经费预决算，政府采购信息实现采购需求、采购文件、采购预算、采购结果、采购合同、履约验收“六公开”，专项资金管理信息公开全面启动，我省财政透明度全国领先。二是转移支付制度改革不断深化。继续优化转移支付结构，大力压减专项转移支付，省对下一般性转移支付占比达62.4%，进一步提升了基层统筹安排资金的能力。实施激励性转移支付制度，省级安排转移支付资金20亿元，把资金分配与转方式调结构的成效挂起钩来，引导各地实现工作指导重大转变。三是税费改革扎实推进。深入实施营改增试点，全省有33.65万户纳税人被纳入试点范围，企业减负面达98.0%。认真落实各项税收优惠政策。扩大资源税从价计征改革范围，全面推行税式支出管理改革，大力推进国地税部门联合办税。继续清理规范行政事业性收费，省级立项的收费项目由24项压减到12项。四是收入分配改革稳步实施。在普遍提高企业退休人员养老金、城乡居民基础养老金及特定困难群体基本生活补助标准的基础上，大幅提高乡镇特别是艰苦边远地区公务人员及教师的津贴补贴水平。积极实施机关事业单位工资和养老保险制度改革，省财政新增60亿元工资性转移支付，帮助市县落实改革政策。进一步深化住房货币化改革，努力解决房改遗留问题。五是各项改革协调推进。加大财政资金统筹力度，推进财政资金跨预算类别、跨科目、跨部门、跨年度、跨级次统筹使用。省级专项转移支付由99项压减到71项，对保留的专项资金，除救助优抚等据实结算资金外，规模统一压减10.0%，并对具有地域管理信息优势的专项转移支付尽可能采取因素法切块分配。将农资综合补贴、粮食直补、农作物良种补贴合并为“农业支持保护补贴”，着力支持粮食适度规模经营和耕地地力保护。选择20个“省直管县”开展县级预算改革试点，以点带面引导各县(市、区)规范预算管理水平提升。在全国县乡财政管理综合绩效考核中，我省取得县级总分第1名的好成绩，其中前5名的县(市、区)中我省占了4个。

二、"十二五"规划确定的财政改革发展目标顺利实现

一是财政收入规模明显扩大。"十二五"时期,全省一般公共预算收入连续迈过3000亿元、4000亿元、5000亿元大关,由2010年的2749.0亿元,增加到2015年的5529.3亿元,年均增长15.0%。五年累计完成2.26万亿元,比"十一五"时期增收1.27万亿元,翻了一番多(见图2)。

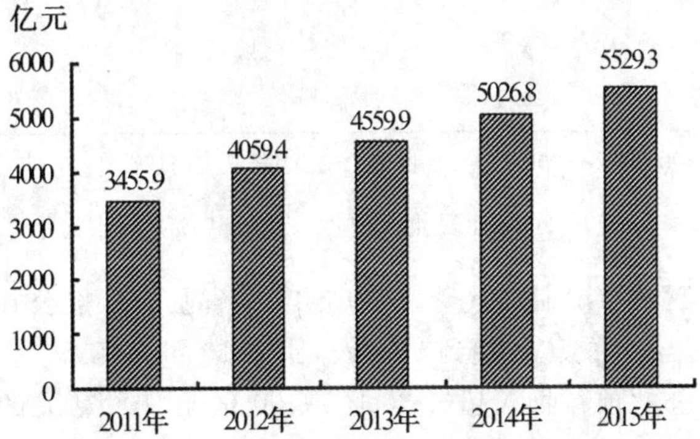

图2 "十二五"时期全省一般公共预算收入

二是财政保障能力明显增强。"十二五"时期,全省一般公共预算支出累计完成3.3万亿元,比"十一五"时期增加1.88万亿元,年均增长14.8%(见图3)。其中民生支出占财政支出的比重由2010年的72.0%上升到78.1%(见图4),五年合计达到2.52万亿元,覆盖城乡的民生保障体系日趋完善,人民群众有了更多获得感。

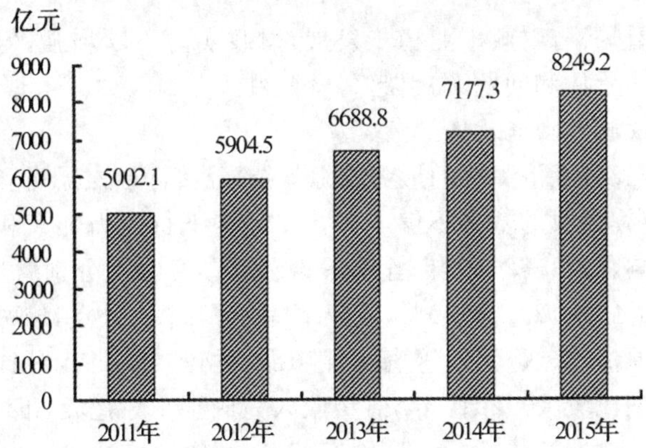

图3 "十二五"时期全省一般公共预算支出

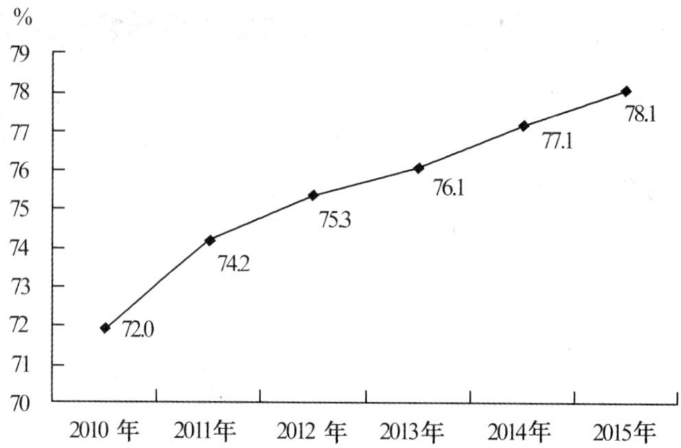

图 4　2010—2015 年民生支出占一般公共预算支出比重

三是基层财政状况明显改善。2015 年,全省县级一般公共预算收入4475.2 亿元,占全省的比重达到 80.9%,比 2010 年提高 17.9 个百分点。全省县级一般公共预算收入超过 30 亿元、50 亿元、100 亿元的分别达到53 个、25 个、5 个。青岛市一般公共预算收入达到 1006.3 亿元,成为我省第一个"千亿元市"。

四是财政管理现代化水平明显提升。"十二五"是财税改革快速推进并取得重大成果的时期,随着转移支付、预算管理、收入分配、支出管理、税收征管、省以下财政体制等改革快速推进,财政管理水平稳步提升,为政府治理体系和治理能力现代化提供了有力保障。

三、财政运行中面临的问题

总的来看,我省财政事业稳步发展,财政实力不断增强,但财政运行中也面临一些矛盾和问题,需引起高度重视。

(一)财政收入增速放缓

近年来,我省经济面临的形势错综复杂,经济深层次矛盾和问题依然突出,财政持续增收的基础不够牢固。受经济下行压力加大和减税清费因素增多影响,2011—2015 年,全省一般公共预算收入分别增长 25.7%、17.5%、12.3%、10.2%、10.0%,五年下降 15.7 个百分点,增幅回落趋势非常明显。原油、煤炭、钢铁等资源性产品价格持续下滑,对省级和相关市的收入影响比较大。2015 年,省级收入完成 174.3 亿元,下降 13.2%。其中,增值税完成 25.9 亿元,下降 37.2%;资源税完成 25.8 亿元,下降38.6%。东营、枣庄、莱芜、日照等市相关税收受到较大影响。随着经济增速放缓、工业生产者出厂价格指数(PPI)连续下降、推进化解产能过剩等，财政收入潜在增长率明显下降，税收收入与GDP的弹性系数会进一步降低，中低速增长将成为常态。

（二）支出刚性不断增强

当前我省正处于转型发展的关键时期，各级必保的硬性增支因素有增无减，解决民生欠账、弥补转型成本、支持推进改革等，都需要大量资金，特别是民生支出快速增加。2016年国家将进一步提高机关事业单位职工基本工资及退休人员基本养老金标准，提高居民基本医疗保险政府补助标准，提高基本公共卫生服务人均经费标准，实施扶贫攻坚、解决城镇中小学“大班额”问题、推进义务教育学校“全面改薄”、老旧小区综合改造、农村厕所改造等，都需要财政提供资金保障。初步测算，2016年全省各级必保的刚性增支达600多亿元，远远超过当年新增财力。

（三）预算平衡更加困难

在收入增速回落与支出刚性增长“两头挤压”下，各级财政预算平衡的难度很大。从2016年省级预算安排看，受石油价格持续下跌等因素影响，近年来收入持续下降，其中石油增值税和资源税收入2014年是70多亿元，2016年预算只打了27亿元，仅此一项就减少43亿元。受国际油价影响，胜利油田原油价格仍低位徘徊，完成收入预算面临较大压力。许多市县也是如此，收入预算打得比较满，完成目标任务的难度很大。支出方面，许多新增支出未能统筹考虑进去，预算执行和收支平衡面临不少矛盾和困难。

四、措施与建议

2016年是“十三五”开局之年，也是全面建成小康社会决胜阶段的关键一年，各级要主动适应经济发展新常态，按照“宏观政策要稳，产业政策要准，微观政策要活，改革政策要实，社会政策要托底”的原则，全面贯彻落实中央和省委、省政府的决策部署，促进经济社会持续发展，确保圆满完成各项财政工作任务。

（一）加力增效实施积极的财政政策

适度扩大政府一般债券、专项债券、置换债券发行规模，确保重点项目和重点支出需要，进一步释放地方政府偿债压力。认真落实减税降费政策，完善涉企收费监管机制，坚决遏制各种乱收费，切实减轻企业负担。加大资金统筹力度，积极盘活存量资金，努力调整支出结构不合理造成的资金闲置，并将政府性基金预算超出规定比例的结余结转资金调入一般公共预算。进一步创新财政支出方式，加快各类投资引导基金运营，加大PPP项目推介和项目落地力度，着力引导和带动社会投资，发挥财政资金“四两拨千斤”的作用。

(二)大力支持供给侧结构性改革

准确把握经济运行面临的供需矛盾,在适度扩大总需求的同时,支持去产能、去库存、去杠杆、降成本、补短板,增强投资有效性和精准性,提高供给体系质量和效率,促进发展动力顺利转换。有效推进国企、金融、价格、科技教育、医疗卫生等重点领域改革,以机制创新增强经济活力。完善财税扶持措施,支持技术进步、品牌建设和新兴业态发展,支持现代农业、战略性新兴产业和现代服务业加快发展,促进产业转型升级。深入实施人才强省战略和创新驱动战略,推进大众创业、万众创新。深入贯彻"一带一路"及区域协调发展战略,支持深化对外开放,努力打造新的经济增长极。

(三)深入推进财税体制改革

把财税体制改革作为供给侧结构性改革的重要内容和保障,围绕加快建立现代财政制度,进一步深化预算管理改革,优化财政资源配置,提高财政资金使用效益。实行中期财政规划管理。推行权责发生制政府综合财务报告制度。按照中央统一部署,将建筑业、房地产业、金融业和生活服务业纳入营改增范围。及时跟进落实消费税、资源税、环境保护税等改革措施,强化税收的调节功能。研究提出省以下政府间事权与支出责任划分指导意见,制订省对市县的过渡性收入划分办法。进一步完善转移支付制度,提高一般性转移支付比重,强化激励性转移支付的调控导向,引导市县加快工作指导重大转变,促进城乡区域协调科学发展。

(四)全面落实民生保障政策

把保障和改善民生放在更加突出的位置,按照"守住底线,突出重点,完善制度,引导预期"的思路,进一步完善政策、增加投入,确保各项民生政策落实到位。大幅增加扶贫开发投入,支持实施精准扶贫、精准脱贫,坚决打赢脱贫攻坚战。支持解决城镇中小学大班额、农村改厕、危房改造、保障性住房等重点民生工程,补齐基本公共服务短板。完善县级基本财力保障机制,加大对下转移支付力度,帮助基层全面落实民生政策。创新民生保障机制,扩大政府购买服务范围,增强多层次、多元化提供公共服务的能力。加强民生资金监管,提高民生资金使用效益,让群众有更多获得感。

(五)依法加强财税管理

坚持依法治税,加强国地税联合办税,健全税收保障机制,形成社会综合治税合力。规范非税收入征缴。牢固树立过"紧日子"的思想,严格落实厉行节约各项规定,严格控制"三公"经费、会议费、培训费等一般性开支,切实将不该花的钱减下来。加快财政支出进度,强化预算绩效管理,扩大重点项目、重点资金第三方机构独立评价范围,加快形成"花钱必问效,无效必问责"机制。加强政府债务管理,进一步完善债务风险评估和预警机制，有效防范与化解财政风险。加强财政信息化建设，以大数据支撑大管理、大服务。加强基层财政建设，发挥县乡财政就地就近监管优势，管好用好切块分配资金。加强财政监督检查，从严整饬财经秩序，全面推进依法科学理财。

（山东省财政厅　国库处）

改革创新稳步推进
经济转型发展支持力度加大

——2015 年山东省金融运行情况

一、全省金融运行基本情况

2015 年，面对复杂严峻的经济金融形势，全省金融系统深入贯彻落实省委、省政府关于金融工作的决策部署，努力推动金融改革创新，积极防范化解金融风险。全省金融市场运行总体平稳，较好地支持了经济转型和民生事业发展。全年金融业增加值 3130.6 亿元，同比增长 14.1%，占 GDP 比重 5.0%，占服务业增加值比重 11.0%；全省社会融资规模增加 7570.1 亿元，居全国第 4 位（北京、广东、江苏之后）；全省金融资产规模达到 10.4 万亿元（见图 1）。地方金融发展活力明显增强，农信社改革、新型农村合作金融试点、私募市场和股权投资发展、金融集聚区建设、地方金融监管等工作取得新的成效。

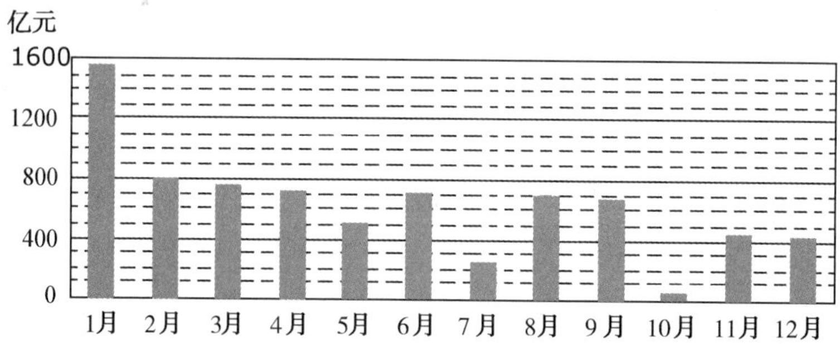

图 1　2015 年全省社会融资规模月度变化情况

金融三大主体行业基本运行情况具体如下(见图 2):

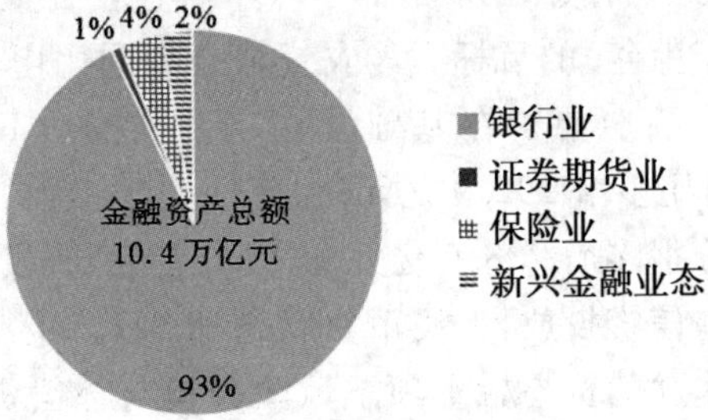

图 2　2015 年全省金融资产行业分布情况

银行业方面。12 月末,全省本外币各项存款余额达到 76795.5 亿元,较年初增加 6935.6 亿元,同比多增 978.7 亿元,余额、增量均居全国第 6 位(前 5 位为广东、北京、江苏、上海、浙江);本外币各项贷款余额达到 59063.3 亿元,较年初增加 5382.5 亿元,同比少增 138.1 亿元,余额、增量分居全国第 4 位(前 3 位为广东、江苏、浙江)和第 3 位(前 2 位为广东、江苏)。表外业务融资余额较年初增加 160.2 亿元。不良贷款余额 1219.8 亿元,不良贷款率 2.06%。银行业全年实现利润 772.0 亿元,同比减少 174.0 亿元。

证券期货业方面。全省实现直接融资 4652.9 亿元,同比增加 842.2 亿元,增长 22.1%。首发上市融资 65.19 亿元,41 家上市公司再融资 494.7 亿元。我省在“新三板”挂牌企业达到 336 家,募集资金 61.2 亿元。全省发行非金融企业债券 393 只,融资 4031.8 亿元,居全国第 3 位(江苏、广东之后)。三大商品期货交易所在我省已累计设立 22 个期货品种的 56 家交割库。

保险业方面。全省全年实现保费收入 1787.6 亿元,居全国第 3 位(前 2 位为广东、江苏),同比增长 22.9%,高于全国平均水平 2.9 个百分点。其中,财产险公司业务收入 593.0 亿元,人身险公司业务收入 1194.6 亿元,分别增长 9.8%和 30.6%。保险赔付 622.08 亿元,同比增长 19.9%。

二、全省金融运行的主要特点

一是信贷融资稳定增长。抓住降准降息、政策性定向贷款、房贷新政等政策机遇,努力扩大信贷投放。全省本外币贷款余额同比增长 10.8%,比上年增速降低 0.7 个百分点;考虑到不良贷款处置、资产证券化、地方债券定向置换贷款等因素,全省本外币贷款实际同比多增 930.7

亿元。全省小微企业贷款余额同比增长19.2%,增速高于全部贷款增速9.2个百分点,实现年度“三个不低于”(小微企业贷款增速、贷款户数、申贷获得率不低于上年)的目标。涉农贷款余额同比增长8.8%,比全部贷款增速低1.2个百分点。在基础设施建设等拉动下,中长期贷款增加3292.1亿元,同比多增122.9亿元;保障性安居工程、水利环境和公共设施管理业同比分别多增238.0亿元和45.0亿元;开发性银行及政策性银行加大基础设施信贷投放,人民币贷款增加821.8亿元,同比多增485.5亿元。省政府建立的贸易融资项下风险分担与补偿机制,有效提高了重点外贸进出口企业融资满足率。受房地产市场回暖等影响,个人住房贷款增长较快,全年新增1373.7亿元,同比多增263.2亿元。12月份,全省一般性贷款加权平均利率为5.5%,同比下降1.47个百分点,为2010年以来最低水平(见图3)。

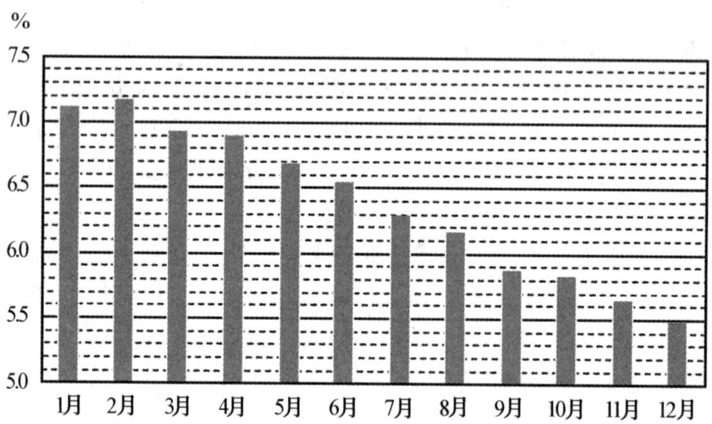

图3　2015年全省金融机构一般贷款加权平均利率月度变化情况

二是多层次资本市场作用发挥较好。加强后备资源培育和宣传推介,启动开展规模企业规范改制工作,我省新增上市企业和“新三板”挂牌企业分别达到12家和239家。鲁证期货成功上市,成为我省首家金融业上市公司。上市公司并购重组活跃,全省上市公司实施并购重组205次,交易金额1369.35亿元。齐鲁股权交易中心体制改革顺利完成,全年新增挂牌企业达到200家,总量达到611家,市值达到320亿元,累计帮助企业实现各类融资196.41亿元,建立互联网金融服务平台,推动24家挂牌企业转至“新三板”;蓝海股权交易中心挂牌企业318家,比年初增加187家。通过设立政府引导基金、开展登记备案、启动组建行业协会等措施,引导带动股权投资业快速健康发展。截至12月末,我省在中国证券基金业协会登记的私募股权基金管理机构新增347家，累计达到434家，注册资本561.84亿元。全省新增债券融资额4031.8亿元，同比增长33.8%。

三是保险业服务功能持续增强。省政府印发了《关于贯彻落实国发〔2014〕29号文件加快发展现代保险服务业的意见》。进一步扩大农业保险覆盖品种和面积，深入开展生猪、蔬菜等价格指数保险试点。农业保费收入17.74亿元，同比增长84.19%。大病保险全年累计赔付53.61万人次、15.7亿元，有效地缓解了"因病致贫，因病返贫"问题。在全省推开小额贷款保证保险试点工作。全省保证保险业务规模达到15.5亿元，赔付4.9亿元，同比增长105.0%。出口信用保险为我省外贸出口提供了1912.8亿元的风险保障。各类责任保险保费收入增长28.0%，累计承担风险责任3.3万亿元。安全生产责任险扩大到10个行业，医疗责任险顺利启动，特种设备、食品安全、环境污染等责任保险稳步推进。治安保险县区覆盖面超过80%，促进了"平安山东"建设。保险资金运用规模持续扩大，保险资金(不包括购买股权、债券、信托、存款)累计投资额达到604.1亿元，较年初增加51.8亿元。

四是金融改革开放深入推进。加快推进农村信用社银行化改革，全省62家未改革机构全部达标，其中新组建农商行21家，累计达71家，银行化改革任务基本完成。城商行新设县域支行64家，实现县域全覆盖。村镇银行新增24家，总量达124家，居全国首位。财务公司新设2家，总数已达18家，居全国首位。山东省金融资产管理公司注册资本增至20.3亿元，分别收购商业银行不良资产60.0亿元和农信社系统不良资产342.0亿元。汽车金融公司开始运营，2家金融租赁公司1家获批筹建、1家开业，民营银行筹建方案获得银监会原则同意。进一步放宽政策，促进小额贷款公司做优、做强。全省共有小额贷款公司421家，累计发放贷款958.64亿元。通过设立省级融资担保机构股权投资基金等措施，推动融资担保机构提升规模实力和服务能力。12月末，全省共有融资担保机构406家，单户平均注册资本1.37亿元;融资担保余额1056.7亿元。加强民间融资规范引导工作。12月末，全省已开业民间融资机构489家，其中，民间资本管理机构444家，全年累计投放金额346.5亿元;民间融资登记服务机构45家。稳步推进各类交易市场建设，股权、金融资产、能源环境、农村产权等权益类交易市场业务规模和范围持续扩大，介于现货与期货之间的大宗商品交易市场开辟新的领域。新型农村合作金融改革试点在全省铺开，全省27个试点县(市、区)获得信用互助业务试点资格的农民专业合作社有78家。持续推动青岛财富管理中心建设，政策争取、项目引进、交流合作、宣传推介等工作取得新进展。鲁韩金融合作实现突破,2015 年两地跨境人民币结算达到 216.0 亿元;韩元现汇柜台报价业务试点从青岛扩大到烟台、威海市;青岛市率先在全国开展对韩国跨境人民币借款业务,截至 2015 年末共办理跨境人民币借款 26.5 亿元。

五是金融发展环境不断优化。深入贯彻落实国家有关金融改革政策精神,加强金融改革创新顶层设计,在金融创新试点、鲁韩金融合作等方面,大胆探索、周密论证、谋划推出了一系列政策措施和改革举措。创新开展地方金融立法工作,在深入调研论证和公开征求意见基础上,《山东省地方金融条例》(草案)业经省政府第 66 次常务会议审查通过,已提请省十二届人大常委会第十七次会议审议。着力完善地方金融监管体系,在加强事前审核把关的同时,建立健全了现场检查、年度审查、分类评级、行业自律等事中事后监管制度,统一了行业标志。加强金融人才队伍建设。建立与山东财经大学的战略合作关系,协同打造有影响力的金融智库平台;组建山东金融高等职业学院,培养地方金融实用人才。全力防范化解金融风险,制定出台了《关于做好我省企业流动性风险防范化解工作的指导意见》,妥善化解多起企业流动性风险、贸易融资风险和债务融资兑付风险,协调处置 10 余起重大非法集资案件,维护了金融秩序和社会稳定。

2015 年以来,全省金融运行情况总体平稳,但在经济下行压力下,金融风险有所加剧,一些苗头性、趋势性问题需要特别关注。一是实体经济融资需求下降。大多数企业经营趋于谨慎,以消化现有产能为主,扩张意愿不强,融资需求有所下降,有融资需求的企业申请的也多为流动资金贷款。多数银行机构均反映 2015 年的项目储备量为近几年来的最低水平,普遍未完成信贷投放计划。企业提前还贷现象明显增多。据潍坊市不完全统计,前 11 个月全市各银行机构提前还贷或到期不续贷 1000 万元以上的大企业 119 户、涉及贷款 152.8 亿元,占贷款新增额(352.5 亿元)的 43.3%。二是社会融资规模增长放缓。从信贷融资看,我省传统产业比重高,很多属于产能过剩或信贷政策限制类行业,融资难度较大。一些银行出于风险因素、考核指标等方面考虑,采取调整授信政策、降低抵质押率、上收审批权限等措施,影响了信贷投放。工、农、中、建四大国有银行贷款同比少增 354.8 亿元;个别信用风险高发区域信贷投放持续萎缩。从表外融资看,受监管趋严等影响,银行表外业务融资同比少增 1460.6 亿元,这成为社会融资规模增长放缓(同比少增 1693.1 亿元)的主要原因。从股票融资看,资本市场波动对首发上市和再融资带来一定影响。

另外，随着中小微企业经营困难加剧，信贷违约现象增多，小额贷款公司、民间融资机构、融资担保机构等面临资金周转放慢、风险防控压力加大等多重困难。加之税收、抵质押、诉讼等方面难以享受金融机构同等待遇，降低了服务"三农"和小微企业的意愿和能力，业务规模增长明显放缓。三是金融风险防控形势更加严峻。经济下行压力持续向金融领域传导，部分行业、地区信贷风险逐步显现，不良贷款反弹压力较大。12月末，全省银行业不良贷款余额1219.8亿元，比年初增加223.9亿元，新增额居全国第9位；不良贷款率为2.06%，较年初提高0.21个百分点，居全国第16位。企业逾期贷款余额1687亿元，较年初增加748.0亿元，增幅高达79.5%。大额授信风险仍较突出。2015年，全省金融机构共报告单户5000万元以上的大额不良贷款485.0亿元，同比增长61.0%。担保圈风险容易引发连锁反应。目前我省银行业保证贷款占全部贷款的40.6%，高于全国平均水平14.7个百分点。债券违约风险开始显现，2016年需兑付规模近3000亿元。非法集资、逃废银行债务等金融违法犯罪活动呈高发态势，金融案件积压、不良贷款处置难问题亟待解决。

三、2016年工作打算

2016年，我们将坚持"创新、协调、绿色、开放、共享"发展理念，贯彻"去产能、去库存、去杠杆、降成本、补短板"工作要求，深入贯彻落实省委、省政府决策部署，全面深化金融改革，切实维护金融稳定，促进金融服务现代化、便利化、普惠化，为经济和民生事业发展做出更大贡献。

(一)推动金融市场深化改革

鼓励银行机构通过争取总行支持、利用央行信贷资产质押再贷款等方式，深挖信贷增长潜力。会同金融监管部门开展专项督导活动，督促金融机构改善服务、降低融资成本。推动专营机构建设和抵质押、投贷联动等服务创新，引导信贷资金定向精准支持扶贫、"三农"、小微企业、科技、绿色等重点领域。更好地运用多层次资本市场功能，深入推进规模企业规范化改制工作，努力扩大股票、债券、私募股权、资产证券化、保险资金运用等直接融资渠道。加快发展现代保险服务业，拓宽农业保险覆盖面和品种，扩大责任保险覆盖面，推进科技保险、小额贷款保证保险和农村互助保险等试点工作。

(二)开拓地方金融发展局面

全面完成农信社银行化改革，提升法人治理水平。推动城商行优化股权结构，提升服务能力和抗风险能力。引导小额贷款公司坚持支小支微市场定位，做强、做专、做精。以政策性和政府性融资担保机构为重点，加快发展融资担保行业。规范发展民间融资机构，更好地促进民间金融阳光化。全面推开新型农村合作金融改革试点，进一步缓解"三农"融资难、融资贵的问题。完善新型资本要素市场体系，推动现有权益类交易市场提升服务功能，探索搭建知识产权交易平台。稳妥推进介于现货与期货之间的大宗商品交易试点，加快组建全省统一登记结算服务平台。强化股权交易市场功能，争取开展"新三板"推荐业务，完善与"新三板"直接转板机制。推动新型农村合作金融试点在全省更大范围铺开。积极发展民营银行、村镇银行、消费金融、汽车金融、金融租赁等新型金融机构。探索规范互联网金融产业发展的路径，开展互联网私募股权融资试点，率先在国家级高新区启动实施。推动地方金融龙头企业做大做强。大力推动济南区域性金融中心和青岛财富管理综合改革试验区建设。

（三）扩大金融对外开放

推进自贸区金融创新，探索推进跨境人民币使用、投融资便利化、资本项目可兑换等试点。全面深化中韩金融合作，促进在韩人民币资金借用，开展中韩股权众筹融资试点，推动我省股权市场与韩国柯斯达克市场合作。加强对"一带一路"建设的金融服务。

（四）优化金融发展环境

积极推动出台《山东省地方金融条例》，为地方金融持续健康发展提供法制保障。加强对大企业资金链、担保圈、房地产、贸易融资、债券承兑等领域金融风险的监测预警，完善政金企风险处置合作机制，加快不良资产核销处置，严厉打击恶意逃废金融债务、非法集资等金融违法犯罪活动，坚决守住不发生系统性区域性金融风险的底线。强化地方金融监管体制机制建设，提升地方金融监管能力和水平。推动建立金融消费者保护协调机制，切实维护金融消费者合法权益。促进社会信用体系建设，提升小微企业和农户信用档案建档率，促进信用信息共享共用，加强金融人才队伍和金融智库建设。

（山东省金融工作办公室　政策法规处）

价格总水平波动上升　总体平稳

——2015年山东省居民消费价格情况及展望

2015年是“十二五”规划的收官之年，山东省在新常态下加快推进结构调整和转型升级，经济发展稳中向好，市场物价运行平稳。与上年相比，山东省居民消费价格总水平上涨1.2%，涨幅同比回落0.7个百分点。其中，服务项目价格上涨1.6%，消费品价格上涨1.1%。城市居民消费价格总水平涨幅高于农村，城市上涨1.4%，农村上涨0.9%。分季度看，一季度上涨1.2%，二季度上涨1.0%，三季度上涨1.4%，四季度上涨1.2%。

一、居民消费价格变动的主要特点

(一)价格总水平稳中有升

全年居民消费价格持续在平稳区间内波动上升，月同比涨幅在0.9%—1.8%之间，波动幅度不超过0.9个百分点。最高涨幅出现在8月份，受食品价格上升影响，价格上涨1.8%。从环比情况看，2月份受春节因素影响，价格上涨1.3%，为年内最高涨幅，其余月份涨跌幅均在1.0%以内，总体较为平稳(见下图)。

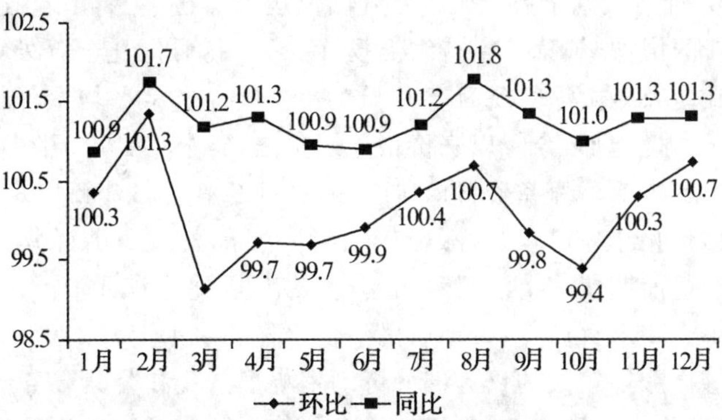

2015年山东CPI走势

(二)涨价面仍较大

构成居民消费价格指数的八大类商品和服务的价格呈“七升一降”态势。其中,衣着、娱乐教育文化用品及服务、烟酒、家庭设备用品及维修服务、医疗保健和个人用品、食品、居住价格同比分别上涨3.5%、1.9%、1.8%、1.7%、1.6%、1.2%、0.8%;交通和通讯价格下降1.6%。从构成居民消费价格指数的262个基本分类看,有207个较上年同期上涨,占79.0%。

(三)食品类价格涨势放缓,对总水平的拉升作用减弱

食品类价格同比上涨1.2%,涨幅较上年同期回落1.4个百分点,拉动居民消费价格总水平上升0.4个百分点,对总水平的拉升作用减弱。构成食品类的16个中类项目有12类呈上涨态势。

1. 粮食价格稳步上涨,油脂价格持续低迷。受种植成本、流通成本增加等因素影响,粮食价格稳步上涨,同比上涨1.7%。其中,大米上涨1.1%,面粉上涨0.4%,粮食制品上涨1.2%,其他粮食上涨6.9%。由于国际国内油料作物连年丰产,原料价格较低,而市场需求不振,对价格支撑力不足,油脂价格持续低迷,同比下降1.6%。

2. 猪肉价格持续上涨,牛羊肉价格稳中有落。由于生猪存出栏处于低位,猪肉价格自3月份开始连续上涨,8月份涨幅达到年内最高的20.9%,之后随着生猪产能趋稳,涨幅略为收窄,全年共上涨9.9%。牛肉市场供应稳定,价格波动不大,全年上涨0.7%。随着近几年羊肉产量逐年提高,市场供应持续改善,价格自4月份开始连续下跌,全年下降3.5%。

3. 鲜蛋价格明显回落。由于前期禽蛋效益较好,养殖户补栏积极性高,市场供应充足,鲜蛋价格回落明显。自4月份开始价格连续出现负增长,全年价格下降10.9%。

4. 鲜菜价格波动上扬,鲜果价格低位运行。随着种植、运输成本的提高和消费的增加,鲜菜价格持续上扬,除1月、3月同比下降外,其余10个月均同比上涨,最高涨幅为8月份的29.4%,全年平均上涨10.1%。鲜瓜果由于产量增加,今年以来价格连续负增长,全年平均下降10.8%。

(四)主要工业消费品价格以涨为主,服务项目价格涨幅回落

工业品价格上涨1.0%,涨幅较上年同期扩大0.2个百分点。服务项目价格经过前期快速上涨后逐渐趋于稳定,同比上涨1.6%,涨幅较去年同期缩小1.2个百分点,拉动居民消费价格总水平上升0.4个百分点。服务项目价格涨幅较大的仍为部分劳动密集型产业和公共服务价格。其中,理(烫)发价格上涨6.2%,家庭服务价格上涨5.5%,床位费价格上涨

5.4%,手术费价格上涨5.3%,缝纫价格上涨5.1%,加工维修服务价格上涨4.7%。

(五)居住类价格小幅上涨

居住类价格同比上涨0.8%,涨幅较上年同期缩小1.3个百分点,拉动居民消费价格总水平上涨0.2个百分点。其中,自有住房价格上涨1.6%,住房租金价格上涨0.8%,建房及装修材料价格上涨0.6%,水电燃料价格下降0.2%。

(六)居民消费价格涨幅低于全国

全年全国居民消费价格总水平上涨1.4%,山东比全国低0.2个百分点,居全国31个省(直辖市、自治区)的第23位,处中下游水平。在华东六省一市中居第7位,低于上海(102.4)、福建(101.7)、江苏(101.7)、江西(101.5)、浙江(101.4)、安徽(101.3)。与其他省份比,高于河北(100.9),低于河南(101.3)。

(七)农业生产资料价格继续下降

农业生产资料价格下降0.7%,降幅较上年同期扩大0.2个百分点。调查统计的10个类别的农资价格"七涨三降"。农用手工工具上涨2.1%,涨幅居首;化学肥料价格上涨1.7%;其他农业生产资料价格上涨1.3%;农业生产服务价格上涨0.8%,其中农业用工和机械作业费价格分别上涨2.9%和0.2%,主要是劳动力成本上升所致;机械化农具、农药及农药器械、半机械化农具价格分别上涨0.7%、0.6%和0.1%。由于需求不旺,畜产品价格下降0.6%,饲料价格下降5.4%;受国际原油价格大幅下降的影响,农用机油价格下降15.8%,这也是导致农业生产资料价格下降的主要因素。

二、影响居民消费价格变动的主要因素

(一)主要食品价格涨跌影响价格总水平波动

受居民消费结构影响,居民消费价格总水平与食品价格高度正相关,而食品中猪肉、鲜菜等主要食品的价格走势直接影响了价格总水平的波动。如1月份,猪肉价格下降8.6%,鲜菜价格下降3.2%,均处于全年最低点,居民消费价格涨幅为0.9%,也为全年的最低。8月份,猪肉、鲜菜涨幅均达到全年最高值,分别上涨20.9%和29.4%,居民消费价格涨幅也达到全年最高点,为1.8%。2015年猪肉价格上涨9.9%,鲜菜价格上涨10.1%,二者共同拉动居民消费价格总指数上涨0.5个百分点,影响程度达41.7%。

(二)服务项目价格上拉总指数

2014年以来,在劳动密集型行业服务收费及房租价格明显上涨的带动下,服务项目价格一直呈上涨态势。从58个服务项目价格看,价格上涨的有45个,比例达到77.6%。近年来,农民工外出务工收入水平继续增长,劳动力成本的上升在某种程度上推动了服务行业收费价格的逐步攀升。全年服务项目价格上涨拉动居民消费价格总水平上升0.4个百分点。

(三)大宗商品价格低位震荡

在市场供过于求、经济下行和美元持续走强的交叉影响下,2015年大宗商品国际市场价格一直维持低位。作为大宗商品市场风向标的原油期货数度跌穿每桶40美元,创2009年2月份以来最低。在原油价格下行的影响下,贵金属、能源化工、钢铁等大宗商品价格仍然难见起色。大宗商品价格低位运行,一方面直接影响了居民消费价格中部分分类的指数,2015年我省汽、柴油价格同比分别下降19.1%和22.8%,二者影响居民消费价格总指数下降0.2个百分点;另一方面,受国际大宗商品价格低迷以及国内需求减弱的影响,PPI持续低位运行,在传导效应的作用下,与居民生活相关的工业品及相关产业链的商品消费价格均受其影响。

(四)政策性调价影响价格变动

自2015年5月10日起,国家将卷烟批发环节价税税率由5.0%提高至11.0%,税率提高了6.0个百分点。受卷烟批发环节价格税率上调的影响,2015年我省烟草价格同比上涨4.4%。由于部分市、县今年陆续开始实行阶梯水价和阶梯气价,拉动价格上涨,2015年我省水价同比上涨6.2%,管道燃气价格同比上涨2.0%。

(五)新涨价因素明显减弱

经测算,在2015年1.2%的居民消费价格同比涨幅中,新涨价因素约为0.7个百分点,上年翘尾因素约为0.5个百分点。在翘尾因素没有显著变化的情况下,新涨价因素较上年同期减少0.6个百分点。

三、居民消费价格后期趋势预测

2015年,全球经济呈现深度调整,IMF、世界银行、经合组织均预测2016年全球经济有望温和复苏。中国经济在"新常态"下经济增长减速,经济结构优化,增长动力转换,改革深化,拓展了经济发展空间,为"十三五"的发展奠定了坚实基础。国内外经济增速发生变化,物价水平也同时存在上行及下行的压力。影响未来物价走势变化的主要因素包括:

(一)基础农产品供应充足

2015年,我国粮食产量实现"十二连增",粮食库存充裕,年度内国家未再提高粮食最低收购价格，且国际粮价持续下跌，粮价不存在明显的上涨动力。生猪产能止跌趋稳，养殖规模化程度不断提高，基本的需求关系不会有太大改变，预计未来猪肉价格大幅上涨的概率较低。

（二）大宗商品价格有望止跌趋稳

依据IMF的最新预测，2016年能源、食品及铁矿石价格的涨幅将逐步由负转正。国际大宗商品价格的复苏将缓解我国价格的下行压力，尤其将减小上游产品价格的降幅，进一步通过传导效应推动CPI涨幅回升。

（三）房地产销售有望回暖

2015年4月以来，全国商品房销售面积和销售额同比增速开始由负转正。另外，300个城市土地出让金收入的同比增速也在过去几个月内开始复苏。两者预示着未来房地产开发投资有望企稳。中央经济工作会议提出2016年经济工作“五大任务”中包括了房地产去库存，房地产价格上行可能加快，从而带动居民消费中建房及装修材料等相关分类价格上涨。

（四）继续实施宽松的财政政策和稳健的货币政策

2015年以来，央行连续五次降息、五次降准，积极财政政策力度也进一步加大。由于经济仍存在下行压力，2016年“宽财政＋稳货币”政策仍是主基调。为维持相对较高的经济增长，政府稳增长力度或加大。通过适当增加必要的财政支出和政府投资发挥财政政策的托底作用，同时配合稳健的货币政策刺激消费，这些措施在一定的时滞之后可能对CPI产生提升作用。

此外，可能影响CPI的因素还包括：美联储加息导致美元继续升值并抑制美元计价的大宗商品价格，劳动力成本继续上升，能源、医疗价格改革等。物价上行、下行压力并存，但由于2016年经济运行总基调仍然是稳中求进，预计全年居民消费价格总水平将继续保持平稳增长态势。

（国家统计局山东调查总队　朱盈盈）

总体下行　结构性特征明显

——2015 年山东省工业生产领域价格情况及展望

2015 年，受传统产能过剩行业影响，山东省工业生产者价格总体下行，行业价格走势呈结构性波动。

一、出厂价格运行特点

（一）同比降幅加深，环比波动平缓

全省工业生产者价格同比下降 4.8%，降幅比去年扩大 3.2 个百分点。截至 2015 年 12 月，工业生产者出厂价格连续 47 个月下降。从月度同比来看，1 月份下降 3.9%，2 月份降幅扩大到 4.5%，4 月份和 5 月份缩小到 4.1%，后又连续 6 个月降幅持续扩大，11 月份扩大到全年最大降幅为 5.8%，12 月份略有缩小。环比指数波动相对平稳，1—12 月份环比降幅均在 1.0%以内。其中，1 月份降幅最大，环比下降 0.9%，后几个月降幅收窄（详见图 1）。

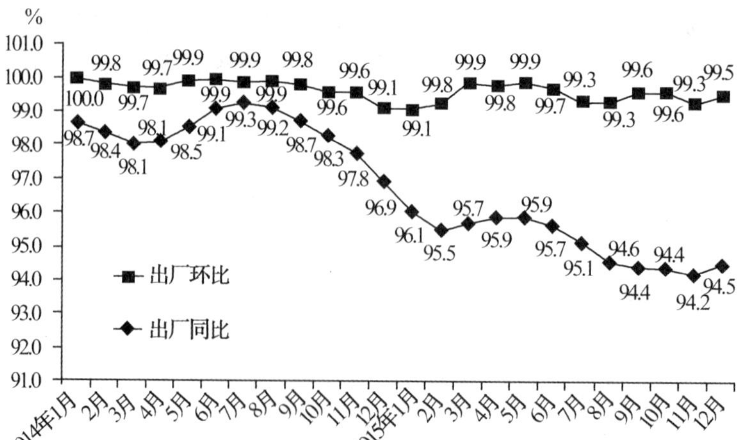

图 1　2014 年 1 月至 2015 年 12 月山东工业生产者出厂价格走势

（二）生产资料价格降幅大，生活资料价格降幅相对较小

生产资料价格同比下降6.2%，降幅比上年扩大4.2个百分点。其中，采掘业价格同比下降21.5%，原料价格下降10.0%，加工业价格下降3.4%。生活资料价格同比下降0.3%，比上年扩大0.1个百分点。其中，食品价格同比与上年持平，衣着价格上涨0.3%，一般日用品和耐用消费品价格分别下降0.7%和1.0%。

（三）七成以上大类行业价格下降

40个大类行业中，29个行业价格同比下降，8个上涨，3个持平，下降面72.5%。降幅较大的行业为：石油和天然气开采业价格下降38.7%，黑色金属矿采选业价格下降24.3%，石油加工、炼焦和核燃料加工业价格下降21.1%，煤炭开采和洗选业价格下降20.5%，黑色金属冶炼和压延加工业价格下降16.9%，有色金属冶炼和压延加工业价格下降8.3%，化学原料和化学制品制造业价格下降5.4%。7个大类拉动总指数下降3.6个百分点。

（四）行业价格结构性走势特征明显

部分能源、黑色及有色金属价格大幅度下跌，而高技术行业价格稳定。

1. 原油、成品油价格持续下行。2015年国际油价持续低位震荡，国内原油价格随之跟跌。受此影响，国家发改委19次调整成品油价格，其中12次下调、7次上调。1—12月我省原油价格同比下降38.8%、汽油价格下降19.7%、柴油价格下降21.6%、煤油价格下降30.7%、燃料油价格下降21.4%。

2. 煤炭价格走低。受经济增速放缓、行业产能过剩、下游企业面临环保压力限产停产、新能源不断扩张等多种因素影响，煤炭价格持续下滑。无烟煤价格同比下降21.2%、烟煤价格下降20.6%、洗煤价格下降23.5%。

3. 黑色及有色金属价格持续疲软。黑色金属矿开采价格降幅较大，炼钢块矿价格同比下降27.4%、铁富粉矿价格下降11.3%、铁精矿价格下降32.1%。黑色金属冶炼和压延加工业价格更是加速下滑。其中，大型型钢价格同比下降17.9%、钢筋价格下降26.5%、无缝钢管价格下降13.5%。有色金属市场同样面临低迷境地，价格持续低位徘徊，精炼铜价格同比下降16.9%，原铝价格下降7.4%。

4. 部分高技术行业价格稳中有升。生物制药、医疗设备、仪器仪表等高技术产品行业市场需求活跃，价格逆势上涨。医药制造业价格同比上涨2.5%，医疗仪器设备及器械制造价格上涨1.9%，航空、航天器及设备制造价格上涨 1.7%,铁路运输设备制造价格上涨 1.5%,专用仪器仪表制造价格上涨 0.2%。

二、购进价格走势特点

全省工业生产者购进价格同比下降 5.0%,降幅比上年扩大 3.2 个百分点,至 2015 年 12 月,购进价格持续 44 个月下降。各月同比呈下滑趋势,1 月份价格指数最高,12 月全年最低,同比下降 6.1%,创 2009 年 10 月以来的最低值。九大类原材料购进价格同比全部下降,降幅较大的为:燃料、动力类价格下降 11.9%,黑色金属材料类价格下降 10.4%,有色金属材料及电线类价格下降 7.6%,化工原料类价格下降 4.3%,建筑材料及非金属类价格下降 3.3%。其余四大类降幅在 2.0%以内(详见图 2)。

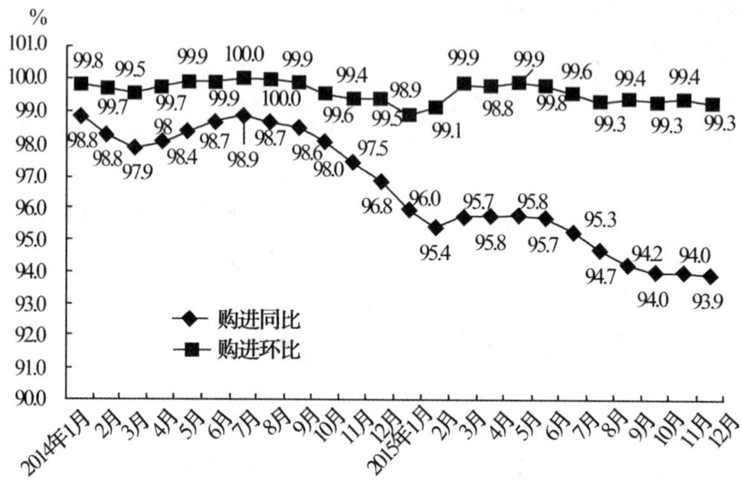

图 2　2014 年 1 月至 2015 年 12 月山东工业生产者出厂价格走势

三、价格降幅小于全国

全省工业生产者出厂价格同比下降 4.8%,降幅小于全国 0.4 个百分点,在 31 个省(直辖市、自治区)中居第 15 位;购进价格同比下降 5.0%,降幅小于全国 1.1 个百分点,在 30 个省(直辖市、自治区)(除西藏外)中居第 13 位(详见图 3)。

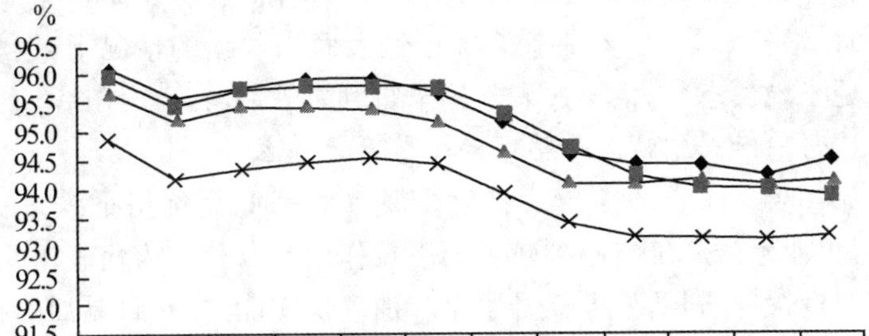

	2015年1月	2月	3月	4月	5月	6月	7月	8月	9月	10月	11月	12月
◆山东出厂	96.1	96.6	95.7	95.9	96.9	95.7	95.1	94.6	94.4	94.4	94.2	94.5
■山东购进	96.0	95.4	95.7	95.8	95.8	95.7	95.3	94.7	94.2	94.0	94.0	93.9
▲全国出厂	95.7	96.2	95.4	95.4	95.4	95.2	94.6	94.1	94.1	94.1	94.1	94.1
×全国购进	94.8	94.1	94.3	94.5	94.5	94.4	93.9	93.4	93.2	93.1	93.1	93.2

图 3　2015 年 1—12 月山东工业生产者价格走势与全国对比

四、价格影响因素

(一)需求偏弱格局未得到明显改善

前三季度,全省规模以上工业销售产值增长 4.1%,比去年同期回落 6.3 个百分点。从外需看,工业出口交货值同比下降 2.1%,已经连续 4 个月下降。从全省 7177 家规模以上工业企业生产经营景气状况调查结果看,三季度,38.2%的企业选择“产品需求减少,订单不足”作为生产经营中面临的最主要问题,居各选项首位,比二季度和一季度分别高 0.8 个和 2.0 个百分点。

从行业大类来看,需求增速下滑是钢材价格下跌的主要原因。近年来,以房地产为代表的基建市场是拉动钢材需求的主要动力,因此,房地产需求增速放缓对钢材价格的杀伤力最为明显。另外,汽车、家电等行业发展也与房地产市场密切相关,需求市场萎靡是造成钢材价格下跌的主导因素。再从煤炭需求看,大气污染治理要求限制煤炭消费。国务院明确要求,降低煤炭消费比重,到 2017 年煤炭消费比重降至 65%以下,京、津、冀、鲁 4 省(市)煤炭消费量要净削减 8300 万吨。到 2017 年实现节约煤炭消费 7000 万吨,2020 年力争节约煤炭消耗 1.6 亿吨。这些政策的严格实施,在很大程度上挤压煤炭需求的增长空间。同时,由于煤质提高、机组结构优化及节能管理等影响,我国供电煤耗不断下降。

(二)供给过剩问题依然未得到有效缓解

对全省 7177 家企业调查问卷显示:三季度,工业企业主要产品生产能力利用率为 76.2%,低于国际通用的 79%—82%的合理区间。水泥、钢铁、电解铝等重点行业产能利用率分别为 73.1%、68.3%、74.4%,低于全省平均水平。以钢材市场为例,1—11月份我省钢材产量8214.3万吨,同比增长0.3%。在钢铁企业已经大面积亏损的情况下,钢材产量同比还处于增长态势,供给过剩问题未得到有效缓解。

(三)国际大宗商品价格下跌之势更为强烈

2015年,石油、铁矿石、有色金属等大宗商品价格下跌之势更为剧烈,对工业生产者价格起到较大的下拉作用。以美国为代表的页岩油、页岩气产量快速增长,大大提升了全球油气供应能力,导致原油价格不断下降,特别是年底欧佩克决定不减产后,国际油价接连暴跌。12月份,布伦特和WTI原油期货价格均跌破每桶40美元的支撑位,2016年初直逼30美元大关。国际铁矿石价格低位震荡,62.0%品位普氏铁矿石价格跌破40美元/吨关口,创10年新低。2015年国际金价下挫约10.0%,连续第三年下跌。

(四)部分高技术行业发展良好,价格稳中有升

高技术产业在"稳中求进"政策总基调和创新驱动发展战略的双重作用下,产业总体上呈平稳发展态势,企业创新能力不断提高,涌现出一大批高精尖技术和产品。高技术产业生产销售在工业经济增长整体放缓的情况下,仍保持了良好的增长势头。2015年1—11月,高技术行业主营业务收入、利润总额同比分别增长10.2%和9.0%,分别高于规模以上工业企业7.4个和11.6个百分点。其中,医药制造业和医疗仪器设备及仪器仪表制造业利润分别高达12.0%和9.8%,均高于规模以上工业和高技术行业利润水平。

五、趋势判断

中央经济工作会议提出2016年五大任务:一是积极稳妥化解产能过剩,二是帮助企业降低成本,三是化解房地产库存,四是扩大有效供给,五是防范化解金融风险。"去产能、去库存、降成本、调结构"将是2016年各工业企业生产经营的主要方向,煤炭、钢铁、有色金属等过剩行业的产能产量将会得到有效控制,有利于稳定这些行业产品价格。另外,国际原油价格波动对工业生产者价格的走势影响较大,2016年全球原油供应宽松的基本面不会改变,国际油价仍将保持低位震荡。由此可以预计,2016年全省工业生产者价格仍将保持低位运行态势。

(国家统计局山东调查总队 周立新)

居民收入稳定增长　城乡差距进一步缩小

——2015年山东省居民收入情况

2015年，山东积极推进促创业、稳就业，提标准、惠民生，各项保障制度更加健全，社保待遇进一步提高，民生持续得到改善，居民收入稳定增长，中低收入户增收明显，城乡居民收入差距进一步缩小。

一、居民收入增长的主要特点

(一)居民收入稳定增长

2015年，全省居民人均可支配收入22703元，比上年增长8.8%，扣除价格因素，实际增长7.5%。其中，城镇居民人均可支配收入31545元，增长8.0%，扣除价格因素，实际增长6.5%；农村居民人均可支配收入12930元，增长8.8%，扣除价格因素，实际增长7.8%。与2010年相比，全省居民人均可支配收入年均实际增长9.2%。其中，城镇居民人均可支配收入实际增长8.0%，农村居民人均可支配收入实际增长10.1%(见下表)。

2015年山东省居民人均可支配收入构成

地区	主营业务收入		利润		利税	
	本年(元)	增幅(%)	本年(元)	增幅(%)	本年(元)	增幅(%)
可支配收入	22703	8.8	31545	8.0	12930	8.8
一、工资性收入	13144	9.1	20386	8.1	5139	9.0
二、经营净收入	5079	7.9	4375	8.4	5857	7.8
三、财产收入	1454	10.6	2475	9.0	326	13.6
四、转移净收入	3026	8.2	4309	6.4	1608	10.8

(二)居民收入水平居全国第9位,增速与全国基本持平

2015年,全省居民人均可支配收入比全国高737元,位列上海(49867元)、北京(48458元)、浙江(35537元)、天津(31291元)、江苏(29539元)、广东(27859元)、福建(25404元)、辽宁(24576元)之后,居全国第9位。从增速看,全省居民人均可支配收入增速比全国低0.1个百分点,增速快于上海、天津、江苏、广东和辽宁等省(市),与浙江持平,居全国第18位。

(三)农村居民收入增速高于城镇,城乡居民收入差距进一步缩小

2015年,农村居民人均可支配收入实际增长7.8%,快于城镇居民实际增幅1.3个百分点。2015年城乡居民人均收入之比为2.44∶1,比上年下降0.02,比2010年下降0.26。随着统筹城乡发展力度的加大,各项优农、惠农政策和相关配套扶持措施促进农民增收,农村居民收入增速持续6年快于城镇居民。

(四)低收入组收入增长明显加快

按照人均可支配收入从低到高进行五等份分组,低收入组居民收入明显快于其他群体。2015年,低收入组居民收入增长18.4%,高于全省居民人均可支配收入增速9.6个百分点。山东积极推进精准扶贫、精准脱贫战略,深入开展低收入家庭就业和生产经营帮扶,为低收入居民家庭增收提供了保障。分城乡看,城镇居民各收入组居民收入增速相对均衡;农村居民各收入组居民收入增速与收入水平成反比,收入越低增速越快。

(五)全省17市居民收入保持稳定增长

青岛(32885元)、济南(31270元)、东营(29758元)、威海(28491元)、烟台(27437元)、淄博(27203元)、潍坊(23405元)、莱芜(22924元)8市居民人均可支配收入高于全省平均水平,同比分别增长8.6%、8.5%、8.0%、9.0%、8.5%、8.2%、9.3%和7.8%;泰安(21377元)、滨州(20846元)、济宁(20120元)、临沂(19912元)、日照(19547元)、枣庄(19075元)、德州(16020元)、聊城(15249元)、菏泽(14276元)9市居民人均可支配收入低于全省平均水平,同比分别增长8.9%、8.4%、9.1%、8.6%、9.1%、8.4%、9.5%、8.9%、9.6%。

二、居民收入增长因素分析

(一)大众创业,增收新引擎

近年来,山东积极搭建创业服务平台,努力创造国内领先营商环境,调动专业技术人员创业积极性,鼓励引导有意愿的农民工、高校毕业生、退役士兵等人员返乡创业;鼓励建设创业大学、创业孵化基地、创业园区和创客空间。同时，强化市场配置作用和政府服务职能，不断完善大众创新创业的新机制、新政策，对增加居民收入发挥了积极作用。2015年，全省居民人均经营净收入5079元，同比增长7.9%，占可支配收入的比重为22.4%。其中，人均二、三产业经营净收入3052元，增长12.0%，高于居民可支配收入3.2个百分点，对居民增收的贡献率达17.8%。

（二）标准调整，工资收入稳定增长

近年来，山东立足健全工资正常增长机制，不断调整各项薪资标准，推进行政事业单位薪酬制度改革，调整机关事业单位工作人员基本工资标准，提高冬季取暖费标准，连续17年发布企业职工货币工资增长指导线，连续6年调整最低工资标准，积极引导企业全面提高员工待遇，特别是提高中低收入务工人员薪资水平。2015年，全省居民人均工资性收入13144元，同比增长9.1%，占可支配收入的比重为57.9%，拉动可支配收入增长5.3个百分点。

（三）支农新政，助力农村居民增收

在农业产业化、扶贫攻坚、科教兴农的时代背景下，山东全面落实深化农村改革、支持粮食生产、促进农民增收的政策措施，不断加大惠农补贴力度。在储备粮油补贴、农机具购置补贴、成品油价格补助按时足额兑现的同时，试点将农作物良种补贴、种粮农民直接补贴和农资综合补贴合并为农业支持保护补贴，新增种粮大户补贴、棉花补贴和蔬菜目标价格保险保费补贴等，农民得到实惠。2015年，第一产业增加值同比增长4.1%；农村居民人均第一产业经营净收入3635元，增长6.4%。

（四）政策落地，财产收入渠道拓宽

全省积极探索增加居民财产性收入的渠道，稳步推进金融改革创新，理财渠道和形式日益多元化，居民各类财产得以有效盘活。全省居民人均财产净收入1454.0元，同比增长10.6%。全省各级全力保障农民财产权益，推进农村集体产权股份合作制改革，盘活乡村集体资产，将财政补助农业龙头企业形成资产的30%以上(逐步达到50%)的股份，交由农民或农民专业合作社代表农民持有，农村居民财产收入特别是利息和分红收益逐年增长。2015年，农村居民人均财产净收入326元，增长13.6%。其中，人均利息和红利收入首次突破百元，达105元，增长15.8%。

（五）民生优先，社保体系更加完善

山东不断加大转移支付力度，促进城乡社会保障均衡发展；逐步调整完善基本医疗保险待遇政策，提高统筹基金报销比例和最高支付限额，建立“全省统一，城乡一体”的居民基本医疗保险制度和居民大病保险制度；连续第11次上调企业退休职工的养老金，连续4年提高居民养老保险基础养老金标准;转移支付继续向低收入群体倾斜,目前全省省定扶贫标准达到3372元,高于全国平均水平。2015年,全省居民人均转移净收入3026元,同比增长8.2%。其中,人均养老金或离退休金增加329元,增长12.0%;人均现金政策性惠农补贴增加21.0元,增长22.6%。

三、需要关注的几个问题

(一)城乡居民生活水平差距依然明显

近年来,农村经济稳定发展,农村居民收入增速较快,但城乡居民生活水平差距依然较大。2015年,城乡居民人均可支配收入的绝对差距为18615元,比2014年扩大1275元;每百户城镇、农村居民家庭分别拥有家用汽车49.4辆和23.6辆,洗衣机96.1台和86.8台,热水器93.9台和72.1台,空调109.4台和38.8台,计算机79.3台和34.8台。

(二)城乡居民收入增长均呈现放缓态势

随着经济增速放缓,城乡居民收入增长也呈现放缓态势。2011—2015年,城镇居民收入增长速度由14.3%回落到8.0%,农村居民收入增长速度由19.3%回落至8.8%。2015年,山东城镇居民人均可支配收入增长8.0%,为2003年以来的最低增长速度;农村居民人均可支配收入增长8.8%,为2010年以来的首次个位数增长。

(三)农产品价格以跌为主,影响农村居民收入增长

受市场供需等外部条件影响,农产品价格涨跌互现,以跌为主。虽然全年蔬菜产量、粮食产量、肉类产量均有所增长,但小麦、玉米、苹果、梨等主要作物价格下降明显,种植业存在丰产不丰收的现象。畜产品中生猪价格虽同比上涨,但牛羊肉价格继续走低,制约了养殖户的收入增长。农村居民一产业经营净收入增速放缓,增速同比回落2.0个百分点。

(四)财产净收入比重偏低

在四项收入构成中,居民财产净收入数量最小、比重最低。2015年,全省居民人均财产净收入1454元,占可支配收入的比重为6.4%。其中,城镇居民人均财产净收入2475元,比重为7.8%;农村居民人均财产净收入326元,比重为2.5%。从中长期看,随着居民财富的积累,财产净收入将成为居民家庭重要的收入来源之一。但是,从短期看,山东居民人均财产净收入比重,特别是农村居民人均财产净收入比重难以大幅度提高。

四、几点建议

(一)以城带乡、协调发展,缩小城乡收入差距

加强农村基础设施建设,适度调整农业补贴政策,改善农民居住环

境。用城镇消费空间拉动乡村发展，用乡村优美环境吸引人才返乡创业。在转变经济增长方式的时代背景下，大力发展民营经济，扶持农村个体私营经济发展，提高非农产业吸纳农村转移劳动力的能力，发挥创业带动就业的倍增效应。健全面向农村和农民工群体的培训机制，着力发展职业教育，积极开展农民工订单、定向、定点培训，创新劳务输出工作机制，完善服务管理，增强农民的就业竞争能力。

(二)加快经济转型升级，夯实居民增收基础

良好的经济发展环境是居民增收的有力保证。要千方百计确保经济健康可持续增长，要把握新常态下转型发展要求，全面深化改革，着力加快产业升级和新增长点培育，在稳增长的基础上不断提升发展的质量和效益，做大做强经济蛋糕，夯实居民收入增长的基础。大力发展现代服务业，以结构调整为契机推进收入分配改革，提高 GDP 含金量。加快发展科技含量高、经济效益好、资源消耗低、环境污染少的新型工业化。

(三)加快发展农业现代化，稳定第一产业增收

加快转变农业发展方式，落实各项强农惠农政策，大力发展高效生态农业，积极构建现代农业产业体系。一是适度发展农业规模经营，实施规模化生产、集约化经营、标准化管理，促进农业提质增效、节本降耗；二是切实推进科技兴农，积极促进产品提档升级，提高农产品附加值；三是坚持以市场为导向，不断加快推进农产品品牌建设，发展有竞争力的主导产业和特色产品，形成跨区域、跨行业产业带，鼓励国有和民间资本投资现代农业；四是加快农业信息化建设步伐，善于利用市场信息引导农业生产和销售，降低农业市场风险；五是健全农业社会化服务体系，加大先进实用技术推广，积极引导和扶持农业合作经济组织发展，使之形成多方参与、覆盖全程、综合配套、便捷高效的服务体系。

(国家统计局山东调查总队　张　智)

居民消费平稳增长　消费结构有所优化

——2015年山东省居民消费支出情况

2015年,山东居民人均消费支出14578元,比上年增加1249元,同比增长9.4%。分城乡看,城镇居民人均消费支出19854元,增长8.4%;农村居民人均消费支出8748元,增长9.9%,高于城镇居民1.5个百分点。

一、居民消费支出的主要特点

(一)食品烟酒、居住仍是居民的主要消费支出,但增速放缓

全省居民人均食品烟酒支出4166元,同比增长5.9%;居住支出2903元,增长2.7%。食品烟酒、居住支出占居民消费支出的比重分别为28.6%和19.9%,分别居八大类消费支出中的第1位和第2位。

从食品消费种类看,谷物、蔬菜及食用菌、肉类和干鲜瓜果类为居民主要食品支出,占食品消费支出比重接近六成;奶类、水产品、糖果糕点类、蔬菜和食用菌消费支出增长较快,分别增长9.7%、9.3%、8.6%、7.4%。随着居民饮食观念的转变,居民食品消费更加注重多样化,在外饮食支出增长10.6%。

(二)教育文化娱乐支出大幅增长

全省居民人均教育文化娱乐支出1557元,同比增长19.5%。其中,城镇居民人均支出2141元,增长21.0%;农村居民人均支出912元,增长13.8%。从教育消费支出看,教育培训支出增长19.8%,主要原因是越来越多的家庭注重子女文化教育和综合素质的提高,聘请家教、报名特长培训班持续火热。同时,为了提高自身技能,在职人员参加汽车驾驶、烹调烹饪等成人教育培训的比例也逐渐上升。从文化娱乐消费支出看,人均文化娱乐服务消费支出增长42.2%,团体旅游、体育健身活动支出增长八成以上。随着居民消费观念的转变,文化娱乐方面的消费不断增多,

旅游、健身、娱乐渐渐成为居民节假日主要娱乐方式。

(三)医疗保健、交通通讯支出增长快速

全省居民人均医疗保健支出1180元,同比增长19.2%。其中,城镇居民人均支出1416元,增长19.2%;农村居民人均支出919元,增长18.4%。山东基本建立起全省统一、城乡一体的居民基本医疗保险和大病保险制度,城乡居民看病更方便、更实惠,医疗服务支出增长27.3%。

全省居民人均交通通讯支出2104元,同比增长15.5%。其中,城镇居民人均支出2748元,增长15.6%;农村居民人均支出1393元,增长13.6%。随着交通网络设施建设步伐的加快,信息产业的不断升级,居民出行、通讯更为便利,相关需求快速增长,飞机、火车交通费支出分别增长28.9%和21.0%,每百户居民家庭拥有家用汽车37.8辆、计算机59.2台、移动电话214.7部,分别增长16.0%、4.1%和3.3%。汽油、保险、修理等也成为居民的重要消费项目,智能手机、4G上网成为消费热点。

(四)首饰等其他用品及服务支出增长明显

全省居民人均其他用品及服务支出353元,同比增长20.1%,增速在八大类消费中居首位。居民生活水平提高加速了消费结构升级。一方面,随着居民生活条件的改善,黄金、珠宝等奢侈品逐渐成为居民生活中的普通装饰品,居民购买首饰及手表支出增长15.1%;另一方面,居民对生活品质要求越来越高,美容美发洗浴支出增长34.4%,居民旅游、访友、外出等频率逐渐增多,旅馆住宿费用增长46.3%。

(五)衣着支出、生活用品及服务支出增长放缓

全省居民人均衣着支出1277元,同比增长9.2%。其中,城镇居民人均支出1943元,增长7.9%;农村居民人均支出540元,增长10.4%。随着生活水平和审美意识的提高,居民更加注重衣着的品质和款式,加之电子商务蓬勃发展,网购服装凭借在价格、种类方面的优势,已成为服装主流购买方式之一,同时为应对网购冲击,各大商场纷纷加大服装打折力度,居民衣服鞋帽消费支出增长放缓,衣类支出增长9.1%,鞋类支出增长9.6%。

全省居民人均生活用品及服务支出1038元,增长4.5%。其中,城镇居民人均支出1477元,增长3.2%;农村居民人均支出553元,增长5.6%。随着居民生活水平的提高,居民更加注重健康、舒适的生活方式,家庭服务支出增长9.0%。

二、促进居民消费的几点建议

在当前经济新常态背景下,山东省居民总体收入分配格局有所改善,扩大内需仍是经济的主要增长点。在消费结构升级的过程中，仍存在居民消费倾向偏低、低收入群体支付能力不足、消费环境欠佳、消费渠道不畅通，供给结构升级缓慢、创新能力不足等问题。因此，要进一步健全保障体系，改善消费环境，培育消费热点。

(一)健全保障体系，提升消费预期

加大财政投入力度，进一步完善居民大病保险政策，降低居民大额医疗费用负担；健全新型农村养老保险制度，提高最低生活保障标准，完善社会救助体系；全面整合教育资源，改善义务教育薄弱学校的基本办学条件；继续加大公租房和棚户区改造力度，解除居民消费的后顾之忧，提升整体居民边际消费倾向。

(二)改善消费环境，拓宽消费渠道

进一步加强消费市场基础设施建设，完善信息网络建设；加快发展连锁经营、物流配送、电子商务等现代流通模式，继续实施“万村千乡市场工程”，积极培育农村小商品市场。加强消费市场监管，经常性地开展商品质量监测，整顿消费市场秩序，依法惩治侵权假冒违法行为；完善消费售后服务及网络购物维权体系，进一步畅通消费者维权通道。

(三)完善消费信贷，培育消费热点

积极推动消费模式的创新，鼓励养老、健康、家政等服务领域消费；大力推动信用平台建设，积极支持居民家庭住房、装修、大宗耐用消费品、新型消费品以及文化、教育、旅游、养老等服务消费领域的合理消费信贷需求；大力培育互联网与农业、工业、服务业等领域深度融合创新试点；促进绿色消费，推广节能产品，创新新能源汽车推广应用方式，打造绿色出行系统。

(国家统计局山东调查总队　王凤娇)

城镇化质量水平同步提升
市民化难题亟待破解

——2015 年山东省城镇化发展情况

2015 年，省委、省政府进一步深化落实中央城镇化工作会议精神，全面实施新型城镇化规划，紧紧围绕"人的城镇化"，出台并完善了一系列户籍、社会保障、城乡规划等配套政策措施，以实施新型城镇化规划为主线，以新型城镇化综合试点为引领，大力推进各项配套改革，科学谋划，积极作为，推动新型城镇化工作不断向纵深推进，城镇化发展水平和质量全面提升。

一、新型城镇化工作全面推进

(一)城镇化水平保持较快发展势头，提升幅度全国第一

2015 年末，全省常住人口 9847.16 万，其中城镇区域常住人口 5613.87 万，较上年末增加 228.70 万。城镇化率达到 57.01%，较上年提高 2.00 个百分点，高出全国平均水平近 1 个百分点，提升幅度居全国首位，为"十二五"时期最高的一年；城镇化水平居全国第 12 位，较上年前移 1 个位次。户籍人口城镇化率达到 47.50%，较上年提高 3.54 个百分点。全省城镇化率自 2013 年超过全国平均水平后，提升幅度一直居全国前列，在全国位次相继超过吉林、湖北两省，保持了较快发展势头。

(二)城镇化发展质量全面提高

从城镇发展质量来看，2015 年，第一、二产业增加值所占 GDP 比重较上年分别下降 0.20 个和 1.60 个百分点，第三产业占比提高 1.80 个百分点，三次产业发展协调性进一步增强；2015 年，非农产业从业人员比重达到 70.40%，比上年提高 1.02 个百分点。其中，第三产业从业人员比重提高 0.50 个百分点，非农就业水平进一步提高，就业结构更加合理；城镇化质量监测指数达到 55.28，同口径比上年提高 1.30 点，人口集聚、就业支撑、生活便利三大指数均已超过60，社会发展指数和环境宜居指数提高幅度进一步增大。

(三)西部地区城镇化进程持续加快，东西差距进一步缩小

从各市情况来看，全省17市中，15个市城镇化率超过50%，8个市城镇化率超过全省平均水平，11个市城镇化率提高幅度高于全省平均水平。其中，西部经济隆起带枣庄、济宁、临沂、德州、聊城、菏泽6市城镇化率提高幅度均高于全省平均水平。济宁、德州、聊城3市城镇化率提高幅度分别达到2.5个、2.2个、2.2个百分点，分列全省第1、第3、第4位。菏泽市自2010年以来，城镇化率以年均2.02个百分点的提升幅度领跑全省，西部隆起带其他各市年均提升幅度均超过1.70个百分点，城镇化水平持续加快。与东部6市(青岛、东营、烟台、潍坊、威海、日照)相比，城镇化发展差距由2010年的14.76个百分点缩小为2015年的11.81个百分点，表现出由东向西逐步加快的态势，以往东西部发展不平衡的局面得到进一步改善。

(四)县域城镇化成效凸显，规模结构不断优化

2015年末，全省县域(县和县级市)常住人口6236.72万，城镇常住人口达2977.78万，城镇化率47.75%，占全省城镇人口的52.93%，为全省人口城镇化率贡献了30.24个百分点。其中，32个县(市)城镇化率超过50%，龙口市、桓台县、邹平县城镇化率超过60%，进入中级城市型社会发展阶段。县域城镇规模结构不断优化，即墨市、新泰市城区人口规模已超过50万，达到中等城市规模标准；介于20万～50万人的小城市达34个，比2005年增加14个。建成区规模不断扩大，县域建成区面积2566.10平方公里，比2005年增长57.99%；建成区面积占行政区面积比重为2.19%，比2005年提高0.80个百分点。

(五)城市服务功能进一步完善，社会保障范围持续扩大

2015年，全省完成城市建设投资1000亿元，积极引导社会资本参与重点项目建设，撬动社会资本近100亿元参与城镇化建设。县以上城市新增道路长度1952.90公里，新增供水能力22.40万立方米/日，新增集中供热面积8643.40万平方米，新增排水管道长度4600.5公里，新增污水处理能力85.60万立方米/日，新增生活垃圾无害化处理能力2804.00吨/日。城市污水集中处理率连续两年位居全国第一，生活垃圾无害化处理率稳居全国前三位。完成棚户区改造安置住房开工和货币补偿47.45万套(户)，超额完成全年任务。

社会保障范围不断扩大。2015年，城镇职工基本养老、失业、工伤、生育保险参保人数分别达2477.46万人、1203.80万人、1473.50万人和

1111.30万人,分别比上年增加107.26万人、49.50万人、52.00万人和64.80万人。城镇职工和城乡居民基本医疗保险基本实现全覆盖。

(六)小城镇和农村新型社区整体发展水平提升

2015年,"百镇建设示范行动"深入推进,通过着力扶优扶强,200个示范镇完成固定资产投资3982.00亿元,实现地方财政收入396.00亿元,分别比上年增长11%、16%。其中,首批100个示范镇自2012年以来地区生产总值年均增长20%以上,地方财政收入年均增长25%以上,新增建成区面积150平方公里以上,有效促进了县域农村人口向城镇地域的转移。同时,农村新型社区建设稳妥推进,通过认真落实《山东省农村新型社区和新农村发展规划》和农村新型社区纳入城镇化管理的意见,农村新型社区集中供水率、燃气普及率、集中供热率分别达100%、90%、13%;半数以上社区建有"一站式"社区服务中心。全省新开工建设300个农村新型社区,累计建成入住农村新型社区达3803个。

二、城镇化发展存在的问题

(一)市民化推进机制尚未健全,转移就业矛盾较大

"积极稳妥推进新型城镇化"的一大亮点即推进农业转移人口市民化,推动基本公共服务面向常住人口全覆盖。当前,农村土地征收、集体经营性建设用地入市以及农村宅基地经济权益流转机制尚不健全,户籍制度改革措施在某些地区特别是基层尚未得到全面落实,缺乏具有普遍性、规范性和可操作性的具体实施办法,市民化推进机制有待于进一步完善。同时,随着支农、惠农政策的实施,附着在农村户籍上的利益远多于城镇户籍,加之大城市落户门槛和生活成本仍然较高,中小城镇吸引力依然不足,影响了农村居民进城落户积极性,市民化内在动力偏弱。从三次产业结构和就业结构来看,第一产业所占比重低,但就业人口依然庞大,二、三产业吸纳就业人口不足,难以满足农村劳动力转移需要。

(二)土地城镇化局面尚未有显著改观

新型城镇化的实质是从"土地城镇化"向"人的城镇化"的转变。2015年,全省城镇人口比2010年增长17.79%,而建成区面积增长25.96%,"土地城镇化"仍然快于"人口城镇化"。从城乡划分看,我省2008—2014年城镇新增村级单位数量一直位居全国前列,6年累计增长11.37%,居全国第2位,远高于全国6.36%的平均水平,近两年更是一直居全国首位。尽管2015年建成区面积增速有所减缓(3.99%),略低于城镇人口增长速度(4.25%),但仍然保持较高的增长速度,尚未有显著改善。我省优质耕地分布区域与城镇化建设区域高度重合,城镇的大马路、大广场、大

绿地、大园区,占用了很多农地甚至基本农田,城镇化建设对耕地质量、结构和空间分布的影响不容忽视。

(三)城镇承载能力总体仍然偏弱

与市民化目标相比,我省城镇承载能力仍然偏弱,难以适应市民化需求。2015年,全省城区学校大班额所占比例小学为52.47%、初中为47.37%,镇区大班额小学为34.27%、初中为44.79%。其中,小学最大班额114人,中学最大班额102人。5000人以上的住宅区3980个,没有规划幼儿园的1427个,占35.85%,存在缺乏规划、建设滞后等现象,造成部分城镇住宅区"上学难"。全省49家三级综合医院绝大部分分布在设区城市,中小城市优质医疗资源普遍缺乏。全省每千名老年人仅拥有养老床位27张,养老设施建设普遍不足,难以适应老龄化社会需求。多数城市路网结构不够合理,密度偏低,公共停车设施严重缺乏,公共交通发展较为缓慢,轨道交通起步较晚,城市道路建设与机动车快速增长的矛盾比较突出。城市地下管线建设统筹协调不够,地下综合管廊敷设里程不足300公里,占城市道路总长度的比例还不到万分之一。作为城镇化主要动力的小城镇公共设施建设缓慢,40.00%的小城镇生活污水未经处理直接排放,生活垃圾无害化处理率仅有77.92%,与县城及以上城市平均水平相差甚远。

(四)城市管理水平有待提高

城镇规划建设过程中,人本理念尚未得到充分体现。一些地方功能区规模过大,工作、居住距离太远,通勤不便,出行困难;城市规划重编制轻实施,严肃性、权威性不强,城乡规划实施符合率不高;各地破解城镇化进程的中的难题,过于依赖上层设计,缺乏针对本地发展主动作为并解决实际问题的改革;个别地区虽然出台了相关政策改革措施,但系统性不强,相关政策配套难以衔接到位,落实力度也需进一步加大;一些农村地区非农产业和就业已占主导地位,但多数还没有按城镇来规划建设管理,大多数人口没有就地转为城镇居民,城市规划建设管理水平亟待提高。

三、城镇化发展有关建议

(一)全面深化改革,释放新型城镇化增长活力

按照中央和省委全面深化改革的决策部署,探索构建新型城镇化健康发展的长效机制,通过积极开展各类试点,进一步完善农村转移劳动力市民化权益保障机制,在法律框架范围内,探索破解土地相关难题的办法,提升农村居民进城就业、居住意愿。探索建立长远可持续的投融资机制,围绕城市规划建设、产业发展、人口流动、生态环境等城镇化重点领域，转变政府包揽的思维方式，鼓励社会组织参与城镇建设和管理工作，进一步完善社区自治和服务功能，形成政府、市场和社会多元合作发展态势，尤其是充分发挥基层的能动性、积极性和巨大活力，充分体现城镇化进程中“自下而上”的城镇化特征。

（二）充分发挥中小城市优势，促进农村人口的就近就地城镇化

随着农村居民参与非农就业和收入水平不断提升，农村居民对居住品质也开始有了更高的要求，生活方式和城镇差别日益缩小。因此，在新型城镇化多元发展模式中，应高度重视就近、就地城镇化的作用，充分发挥县（市）级城镇和中小城镇的优势，促进农村人口的就近就地城镇化。除了进一步完善中小城镇落户办法，加快城乡社会保障一体化等制度改革以外，在县（市）层面，继续完善“城乡建设用地增减挂钩”的实施机制，建立更多“宅基地换房”等城乡资产和权益转化的机制，给予愿意退出农村进入城镇的农民更多选择；在农村积极探索小城镇和新型农村社区建设，给予基础设施和公共服务设施配套方面的支持，让有需求的农民自发渐进的向小城镇和新型农村社区迁移；对于具有一定产业基础的小城镇和村庄，探索就地改造实现城镇化的模式和政策，积极引入社会资金参与村庄改造整治和建设。

（三）更加注重发展质量，进一步提升城镇规划建设和管理水平

进一步优化生产、生活、生态空间布局，加快完善综合交通运输体系，推进城市群交通一体化。注重提升城镇交通整体效能，以轨道交通、快速路为主干，大力发展公共交通，积极发展自行车和步行交通，构建绿色智能、便捷高效的城市交通体系。进一步完善市政管网设施，积极推广地下综合管廊，加强城镇污水垃圾处理设施建设，加快地下管网更新改造，提高城镇运行保障能力。同时，创新城市社会治理和基层服务管理模式。建立群众参与、上下联动、区域协同的服务管理模式，通过社区发动组织群众共同参与城市管理，完善适应新型城镇化发展要求的城市社区运行机制。

（山东省统计局　张　强）

制度建设取得突破　服务水平稳步提升

——2015 年山东省社会保障事业发展情况

2015 年，全省各级人力资源社会保障部门坚决贯彻省委、省政府的决策部署，坚持"全覆盖、保基本、多层次、可持续"方针，以成果共享为目标，以增强公平性、适应流动性、保证可持续性为重点，以深化改革为强大动力，着力编密织牢社会保障安全网，统筹城乡的社会保障制度建设取得重要突破，实现了从双轨制向单轨制、从城乡二元向城乡一体的新跨越。多项工作走在了全国前列，参保人数继续增加，保障水平稳步提高，为经济持续健康发展、保障和改善民生、社会和谐稳定做出了积极贡献。

一、社会保障制度体系更加健全

机关事业单位养老保险制度改革启动实施，我省在全国率先印发了《山东省机关事业单位工作人员养老保险制度改革实施意见》，率先出台了改革配套实施办法，自 10 月份起又率先在全省范围内启动了参保缴费和养老金发放。截至 2015 年底，纳入新制度范围的人数已达 210 万人，我省机关事业单位养老保险制度改革工作走在全国前列，起到了引领、示范作用。率先出台民办非营利学校教师社会保障与公办学校教师同等待遇试点指导意见，明确在青岛、潍坊、德州三市先期开展试点基础上。2016 年在全省全面启动试点，维护和保障非营利学校教师的合法权益，促进了民办教育发展。贯彻落实《社会保险法》，在全省统一规范了企业养老保险补缴、缓缴和延长缴费办法，有效解决了职工参保缴费的遗留问题。加强医疗保险制度建设，巩固完善居民基本医疗保险和大病保险制度。在全国率先建立职工大病保险制度，开展深入研究测算，指导东营等 4 市开展职工长期护理保险试点。深化医疗保险支付制度改革，进一步规范医疗服务行为，控制不合理费用支出。城乡居民基本养老制度不断巩固和发展。适当降低了失业、工伤、生育保险费率，在全国处于较低水平，切实减轻了参保对象缴费负担。

二、社会保险覆盖范围进一步扩大

以实现社会保险人群全覆盖为目标，大力实施全民参保登记计划，强化部门协同配合，优化考核奖励机制，社会保险参保人数持续增加，努力实现应保尽保。截至2015年底，全省职工基本养老、职工基本医疗、失业、工伤、生育保险参保人数分别达2477.5万人、1904.4万人、1203.8万人、1473.5万人、1111.3万人，比去年底分别增加107.3万人、44.2万人、49.5万人、52万人、64.9万人。居民养老、医疗保险参保人数分别达4534.3万人、7331.4万人，分别居全国第2位和第1位。

三、社会保障待遇水平稳步提高

坚持成果共享，维护社会公平正义，兜住民生底线，稳步提高各项社会保险待遇，千方百计让人民群众更多、更好地共享改革发展成果。我省连续11年调整企业退休人员养老金，增幅超过10%，月人均达2515元，居全国第9位，惠及415.8万企业退休人员。2015年首次实行了与缴费年限挂钩的办法，更好地兼顾了公平与效率。居民养老保险基础养老金最低标准提高至85元，高于国家标准15元。职工医保政策范围内住院报销比例达75%以上，最高支付限额达40万元以上；居民医保政策范围内住院报销比例达70%左右，最高支付限额平均达15万元以上；居民大病保险最高支付限额达30万元。居民大病保险覆盖了全体参保居民，制度实施以来累计补偿180.7万人次、37.8亿元。降低失业、工伤保险费率。失业保险稳岗政策成效显著，全省支出稳岗补贴6亿元，收益企业7055家、职工225万人。连续9年提高失业保险金标准，月人均达到900元。连续10年调整1～4级工伤人员伤残津贴、生活护理费和供养亲属抚恤金标准。

四、社保基金抗风险能力有效增强

社保基金规模位居全国前列，抗风险能力和共济能力进一步增强。据统计快报，全年各项社保基金总收入3491.0亿元、总支出2977.9亿元，比去年底分别增长22.3%、18.0%；基金累计结余达到3941.7亿元，比去年底增长15.0%。社保基金保值增值工作取得重大突破，继广东之后，在全国第2个将企业职工养老保险基金委托全国社保基金理事会投资运营，500亿元基金已归集并划拨到位。加大基金监管稽核力度，内控、行政、专门与社会监督相结合的监督体系基本建立，杜绝跑冒滴漏，全省社保基金运行安全平稳、管理规范有序，确保基金安全完整。

五、社会保障管理服务水平显著提升

基层基础进一步夯实,业务职能全面下沉,覆盖城乡的省、市、县、乡、村五级经办服务体系初步建立。服务手段不断拓宽,大力推进电子社保建设,网上经办、自助服务快速发展,社会保障卡持卡人数达6336万人,同比增长42.0%,信息化支撑能力不断增强。经办流程更为优化,社会保险关系转移接续、跨省异地退管人员资格认证、省内异地就医联网即时结算有序开展。养老金社会化发放率保持100%,企业退休人员社区管理率达99%以上,广大人民群众享受到更加公平、高效便捷的服务。

当前,受经济持续下行、改革深入推进、城镇化加快推进、老龄化加速发展多种外部因素叠加影响,我省社会保障工作面临的形势更为复杂,一些矛盾和问题更为凸显。主要表现在:一是公平性有待提高。参保缴费政策还不完善,个体灵活就业人员、农民工等群体参保率偏低;待遇确定机制和调整机制缺乏统筹平衡,不同地区、不同群体之间待遇差距还比较大。二是可持续性有待增强。受经济下行、产业结构调整、社保缴费基数持续增长等因素影响,部分单位缴费困难,断保现象增多。养老、医疗等享受待遇人员快速增加,各项待遇水平刚性增长,基金支出负担日益加重。基金统筹层次仍然较低,调剂能力和抗风险水平较差。三是改革平衡的难度加大。社会保障重点领域改革进入深水区,遇到的体制机制束缚和既得利益阻碍增多,统筹兼顾难度大,改革和发展所面对的局面更加复杂,困难和阻力更多。四是经办服务压力不断加大。随着社会保险全面覆盖和业务量快速增长,服务力量不足、专业性不强、信息化短板问题日益凸显。医疗机构过度治疗等问题仍比较突出,对医疗费用不合理支出的监控难度较大。

2016年全省社会保障工作总体思路是,深入贯彻中央和省委、省政府的决策部署,以更加公平、更可持续为目标,深入推进社会保障领域改革,坚守底线,突出重点,完善制度,引导预期,加快完善统筹城乡的社会保障体系。一是进一步改革完善社会保障制度。全面实施机关事业单位养老保险制度,深入研究改革配套政策,将全省350余万机关事业单位工作人员全部纳入新制度范围。做好职工基础养老金全国统筹准备,提出发展企业年金、职业年金政策措施,完善多层次养老保障体系。积极稳妥地开展非营利性民办学校教师养老保险与公办学校教师同等待遇试点,促进民办教育发展,推动教育人才合理流动和有效配置。完善居民医疗保险和大病保险政策,建立全省统一的职工大病保险制度,稳妥地推进职工长期护理保险,深化医疗保险支付制度改革,解决群众“看病贵”的问题。健全工伤保险制度,扩大工伤预防试点。二是加快实现社会保障人群全覆盖。完善参保缴费政策,深入实施全民参保登记计划。大力推进建筑业参加工伤保险“同舟计划”。力争将公务员全部纳入工伤保险范围。逐步将机关事业单位纳入生育保险范围。完善居民养老保险参保缴费激励机制,进一步推动被征地农民社会保障工作的开展。三是适当调整社会保险待遇水平。统筹做好 2016 年度机关事业单位和企业退休人员养老金调整工作,适度调整失业保险、工伤保险待遇标准。四是强化社会保险运行监管和经办服务。健全社会保险基金监督体系,全面推广应用医疗保险监控系统。贯彻国务院关于基本养老保险基金投资管理办法,精心做好养老保险金归集和委托运营工作。加强社会保险经办管理工作,推进电子社保建设,积极开展精算分析,优化服务流程,提高经办管理水平。

(山东省人力资源和社会保障厅　规划财务处)

行　业　篇

粮食“十三连增” 全省农业稳定发展

——2015 年山东省农业经济发展情况及展望

2015 年，全省各级深入贯彻中央“一号文件”和农村工作会议精神，继续加大农业投入，狠抓惠农政策落实，不断提高农民生产积极性。全年气候适宜，粮食连续 13 年实现丰收，农、林、牧、渔业平稳发展，市场稳定。

一、全省农业经济发展的主要特点

2015 年，全省农业经济总量再上新台阶，农、林、牧、渔业增加值突破 5000 亿元大关，达到 5182.90 亿元，按可比价增长 4.30%，增速比上年提高 0.30 个百分点。分行业看，农业增加值 2900.82 亿元，增长 4.70%；林业增加值 98.40 亿元，增长 8.20%；牧业增加值 1043.69 亿元，增长 3.10%；渔业增加值 936.17 亿元，增长 3.20%；农、林、牧、渔服务业增加值 203.82 亿元，增长 8.50%。

(一)种植业生产形势较好

1. 粮食再获丰收，实现“十三连增”。受气候总体适宜、粮食播种面积增加以及新的粮食生产技术应用三大利好因素影响，2015 年全省粮食再获丰收，实现“十三连增”，总产量再创历史新高。全年粮食播种面积 11238.15 万亩，增加 78.15 万亩，增长 0.70%；总产 942.54 亿斤，增加 23.22 亿斤，增长 2.50%。其中，夏粮播种面积 5701.95 万亩，增长 1.60%；单产 411.67 公斤/亩，增长 2.00%；总产 469.46 亿斤，增长 3.70%。秋粮播种面积 5536.2 万亩，减少 0.20%；单产 427.26 公斤/亩，增长 1.60%；总产 473.08 亿斤，增长 1.40%。

2. 棉花、油料减产。棉花面积、单产、总产三减。受棉花种植人工成本持续上升和价格持续低迷影响，棉花产量继续减少。2015 年，全省棉花播种面积 773.30 万亩，比上年减少 116.10 万亩，减少 13.10%；亩产 69.40 公斤/亩，减少 5.40 公斤，减少 7.20%；总产量 53.70 万吨，减少

12.80 万吨,减少 19.20%。

油料面积、单产、总产三减。受上年花生价格持续走低,种植户播种意愿普遍降低以及鲁南和胶东半岛气候干旱少雨影响,全省油料生产呈现三减态势。全年油料播种面积 1137.40 万亩,减少 22.40 万亩,减少 1.90%;单产 285.00 公斤/亩,减少 4.60 公斤,减少 1.60%;总产 324.10 万吨,减少 11.80 万吨,减少 3.50%。

3. 蔬菜、水果生产形势较好。受生产效益较好,气候条件适宜等因素带动,全省蔬菜、水果生产呈现面积增长、总产增长的良好态势。全年蔬菜播种面积 2832.80 万亩,增长 1.40%;总产量 10272.90 万吨,增长 3.00%。园林水果面积 929.00 万亩,增长 1.50%,产量 1703.00 万吨,增长 2.30%。瓜果类面积 430.10 万亩,增长 1.70%;总产 1515.60 万吨,增长 3.20%。

(二)牧业生产总体平稳

2015 年,全省生猪去产能化趋稳,养殖户扭亏为盈,养殖效益持续向好;牛羊生产平稳,禽类生产相对稳定,牛奶生产挑战依旧,牧业生产形势平稳。

1. 生猪养殖效益持续增加。受生猪去产能化影响,市场猪源不断减少,生猪价格全年走势先低后高。4 月初,价格进入上升通道后持续上涨;12 月 28 日,全省生猪价格 16.00 元/公斤,比去年同期上涨 21.60%。猪粮比价 8.70∶1.00,远超6∶1的盈亏平衡点。养殖户不仅扭亏为盈,而且盈利空间持续增大,补栏积极性大大提高,带动全省仔猪价格涨至 23.30 元/公斤,上涨 58.20%,生猪生产持续向好。12 月末,全省生猪存栏 2849.58 万头,比上年末减少 2.10%。其中,能繁母猪 312.32 万头,减少 5.50%;全年生猪出栏 4836.14 万头,比上年减少 2.40%。

2. 禽类产品生产相对稳定。受供求关系影响,全年禽产品价格震荡走低。受年底价格翘尾带动禽产品价格有所回暖,但依旧没有达到上年同期价格水平。12 月末,肉禽价格同比下降 8.00%,鸡蛋价格下降 15.50%。禽产品养殖户仍略有亏损,规模变化不大,生产平稳发展。12 月末,全省家禽存栏 61327.56 万只,比上年末增长 1.00%。全年家禽出栏 176896.00 万只,比上年增长 4.40%;禽蛋产量 423.90 万吨,增长 9.20%。

3. 食草畜生产形势平稳。受市场供需影响,牛肉价格全年高位震荡,而羊肉则持续走低。12 月 28 日,全省牛肉价格 58.00 元/公斤,比上年周期下降 0.90%;羊肉价格 56.90 元/公斤,下降 15.80%。受奶制品大量进口,国内需求不振双重拖累,牛奶价格继续低迷。全省牛奶价格

3.40 元/公斤，与上年基本持平，奶牛养殖户依旧没有走出亏损的阴影，牛奶生产面临挑战。12 月末，全省牛存栏 503.57 万头，比上年末增长 1.70%；羊存栏 2235.66 万只，增长 2.80%。全年牛出栏 447.50 万头，比上年增长 1.50%；羊出栏 3195.76 万只，增长 2.50%；牛奶产量 275.40 万吨，减少 1.50%。

（三）林、渔业平稳发展

2015 年，全省林业系统以建设绿色山东、生态山东为目标，制定并出台了一系列政策措施，实现了全省林业持续健康发展。2015 年全省林地面积为 396.00 万公顷，林木绿化率为 25.09%，比上年提高 1.09 个百分点。新造林面积 20.60 万公顷，完成水系绿化 3.80 万公顷。木材产量 485.80 万立方米，比上年增长 13.10%。其中，原木产量 435.20 万立方米，增长 18.20%。

2015 年，全省渔业系统以实现渔业现代化为目标，着力做好“科技引领、创新驱动、质量提升、服务保障”四个方面，在大力推进渔业生产转型升级方面取得了显著成效。全年全省水产品产量 884.40 万吨（不含远洋渔业），比上年增长 2.00%。其中，海水产品产量 727.80 万吨，增长 2.60%；淡水产品产量 156.60 万吨，下降 0.50%。

（四）农产品价格稳定，生产资料价格下降

2015 年，全省农产品生产价格较为平稳，全年生产价格指数为 100.06。分行业看，农业和渔业价格有所下降，林业和牧业价格上涨。农业价格下降 1.70%。其中，小麦价格下降 2.40%，玉米价格下降 7.90%，蔬菜价格上涨 10.00%。林业价格上涨 0.90%。牧业价格上涨 3.30%。其中，生猪价格上涨 10.00%。渔业价格上涨 0.30%。其中，海水养殖价格下降 2.80%，海水捕捞价格上涨 6.10%，淡水养殖价格上涨 1.00%。

2015 年，全省农业生产资料价格下降 0.70%，比前三季度跌幅扩大 0.20 个百分点。化肥价格上涨 1.70%。其中，氮肥上涨 1.90%，磷肥上涨 4.50%，钾肥下降 1.00%，复合肥上涨 0.70%。农药价格上涨 0.70%。饲料价格下降 5.40%。农用机油价格下降 15.80%。农用种子价格上涨 2.10%。农用薄膜价格下降 0.10%。

二、问题和建议

（一）种粮户丰收之年难增收，影响生产积极性

2015 年，全省粮食生产再获丰收，总产量再创历史新高。受国际粮价下行、国内供需关系等因素影响，粮食市场价格全面下跌。全省粮食生产价格下降 5.40%。其中，小麦价格下降 2.40%，玉米价格下降 7.90%。

价格的下滑导致种粮户丰收之年难增收，对2016年农民种粮积极性和粮食的稳增长形成较大压力。建议一方面加大对改善农业生产条件的投入，不断提高粮食生产的技术水平，扩大粮食规模化经营的比例和规模，降低生产成本，维持粮食生产合理的利润空间；另一方面加快粮食深加工的研发，拓宽粮食深加工的领域，增加对粮食的需求，有效消化粮食多余库存，改变市场供大于求的格局。

（二）棉花生产面临挑战

近年来，受经济下行压力大、纺织品出口难度增加、国家取消收储政策、市场缺乏支撑以及进口棉花冲击等因素影响，全省棉花价格持续多年低迷，种植户亏损严重。据省物价局成本监测调查，2015年全省棉花每亩现金收益758.30元，比上年减少386.90元，比上年减收33.80%。长期的亏损导致棉花播种面积和产量锐减。棉花面积由2008年的1332.00万亩缩小到2015年的773.3万亩，减少42.00%；产量由2008年的104.10万吨下降到2015年的53.70万吨，减少48.40%。建议因地制宜，加强政策支持，在最适宜种植棉花的黄河三角洲区域建立棉花生产基地，推进棉花规模化、标准化生产。同时，要求普通棉农加强棉田管理，推进棉田管理机械化，健全服务体系，不断提高棉花产量效益，保证棉农经济效益。

展望2016年，中央“一号文件”再次聚焦“三农”，农业投入将持续加大，农业农业现代化水平进一步提高，秋冬播小麦面积继续增加，林、牧、渔业将总体保持平稳。若无大的自然灾害和市场波动，预计2016年农业生产仍将保持平稳发展。

（山东省统计局　刘鲁嘉）

机遇与挑战并存　工业发展稳中有进

——2015 年山东省规模以上工业经济运行发展情况及展望

2015 年以来，全球经济整体低迷，国内宏观经济进入了结构调整和动力转换的关键阶段，潜在增长率趋势性回归与长期结构性、短期周期性问题叠加，经济下行压力不断加大。面对复杂严峻的经济形势，全省工业经济经历了年初的小幅下滑后逐渐企稳，整体呈现缓中趋稳、稳中有进的良好态势。

一、工业运行基本情况

从工业生产情况看，2015 年我省规模以上工业增加值增长 7.5%，较上年回落 2.1 个百分点，连续 2 年阶梯式回落。从年内情况看，我省工业增速在年初略有下滑，自 3 月份以来基本保持在 7.5%左右小幅波动，全年呈现“L”形走势，筑底企稳态势明显（见下图）。在我省重点调度的 120 种重点工业产品产量中，73 种比上年增长，增长面达到 60.8%，为近两年来的最高水平。

从全国看，2015 年我省规模以上工业增加值增速高于全国 1.4 个百分点，在全国 31 个省（直辖市、自治区）中居第 17 位。与东部沿海省份相比，我省工业增速低于江苏 0.8 个百分点，分别高于广东、上海与浙江 0.3 个、7.3 个和 3.1 个百分点。

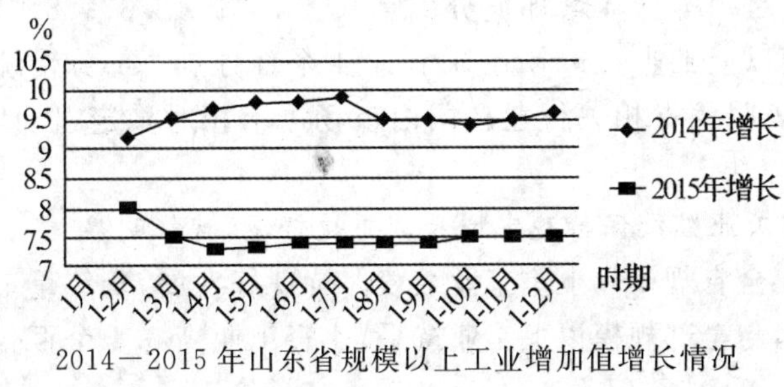

2014—2015 年山东省规模以上工业增加值增长情况

从效益情况看,2015 年我省规模以上工业效益水平持续走低。全年实现主营业务收入 14.7 万亿元,增长 2.8%,比上年回落 7.0 个百分点;实现利润 8617.2 亿元,下降 1.6%,比上年回落 6.2 个百分点,工业效益整体情况不容乐观。

二、工业运行主要特点

(一)多数行业增长平稳,结构分化继续加剧

2015 年,在我省工业 41 个行业大类中,36 个行业比上年增长,增长面达到 87.8%,继续保持较高水平。分行业看,在增加值总量居前 15 位的行业中,9 个行业增速高于全部规模以上工业,行业发展基本正常,重点行业运行平稳。与此同时,行业间结构分化继续加剧。

上游采掘业增速下滑明显。2015 年受大宗商品价格持续走低影响,我省采掘业增速下滑明显,全年增加值比上年下降 7.0%,比上年大幅回落 13.2 个百分点。其中,煤炭、石油两个重点行业增加值分别下降 4.2%和 16.0%,比上年分别回落 16.7 个、16.5 个百分点。

消费品行业增长未见明显起色。2015 年受内需增长仍显不足、新的规模化消费热点尚未形成等因素影响,我省消费品行业增长仍未见明显起色。除服装、家具行业外,其余消费品行业增加值增速均低于全部规模以上工业。其中,高端消费品行业增长趋缓,烟草、酒饮料、皮革等行业增加值分别增长-0.9%、4.8%、4.9%,依次低于全部规模以上工业 8.4 个、2.7 个、2.6 个百分点。

高技术行业快速发展。2015 年我省规模以上高技术行业快速发展,成为我省工业经济的一大亮点,全年增加值增长 8.9%,比规模以上工业高 1.4 个百分点。其中,电子及通讯设备制造业、医药、计算机及办公设备制造等行业增加值增速分别高于全部规模以上工业 2.6 个、0.8 个、0.8 个百分点。

部分传统优势行业"稳定器"作用显现。2015 年我省部分传统优势行业继续保持了较快增长势头,有力地支撑了全省工业稳定发展。其中,有色、化工、纺织等行业增加值分别增长 14.4%、12.3%、8.9%,依次高于全部规模以上工业 6.9 个、4.8 个、1.4 个百分点。部分传统优势行业稳定增长,表明我省相关行业在国内市场需求相对稳定,仍具备一定的优势。

(二)重工业继续保持稳定增长,"重快轻慢"特征明显

2015 年全省规模以上重工业继续保持良好发展,全年重工业增加值增长 7.5%,与全部规模以上工业持平,比轻工业高 0.1 个百分点,"重快

轻慢”特征明显。重工业为国民经济各部门提供各种生产资料的生产部门，其稳定增长有力地保障了我省工业经济平稳运行。

（三）装备工业低位运行，高耗能行业保持良好增长势头

2015年，受汽车、工程机械等主要行业需求低迷影响，我省装备工业整体下滑明显，呈现低位运行态势，全年装备工业增加值增长7.1%，比规模以上工业低0.4个百分点，比上年大幅回落5.0个百分点，回落幅度超过规模以上工业2.9个百分点。分行业看，通用设备、机械、汽车等行业增长放缓，增加值分别增长3.7%、6.0%、6.6%，依次低于规模以上工业3.8个、1.5个、0.9个百分点。

高耗能行业保持了稳定增长势头。2015年增加值增长11.0%，比规模以上工业高3.5个百分点。分行业看，石油加工、有色、化工等行业增加值分别比全部规模以上工业高12.3个、6.9个、4.8个百分点，从目前看，高耗能行业仍然是我省工业稳定增长的重要力量。

（四）公有经济低位徘徊，非公有经济较快增长

2015年全省规模以上国有、集体工业增加值分别增长－0.5%、4.2%，比全部规模以上工业低8.0个和3.3个百分点。非公有经济增长较快，增势良好。全年实现增加值增长10.0%，高于全部规模以上工业2.5个百分点。其中，私营工业增长11.1%，高于全部规模以上工业3.6个百分点。非公经济在我省工业中占80.0%以上比重，其稳定发展表明当前我省工业平稳增长趋势未发生大的变化。

（五）大型企业增长放缓，中小型企业增势良好

2015年，我省规模以上大型企业增加值增长4.9%，比全部规模以上工业低2.6个百分点。从重点企业情况看，工业总产值过百亿元的企业共135家，产值比上年增长0.6%，比全部规模以上工业低3.0个百分点。其中，胜利油田、重汽、兖矿、济钢等国有大型企业产值均比上年下降10.0个百分点以上，重点企业生产形势不容乐观。与此同时，全年我省规模以上中小型企业增加值增长9.0%，高于全部规模以上工业1.5个百分点，继续保持较快增长，有力地支撑了全省工业稳定发展。

（六）区域间分化明显

从省内17市情况看，聊城、菏泽等市起步晚、基数小、新投产项目多，后发优势明显，增长较为迅速。淄博、枣庄、东营、莱芜、临沂等市受产业结构、资源环境等影响较大，全年增长趋缓，增加值增速低位徘徊。另外，东部沿海地区如烟台、潍坊、威海等市积极转方式、调结构，利用区位优势大力发展高技术产业、高端装备制造业等新兴产业，整体增长较为平稳，增速均快于全省规模以上工业。

三、当前工业面临的挑战

(一)价格持续下行,工业通缩风险加剧

2015年我省工业品出厂价格比上年下降4.8%,降幅比上年扩大3.2个百分点,其中12月份下降5.5%,已经连续47个月同比下降。受产能过剩、大宗商品价格低迷等因素影响,采掘业、原材料工业价格持续下降,12月份全省生产资料价格同比下降6.9%,其中采掘价格下降18.9%,原料价格下降10.8%。上游行业价格持续下降将逐渐传导至下游消费领域,形成实质性通缩,风险不容忽视。

(二)工业需求持续偏弱

当前,我省与全国一样,面临着模仿型、排浪式消费阶段基本结束,个性化、多样化需求渐成主流的需求形势,但长期以来一直存在的供给侧结构失衡问题,加之创新能力偏低、产品质量、美誉度和信誉度不高,使得一方面低端产品产能过剩,另一方面高端产品和服务严重供给不足的矛盾比较突出。从内需看,2015年我省规模以上工业销售产值增长3.6%,比上年大幅回落6.4个百分点。从外需看,全年实现出口交货值8248.2亿元,下降2.1%,增幅比上年回落8.9个百分点,内外销售形势均不容乐观。

(三)工业经济效益下滑明显,企业去库存压力依然较大

2015年,受国内外宏观经济整体下行态势的影响,我省实体经济下行压力加大,企业生产经营困难加重。全年规模以上工业主营业务收入增长2.8%,增速比上年回落7.0个百分点;利润下降1.6%,增速比上年回落6.2个百分点,工业企业效益下滑明显。与此同时,产成品库存快速增长,全年产成品为4481.6亿元,增长12.3%,增速比主营业务收入高9.5个百分点,企业去库存压力依旧较大,利润好转尚待时日。

(四)要素成本居高不下,产能过剩等供给侧矛盾日渐突出

从人工成本看,规模以上工业企业生产经营及景气状况调查结果显示,2015年四季度,31.6%的企业认为人工成本上升是企业在生产经营中面临的主要问题之一,仅次于"需求减少,订单不足",居第2位。从近期对企业进行调研的情况看,部分行业如装备行业中人工成本已经占总成本10.0%以上甚至达到20.0%的比例,并且还在不断上升。

与此同时,企业资金、土地等要素成本也在不断增加,严重挤压了企业的利润。2015年四季度,14.9%的企业认为本季度融资成本上升,比第三季度提升0.8个百分点,比第二季度提升2.6个百分点,为年内最高水平。从调研了解到的情况看,部分行业如化工行业企业普遍反映在融

资额度、期限等方面受到了一定的限制，企业基本经营资金得不到保证，对生产经营带来了严重影响。

从产能利用情况看，2015 年四季度，我省工业企业产能利用率为 75.7%，比三季度降低 0.5 个百分点，比二季度降低 1.4 个百分点，为年内最低水平。其中，煤炭、炼油、钢铁、水泥、玻璃、电解铝、船舶等产能过剩行业产能利用率分别为 63.9%、62.0%、66.8%、65.4%、75.2%、76.0%、79.6%，化解过剩产能形势不容乐观。

四、今后工业发展的机遇

(一)新的"人口红利"优势

我省一直是人口大省，常住人口总数仅次于广东省，居全国第 2 位，目前已经接近 1 亿，规模庞大的人口在新形势下形成新的"人口红利"。一方面，传统儒家思想使我省普遍对教育重视程度较高，虽然人口的增长速度在下降，但人口的受教育程度较高，是"制度变革，结构优化，要素升级"这三大新动力中的重要组成部分。2014 年人口抽样调查结果显示，我省 6 岁及 6 岁以上高中人口数占抽样调查人口的比例为 17.4%，比全国高 1.8 个百分点，比江苏高 1.0 个百分点，这反映了我省人口整体素质较高。另一方面，庞大的人口基数带来的是庞大的需求，人口不仅是生产者，而且是消费者和需求者，人口越多，则消费需求越大，经济增长动力也就越大。

(二)城镇化带来巨大的发展空间

"十三五"规划提出，到 2020 年，全省城镇化率将由 2015 年的 57%提升到 65%，这必将有力带动我省基础设施、房地产和钢铁、水泥等相关产业的发展。同时，进一步提高"新城镇居民"的收入和消费水平，将原有相对落后的农村消费需求转化为层次较高、规模较大的城镇消费需求，为我省工业经济发展提供持续、有力的市场需求保障。

(三)"一带一路"战略带来新的机遇

2015 年，在国家制定的《推动共建丝绸之路经济带和 21 世纪海上丝绸之路的愿景与行动》中，明确了青岛、烟台等沿海城市港口将成为"一带一路"特别是 21 世纪海上丝绸之路建设的排头兵和主力军。随着"一带一路"战略的实施，一方面可以将我省部分优质富余产能通过国际合作转移出去，另一方面由于要素成本的上升而丧失产业竞争力的部分行业也可以通过对外投资重现生机。

五、2015 年山东工业总体判断及 2016 年展望

(一)2015 年总体判断

2015 年,我省工业增长放缓,效益下滑,企业生产经营面临诸多困难,全省工业经历了前所未有的考验。这一方面是由经济发展的客观规律决定的,是符合经济进入中高收入阶段后,发展速度放缓的普遍规律;另一方面,经过几十年的高速发展,国内宏观经济在供给和需求方面长期积累的矛盾较多、较深,我省工业身处其中,难以独善其身。从需求侧看,全球经济增速放缓,国际市场需求明显减弱,国内基本生活需求日臻平稳,对工业品总体需求趋向稳定;从供给侧看,产能过剩、要素成本上升、工业发展方式陈旧等问题突出,影响着我省工业经济的发展。面对这些复杂的环境和现实局面,全省工业经济顶住了巨大的压力和挑战,保持了 7.5%的中速增长,实属不易。

(二)2016 年展望

2016 年是“十三五”的开局之年,是推进结构性改革的攻坚之年。当前,我省工业经济新的内生动力正逐步形成,城镇化稳步推进,化解过剩产能工作有序进行,大众创业、万众创新暗流涌动,各种积极因素不断积聚,为工业稳定发展奠定了坚实基础。同时,我省工业经济依然面临结构性通缩压力较大、行业产能过剩问题突出、结构调整推进进展缓慢的严峻局面。工业转型、产品结构调整正在进行,但非一朝一夕之功;“两孩”政策放开,短时期难以见效;我国工业产品在国际市场上竞争优势在逐步减弱。这些因素都决定了国际、国内市场对我国、我省工业产品整体需求不会有明显改观,预计 2016 年全省规模以上工业增长仍将处在中速区间平稳运行。

(山东省统计局　朱晓静)

山东工业能源生产、消费首现双降

——2015年山东省规模以上工业能源生产消费情况

2015年，在经济发展新常态下，我省工业生产增幅回落，能源需求进一步减少，工业能源生产、消费近十几年来首次呈双降之势。特别是工业用能，经过连续几年低速增长后由升转降，表明全年我省工业生产结构、能耗结构发生了显著变化，能源消费进入重要转折点。

一、一次能源生产下降，二次能源生产增长

一次能源产量明显下降。2015年，我省一次能源产量为1.4亿吨标准煤，比上年下降3.5%，降幅比上年扩大1.4个百分点。分品种看，原煤下降3.2%，降幅扩大0.3个百分点；天然原油下降4.5%，降幅扩大4.0个百分点；天然气下降7.2%，降幅扩大7.2个百分点；太阳能发电下降23.5%。天然原油和天然气产量大幅下降的直接原因是，胜利油田公司关停了很多效益较差的下级采油单位。

二次能源产品产量低速增长，增幅明显回落。2015年，我省二次能源产量为3.2亿吨标准煤，增长3.0%，增幅比上年回落6.1个百分点。分品种看，原油加工量增长9.7%，增幅回落7.4个百分点；发电量增长0.2%，增幅回落3.0个百分点；焦炭下降5.3%，增幅回落10.2个百分点；洗煤下降7.1%，增幅回落11.9个百分点。

清洁能源产品产量稳定增长。可再生能源发电145.4亿千瓦时，增长4.7%，占全省发电量的3.1%。其中，风电、水电、竹木等生物质燃料发电分别增长37.5%、8.6%和6.7%。

二、能源供应充足，库存呈现积极变化

省外能源流入量继续快速增长。2015年，我省限额以上经销企业自省外购入煤炭1.4亿吨，比上年增长1.3%；成品油953.0万吨，增长

96.7%；省外入鲁电量497.6亿千瓦时，增长2.5%，增幅比上年提高2.4个百分点；全省企业进口原油1382.0万吨，增长74.8%。

能源库存量呈现不同变化。分品种看，2015年末煤炭库存量比上年末减少10.3%，原油增长28.2%，焦炭增长15.5%，成品油和石油制品减少2.1%。煤炭库存减少的原因包括：一是煤炭生产企业由于市场需求不足、价格低迷等原因主动减产；二是部分消费企业由于煤炭市场供应充足，价格下降预期强烈，为避免占压资金有意减少库存。原油库存增加的主要原因是，受市场需求增加、国际原油价格走低以及国家原油进口配额放宽等利好政策的引导，近两年我省炼化企业生产规模迅速扩大，原油购进明显增加。

三、工业能源消费多年来首次下降

工业能耗十几年来首次出现下降。2015年，全省规模以上工业能耗下降0.6%，与上年1.4%的增速相比，回落2.0个百分点。分门类看，采矿业能耗下降8.4%，降幅比上年扩大6.9个百分点；制造业能耗与上年持平，增幅回落1.9个百分点；电力、热力、燃气及水的生产和供应业能耗下降1.4%，降幅收窄0.9个百分点。分轻重类型看，轻工业能耗由上年下降0.3%转为增长1.1%，重工业能耗由上年增长1.8%转为下降1.0%。

分行业看，能耗下降面有所扩大。在41个工业行业中，能耗下降的有27个，比上年增加3个。其中，采矿行业能耗全部下降，六大高耗能行业能耗有升有降，装备制造业能耗由上年增长1.4%转为下降3.5%。食品加工制造、饮料、烟草、纺织服装、皮革和木材加工业能耗均呈下降之势。造纸、医药、化纤、橡胶和塑料等行业能耗保持低速增长。

从能源开采行业看，煤炭开采和洗选业能耗下降7.4%，降幅比上年扩大5.1个百分点；石油和天然气开采业能耗由上年增长2.6%转为下降8.5%，回落11.1个百分点。

从六大高耗能行业看，有色金属冶炼和压延加工业、化学原料和化学制品制造业能耗增长较快，增速分别为6.9%、4.7%，比上年依次提高3.4个、1.8个百分点；石油加工、炼焦和核燃料加工业能耗增长2.1%，增幅回落4.9个百分点；非金属矿物制品业下降8.2%，降幅扩大8.0个百分点；黑色金属冶炼和压延加工业下降5.4%，回落6.6个百分点；电力、热力生产和供应业能耗下降1.4%，降幅收窄0.7个百分点。非金属矿物制品业和黑色金属冶炼和压延加工业减少能耗460多万吨标准煤，是影响我省工业能耗下降的主要原因。

分季度看，规模以上工业能耗分别下降1.6%、1.9%、0.1%和上升1.4%，增速呈先降后升趋势。分月看，工业能耗增速在3月份达到全年最低点，随后降幅逐月收窄趋稳，进入9月后反弹转增。具体看，1—12月工业能耗增速依次为0.9%、−6.2%、−2.5%、−1.0%、−2.2%、−2.8%、−0.6%、3.2%、0.8%、1.5%和1.7%。

分市看，各市工业能耗增长极不平衡。全省17市规模以上工业能耗下降的有10个，比上年增加5个。日照和滨州市继续保持较快增长，分别增长7.9%和10.3%；临沂和枣庄市大幅下降，分别下降21.7%和9.3%。

分企业能耗规模看，2015年我省能耗超过1万吨标准煤的工业企业有1321个，比上年增加19个；能耗超过50万吨标准煤的企业有106个，增加4个；能耗超过100万吨标准煤的企业有58个，增加5个。在当前形势下，重点耗能企业个数不减反增的主要原因是，个别市如滨州市新增了一批发电、电解铝等高耗能企业。

分重点能源品种消费情况看，2015年，我省规模以上工业煤炭消费量为3.7亿吨，增长1.5%；用电量增长8.9%；焦炭消费量增长2.5%；天然气消费量下降0.5%；汽油、柴油消费量增长17.9%。从煤炭消费途径看，加工转换消费占79.9%，终端消费占20.1%。其中，发电供热消费占61.7%，洗煤消费占2.0%，炼焦投入占16.2%。

四、工业节能取得积极成效

一是淘汰落后产能取得积极进展。2015年，我省淘汰生铁产能119.4万吨，粗钢465.0万吨，焦炭40.0万吨，造纸10.3万吨，印染产能9357.9万米，铅蓄电池228.72万千伏安时；关停小火电机组122.9万千瓦，小煤矿17处，累计淘汰落后产能507.0万吨。

二是企业能源利用水平进一步提高。在我省重点监测的70项单位产品综合能耗指标中，有51项下降，占全部监测指标的72.9%。从重点用能产品的单耗看，火力发电下降0.2%，生铁下降2.2%，电解铝下降1.3%，水泥熟料下降1.4%，平板玻璃下降1.6%，纯碱上升0.5%，合成氨下降0.88%，原油加工下降3.5%，炼焦下降4.0%，造纸下降0.5%。

五、影响工业能耗走势的主要因素

从全省看，影响工业能耗下降的主要因素有三个。一是市场需求不足，部分主要高耗能产品产能严重过剩，产量显著减少。2015年，全省重点监控的19种高耗能产品，有11种产量下降，比上年增加4个。其中，生铁、粗钢由升转降，水泥、平板玻璃降幅显著扩大，成为我省工业能耗下降的主要推手。纯碱、烧碱等化工产品产量增幅大幅下滑，发电量增速近乎停滞，进一步削弱了工业能耗增长的动力。二是停、破产企业增多，拉低了能耗增速。至2015年底，我省停、破产工业企业1876家，占全省规模以上工业企业的4.6%，其中德州、临沂、东营、滨州、莱芜、枣庄和日照等市，停、破产企业个数所占比重均超过5.0%。2015年，这部分企业能耗下降77.4%。三是环保问责因素影响显著。2015年，我省济南、临沂和德州等市部分高耗能企业因排放超标，被环保部门勒令强制停产或限产，企业生产大受影响，这些市的工业能耗增速大幅回落。德州市在年末被环保部约谈后，工业能耗由1－11月的上升1.1%转为全年下降0.4%，12月当月工业能耗下降13.0%。临沂市在年初被环保部约谈后，加大节能环保措施落实力度，重拳治理大气污染，停产整治企业57家，限期治理企业412家。受此影响，2015年临沂市规模以上工业能耗下降21.7%，明显拉低了我省工业能耗增幅。若扣除临沂市，2015年我省规模以上工业能耗增长1.2%。

六、我省工业节能存在的主要问题和应对措施

我省工业能耗增速创下新低，究其原因，既有“去产能，去库存”政策和节能减排措施发挥作用的影响，也有市场调节因素的影响，但起主要影响作用的还是市场因素。市场需求不足抑制了工业生产和工业能耗，随着经济形势的变化，一旦市场需求增加，我省被闲置的钢铁、建材等过剩产能将会重新被激活复产，工业能耗反弹，节能形势将会明显好转。

从2015年的表现看，部分市和大企业想方设法降低生产成本，钢铁、电解铝、电力生产逆势上行，减弱了我省工业能耗进一步下行趋势。一是个别市重点高耗能企业恢复生产，带动工业能耗反弹。如青岛钢铁控股公司，在经历停产搬迁后，年末精品钢基地投产，全年能耗同比大幅增长，拉动青岛全市工业能耗由1－11月下降3.8%转为全年增长1.1%。二是个别大企业依靠自身成本优势，提高市场竞争力，工业生产保持较快增长，工业能耗带动明显。如日照钢铁公司充分发挥地域港口优势，调整产品结构，降低生产成本，转变营销策略，加大外贸出口力度。在全国钢材市场不景气的形势下，日照钢铁公司的粗钢产量增长12.8%，工业能耗增长11.6%，对全市工业能耗增长的贡献率超过96.9%。再如滨州魏桥创业集团，推行“铝电网一体化”和“上下游一体化”产业模式，电解铝产品用电成本和生产成本相对较低，在有色金属整体行业相对疲软的情况下，其电解铝产能仍保持扩张之势，电解铝产量增长37.7%；发电量为925.1

亿千瓦时，增长13.4%；企业能耗增长10.2%，对滨州工业能耗增长的贡献率达到65.9%。

因此，当前我省工业节能主要存在以下问题：一是钢铁、建材、化工、电力、有色等重点行业传统过剩产能存量巨大，“去产能，去库存”任务艰巨；二是创新不足，传统重工业高耗能产品与国际先进水平相比，能耗高、污染重、附加值低的局面依然存在，在人力、原材料、电力等各项成本上升的情况下，省内相当部分钢铁、建材、化工产品在国内竞争优势减弱，激烈的低层次竞争，阻碍了工业转型升级的步伐；三是能源品种消费结构中煤炭占比依然过高，天然气、石油、风电、水电比重过低，电力消费结构中，煤电比重过高；四是我省部分企业特别是有些大型企业能耗增量偏大，进一步加重了工业能耗结构的调整。

“十三五”时期，我国将全面建成小康社会，生态文明建设必将达到一个崭新水平，而我省在节能减排方面还存在较大差距，应该做出更多努力。一是充分发挥市场的主体调节作用，大力化解、淘汰过剩产能和落后产能；二是大力发展先进制造业，加快传统产业技术改造步伐，全面提升工业竞争力，进一步优化我省工业能耗结构，让结构节能发挥更大作用；三是加快由“制造”向“智造”转变，积极吸引高级人才、高科技项目，创造优良环境，做好基础研究和研发试验，搞好“产学研”，真正做好“内功”，为工业转型升级打好基础；四是严格落实我省节能减排政策，加大落实力度，提高违法违规成本；五是大力发展清洁能源和可再生能源，尤其是大力发展分布式能源，实现风能、太阳能、生物质能、天然气的梯级利用，充分优化能源品种结构，同时加快核电建设，尽量减少对煤炭的依赖；六是持续不懈地抓好大型重点用能企业的节能减排工作。

（山东省统计局　张　健）

建筑业生产微幅增长　发展形势不容乐观

——2015 年山东省建筑业发展情况及展望

2015 年我省建筑业下行趋势逐步显现，建筑施工面积持续下降，签订合同额增长较缓，施工任务相对不足，建筑业企业生产空间逐步缩小，生产进度放缓。

一、建筑业生产基本情况

（一）建筑业生产低位运行，非国有企业进一步下降

2015 年全省有资质的建筑企业持续了上半年及前三季度的低位运行态势，完成建筑业总产值 9381.7 亿元，增长 0.7%，增幅比上年回落 9.3 个百分点，低于全国平均水平 1.6 个百分点，比江苏、浙江和广东分别低 0.1 个、5.1 个和 5.4 个百分点。其中，国有及国有控股企业完成产值 2312.9 亿元，增长 5.2%，比上年降低 5.5 个百分点；非国有建筑企业完成产值 7068.8 亿元，下降 0.7%，比上年降低 10.5 个百分点。

分行业看，受房地产市场调整及建安工程投资大项目减弱的影响，作为我省建筑业的房屋建筑和土木工程两大主体行业，仍延续了上半年以来"一降一缓"的态势。全年房屋建筑业完成产值 6126.3 亿元，下降 1.3%，降幅比前三季度扩大 0.5 个百分点，拉低全部建筑业 0.9 个百分点；土木工程建筑业完成产值 2365.1 亿元，增长 4.1%，比上年回落 5.9 个百分点。建筑安装业和建筑装饰业虽然高于全部建筑业，但增速也明显趋缓。全年建筑安装业完成产值 436.7 亿元，增长 7.5%；建筑装饰业及其他建筑业完成产值 453.4 亿元，增长 6.1%。

分地区看，淄博、东营、烟台、济宁、泰安、聊城 6 市建筑业总产值出现下降，降幅最大的是东营市，下降 13.8%。

（二）签订合同额缓中有升，施工任务仍显不足

受当前经济发展形势，特别是房地产市场不景气的影响，我省建筑业

面临诸多压力，施工任务持续相对不足。2015 年，全省有资质的建筑业企业签订合同额 15287.9 亿元，增长 5.7%，比上年回落 2.7 个百分点。其中，本年新签合同额 9273.5 亿元，增长 0.7%，比上年回落 4.6 个百分点。非国有建筑企业签订合同额 10012.2 亿元，增长 0.1%，低于全部企业 5.6 个百分点。其中，本年新签合同额 6459.0 亿元，下降 3.3%，低于全部企业 4.0 个百分点，非国有建筑业施工任务不足的问题相对突出。我省非国有建筑业产值占全部比重基本保持在 75.0%左右，非国有建筑业施工任务不足对我省今后建筑业生产将产生较为明显的影响。

分行业看，作为最大主体行业的房屋建筑业与房地产相关程度最高，因此受房地产市场的影响最大，施工任务不足的矛盾也最为突出。全年签订合同额 9888.1 亿元，增长 3.5%，增幅低于全部建筑业 2.2 个百分点，占全部合同额的 64.8%。其中，新签合同额 5777.2 亿元，下降 4.6%，低于全部建筑业 5.3 个百分点，拉低全部新签合同额 3.0 个百分点。

（三）房屋新开工面积延续下降态势，施工面积增长放缓

2015 年，我省建筑企业新开工面积持续大幅下降，一季度新开工 654.1 万平方米，下降 14.7%；上半年新开工 13095.0 万平方米，下降 22.1%；前三季度新开工 20097.7 万平方米，下降 18.9%；全年新开工 27995.3 万平方米，下降 15.0%。全年新开工面积占全部房屋建筑施工面积比重 40.3%，比上年比重低 6.0 个百分点。新开工面积出现下降的主要原因：一是新签订合同额少，二是建设方资金紧张影响开工。据部分市调研反映，由于建设方资金紧张，一些企业虽然有施工合同，但实际尚未进行施工，在一定程度上也影响了建筑业生产。

房屋新开工面积降幅扩大，导致房屋建筑施工面积持续下行，建筑企业的生产空间相对缩小。2015 年全，省建筑企业房屋建筑施工面积为 69478.6 万平方米，下降 2.3%，比上年降低 12.4 个百分点，比一季度降低 8.3 个百分点，比上半年和前三季度均降低 3.0 个百分点。

（四）房屋竣工面积和竣工价值双双下降

施工任务的相对不足，导致房屋竣工面积和竣工价值下滑。2015 年全省房屋竣工面积 23657.0 万平方米，下降 2.3%，比上年降低 4.3 个百分点。其中，住宅房屋竣工面积 16821.7 万平方米，下降 1.5%，比上年降低 4.3 个百分点。

房屋竣工价值 3293.0 亿元，增长 0.5%，比上年回落 7.6 个百分点。其中，住宅房屋竣工价值 2238.9 亿元，增长 0.5%，比上年回落 8.7 个百分点。

二、建筑业生产形势展望

2016年是“十三五”规划开局之年，随着步入经济新常态，在宏观经济面临下行压力的大环境下，山东建筑业规模扩大与施工任务不足并存，其发展必然是机遇与挑战并存。

（一）促进建筑业发展的有利因素

一是劳动生产率有较大程度提高。2015年全省按直接从事建筑业生产经营活动的平均人数计算的劳动生产率为30.1万元/人，比上年高2.1万元/人，增长7.6%，增幅比上年提高6.8个百分点。其中，国有及国有控股建筑业劳动生产率为53.9万元/人，比上年高8.8万元/人，增长19.7%，提高6.4个百分点，比全国平均水平高6.9万元/人，比江苏和浙江分别高12.6万元/人和15.5万元/人。

二是龙头企业带动作用仍较明显。2015年全省16家特级建筑企业完成产值1084.3亿元，增长7.2%，高于全部建筑企业6.5个百分点。其中，9家产值增长高于上半年，中铁十四局集团有限公司增长1.0倍多，莱西市建筑总公司增长50.0%以上。

三是特级企业外埠市场拓展相对较好。2015年全省建筑业在外省完成产值1638.9亿元，增长5.2%，高于全部建筑业总产值4.5个百分点，占全部建筑业产值比重17.5%，比上年提高0.8个百分点。其中，16家特级企业在外省完成产值260.0亿元，增长29.3%，增速高于全部在外省产值24.1个百分点。

（二）制约因素

一是我省高资质建筑企业数量少，承包大型工程的能力较弱。2015年我省建筑业特级企业16家，居全国第7位，比北京、浙江、江苏分别少32家、28家、23家。

二是建设方资金紧张，施工进度慢。建设方融资困难较多，资金到位不及时，一方面，导致建筑企业施工进度减缓，另一方面，降低了企业再接工程、企业扩大生产能力。

三是企业人力资源矛盾逐渐凸显。2015年全省直接从事生产经营活动的平均人数311.4万人，比上年下降6.4%；工程技术人员43.9万人，下降28.8%，人员流失现象不容忽视。我省建筑业一线工人以农民工为主，且跨地区流动较普遍，用工状况日益紧张。从部门座谈掌握的情况看，目前我省从事建筑业活动的农民工35岁以上者占80%以上，而30岁以下者只占10%左右，且仍有减少趋势，新生人力资源的不足将加剧用工短缺。

四是新签合同增长乏力，新开工面积仍在下降区间，建筑业生产任务和增长后劲不足。

五是建筑业市场空间在缩小。2015年全国固定资产投资增速一直呈回落趋势，国内建筑业市场空间在缩少。而我省固定资产投资项目的建安工程投资增长8.8%，比上年回落9.5个百分点，省内建筑市场空间也在缩小。

在国内建筑业市场空间普遍缩减的客观背景下，随着我省建筑企业上年结转的一些施工合同的陆续竣工，新签合同和新开工面积下降，新增施工任务不足的局面难以改变，2016年全省建筑业生产形势比较严峻，建筑业生产将持续在低速区间运行。

三、2016年建筑业发展的对策建议

建筑业与经济社会发展密切相关，新常态下我省建筑业面临着新的发展要求。因此，要积极应对，主动适应新常态，大力推进建筑行业产业结构调整，优化建筑市场环境，大力开拓高端市场，使建筑业的规模与质量、速度与效益、增长与转型实现新平衡，全面促进山东建筑业健康发展。

（一）鼓励和引导建筑企业提高竞争力，大力推进建筑行业产业结构调整

“十二五”期间山东建筑业规模不断扩张，劳动生产率和技术装备率得到了一定的增长，工程质量保持相对稳定，但与发达国家及国内建筑业强省相比，全省建筑业整体技术水平较低，经营管理相对落后，劳动者素质也存在较大差距。为了实现可持续发展，必须鼓励建筑企业拓宽产业领域，拉长产业链，引导企业从单纯施工向由项目开发带动施工的方式转变，并向建材业、服务业以及钢结构、建筑节能等新兴产业领域发展。从2015年各月三次产业投资增长趋势看，第二产业增长平稳趋缓，而第一、第三产业增长提速。省委、省政府提出的“敲开核桃，一业一策”的推动服务业转型升级的决策部署，既促进全省服务业快速发展，同时也是建筑行业结构调整和转型升级的契机，因此，建筑业要逐步加大对第一、第三产业的需求开发力度，积极发现新的增长点。而对于尚未完成工业化进程的欠发达地区，第二产业特别是制造业在经济发展中仍具有不可替代的作用，这些地区的建筑业应准确把握经济增长的节奏，抓住高新技术对传统产业改造提升的机遇，制定科学可行的发展战略，利用新的经济增长引擎推动建筑业健康发展，从而形成全省建筑业精准发力、联动发展、优势互补、协同推进的良好格局。目前山东城镇化率在全国仅处于中游，在经济大省中居于落后地位，山东建筑业要充分利用新型城镇化建设提供的

巨大发展空间,积极挖掘巨大的市场潜力,真正成为城镇化建设中的核心主力军。同时,进一步加强龙头骨干企业的带动作用,以重点工程和高技术含量工程为主导,增强品牌意识,打造更多的名牌企业和精品工程,力求在重大基础设施建设中争得一席之地,进一步增强企业的可持续发展能力和抵御风险能力。

(二)下大力度解决工程款拖欠问题,优化建筑市场环境

工程款拖欠问题一直是制约山东建筑业发展的瓶颈,也是建筑业适应新常态的严重阻碍。因此,有效解决工程款拖欠问题,优化市场环境是建筑业发展的必然要求。一要加强对项目建设单位监管,加大源头清欠力度。在进一步完善有关法律法规的同时,加大执法力度,对于项目建设单位恶意拖欠、破坏诚信原则的行为严加处罚。强化市场监控,坚决杜绝资金不到位的工程进入建筑市场,从根本上遏制拖欠现象的蔓延。加强对项目建设单位行为管理,强化建筑市场合同签订和履行的管理,加大项目审批、工程建设、项目验收等各个环节的监督力度。二要规范建筑市场准入,引导企业合法经营。严格落实建筑业企业资质管理规定,杜绝不符合条件的企业和人员进入建筑业队伍。确保建筑市场供求平衡,缓解施工力量与施工任务不足的矛盾。强化监督机制,如质量监督,做到优质优价,同时规范中介服务单位的行为,完善和推行招投标制度,建立社会性劳务市场和社会保障体系,使建筑企业拥有一个"统一、开放、竞争、有序"的经营空间。三要建立整治拖欠建筑业工程款的长效机制。建立和发挥相关部门联动机制,对建设工程进行全程、全方位的监管。加强宣传,大力提高各建设单位的诚信意识,把清欠工作纳入信用监控体系,确保项目建设双方自觉履行义务。

(三)进一步改善经营理念,大力开拓外埠市场和高端市场,提高建筑企业的经济效益和社会效益

随着经济全球化的发展,国内和国际建筑市场高度融合,竞争呈现全球化格局,国际市场上高附加值、高技术含量和综合性的项目增多,这种形势对我省建筑企业的技术、资本、管理等能力提出了越来越高的要求。因此,在继续实施"走出去"战略的同时,大力拓展高端的埠外市场,着力培养一批具备工程总承包、项目融资、国际信贷、设备贸易等能力的建筑企业。山东是"丝绸之路经济带"和21世纪"海上丝绸之路"的重要交汇点、双向桥头堡,具有重要的战略地位,山东建筑业要充分依托"一带一路"这个重要平台,积极发挥区位优势,合理规划,稳步推进,大力拓展省外市场及境外市场空间。积极鼓励和引导建筑行业的资源节约和节能减排,深化低碳化的施工理念,形成成熟的工业化的生产方式,在提高企业可持续发展能力的同时产生良好的经济效益和社会效益。

(四)大力支持小微建筑企业,形成大中小微企业协同发展的良好格局

小微建筑企业在增加就业、促进经济增长、科技创新与社会和谐稳定等方面具有不可替代的作用,对国民经济和社会发展具有重要的战略意义。我省高度重视小微建筑企业的发展,取得了积极成效,但受国内外复杂多变的经济形势影响,当前小微建筑企业经营压力大、成本上升、融资困难和税费偏重等问题依旧突出。要继续加强对小微建筑企业的扶持力度,切实解决小微建筑企业中存在的融资困难等一系列现实问题,通过简化审批手续、提供税收优惠等政策促进发展,多培育"小而专,小而精"、竞争力强的小微建筑企业。同时,鼓励并制定实施有效举措促进我省大中型建筑业企业学习国际国内优秀企业的发展战略、经营理念和先进技术,合理配置资源,完善产业链条,大力提升自身竞争水平,勇于通过开拓高难、专精领域来拓展利润空间,增强龙头企业的带动作用,在全省形成大中小微建筑企业协同发展的良好格局。

(山东省统计局 张永安)

增速加快　结构优化升级

——2015 年山东省服务业发展情况及展望

2015 年，省委、省政府高度重视服务业发展，统筹部署、改革创新、积极培育发展现代服务业，大力促进传统服务业转型升级，不断开创服务业发展新局面，全省服务业总量快速增长，比重不断提高，结构转型升级步伐加快。

一、服务业总体发展特征

（一）服务业增速逐季加快，比重提高幅度较大

2015 年，全省服务业（即第三产业，下同）实现增加值 28537.4 亿元，增长 9.6%，增速比上年提高 0.7 个百分点，比 GDP 增速高 1.6 个百分点，比第二产业增速高 2.2 个百分点；服务业增加值占 GDP 的比重达到 45.3%，比上年提高 1.8 个百分点，与第二产业差距由上年的 4.9 个百分点缩小到 1.5 个百分点。分季度看，一、二、三、四季度全省服务业增加值累计增速分别为 8.6%、9.2%、9.5%和 9.6%，全年服务业发展呈现稳中有进的发展态势。

（二）现代服务业快速发展，服务业结构进一步升级

2015 年，全省服务业行业结构进一步优化，现代服务业比重提升，发展速度加快。其中，金融业增加值为 3130.6 亿元，占服务业的比重为 11.0%，比上年提升 0.5 个百分点；增长 14.1%，增速比上年提高 1.1 个百分点。其他服务业中营利性服务业（包括信息传输软件和信息技术服务业、租赁和商务服务业、居民服务修理和其他服务业、文化体育和娱乐业）增加值 3773.4 亿元，占服务业的比重为 13.2%，比上年提升 0.3 个百分点。

传统服务业比重下降，增长趋缓。其中，批发和零售业增加值为 8464.1 亿元，占服务业的比重为 29.7%，比上年下降 0.6 个百分点；增长

8.1%，增速比上年回落3.5个百分点。交通运输、仓储和邮政业增加值2434.5亿元，占服务业的比重为8.5%，比上年下降0.5个百分点；增长4.9%，回落6.7个百分点。

（三）服务业对经济增长拉动作用明显增强

2015年，全省服务业对经济增长的贡献率为45.1%，比上年提高6.8个百分点。从内部行业看，批发和零售业、交通运输仓储和邮政业、住宿和餐饮业、金融业、房地产业、其他服务业中营利性服务业、其他服务业中非营利性服务业对经济增长的贡献率分别为12.0%、2.3%、2.0%、7.6%、2.3%、7.2%和11.2%，其他服务业中非营利性服务业、金融业、其他服务业中营利性服务业、住宿和餐饮业贡献率分别比上年提高6.7个、2.4个、1.2个、0.1个百分点；批发和零售业、交通运输仓储和邮政业、房地产业分别下降2.8个、0.6个、0.2个百分点。

（四）服务业国税税收下降，地税税收贡献提升

2015年，全省服务业实现税收收入3588.4亿元，下降6.0%；占全省税收收入的比重为43.4%，比上年下降2.4个百分点。其中，实现国税收入1280.2亿元，下降26.5%，占全省国税收入的比重为27.7%，比上年下降7.3个百分点；实现地税收入2308.2亿元，增长11.2%，占全省地税收入的比重为63.3%，比上年提高1.4个百分点。

（五）服务业投资增速加快，现代服务业投入力度加大

2015年，全省服务业完成固定资产投资22390.4亿元，增长14.2%，增速比上年提高5.4个百分点；占全部投资的比重为47.3%，比上年提高0.2个百分点。

现代服务业投入力度加大。保险业增长4.8倍、航空运输业增长1.9倍、互联网和相关服务增长1.8倍、邮政业增长1.5倍，软件和信息技术服务业、科技推广和应用服务业分别增长86.2%和72.9%。

（六）规模以上服务业快速发展

规模以上服务业包括交通运输、仓储和邮政业，信息传输、软件和信息技术服务业，租赁和商务服务业，科学研究和技术服务业，水利、环境和公共设施管理业，居民服务、修理和其他服务业，教育，卫生和社会工作，文化、体育和娱乐业9个门类行业及物业管理、房地产中介服务2个中类行业。2015年我省规模以上服务业发展较快、特点明显，主要体现在以下几个方面：

1. 增长速度高于全国平均水平。2015年，全省规模以上服务业企业为11451家，比上年增加823家。营业收入增长10.0%，比全国平均增速（7.4%）高2.6个百分点。其他营利性服务业营业收入增速为18.7%，比全国平均增速(14.1%)高4.6个百分点。

2. 行业增长面宽。2015年,全省规模以上服务业继续保持稳定增长的发展态势,10个门类行业营业收入均实现增长,6个门类行业增速快于全省平均增速。在30个行业大类和2个行业中类中,有28个行业营业收入实现增长,增长面为87.5%(详见下表)。

2015年规模以上服务业行业门类营业收入增长情况

门类	比上年增长(%)
全省	10.0
交通运输、仓储和邮政业	10.5
信息传输、软件和信息技术服务业	2.7
房地产业	20.6
租赁和商务服务业	20.3
科学研究和技术服务业	6.1
水利、环境和公共设施管理业	18.9
居民服务、修理和其他服务业	25.3
教育	7.6
卫生和社会工作	8.2
文化、体育和娱乐业	10.3

3. 私营经济活力进一步增强。2015年,全省规模以上服务业企业中,私营企业达到5753家,比重为50.2%;营业收入增长19.1%,增速高出全省平均增速9.1个百分点,分别比国有企业、集体企业高11.5个和15.9个百分点。

4. 生产性服务业平稳增长。2015年,全省规模以上生产性服务业营业收入增长9.5%,比全国平均增速(6.9%)高2.6个百分点。分季度看,全年运营基本保持平稳,一、二、三季度累计增速分别为9.5%、8.3%、9.5%。

5. "互联网+"相关服务业快速发展。2015年,全省规模以上互联网和相关服务企业营业收入增长40.7%,增速比上年提高26.2个百分点,比全国同行业平均增速高14.3个百分点,比全省平均增速高30.7个百分点。

二、服务业发展中存在的主要问题

2015年我省服务业发展成绩突出，但是服务业发展仍然是我省发展的短板，主要体现在以下几个方面：

（一）服务业比重与全国和先进省市差距扩大

全国2012年服务业比重达到45.5%，比第二产业比重高0.5个百分点，产业结构由2011年的“二三一”调整为“三二一”；到2015年，全国服务业比重上升到50.5%，比第二产业高10.0个百分点，服务业作为经济发展主引擎的地位进一步明确。从全国31个省（直辖市、自治区）来看，15个省（直辖市、自治区）产业结构为“三二一”，我省产业结构仍然保持着“二三一”结构，服务业比重比第二产业低1.5个百分点，比全国低5.2个百分点，差距比上年扩大0.6个百分点。浙江、江苏2省产业结构均为“三二一”，服务业比重分别比山东高4.5个和3.3个百分点，差距均比上年扩大0.1个百分点。

（二）传统服务业比重高，现代服务业比重低

2015年，我省批发零售业、交通运输仓储和邮政业、住宿餐饮业等传统服务业所占比重高达42.4%，比全国平均水平（31.8%）高出10.6个百分点；而金融业、房地产业以及其他服务业等现代服务业所占比重为56.5%，比全国平均水平（67.2%）低10.7个百分点，我省服务业内部结构调整升级压力较大。

（三）区域发展不平衡

2015年全省17市中，济南、青岛、临沂、威海4市服务业比重高于全省，分别为57.2%、52.8%、46.0%和45.4%，分别比全省高11.9个、7.5个、0.7个和0.1个百分点。13市服务业比重低于全省，其中东营市最低，仅为31.9%，比全省低13.4个百分点；其次是菏泽市，为36.0%；第三是聊城市，为37.1%。济南、东营市的服务业比重差距达到25.3个百分点。

（四）服务业投资比重低

2015年，我省服务业投资占全部投资的比重为47.3%，比全国平均水平（56.6%）低9.3个百分点，分别比广东（64.7%）、江苏（49.6%）低17.4个和2.3个百分点。服务业投资既是拉动经济增长的主要动力之一，也是提升服务业发展水平、改善服务业结构的有效途径。服务业投资比重偏低，将直接影响到我省今后服务业发展后劲和服务业结构转型升级步伐。

三、2016 年形势分析及对策建议

2016 年，全省服务业发展既面临着重大的发展机遇，也面临着诸多挑战。其中，发展机遇主要体现在：一是新常态下，经济发展长期向好的基本面没有变；二是 2016 年是“十三五规划”的开局之年，开好头、起好步是关键，各级党委、政府高度重视；三是各种促进服务业加快发展的宏观政策效应将逐步显现。面临的挑战主要表现为：一是当前经济下行压力较大，二是我省经济发展、转型升级也面临着一些深层次矛盾和问题等。为促进全省服务业快速发展，不断提高发展质量，加快服务业结构转型升级步伐，提出以下几个方面的建议：

(一)进一步提高服务业对外开放程度，建立完善公平有序的竞争环境

进一步扩大服务业对外开放领域，提高服务业对外开放程度，充分发挥市场在资源配置中的决定性作用，建立公平有序的竞争环境；积极利用开放带来的竞争效应和示范效应，促使省内服务企业降低成本、提高效率、增强竞争力，带动全省服务行业管理水平和服务质量的提高以及服务价格的降低。

(二)大力推动服务业供给侧改革

优化服务供给，改变部分服务业企业短视短利、低端低效的发展现状，推动建立行业高服务标准，推广先进服务管理模式，鼓励打造知名服务品牌；加强旅游、批发和零售、住宿和餐饮等服务业行业监管，打击虚假宣传和不合理定价，提升市场透明度。增加短缺服务，大力发展金融、现代物流、商务服务、法律、职业培训、研发设计、互联网和信息技术服务等生产性服务业，推动传统产业转型升级；支持家政、健康、养老、文化、教育等生活性服务业的发展，满足居民不断上升的服务需求。创新供给模式，推动产业融合及服务业内部行业融合，比如“互联网＋金融”破解小微企业融资难题，“信息化＋医疗”缓解看病难等问题。

(三)创新驱动服务业加快发展

构建企业激励机制，提升企业创新意愿，为企业营造宽松的成长环境，提高创新成果转化率。充分发挥大学城、软件园、研发基地等创研聚集优势，推进产、学、研、创结合；帮助企业拓宽融资渠道，提供资金便利；减免创新企业税费、土地租金，降低企业成本，提升企业盈利，为企业保持竞争优势提供优质服务。

(四)积极参与“自贸区”“一带一路”等国家战略，把握发展机遇

用高标准的自由贸易协定，倒逼新一轮的改革开放。自由贸易区的建立，将进一步扩大服务业开放领域，激发外资投鲁热情，极大方便对外

商品和服务贸易交流。利用山东与韩国、日本等国家的地理位置和贸易往来优势,发挥“一带一路”桥头堡作用,积极做好建立自贸区的准备工作;引导省内服务业企业积极适应参与自贸区建设,倒逼企业加快转型升级步伐。

(山东省统计局　梁晓栋)

商品房销售企稳回升
去库存压力依然较大

——2015年山东省房地产市场发展情况及展望

2015年，我省房地产开发投资受消化存量房为主的政策引导，新建商品房开发投资增速放缓，房屋销售形势有所好转，但区域间分化现象仍然较为突出，多数城市房价呈下行趋势。

一、2015年我省房地产开发市场运行特点

（一）房地产开发投资增长1.3%，住宅投资保持较高增速

2015年，全省房地产开发企业完成投资5892.2亿元，增长1.3%，增速比上年回落5.6个百分点。房地产开发投资占全部固定资产投资比重12.4%，较上年下降1.6个百分点。

从工程用途看，住宅投资增速显著高于非住宅投资。2015年，全省商品住宅投资4399.4亿元，增长5.1%。其中，以刚需为主的90平方米以下户型和改善型为主的144平方米以上户型投资分别增长28.4%和18.9%。非住宅投资1492.7亿元，下降8.6%。其中，办公写字楼完成投资331.9亿元，下降7.4%；商业营业用房完成投资765.0亿元，下降5.0%。

从全国看，我省房地产开发投资占全国总量的6.1%，与上年一样居全国第4位，分别比前三位的广东（8538.5亿元）、江苏（8153.7亿元）和浙江（7111.9亿元）少2646.3亿元、2261.5亿元和1219.7亿元。我省房地产开发投资增速较全国和东部地区平均水平分别高0.3个和0.8个百分点，分别比江苏和浙江高2.4个和3.4个百分点。

（二）商品房销售企稳回升，住宅销售好于非住宅

2015年全省商品房销售呈现先抑后扬、企稳回升态势。1—2月销售面积延续上年下降趋势，降幅达24.4%，之后受“3.30新政”落地和限购政策逐步松绑带动，销售面积增幅逐月回升，5月份实现正增长，上半年

增长5.5%，三季度增长6.5%。

2015年，全省商品房销售面积为9727.0万平方米，商品房销售额5408.0亿元，由上年分别下降11.1%和6.4%转为增长6.0%和10.8%，分别提高17.1个和17.2个百分点。按用途分，商品住宅销售面积达8526.9万平方米，增长7.0%，增速比上年提高21.3个百分点。非住宅类销售面积为1200.2万平方米，下降0.6%。其中，办公写字楼销售面积达300.0万平方米，增长61.7%；商业营业用房销售面积635.9万平方米，下降5.7%。

（三）到位资金增速稳步提升，企业资金状况逐步改善

受销售市场表现向好影响，自2015年6月起，我省房地产开发企业到位资金增速结束了连续9个月的下降态势，由1—5月下降1.9%转为增长1.4%。全年房地产开发企业到位资金7342.9亿元，增长5.0%，增速较上年提高10.2个百分点。

2015年，房地产开发企业到位资金额比同期开发投资额高出1450.7亿元，到位资金增速比投资增速高3.7个百分点。企业资金趋紧状况不断改善，企业拖欠款增速有所回落。全年我省房地产开发企业各项应付款合计1644.6亿元，增长16.0%，增速较上半年回落1.8个百分点。

（四）房屋施工、竣工面积低速增长，新开工面积继续减少

2015年，我省房地产开发企业房屋施工面积57206.4万平方米，比上年增加2698.0万平方米，房屋施工规模平稳扩大。施工面积比上年增长4.9%，增速呈回落趋势，比上年回落2.9个百分点。

房屋竣工面积8722.8万平方米，比上年增长6.3%，增速较上年提高2.6个百分点。其中，住宅竣工面积6185.6万平方米，增长1.6%，增速较上年提高1.1个百分点。

商品房新开工面积自2014年以来一直处于下行空间，降幅呈收窄趋势。2015年，全省商品房新开工面积12043.4万平方米，较上年减少1284.7万平方米，下降9.6%，降幅比上年收窄3.8个百分点。

（五）区域分化逐步显现，济、青等市表现好于其他地区

2015年，全省房地产开发投资份额进一步向青岛、济南、烟台等市集中。青岛、济南、烟台房地产开发投资总量分别为1122.3亿元、1014.1亿元、607.1亿元，居全省前三位，投资额占全省总量的46.6%，比重比上年提高1.1个百分点。

以济南、青岛为代表的二线城市商品房销售快速增长，引领全省销售市场向好发展。2015年，济南、青岛商品房销售面积分别为1191.2万平方米、1418.6万平方米，比上年分别增长37.7%、21.9%，销售面积总量和增速均居全省前两位。

从12月份全省17市新建商品住宅价格变动情况看，除济南同比保持上涨外(0.8%)，其余16市均为下降趋势，济宁(－3.4%)、青岛(－2.4%)、东营(－2.1%)降幅较大。

二、当前我省房地产市场需关注的问题

一是去库存压力增大。受2015年底房屋竣工量较大等因素影响，全省商品房待售面积继续增加。2015年，全省商品房待售面积达到4276.8万平方米，比上年增加878.4万平方米，增长25.8%，增速比上年提高4.5个百分点。其中，住宅待售面积为2912.1万平方米，比上年增加528.6万平房米，增长22.2%，增速比上年提高7.5个百分点，企业去库存压力加大。

二是新增商品房项目减少，开发投资增长后劲不足。2015年，全省在建在售商品房项目7035个。其中，累计投资已经达到或超过计划总投资的项目有2547个，超三成(36.2%)项目投资已接近尾声。新增项目自6月份开始呈减少趋势，全年新增房地产开发项目1266个，比上年减少59个，后续开发投资增长动力不足。

三是企业拿地热情下降，土地购置继续下降。2015年，我省房地产开发企业购置土地面积1788.0万平方米，下降19.7%，降幅较上年扩大4.8个百分点；土地成交价款473.4亿元，下降9.8%，降幅较上年扩大4.7个百分点。

三、2016年形势展望及对策建议

随着房地产开发企业到位资金增速稳步提升，为开发投资增长提供了资金支持；在政策利好于刚需和改善性需求的背景下，市场需求逐步释放，增强了房地产开发持续回暖的动力。但同时也要看到，受去库存压力大所需时间长、新增项目减少、资金占用仍然较多等影响，当前房地产开发市场的调整尚未完成，调整仍需一段周期。展望2016年，房地产市场面临的政策环境将更加宽松，但由于贷款政策和税收政策等相对而言已较为宽松，进一步放松的空间有限，预判2016年全省房地产开发市场整体将延续调整态势，低速调整、结构向优仍是主基调。为确保我省房地产开发市场健康平稳运行，建议如下：

(一)依托新型城镇化进程，促进房地产业可持续发展

《山东省新型城镇化规划(2014－2020年)》确定了“人口市民化、优化城镇化布局、提升城市综合承载能力、推进城乡一体化”四大任务，以及

“十三五规划”提出到2020年，全省常住人口城镇化率达到65%，较2015年的57%提高8个百分点，涉及约800万常住人口由农村向城镇转移，这些新转移人口的住房和商业设施需求，为我省房地产业可持续发展带来了巨大的机遇和挑战。随着城镇化进程加快，基础设施建设规模加大，并要求城市向集约化发展，应合理制定区域房地产市场发展规划和政策，提高区域综合规划、开发能力，满足新型城镇化发展需求。强化规划引导和土地供应调控，合理确定住房用地供应总量和结构，确保保障性住房、棚户改造和自住型中小套型商品房建房用地。科学编制住房建设规划，对住房的建设总量、供应结构、空间布局和开发进度等做出统筹安排，因地制宜地确定保障性住房和商品住房的供应比例，在强化房地产业基础功能的基础上，合理引导养老地产、旅游地产、教育地产等新兴业态的发展，积极推动房地产业由快速发展的支柱性产业向可持续发展的基础性产业转变。

（二）化解结构性供需矛盾，多途径消化存量房

落实国家金融、税收、住房公积金等政策，加大个人购房贷款支持力度，优先满足自住和改善性住房的信贷需求，增强购房者支付能力。营造良好的舆论氛围，提升消费者对市场信心，促进刚需和改善性需求有效释放。打通保障性住房和商品房通道，提高棚户区改造货币化安置比重，提高国有土地上房屋征收货币补偿比重，引导被安置居民选购合适的商品房。在符合条件的商品房住宅小区，收购中小套型商品房作为公共租赁住房。加快培育和发展住房租赁市场，实现销售模式及空置房管理办法的多样化，培育专业化、规模化的住房租赁经营企业，采取“以租代售”“租售两全”等新的租售模式，形成商品房买卖和租赁齐步发展的房地产市场格局。建立权威空置房信息网，加大空置房屋信息公开，促进市场上有效需求与空置房屋做到最大化匹配。改善存量房楼盘交通条件及其周边公共产品和服务设施建设、环境景观建设等方面，加快城市工商业产业的集聚，形成工商业产业集群，通过“大众创业，万众创新”提高城市就业人口的吸纳能力，以更多的、相对稳定的就业岗位吸引新市民，为房地产业持续发展提供持久动力。

（三）加强金融体系建设，拓宽房地产企业融资渠道

房地产业是资金密集型行业，且具有生产周期比较长、资金占用量大的特点。目前我省房地产融资渠道比较传统，贷款、借款、自筹是主体，融资成本较大。应建立多元化的房地产融资体系，扶持具有一定规模、资产质量好、负债率低、业绩突出的大型房地产企业集团进入资本市场，通过发行股票筹集资金。培育和完善房地产债券市场，鼓励房地产公司发行融资期限较长、低于银行贷款利率的公司债券。创新住房抵押贷款形式，推进抵押贷款证券化，探索并创设递增偿还方式、逆向抵押贷款方式等金融品种，以减少融资成本，满足企业资金需求。

(四)提高企业核心竞争力，以骨干企业带动整体行业发展

通过优化资源配置提升骨干企业的综合实力，推进房地产企业优胜劣汰和规模化、品牌化发展，引导优势企业通过兼并、收购、重组等形式形成企业集团，支持企业跨区经营、多元化经营。通过提高最低注册资本额、建筑质量标准等方式，提高房地产企业进入壁垒。鼓励企业依托城市新区、商务中心区、城市组团、特色商业区等载体发展新型业态、增强核心竞争力。引导企业质量优先，创新发展。通过品牌创建提升企业的核心竞争力，扶持优质房地产企业发展，培养龙头企业，带动我省房地产行业整体实力的提升。

（山东省统计局　高　韵）

发展稳中有进　推动作用增强

——2015 年山东省交通运输邮电业发展情况

2015 年，全省交通运输邮电业深入贯彻落实省委、省政府各项决策部署，交通基础设施建设力度不断加大，重点领域改革有效推进，交通出行更加方便快捷，快递物流体系不断完善，服务经济和社会发展的能力全面提升。

一、交通运输邮电业发展稳中有进

2015 年，全省交通运输邮电业生产呈现出稳中有进、稳中向好的发展态势。全省三大运输（包括铁路、公路、水路，下同）完成客运量 70691.5 万人次，比上年下降 3.8%；完成货运量 272996.3 万吨，增长 4.7%。全省三大运输完成客运周转量 1185.4 亿人次公里，增长 5.6%；完成货物周转量 8229.7 亿吨公里，增长 0.6%。民航完成旅客吞吐量为 3560.5 万人次，增长 11.1%；货邮吞吐量为 36.1 万吨，增长 2.8%。邮政企业和快递服务企业完成业务收入（不包括邮政储蓄银行直接营业收入，下同）177.5 亿元，增长 27.8%；完成业务总量 205.5 亿元，增长 41.0%。电信业完成通讯业务总量 1256.0 亿元，增长 17.6%。

（一）铁路客运量明显增加，货运量降幅收窄

2015 年，随着新线路“济南－威海”客运的开通，全省铁路客运量明显增加，全年完成旅客发送量 10681.1 万人次，比上年增长 14.0%，增速比上年提高 1.9 个百分点；铁路旅客周转量为 662.5 亿人次公里，增长 10.6%，增速回落 1.7 个百分点。受经济结构调整以及省内煤、铁矿石等大宗货物需求大幅减少的影响，铁路货物发送量和货物周转量双双下降，全年完成货物发送量 15793.8 万吨，下降 5.9%，降幅比上年收窄 5.9 个百分点；货物周转量为 1088.0 亿吨公里，下降 12.1%，降幅比上年扩大 0.9 个百分点。综合来看，铁路客货运输总周转量下降 4.7%，降幅比上

年扩大0.2个百分点。

(二)公路客运量继续减少,货运量平稳增长

2015年底,全省公路通车里程为263447.0公里,比上年增长1.5%。其中,高速公路达到5348.0公里,新增通车里程240.0公里,增长4.7%。公路客运受新开通铁路线路、私家车不断普及以及私家车出行成本下降的影响,运量持续减少,全年公路客运量为58011.0万人次,比上年下降6.5%,降幅比上年扩大3.4个百分点;客运周转量为511.3亿人次公里,与上年持平。公路货运机动灵活、方便快捷,货物周转量继续保持稳定增长态势,全年完成货运量242404.0万吨,增长5.4%,增速比上年提高4.4个百分点;货物周转量5738.6亿吨公里,增长0.5%,增速比上年回落3.4个百分点。全年,公路客货运输总周转量增长0.2%,增速比上年回落3.4个百分点。

(三)水路客运量速度由正变负,货运量增长加快

受韩国发生中东呼吸病乘坐轮船赴韩人数大量减少的影响,水路客运量、客运周转量速度均由正变负,全年完成客运量2022.0万人次,比上年下降1.1%;水路旅客周转量为11.6亿人次公里,下降1.5%。水路货运受新增运力以及美洲远洋航线开通的影响,运量继续保持良好增长态势,全年完成货运量14798.5万吨,增长6.9%,增速比上年提高4.2个百分点;水路货物周转量为1403.1亿吨公里,增长14.3%,增速比上年提高13个百分点。全年水路客货运输总周转量增长14.2%,增速比上年提高12.9个百分点。

(四)港口生产稳中有进,进出口结构更加优化

2015年全省港口生产运行特征明显,体现为五个方面:

一是沿海港口货物吞吐量平稳增长。全年完成沿海港口货物吞吐量13.4亿吨,比上年增长4.4%。其中,青岛、烟台、日照三家规模以上港口累计完成货物吞吐量10.7亿吨,增长3.1%。

二是沿海港口外贸吞吐量速度由负变正。2015年上半年,沿海港口外贸吞吐量延续了2014年运行态势,增速为负。下半年,随着各项政策措施的落实,沿海港口外贸吞吐量增速由负变正,全年完成外贸吞吐量6.8亿吨,比上年增长2.4%,增速较上年提高1.5个百分点。

三是沿海港口集装箱吞吐量稳定增加。全年完成集装箱吞吐量2402.0万(国际标准箱)TEU,比上年增长6.5%。

四是内河港口吞吐量保持增长态势。全年完成货物吞吐量7920.0万吨,比上年增长6.3%。

五是进出口结构更加优化。从青岛、烟台、日照三大主要沿海港口货物吞吐结构来看，金属矿石、煤炭及制品以及木材吞吐量分别比上年下降6.4%、6.7%和11.1%，机械设备电器、化工原料及制品、轻工医药产品分别增长26.5%、17.6%和15.7%。

（五）航空运输稳定增长

2015年全省民航完成旅客吞吐量为3560.5万人次，比上年增长11.1%，增速比上年提高0.2个百分点；货邮吞吐量为36.1万吨，增长2.8%，增速比上年回落2.9个百分点。

（六）邮政业保持平稳较快发展

2015年，全省邮政企业和快递服务企业完成业务总量205.5亿元，比上年增长41.0%，增速比上年提高16.8个百分点；完成业务收入177.5亿元，增长27.8%，增速比上年提高16.8个百分点。全省快递服务企业完成业务量73424.9万件，增长64.3%；完成业务收入97.1亿元，增长44.8%。其中，同城业务收入11.1亿元，增长70.7%；异地业务收入65.6亿元，增长48.4%；国际及港澳台业务收入12.1亿元，增长7.8%；完成快递73424.9万件，增长64.3%。

（七）电信业发展持续向好

2015年，全省完成通讯业务总量1256.0亿元，列广东、江苏、浙江之后，居全国第4位；比上年增长17.6%，增速比上年提高4.8个百分点。年末电话用户达到10531.8万户，居全国第2位；移动电话户数已达9413.8万户，比上年末增加749.8万户；手机上网用户达到5646.1万户，增加487.0万户，手机上网用户占比达到60.0%；固定互联网宽带接入用户1603.2万户，增加79.3万户。

（八）基础设施建设投入力度加大

交通部门加快高速公路建设，全面实施生命安全防护工程，加快港航场站设施投入，全年完成交通固定资产投资648.0亿元，比上年增长12.6%。莱西至城阳、聊城至范县、荣成至文登高速公路、鄄城黄河公路大桥、鄄城至菏泽等5个项目建成通车；泰安至东阿、龙口至莱西、岚山至罗庄、滨莱高速淄博西至莱芜段扩容、埕口至沾化、济青扩容、高青至广饶等7个项目开工建设。全省全面实施公路安全生命防护工程，重点为普通国省道穿城路段、事故多发路段、超期服役老油路、危桥改造、隐患路段，全年普通公路投资达343.0亿元，普通路网的安全保障能力和服务水平不断提升。港航场站项目建设稳步推进，港航在建项目67个，全年完成投资120.0亿元，青岛港至董家口港区大唐码头一期工程等7个项目已完工并试运行，新增泊位16个；场站在建项目54个，完成投资38.0亿元，比上年增长8.8%。

电信企业投资结构优化,投资主体更加多元化。全年完成电信固定资产投资 242.9 亿元,移动通讯投资所占比重达到 44.6%,4G 投资额为 3G 的 3 倍。地方、企业和民间资本等各类主体积极参与农村及偏远地区宽带建设,城乡“数字鸿沟”缩小,为加快农村和偏远地区群众脱贫致富提供了重要保障。

二、存在的主要问题

(一)三大运输客货总周转量低位运行

2015 年,我省铁路客货运输总周转量比上年下降 4.7%,而江苏增长 0.9%,广东增长 10.5%;公路客货运输总周转量增长 0.2%,而江苏、广东分别增长 3.6%和 7.2%;水路客货运输总周转量虽然增长 14.2%,但总量偏小,仅相当于江苏的 24.5%、广东的 12.8%。

(二)铁路货运持续处于低迷状态

分季度看,2015 年一、二、三季度全省铁路货运量累计增速分别下降 11.0%、5.1%和 5.3%,全年下降 5.9%。前三季度货运周转量累计增速分别下降 12.4%、11.6%和 12.5%,全年下降 12.1%,铁路货运面临较大压力。

(三)港口货物吞吐量低速增长

从全国 31 家主要港口看,我省青岛港、烟台港、日照港全年货物吞吐量增速分别为 3.5%、5.9%和 0.6%,增速分列第 15 位、第 11 位和第 21 位,增速比上年分别回落 0.5 个、1.1 个和 7.7 个百分点。

(四)邮电传统业务大幅缩减

新常态下,经济结构调整升级步伐加快,“互联网+”的快速发展,对函件、包裹投送、杂志订销以及固定电话等传统业务形成较大冲击,邮电业转型升级压力增大。2015 年,函件投送比上年下降 33.3%,包裹投送下降 25.1%;订销杂志下降 10.0%,汇兑笔数下降 32.3%。固定电话用户比上年末减少 301.2 万户,住宅电话用户减少 294.7 万户,移动短信业务减少 29.4 亿条。

三、2016 年形势展望和发展建议

展望 2016 年,全省交通运输邮电业发展,既面临着机遇,也面临着挑战,机遇大于挑战。

挑战在于:从国际看,世界经济增长乏力,全球经济格局仍将持续调整,复苏进程艰难曲折、复杂多变;从省内看,对外贸易下降幅度较大,房地产市场回暖缓慢,化解过剩产能形势严峻。

机遇在于:从国内看,"一带一路"、长江经济带、京津冀协同发展、西部大开发、东北老工业基地振兴等战略规划的有效实施,将为经济发展提供强大动力;从省内看,全省居民收入稳定增长,城镇化建设稳步推进,"大众创业,万众创新""中国制造 2025"等规划全面实施,中韩、中澳自贸协定启动,新产业、新业态和新商业模式蓬勃发展,各种积极因素不断积聚,为交通运输邮电业稳定发展提供了坚实基础。

展望 2016 年,交通固定资产投资规模将继续增加,铁路公路水路客运量将呈现小幅增长,货运量、港口货物吞吐量稳步增长,邮电业务总量将继续保持较快增长。为推进全省交通运输邮电业平稳较快发展,建议如下:

(一)加快推动交通运输、邮电等传统行业转型升级的步伐

公路客运要充分发挥网络覆盖全面、服务机动灵活的特点,提供新的服务内容,满足市场不同需求,加快客运服务的转型升级;公路货运要加强与现代科技的对接,实现营运的规模化和自动化。水路运输要利用山东港口多的特点,在加强运力建设的同时做好新航运线路的开辟工作。铁路运输要利用互联网和手机等现代工具,不断完善客货运服务功能,实现购票和货运的自动化。

(二)加大政策扶持力度,切实减轻交通运输企业的负担

针对物流运输企业因税收机制不合理、通行费用多、竞争不公平所造成的经营压力大、营业利润增速低等问题,一是建立完善"营改增"制度,切实减轻企业负担;二是完善市场秩序,加强道路实施网络建设,降低各种过桥费、过路费,同时加大执法避免企业以超载等违法形式开展恶性竞争;三是加快信息平台的建设,构建统一的物流运输信息平台,实现各部门、各区域以及产业链上下游之间的信息交流共享;四是加强园区建设,形成各种运输方式相互衔接的节点。

(三)完善投融资环境,加大交通基础设施建设

认真贯彻落实《国务院关于创新重点领域投融资机制鼓励社会投资的指导意见》,完善各类行业指导意见,建立政府主导、分级负责、多元筹资的投融资模式,发挥社会资本作用,推进投资主体多元化,鼓励和吸引社会资本参与建设及营运公路、铁路、轨道交通等基础领域。鼓励民间资本参与宽带接入网络建设和业务运营,推进民营企业开展移动通讯转售业务,促进业务创新。

(四)推动邮政快递业转型,促进消费升级

针对邮政快递业在经济发展和人民生活水平提高方面所发挥的重要作用。第一,要将邮政快递业列入新兴先导型服务业范畴,予以重点支持;第二,要注重信用服务、在线支付等关联平台的建设,大力发展农村电商、跨境电商,大力推进基于互联网的产业组织、商业模式、供应链等各类创新;第三,要大力支持"快递下乡",加强农村路、水、气、信、邮政等基础设施建设,构建覆盖全省的物流网络,完善城乡货运配送体系,推动农村居民共享发展成果,提高居民消费水平和消费质量。

(山东省统计局　邢　文)

消费品市场增势平稳
住宿餐饮业持续回暖

——2015年山东省国内贸易发展情况及展望

2015年，在宏观经济下行压力不断加大、市场需求持续疲软、消费动力不足等因素的影响下，我省消费品市场继续保持平稳增长的发展态势。

一、消费品市场运行基本情况

运行态势。2015年，全省实现社会消费品零售总额27761.4亿元，比上年增长10.6%，增速较上年回落2.0个百分点，其中限上企业零售额增长6.2%。分季度看，四个季度呈两头高中间低的U形态势，零售额分别增长10.8%、10.4%、10.4%、10.6%。从月度走势看，7月份之前基本呈逐月走低发展态势，自8月份开始逐步走稳。从2014年、2015两年数据情况看，自2014年下半年开始，消费品市场进入平稳趋缓发展通道。

与全国及粤、苏、浙三省比较。2015年，我省10.6%的增速虽比全国平均水平低0.1个百分点，但在全国各省排名中，位次较上年提升1位；全年走势与全国基本一致，全国一至四季度分别增长10.6%、10.3%、10.7%和11.1%，我省除三季度走势与全国有差距外，其他基本一致；与粤、苏、浙三省相比，2015年我省零售总额增速比粤、苏、浙分别高0.5个、0.3个和1.8个百分点。

二、消费品市场运行的主要特点

(一)从消费的地域看，城乡市场呈同步增长发展态势

全省城镇市场实现零售额22179.4亿元，增长10.3%；乡村市场实现零售额5582.0亿元，增长11.4%。与上年相比，城乡增速差距由2.8个百分点缩小至1.1个百分点。

(二)从消费的形态看，住宿和餐饮业持续回暖

全省批发和零售业实现零售额24743.8亿元，增长10.3%，增速比

上年回落2.5个百分点。住宿和餐饮业实现零售额3017.6亿元,增长12.4%,比上年提高0.8个百分点,高于零售总额增速1.8个百分点,而上年低于零售总额增速1.0个百分点。

(三)从消费的经济类型看,民营消费企业走强

我省民营消费企业继续保持良好发展势头,限上民营批零住餐企业实现零售额8331.4亿元,增长11.1%,增速高于限上社会消费品零售额增速4.9个百分点;占限上零售额比重为63.8%,比上年提高1.0个百分点;对限上零售额增长的贡献率达87.3%,比上年提高16.9个百分点。在民营经济实现零售额中,批零企业占比92.2%,贡献更为突出。

(四)从消费的商品构成看

刚需类基本需求增势稳定。全省限上粮油食品类零售额增长10.8%,服装鞋帽针纺织品类增长8.5%,日用品类增长7.7%,虽比上年增速均有回落,但都高于限上批零业整体增速,三类商品合计占限上批零业的25.6%,增长贡献率达到38.9%。

家居类消费保持较快增长。全省限上建筑及装潢材料类零售额增长12.2%,家具类增长10.5%,家用电器和音像器材类增长10.3%,五金电料类增长13.3%,比限上批零业增速分别高6.1个、4.4个、4.2个和7.2个百分点。

文化类消费需求走高。全省限上书报杂志、文化办公用品、电子出版物及音像制品、通讯器材类零售额分别增长15.7%、16.0%、14.7%和14.1%,高于限上批零业整体增速8.0—9.9个百分点。

(五)从消费的政策效果看,汽车消费四季度增幅上升

近年来,汽车消费一直是我省消费品市场的增长主力,占限上批零业零售额比重超两成,是我省消费品市场的主要拉动力。2015年以来,在汽车市场饱和度增加、城市交通拥堵加剧等因素影响下,我省汽车消费出现转折,步入低速增长期。自2015年10月份国家推出1.6升及以下乘用车购置税减半优惠政策以来,我省限上汽车零售额增速有所回升,10月、11月、12月份分别增长7.7%、9.0%和5.4%,改变了5—9月份增速一直不高于3.0%的疲弱态势。从全年情况看,2015年限额以上汽车类商品实现零售额2949.7亿元,增长5.0%,增速比上年回落5.8个百分点。与全国相比,增速由上年高于全国3.1个百分点降到2015年低于全国0.3个百分点。

(六)从消费价格因素看,石油消费持续低迷

2015年,汽油价格下降19.7%,降幅较上年扩大17.4个百分点;柴油价格下降21.6%,而上年上涨0.1%。价格因素导致我省石油消费全年疲弱。2015年，我省限额以上石油及制品类商品实现零售额1365.3亿元，由上年增长10.4%转为下降9.7%，降幅较上半年扩大0.5个百分点，较年初扩大6.8个百分点。

价格因素同样导致石油、煤炭销售额大幅度下降。2015年，煤炭价格下降20.5%，降幅较上年扩大6.9个百分点；煤炭企业实现销售额2790.6亿元，增长0.3%，较上年下降15.6个百分点；石油企业实现销售额2381.1亿元，下降2.1%，而上年增长23.0%。

三、当前市场运行面临的主要问题

1. 传统消费热点趋于理性，新的消费热点尚未形成规模。近两年，在经济下行压力持续加大、市场需求不足、消费品市场整体不旺的环境背景下，传统消费热点对社会消费品零售总额的拉动作用持续减弱。原有的消费优惠政策陆续退出，新的促进消费政策效应不明显，消费品市场缺乏新热点商品的带动和刺激，新消费热点有待于进一步挖掘与拓展。

2. 电商对传统商业影响加大。近年来，网上购物模式迅速发展，因其具有省时、省力、省钱的特点，且品种齐全，购物不受时间限制，吸引了更多的消费者，对传统商业形成较大冲击。从与电商关联较大的百货零售业情况看，2015年零售额增长7.9%，较上年回落2.8个百分点，较2013年回落7.5个百分点，呈持续回落态势。

3. 汽车、石油走势疲弱对消费品市场影响较大。2015年以来，汽车消费低速增长，石油消费持续低迷，两类高权重商品由近两年的消费热点变为影响因素，对消费品市场整体发展影响明显。2015年，我省限上汽车、石油两类商品实现零售额4315.0亿元，占限上批零业比重35.2%，对限上批零业增速贡献率由上年正向拉动31.4%转为负向影响0.9%，大幅拉低消费品市场的整体增速。

4. 居民收入增速放缓。近两年，我省城镇、农村居民人均可支配收入持续回落，对居民消费产生一定不利影响。2015年，全省城镇、农村居民人均可支配收入分别增长8.0%、8.8%，增速比上年分别回落0.7个和2.4个百分点；较2013年分别回落1.7个和3.6个百分点，较2012年回落5.0个和4.4个百分点。作为消费基础和前提的两个指标连续3年回落，在一定程度上影响了居民的即期消费。

四、2016年形势研判

展望2016年，中央经济工作会议提出的供给侧结构性改革发展目标和发展思路必将进一步促进消费，城乡居民人均收入翻番目标将树立起良好的收入预期，全民参保、健康中国、五年脱贫计划、全面放开“两孩”等保障和改善民生措施的推进实施，必将有利于消费潜力的释放，消费对经济增长的贡献将进一步稳固提升。

五、对策建议

2016 年是“十三五”开局之年，面对复杂多变的国际经济形势，面对越来越突出的国内经济下行压力，“稳增长、促改革、惠民生”成为当前的重要任务，消费在经济增长换挡期的主引擎作用更加突显。应立足我省实际，着眼当前，兼顾长远，充分发挥好消费基础作用，加快商贸流通转型升级。

(一)推进零售业改革发展

鼓励零售企业转变经营方式，支持接受线上模式冲击的实体店调整重组，提高自营商品比例，加大自主品牌、定制化商品比重，深入发展连锁经营。利用互联网技术推进实体店铺数字化改造，增强店面场景化、立体化、智能化展示功能，开展全渠道营销。鼓励大型实体店不断丰富消费体验，向智能化、多样化商业服务综合体转型。支持其进行线上线下融合，开拓国际市场，发展跨境网络零售。

(二)加强线上线下互动，支持商业模式创新

支持实体店加强线上线下互动，促进线上线下融合，不断优化消费路径，打破场景限制，提高服务水平；通过互联网与消费者建立全渠道、全天候互动，增强体验功能，发展体验消费。鼓励消费者通过互联网建立直接联系，开展合作消费，提高闲置资源配置和使用效率。支持实体商贸流通企业通过互联网强化各行业内、行业间分工合作，提升社会化协作水平。

(三)积极培育服务消费、信息消费、时尚消费、绿色消费等新热点，充分发挥消费的引领作用

随着居民收入水平提高、人口结构调整和科技进步，城乡居民的消费内容和消费模式都在发生变化，对消费质量和消费环境提出了更高的要求。居民消费呈现出从注重量的满足向追求质的提升、从有形物质产品向更多服务消费、从模仿型排浪式消费向个性化多样化消费等一系列转变。应围绕消费市场的变化趋势进行投资、创新和生产，最大限度地提高投资和创新有效性、优化产业结构、提升产业竞争力和附加值，实现消费更有质量和效益的增长。

(四)提升农村市场现代化水平

开展电子商务进农村综合示范，推动电子商务企业开拓农村市场，构建农产品进城、工业品下乡的双向流通体系；引导其与农村邮政、快递、供

销、“万村千乡市场工程”、交通运输等对接合作；并对农村传统商业网点升级改造，健全县、乡、村三级农村物流服务网络。引导特色农产品主产区县市在第三方商务平台开设地方特色馆，推进农产品“生产基地＋社区直配”示范，带动订单农业发展，提高农产品标准化水平。

（山东省统计局　陈晓虹）

对外贸易总体下降　降幅逐季收窄

——2015 年山东对外经贸发展情况与展望

2015 年，全球经济总体复苏乏力，国内经济下行压力较大，山东深入贯彻国家和省委、省政府的决策部署，积极推进外贸转型升级，不断加大各项外贸政策措施的落实力度。政策效应逐步显现，积极因素得到释放，全省对外贸易降势逐步放缓，在困境中保持低位运行。

一、主要运行情况与特点

(一)对外贸易总体下降，降幅逐季收窄

2015 年，山东实现进出口总值 2417.5 亿美元，比上年下降 12.7%。其中，出口 1440.6 亿美元，下降 0.4%；进口 976.9 亿美元，下降 26.1%。从月度情况看，除 2 月份外，前 9 个月进出口均呈两位数下降，10 月、11 月降幅收窄为个位数，12 月份转降为升，增长 8.5%。从季度情况看，进出口降幅逐季收窄。一季度、上半年、前三季度和全年进出口依次下降 18.1%、16.9%、16.3%和 12.7%。从全国出口情况看，山东出口形势好于全国平均水平。全年出口微降 0.4%，降幅较全国平均水平(−2.8%)低 2.4 个百分点。

(二)贸易方式更趋合理，一般贸易出口形势较好

在一系列“稳增长、调结构”相关措施的大力推进下，山东出口贸易方式更趋合理。2015 年，一般贸易实现出口总值 904.2 亿美元，增长 8.0%，占全省出口总额的 62.8%，比重较上年提升 4.9 个百分点。加工贸易实现出口总值 492.4 亿美元，下降 11.0%，占全省出口总额的 34.2%，比重较上年降低 4.1 个百分点。

(三)私营企业出口保持良好增势，对外贸的支撑作用增强

2015 年，私营企业实现出口总值 696.6 亿美元，比上年增长 12.5%，高出全省 12.9 个百分点，占比 48.4%，较上年提升 5.6 个百分点。外资

企业和国有企业分别实现出口 561.3 亿美元和 109.0 亿美元，依次下降 9.9%和 7.5%，降幅较全省高 9.5 个、7.1 个百分点，比重较上年分别降低 4.0 个和 0.6 个百分点。

(四)主要出口市场保持增长

2015 年，美国、欧盟、东盟、日本和韩国为山东前五大出口市场，依次出口 225.9 亿美元、262.2 亿美元、150.2 亿美元、147.5 亿美元和 146.0 亿美元。其中，对美国、东盟和韩国出口保持良好增势，分别比上年增长 7.6%、7.0%和 5.5%，比重分别比上年提升 1.4 个、0.7 个和 0.5 个百分点。

二、外贸运行中需要关注的问题

(一)部分外贸市场出口回落，份额减少

全球经济复苏缓慢、外部市场需求疲软导致部分外贸市场出口下降。2015 年，传统市场中对欧盟、日本出口分别下降 2.0%和 7.8%，依次较上年回落 10.8 个、6.9 个百分点，比重分别比上年降低 0.2 个和 0.9 个百分点。新兴市场中对巴西、俄罗斯和印度出口分别下降 37.3%、27.8%和 11.5%，较上年分别回落 56.0 个、33.0 个和 37.2 个百分点，比重分别降低 0.7 个、0.7 个和 0.3 百分点。

(二)进口增速持续下滑态势没有明显改善

自 2014 年下半年以来，国际大宗商品价格快速下跌，致使山东部分进口商品量价齐跌，大幅拉低进口增速。从 2014 年 8 月份开始进口增速下滑，连续 17 个月处于下降态势，2015 年降幅虽逐季收窄但仍下降 26.1%，降幅较全国高出 12.0 个百分点。

(三)受贸易摩擦影响，部分大型外贸企业遭受冲击较大

2015 年，山东外贸产品共遭受国外贸易救济调查 65 起，涉案金额 6.3 亿美元，涉案企业 1060 家。涉案产品主要包括钢铁及制品、基础化工产品、轻工产品等。部分大企业遭受冲击较大，涉案金额 100 万美元以上的企业 101 家，涉案金额合计 5.4 亿美元，占涉案总金额的 85.7%。其中，涉案金额超过 1000 万美元的企业共计 12 家，涉案金额合计 3.2 亿美元，占全省涉案总金额的 50.8%。日照钢铁控股集团有限公司涉案金额为 1.8 亿美元，是山东遭受贸易摩擦最严重的涉案企业。

(三)人民币汇率波动，一定程度上影响外贸企业进口

自 2015 年 8 月份以来，人民币汇率出现持续贬值，虽对以出口为主的企业有一定利好，但对以进口为主的企业相应地提高了换汇成本，也增加了企业对于某些重要原材料、机器设备的国际采购成本，尤其是一些重资产、美元负债高的企业也受到一定影响。

三、对2016年外贸形势展望

展望2016年,山东外贸运行中既存在潜在风险也具备有利因素,外贸发展面临的挑战与机遇并存。

(一)不利因素

外部环境看:外需低迷没有得到根本改善。全球经济仍处于弱势回暖态势,外需不振仍将持续,全球出口市场竞争激烈,国际贸易保护主义升温。随着美联储加息,将影响全球经济复苏进程和贸易格局,全球经济运行中存在较多不稳定和不确定性突发风险,都将影响和制约山东对外贸易稳定发展。

从国内环境看:国内经济发展步入新常态,山东经济运行中的诸多问题继续存在,经济下行压力大,外贸传统竞争优势逐渐弱化,贸易摩擦案件频发,外贸转方式调结构难度大,企业转型升级缓慢,中小企业产业层次低、创新能力差、生产经营风险较大。全省外贸形势严峻,稳增长压力大。

(二)有利因素

政策红利释放将助力山东外贸逐步企稳。2015年以来,国家密集出台了一系列促进外贸稳定发展的政策措施,山东制定了相应的配套跟进措施,部门加强联动不断加大政策的落实力度,全省贸易便利化水平不断提高,跨境电子商务等新型贸易方式快速发展,正在孕育出口竞争新优势。

供给侧改革将对我省外贸发展产生积极影响。国家供给侧改革的推行将有助于推动外贸可持续发展,供给侧改革对于贸易企业,尤其是出口企业来讲,要求企业从生产层面进行供给侧的调整包括技术含量、产品结构、制度等方面的调整,以及优化产业结构、淘汰过剩产能、提升技术含量和产品的核心竞争力,最终提高外贸增长的质量和效益,促进外贸可持续发展。

中韩、中澳自贸协定启动将为我省外贸增长增添新动力。随着中韩、中澳自贸协定启动生效,山东外贸企业将享受自贸协定系列优惠政策,出口关税将不断降低,企业进出口成本也随之下降,双边贸易领域和贸易规模将不断扩大。同时,我国"一带一路"建设的深入推进及国内自由贸易试验区扩容等战略的进一步实施,将缓解外贸下滑的压力,也将给外贸增长带来一定的支撑。

四、对策建议

当前，国内外经济下行压力依然较大，山东外贸面临的形势严峻复杂，针对存在的问题，2016 年山东省外贸要多措并举、攻坚克难，努力稳定外贸增长。

第一，积极推动政策落实。2015 年，外贸政策密集出台，中央文件有 10 余份是关于稳定外贸发展及相关政策的发布，涉及稳定外贸增长、培育外贸竞争新优势、加快发展服务贸易、口岸开放、理顺出口退税机制等政策，近期又出台加工贸易创新发展若干意见。山东省要结合自身外贸发展情况，积极贯彻落实各项外贸稳增长政策措施，加强对企业的政策宣讲和指导，切实解决企业实际困难，大力优化外贸营商环境，努力将政策落到实处，切实发挥政策效应。

第二，努力开拓国际市场。山东省要抢抓机遇，依托自贸协定和"一带一路"建设，进一步扩大对外贸易合作与交流，充分发挥山东地缘优势、政策优势和产业优势，大力发展对韩、对澳贸易，不断扩大双边贸易往来。同时，积极推进山东与"一带一路"沿线国家的经贸合作，大力开拓新兴市场，挖掘市场潜力，不断培育外贸新的增长点，促进山东外贸稳定增长。

第三，大力推进技术创新。技术创新是经济增长和经济发展的源动力，企业是经济增长和经济发展的载体，实现外贸转型升级、提升国际竞争力，其核心就是推进企业技术创新，提高企业的自主创新能力。山东外贸企业，面对错综复杂的国内和国际生存环境，只有不断加强技术创新，提高产品设计研发水平，打造知名自主品牌，才能增强其国际竞争力，才能在国际市场上获得生存空间。

第四，加强企业风险管控。当前，国际竞争日益激烈，汇率波动频繁、贸易摩擦加剧，外贸企业运营发展中面临诸多风险。提高风险防控能力、有效规避风险、妥善应对贸易摩擦，对企业生存发展至关重要。山东外贸企业要树立正确的汇率风险意识，积极管理汇率双向波动风险，正确采用汇率避险工具，扩大人民币结算规模，增强应对汇率风险的意识和能力。同时，加强国际贸易救济法律制度与应对措施培训，熟知贸易救济程序，积极有效地应对贸易摩擦，尽最大可能避免和减少企业损失。

（山东省统计局　毛清华）

坚持创新驱动　推动转型发展

——山东省研发投入结构情况

“十二五”时期，我省全面落实加快科技成果转化和加强知识产权工作的各项政策措施，深化科技体制改革，加快构建技术创新体系，推进公共创新平台建设，创新型省份建设取得长足进展。积极突出企业在技术决策、研发投入、科研组织和成果转化中的主体地位，增强企业自主创新能力和核心竞争力。支持高等院校、科研院所与企业协同创新，我省整体自主创新能力得到较大提升，为促进产业转型升级和结构优化调整奠定了坚实基础。

一、“十二五”时期我省研发投入结构情况

（一）研发投入不断加大，经费、人员结构进一步优化

1. 研发经费不断增加，表现为总量大、增速快、占比升。2014 年，我省全社会共投入研究与试验发展经费内部支出（以下简称“R&D 经费”）1304.1 亿元，比上年增长 10.9%，比全国高出 1.0 个百分点，总量超过北京，低于江苏和广东，居全国第 3 位。R&D 经费内部支出占全省生产总值的比重（以下简称“R&D 经费占 GDP 的比重”）为 2.19%，比上年提高 0.06 个百分点，比全国高 0.15 个百分点，居全国第 7 位。

进入“十二五”以来，我省全社会 R&D 经费总量保持较快增长，R&D 经费占 GDP 的比重稳步提高，呈现出总量大、增速快、占比升的特点。2014 年全社会 R&D 经费是 2010 年的 1.94 倍，年均增速为 18.0%，比全国高 1.5 个百分点（详见图 1）。R&D 经费占 GDP 的比重由 1.72%提高到 2.19%，年均提高 0.12 个百分点，比全国高 0.05 个百分点（详见图 2）。

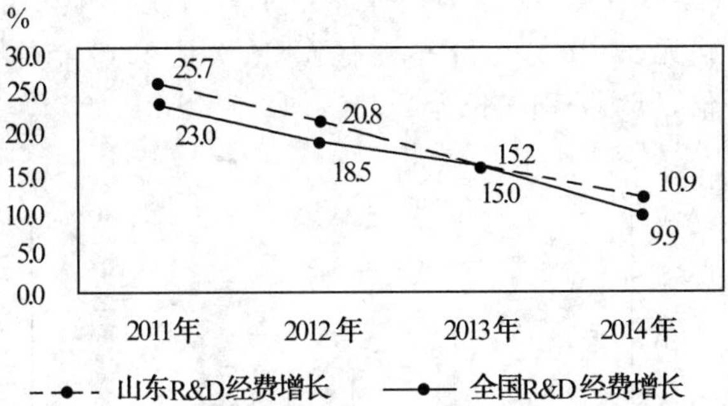

图 1　2011－2014 年全国及山东 R&D 经费增长情况

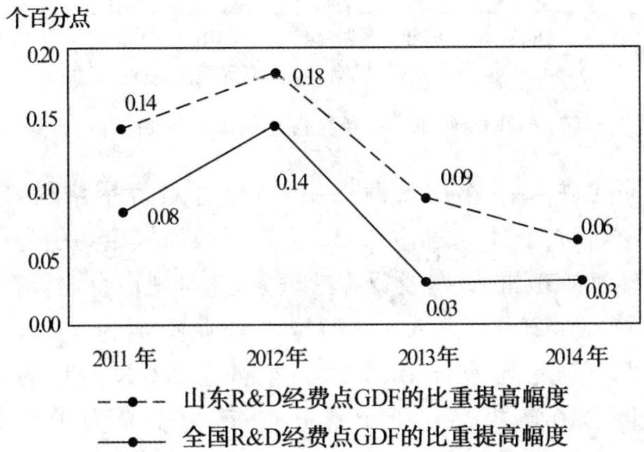

图 2　2011－2014 年全国及山东 R&D 经费占 GDP 的比重提高情况

2. 研发人员稳定增长，"十二五"时期年均增速高于全国。2014 年，我省共有 R&D 人员 43.2 万人，比上年增加 2.3 万人，增长 5.6%，比全国低 1.0 个百分点，总量居全国第 4 位，低于广东、江苏和浙江。以投入工作时间计算的 R&D 人员全时当量 28.6 万人年，比上年增加 0.7 万人年，增长 2.5%。

与"十一五"末相比，我省 R&D 人员增长 1.57 倍，年均增速为 11.9%，比全国高 1.0 个百分点；R&D 人员全时当量增长 1.5 倍，年均增速为 10.8%，比全国高 1.0 个百分点。

（二）企业研发活动更加活跃，有研发活动的企业不断增多，研发投入比较集中

1. 企业占主体地位，是促进我省研发经费快速发展的主要推动力。2014 年，山东企业 R&D 经费为 1211.0 亿元，是 2010 年的 1.97 倍，年均增长 18.5%，占全省 R&D 经费的比重由 2010 年的 91.5%升至 92.9%，提高了 1.4 个百分点(见图 3)。科研机构、高等院校和其他 R&D 经费分别为 45.8 亿元、33.1 亿元和 14.1 亿元,依次是 2010 年的 1.69 倍、1.61 倍和 1.51 倍,年均分别增长为 14.1%、12.7%和 10.9%。

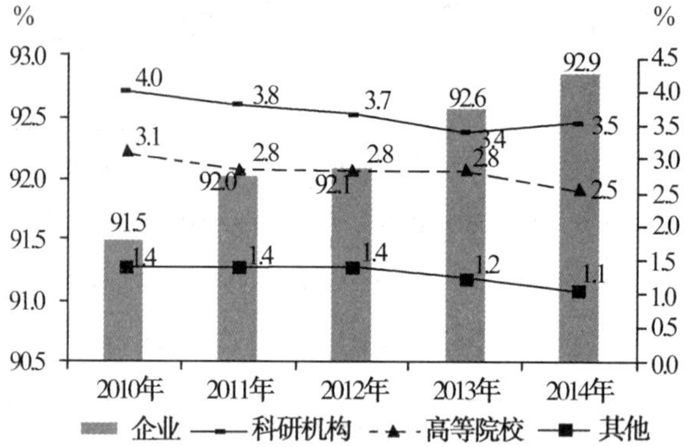

图 3　2010—2014 年 R&D 经费占比情况(按执行部门分组)

2. 企业资金主渠道作用日渐突出,研发经费筹措格局已形成。目前,我省已初步形成了"以企业资金为主体,以政府资金为引导,以境外资金等其他资金为补充"的研发经费筹措格局,并呈现出企业资金主体地位日渐突出的特点。2014 年,R&D 经费中企业资金为 1179.4 亿元,是 2010 年的 1.97 倍,年均增长 18.4%,占全社会 R&D 经费的比重最高,为 90.4%,比 2010 年提高 1.1 个百分点;政府资金为 101.4 亿元,是 2010 年的 1.72 倍,年均增长 14.5%,占 7.8%,下降 1.0 个百分点;境外资金等其他资金为 23.3 亿元,是 2010 年的 1.8 倍,年均增长 15.8%,占 1.8%,下降 0.1 个百分点(见图 4)。

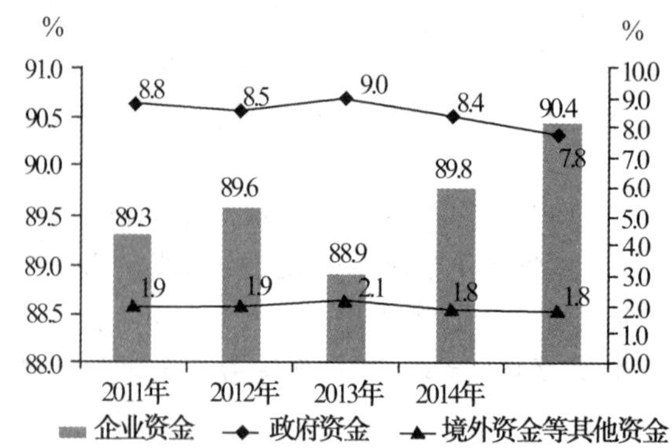

图 4　2010—2014 年 R&D 经费占比情况(按资金来源分组)

3. 具有研发活动的工业企业占比稳定增长，小型企业的研发活动日趋活跃。一是我省规模以上工业[①]中具有研发活动的企业占比稳定提高，但与全国及部分省市相比，占比仍然偏低（见表1）。2010—2014年，我省规模以上工业中具有研发活动的企业分别为2330个、2433个、3166个、3747个和4611个，依次占比为5.3%、6.8%、8.4%、9.3%和11.3%。2014年全国有研发活动的规模以上工业企业占比达到16.9%，苏、浙、粤分别为29.1%、29.7%和16.0%，我省与全国及苏、浙、粤相比，有研发活动的规模以上工业企业占比仍然偏低。二是小型工业企业的研发活动日趋活跃。2014年，小型工业中有研发活动的企业为2906个，占规模以上工业有研发活动企业的63.0%，比2011年提高15.0个百分点。

表1　　2010—2014年全省规模以上工业研发基本情况

	企业数（个）	有R&D活动的企业数（个）	有R&D活动的企业数占比（%）
2010年	43950	2330	5.3
2011年	35811	2433	6.8
2012年	37625	3166	8.4
2013年	40467	3747	9.3
2014年	40756	4611	11.3

4. 私营控股工业投入总量居首位，研发投入增长最快。一是私营控股工业研发投入总量居首位。2014年，私营控股工业R&D经费占规模以上工业总量的48.9%；其次是国有控股工业，占24.3%；再次是集体控股工业，占10.4%。私营控股工业R&D经费远高于国有控股和集体控股工业。二是私营控股工业研发投入增长迅速，对研发投入的增长贡献最大。2014年，私营控股工业有研发活动的企业数为3377个，比2010年增加1956个，国有控股、集体控股工业有研发活动的企业数仅分别增加57个和0个；私营控股工业R&D经费为575.0亿元，是2010年的2.73倍，年均增长28.5%，增幅分别高于国有控股、集体控股工业20.2个和17.7个百分点，对规模以上工业R&D经费增长的贡献率为69.5%，贡献最大。三是私营控股工业研发投入强度低，户均企业研发投入最低。2014年，私营控股工业研发投入强度为0.63%，比规模以上工业平均水平低0.19个百分点，仅高于外商控股工业。同时，私营控股工业户均R&D经费为171.1万元，远远低于国有控股和集体控股工业，也

低于港澳台商控股、外商控股和其他控股工业(见表2)。这说明私营控股企业是我省工业研发投入的主力军,却存在研发活动普及但不强大的情况,与政府引导研发投资的特征相关。

表2　2014年全省规模以上工业R&D经费情况(按控股情况分组)

	R&D经费(万元)	占规模以上工业R&D经费的比重(%)	企业数(个)	占规模以上工业企业数的比重(%)	企业平均R&D经费(万元/个)	研发投入强度(%)
国有控股	2861616.1	24.3	1212	3.0	2361.1	1.29
集体控股	1218547.2	10.4	984	2.4	1238.4	1.59
私营控股	5749700.0	48.9	33608	82.5	171.1	0.63
港澳台商控股	195634.4	1.7	720	1.8	271.7	0.71
外商控股	606842.8	5.2	2286	5.6	265.5	0.60
其他	1123141.3	9.6	1946	4.8	577.2	1.27

5. 传统行业加大研发投入促企业升级转型,部分行业技术密集度高。一是我省规模以上工业研发投入具有明显的行业分布特征,研发投入主要集中在传统行业。研发投入列前10名的行业R&D经费为779.0亿元,占规模以上工业的66.3%,R&D经费投入强度(R&D经费与主营业务收入之比)为1.02%,高于规模以上工业0.20个百分点;企业户均R&D经费为381.4万元,比规模以上工业多93.0万元。从研发投入列前10名的行业看,除计算机、通讯和其他电子设备制造业,医药制造业属于高技术产业外,其他都属于传统行业。传统行业已经意识到科技创新的重要性,不断加大研发投入,逐步实现企业升级转型(见表3)。二是行业的技术密集度高。2014年,全省规模以上工业R&D经费投入强度为0.82%,比上年提高0.02个百分点。在制造业中,R&D经费投入强度最高的行业是化学纤维制造业,为2.28%。排在第2—5位的行业分别是医药制造业(1.83%),计算机、通讯和其他电子设备制造业(1.68%),仪器仪表制造业(1.67%),电气机械和器材制造业(1.59%)。

表 3　2014 年全省规模以上工业 R&D 经费情况(按行业分组)

	R&D 经费(万元)	占规模以上工业 R&D 经费的比重(%)	企业数(个)	占规模以上工业企业数的比重(%)	企业平均 R&D 经费(万元/个)	研发投入强度(%)
化学原料和化学制品制造业	1322823.4	11.3	3795	9.3	348.6	0.80
电气机械和器材制造业	1020280.4	8.7	1672	4.1	610.2	1.59
汽车制造业	845780.9	7.2	1352	3.3	625.6	1.31
计算机、通讯和其他电子设备制造业	813406.7	6.9	707	1.7	1150.5	1.68
通用设备制造业	692979.6	5.9	3442	8.4	201.3	0.89
医药制造业	681393.6	5.8	782	1.9	871.3	1.83
有色金属冶炼和压延加工业	646632.3	5.5	470	1.2	1375.8	0.98
专用设备制造业	641998.8	5.5	2309	5.7	278.0	1.07
农副食品加工业	567536.7	4.8	4049	9.9	140.2	0.46
橡胶和塑料制品业	557368.1	4.7	1847	4.5	301.8	0.94

6. 企业对全省 R&D 人员增量贡献最大，人力资源比较雄厚。2014 年，我省企业共有 R&D 人员 35.9 万人，是 2010 年的 1.34 倍，年均增长 10.3%，占全部 R&D 人员总量的 83.0%，比 2010 年提高 1.1 个百分点；科研机构 1.3 万人，年均增长 3.6%，占 3.0%，下降 0.6 个百分点；高等院校 4.1 万人，年均增长 12.0%，占 9.5%，提高 0.6 个百分点；其他事业单位 1.9 万人，年均增长 1.5%，占 4.4%，下降 1.2 个百分点(见图 5)。与 2010 年相比，各类企业净增 R&D 人员 9.1 万人，对全省增量的贡献

率达到86.7%。山东省企业R&D人员相对集中,人力资源比较雄厚,而科研机构和高等院校R&D人员配置相对不合理,人力资源相对短缺。

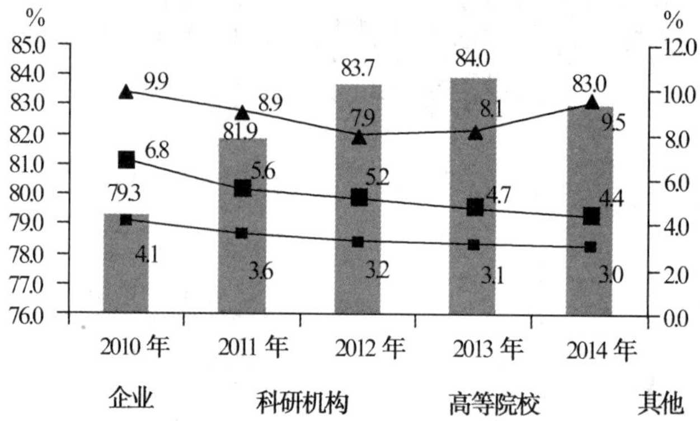

图5　2010—2014年R&D人员占比情况(按执行部门分组)

(三)各市R&D经费不断增大,地区差距逐渐缩小,R&D人员主要集中在中东部的大中城市

1. 各市研发经费不断增大,R&D经费占GDP的比重稳步提升。2014年,R&D经费超过100亿元的有青岛(244.3亿元)、烟台(169.1亿元)、济南(120.5亿元)、潍坊(119.7亿元),4市R&D经费之和占全社会R&D经费总量的50.1%;R&D经费占GDP的比重超过全省平均水平的有烟台(2.82%)、青岛(2.81%)、滨州(2.57%)、东营(2.53%)、潍坊(2.50%)、莱芜(2.49%)、泰安(2.23%)(见表4)。

表4　2014年全省R&D经费分布情况

地区	R&D经费(亿元)	R&D经费占GDP的比重(%)	地区	R&D经费(亿元)	R&D经费占GDP的比重(%)
全省	1304.1	2.19	泰安市	67.0	2.23
济南市	120.5	2.09	威海市	56.4	2.02
青岛市	244.3	2.81	日照市	17.5	1.08
淄博市	77.3	1.92	莱芜市	17.1	2.49
枣庄市	27.8	1.40	临沂市	63.9	1.79
东营市	86.9	2.53	德州市	34.5	1.33
烟台市	169.1	2.82	聊城市	50.5	2.01

续表

地区	R&D 经费（亿元）	R&D 经费占 GDP 的比重（%）	地区	R&D 经费（亿元）	R&D 经费占 GDP 的比重（%）
潍坊市	119.7	2.50	滨州市	58.5	2.57
济宁市	58.6	1.54	菏泽市	25.6	1.15

2. R&D 经费主要集中在东部地区[②]，西部地区占比仍然偏低。2014 年，我省东部地区 R&D 经费 754.5 亿元，占全社会 R&D 经费的比重由 2010 年的 61.9%降至 57.9%，下降 4.0 个百分点；中部地区 R&D 经费 279.9 亿元，占比由 20.7%升至 21.5%，提高 0.8 个百分点；西部地区 R&D 经费 260.8 亿元，占比由 16.3%升至 20.0%，提高 3.7 个百分点。

3. 西部地区增速最快，地区差距不断缩小。2010－2014 年，西部地区 R&D 经费增长最快，年均增速为 24.3%，分别比东部地区的 16.0%和中部地区的 19.0%高 8.3 个和 5.3 个百分点，东西部地区的 R&D 经费投入之比由 2010 年的 3.8 倍缩至 2.9 倍，地区差距逐渐缩小（见图 6）。

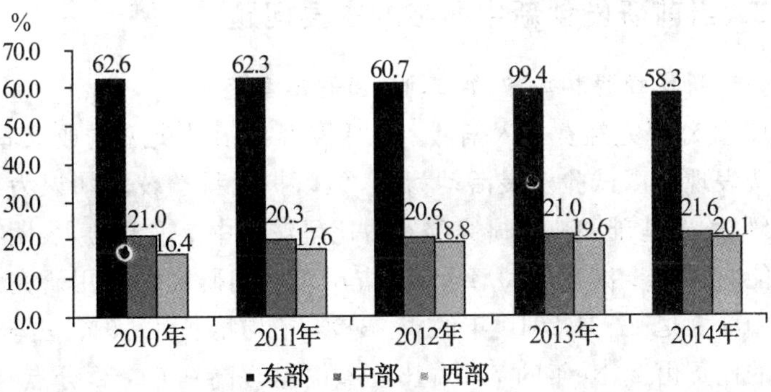

图 6　2010－2014 年 R&D 经费占比情况（按地区分组）

4. R&D 人员分布比较集中，主要在中东部的大中城市。2014 年，R&D 人员占全省总量的比重大于 15%的有济南、青岛，2 市 R&D 人员占全省总量的 31.7%；比重在 5%－10%的有烟台、潍坊、淄博、泰安和济宁，5 市 R&D 人员占全省总量的 37.7%；比重在 3%－5%的有临沂、威海、滨州、东营和德州，5 市 R&D 人员占全省总量的 20.3%；比重小于 3%的有聊城、菏泽、枣庄、莱芜和日照，5 市 R&D 人员占全省总量的 9.9%（见表 5）。

表 5　　　　2014 年全省 R&D 人员分布情况

地区	R&D 人员(万人)	R&D 人员占全省总量比重(%)	地区	R&D 人员(万人)	R&D 人员占全省总量比重(%)
全省	43.2		威海市	2.00	3%—5%之间
济南市	6.95	15%以上	滨州市	1.82	
青岛市	6.75		东营市	1.64	
烟台市	4.22	5%—10%之间	德州市	1.30	
潍坊市	4.00		聊城市	1.27	3%以下
淄博市	3.03		菏泽市	0.89	
泰安市	2.61		枣庄市	0.83	
济宁市	2.45		莱芜市	0.70	
临沂市	2.05	3%—5%之间	日照市	0.59	

二、当前研发创新中面临的主要问题

(一)研发经费构成中的"三低"问题不容忽视

1. 基础研究经费投入偏低。从研发经费活动类型构成上看,我省研发经费表现为以试验发展活动为主,但以扩大科学技术知识为目的的原创性研发,即基础和应用研究经费占比呈波动中上升趋势,表明我省原始创新能力进一步提升。2014 年,全省用于基础研究和应用研究的经费支出为 103.9 亿元,是 2010 年的 1.93 倍,年均增长 17.9%,占全省 R&D 经费的比重由 2010 年的 7.4%升至 8.0%,提高 0.6 个百分点;试验发展经费支出为 1200.2 亿元,是 2010 年的 2.08 倍,年均增长 20.1%。但与全国相比,我省基础研究经费投入偏低。2014 年,我省基础研究经费 24.4 亿元,占全省 R&D 经费的 1.9%,比全国平均水平低 2.8 个百分点。基础研究经费投入偏低,发展滞后,难以充分发挥其在建设创新型省份过程中的动力源泉作用。

2. 科研机构、高等院校研发经费投入偏低。2014 年,我省科研机构、高等院校 R&D 经费分别为 45.8 亿元和 33.1 亿元,依次占全省 R&D 经费的 3.5%和 2.5%,比全国平均水平分别低 11.3 个和 4.4 个百分点。我省经费投入过多依赖于企业,科研机构、高等院校经费投入较少,R&D

经费占比远低于全国平均水平。

3. 政府资金投入偏低。2014年,我省R&D经费中政府资金占7.8%,比全国平均水平低12.5个百分点。政府资金投入偏少,所占份额较小,带动力不足,难以充分发挥在全省研发活动中的引导、示范和放大作用。

(二)工业企业研发投入强度相对较低,产业结构有待进一步优化

1. 工业企业研发投入强度偏低。我省经济结构以第二产业为主,重工业所占比重较大。如今,国内经济增速放缓,无论从经济效益还是增长前景来看,传统经济都面临诸多问题。近几年,我省在"调结构"和"促升级"方面做出巨大努力,但是工业企业研发投入强度仍然较低。2014年我省规模以上工业R&D经费1175.5亿元,R&D投入强度为0.82%,比上年提高0.02个百分点,比全国平均水平低0.02个百分点。有研发活动企业4611个,占规模以上工业企业的11.3%,比全国平均水平低5.6个百分点。

2. 高技术产业研发投入比重偏低。2014年,高技术产业R&D经费176.0亿元,是2010年的2.87倍,年均增长30.2%,占规模以上工业的15.0%,比2010年提高4.6个百分点,低于全国平均水平(24.6%),也低于苏(22.4%)、浙(20.0%)、粤(52.8%)。与全国及苏、浙、粤相比,我省在新兴行业和技术密集度高的行业并没有形成竞争优势,对我省产业结构调整和升级形成较大限制。

(三)研发人才相对不足,资源结构不合理

1. 研发人才总量偏低。我省虽然一直致力于高素质人才的培养引进,但数量仍然偏少,与我省经济发展需求不匹配,整体吸引力不强,研发人才总量偏低。2014年,我省规模以上工业R&D人员仅占从业人员数3.7%,研发人才的匮乏使企业缺乏必备竞争力,研发能力大幅削弱。

2. 研发人才资源结构不尽合理。一是企业人员素质较低,不能满足企业发展对于科技人才的需求。2014年,全部R&D人员中本科及以上学历R&D人员19.7万人,是2010年的1.43倍,年均增长9.4%,占全部R&D人员的45.6%,比2010年下降4.5个百分点。分执行部门看,企业本科及以上学历R&D人员所占比重为39.7%,科研机构为85.7%,高等院校为93.0%,企业人员学历层次还有待于进一些步加强。二是研发人员主要集中在省会及一些较大的城市,济南、青岛、烟台、潍坊、淄博5市R&D人员占全省总量的57.7%。三是高层次创新型人才不足。我省高等院校较少,科研机构不多,导致科技人才储备不足,占据科学前沿、把握重大发展方向、做出开创性科技贡献的科技领军人才缺乏。

三、提高自主创新能力，促进产业转型升级的对策建议

(一)加强自主创新意识，营造科技创新环境

提高企业的自主创新能力，不断强化企业在自主创新中的主体地位，是企业实现发展方式转型、增强发展后劲、提高核心竞争力的重要举措。因此，要促使企业成为自主创新的主体，鼓励有条件企业建立内部研究机构，广泛开展各种形式的自主创新活动。培养自主知识产权意识，掌握关键专利、技术，开发更多的名牌产品，在市场竞争中占据主导地位，在积极引进国外先进技术的基础上，充分进行消化吸收和再创新。完善企业自主创新体制，建立长效激励机制，激发创新热情，营造敢于创新、勇于竞争的良好氛围。

(二)加大政府导向力度，提高科技经费投入

加大财政投入，实行企业税收优惠政策，优化财政资金占比结构，引导和带动更多的社会资本投入科技创新。完善相关金融政策，引导各类金融机构支持科技创新及科技成果的转化生产，满足企业科技创新的资金需求。加强知识产权保护力度，建立相关法律法规，强化部门职能，监管、执法并举，提高企业保护知识产权意识，鼓励企业开发具有自主知识产权的关键技术和重大产品。

(三)加强科技服务平台建设，凸显专业优势

加大科技服务平台建设，增加前期投入，抓好重点高新园区、重点高新产业基地建设，发挥园区、基地的集聚效应和辐射效应。完善研究设备、人员的配备，为产业转型升级、企业研发创新提供专业化技术支撑。加强组织引导，注重监督管理，制定平台相关管理办法，建立绩效机制。发挥市场资源配置作用，建立长效运营机制，更好地完成科技平台社会化、市场化的过渡。

(四)加强人才培养力度，不断壮大科技队伍

营造利于人才发挥所能的大环境，鼓励研发创新、学术争鸣，为各类人才的创新活动创造更多机会。依托国家、省、市重点课题项目，在实践中培养更多专业技术带头人。切实解决科技人才的工资待遇以及生活等方面的问题，进一步研究和制定有关政策，鼓励海外科技人员归国工作，为引进高层次人才创造良好的工作环境和创新平台。推进管理机制改革，促进人才合理分配流动，建立相应的激励机制，充分调动科技人才积极性，切实发挥科技人才的创新作用。

(五)加强产学研平台建设，促进科技成果转化

发挥政府引导作用，制定扶持政策，搭建相关平台，鼓励企业与高校、

科研院所合作设立研发机构，促进高校、科研院所技术人才和科技资源与企业的资金、生产能力的融合互补。重视企业在产学研中的主体地位，完善与高校、科研机构间人才流动、利益分配等机制。加大资金投入，强调科技项目对经济的推动作用，引导高校、科研机构围绕企业的市场需求开展研发活动，促进科技成果最终在企业转化为生产力，实现商品化、产业化，形成产学研一体化的产业链条。

注：①自2011年开始，规模以上工业企业划分标准由年主营业务收入500万元及以上提高到2000万元及以上。

②东部地区：济南、青岛、淄博、东营、烟台、威海。

中部地区：潍坊、济宁、泰安、日照、莱芜。

西部地区：枣庄、临沂、德州、聊城、滨州、菏泽。

（山东省统计局　王莎莎）

积极引导投资结构调整
打造新常态下文化产业发展新亮点

——从全省文化产业投资情况看山东文化产业发展走向

2014年，山东按照建设经济文化强省的战略部署，坚持稳中求进、改革创新，加快产业结构优化和提质增效升级，全省经济保持总体平稳运行态势。作为经济文化强省建设战略布局的重要板块，山东文化产业通过整合优势资源，优化投资结构，成为全省经济社会发展新常态下的新亮点。本文从统计视角审视全省文化及相关产业（以下简称“文化产业”）固定资产项目投资情况，对当前和今后一个时期山东文化产业发展走向做出分析研判。

一、2014年全省文化产业投资的新亮点

投资是拉动经济增长的“三驾马车”之一，也是助推经济社会发展的重要引擎。文化产业投资是实现文化产业发展的主要载体和资本源泉，在很大程度上影响着文化产业发展的基本走势。2014年，全省文化及相关产业固定资产项目投资（以下简称“文化产业投资”）统计数据显示，山东文化产业投资呈现出的新特点，成为新常态下文化产业发展的新亮点。

（一）投资规模持续扩张，增速实现稳步提升

2014年全省文化产业投资项目2517个，其中当年新开工项目1864个，占总投资项目的74.1%。项目计划总投资5425.0亿元，全年完成投资2615.9亿元，按当年价格计算增长18.0%，高于同期全省固定资产投资（含房地产开发投资）增速2.2个百分点。从单季投资额看，一至四季度分别完成358.9亿元、711.6亿元、718.8亿元和826.6亿元，呈现逐季增加的态势。从文化产业投资占全部固定资产项目投资的比重看，2014年为7.3%，一至四季度依次为7.4%、7.0%、7.2%和7.6%，总体呈提升态势。

2012－2014 年，全省文化产业投资项目分别为 2370 个、2462 个和 2517 个，完成投资逐年递增，2014 年完成投资增速比上年高 4.3 个百分点（见图 1）。这三年平均每个文化产业项目完成投资分别为 8230.3 万元、9005.8 万元和 10393.0 万元，项均投资规模一年一个新台阶。从计划总投资亿元以上文化产业项目看，2014 年 1 亿元以上项目 808 个，完成投资 1683.5 亿元，项均完成投资 2.1 亿元；其中：5 亿元以上项目 166 个，完成投资 809.6 亿元，项均完成投资 4.9 亿元；10 亿元以上项目 72 个，完成投资 608.4 亿元，项均完成投资 8.5 亿元。与 2013 年相比，1 亿元以上、5 亿元以上和 10 亿元以上项目完成投资分别增长 22.8%、31.0%和 71.6%，项均完成投资依次增长 9.0%、42.0%和 81.2%，文化产业投资规模化、集约化程度明显提升。

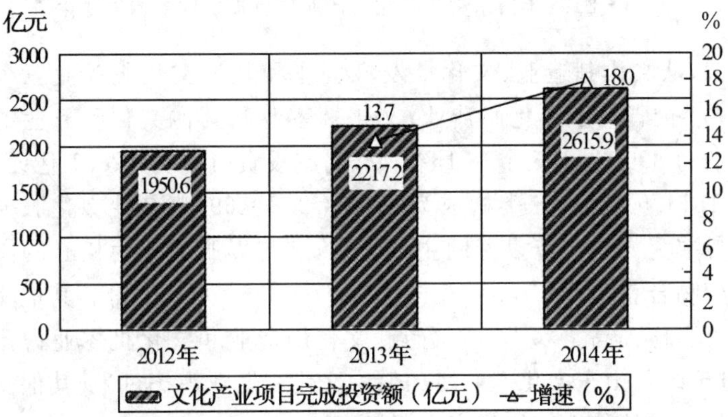

图 1　2012－2014 年山东文化及相关产业项目完成投资额及增速情况

（二）投资结构调整优化，文化内涵更趋凸显

首先，从文化产业分类的两大部分看：2014 年全省属于“文化产品的生产”的投资项目 1602 个，完成投资 1721.1 亿元，分别占全部文化产业投资项目及完成投资的 63.6%和 65.8%；属于“文化相关产品的生产”的投资项目 915 个，完成投资 894.8 亿元。山东文化产业投资中主体与相关两大部分的结构布局相对合理。

其次，从文化产业分类的四个层次看：2014 年全省属于“文化产品的生产”“文化产品生产的辅助生产”“文化用品的生产”和“文化专用设备的生产”四层的项目投资分别为 1721.1 亿元、454.9 亿元、385.6 亿元和 54.3 亿元，四层构成为 65.8∶17.4∶14.7∶2.1，而 2013 年为 61.9∶15.9∶18.6∶3.6（见图 2）。两年间前两个层次占比明显提高，后两个层次占比相应减少。四层划分按各行业类别的内涵特质离文化内核由近及远依次排列，2014年文化产业投资四层构成比的变化，充分体现了山东文化产业投资的文化内涵分层格局渐趋合理。

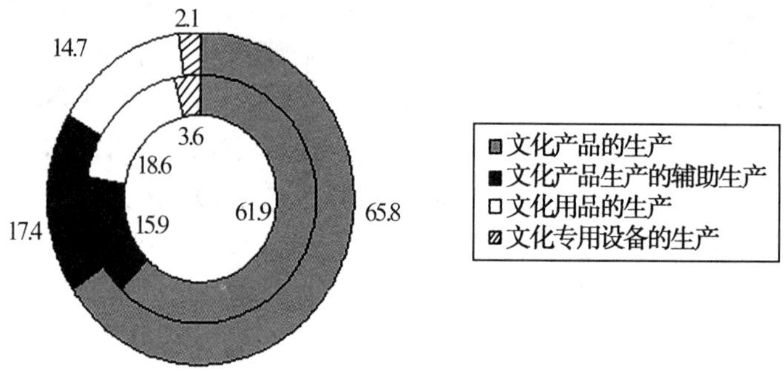

图2　2013—2014年山东文化及相关产业项目投资四层构成变化情况

第三，从文化制造业、文化批发零售业和其他文化服务业三个类别看：2014年全省属于文化制造业、文化批零业和其他文化服务业的投资项目分别为890个、105个和1522个，完成投资分别为728.1亿元、73.4亿元和1814.5亿元，三类构成为27.8∶2.8∶69.4，其他文化服务业以绝对优势成为文化产业投资的主体类别，这与以服务业为核心的文化产业特质相吻合。与2013年三类构成32.7∶3.3∶64.0相比，其他文化服务业投资占比提高了5.4个百分点，文化制造业和文化批零业占比相应降低，对于改善山东文化产业增加值中文化制造业占比过半、其他文化服务业不足四成的传统结构将产生积极影响。

(三)投资领域分布较广，重点行业强力支撑

2014年全省文化产业投资广泛分布于全部10个大类，覆盖109个行业小类，占文化产业120个行业小类的90.8%。与2012年的85.0%和2013年的86.7%相比，投资领域进一步拓展。

从文化产业10个大类项目投资分布看，重点行业和热点领域投资规模大、力度强(见表1)。完成投资超过300亿元且占比超过10%的4个大类依次为“文化休闲娱乐服务”“文化艺术服务”“文化产品生产的辅助生产”“文化用品的生产”，4个大类共完成投资2123.8亿元，占全部文化产业投资的81.2%。

从文化产业120个行业小类项目投资分布看，2014年完成投资超过50亿元的12个行业小类投资项目1504个，共完成投资1761.6亿元，占全部文化产业投资的67.3%，其中超过100亿元的7个行业小类完成投资1345.1亿元，占全部文化产业投资的51.4%。图3中按完成投资由高到低排列的12个行业小类，是当前山东文化产业投资的热点领域。

表1　2014年山东文化及相关产业十个大类项目投资分布情况

文化及相关产业类别	投资项目（个）	完成投资（亿元）	完成投资占全部文化产业投资比重（%）
一、新闻出版发行服务	18	11.6	0.4
二、广播电视电影服务	31	171.8	6.6
三、文化艺术服务	479	469.7	18.0
四、文化信息传输服务	26	27.6	1.1
五、文化创意和设计服务	89	90.4	3.5
六、文化休闲娱乐服务	741	813.6	31.1
七、工艺美术品的生产	218	136.3	5.2
八、文化产品生产的辅助生产	443	455.0	17.4
九、文化用品的生产	416	385.6	14.7
十、文化专用设备的生产	56	54.3	2.1

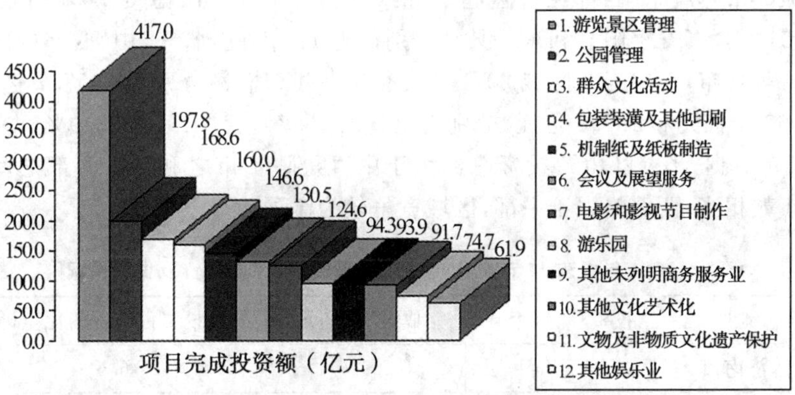

图3　2014年山东文化及相关产业项目完成投资超过50亿元行业小类情况

（四）投资主体趋于多元，自筹资金占据主导

2014年全省国有经济控股的文化产业项目完成投资440.9亿元，占16.9%，比2012年、2013年分别低2.2个和0.6个百分点。可见，文化产业投资的国有经济控股程度逐年降低，投资主体多元化趋势更加明显。

从四个层次分布看，2014年全省分属“文化产品的生产”“文化产品生产的辅助生产”“文化用品的生产”和“文化专用设备的生产”的文化产业项目国有经济控股分别完成投资380.9亿元、46.8亿元、12.5亿元和0.6亿元，国有控股占比分别为22.1%、10.3%、3.2%和1.2%，一定程度上反映了离文化内核越近国有经济控股投资占比越高的规律。

从资金筹集来源看，2014 年全省文化产业项目自筹资金占 85.3%，与 2012 年的 81.5%和 2013 年的 83.4%相比，呈现自筹资金为主导且占比逐年攀升的态势。

(五)各市投资竞争加剧，区位优势相关度高

2014 年全省 17 市文化产业投资呈现地区竞争加剧、总量差异明显的特点(见表 2)。完成投资超过 150 亿元的依次为青岛、潍坊、烟台、济南、济宁 5 市，共完成投资 1587.2 亿元，占全省的 60.7%；低于 100 亿元的依次为枣庄、日照、聊城、德州、威海、东营、菏泽、莱芜 8 市，共完成投资 519.1 亿元，仅占全省的 19.8%，8 市之和不如青岛 1 个市。2014 年投资居首的青岛市是处于末位的莱芜市的 22.9 倍，2012 年、2013 年首位市是末位市的 45.1 倍和 29.5 倍，极差明显缩小，地区竞争加剧。

从全省区域性重点发展战略规划的聚类分布看，2014 年 17 市文化产业投资状况与其区位优势高度相关。若将属于“山东半岛蓝色经济区”的青岛、东营、烟台、潍坊、威海、日照 6 市(不含滨州沾化区和无棣县)，属于“省会城市群经济圈”的济南、淄博、泰安、莱芜、滨州 5 市(不含德州、聊城 2 市)，属于“西部经济隆起带”的枣庄、济宁、临沂、德州、聊城、菏泽 6 市(不含泰安宁阳县和东平县)，分别作为 17 市在全省东、中、西部的区位聚类分布，上述三个区域 2014 年文化产业投资总额分别为 1457.7 亿元、560.4 亿元和 597.8 亿元，分别占全省的 55.7%、21.4%和 22.9%。东部 6 市占据“半壁江山”，投资总额大于中、西部 11 市之和，中、西部之间则旗鼓相当，西部略强于中部，区域竞争较为激烈。

表 2　2014 年山东 17 市文化产业投资项目数、完成投资及占比情况

地区	投资项目(个)	完成投资(亿元)	完成投资占全省的比重(%)
济南市	161	169.6	6.5
青岛市	331	581.8	22.2
淄博市	174	130.7	5.0
枣庄市	115	91.5	3.5
东营市	53	44.8	1.7
烟台市	179	209.6	8.0
潍坊市	534	460.4	17.6

续表

地区	投资项目(个)	完成投资(亿元)	完成投资占全省的比重(%)
济宁市	169	165.8	6.3
泰安市	163	131.9	5.0
威海市	85	77.2	2.9
日照市	112	84.0	3.2
莱芜市	32	25.4	1.0
临沂市	109	144.3	5.5
德州市	91	80.0	3.1
聊城市	70	81.1	3.1
滨州市	93	102.7	3.9
菏泽市	46	35.0	1.3

2014 年 17 市文化产业投资区域分布格局与同期 GDP 区域分布格局呈正相关且相似度较高，只是东部 6 市文化产业投资占比高出其 GDP 占比 6.2 个百分点，而中部 5 市和西部 6 市的文化产业投资占比分别比其 GDP 占比低 7.1 个和 7.3 个百分点，且同样西部 6 市略高于中部 5 市(见图 4)。再从 2014 年每百元 GDP 实现文化产业完成投资看，东、中、西部分别为 5.34 元、3.55 元和 3.58 元，全省为 4.40 元。可见，文化产业发展与经济社会发展高度相关，以青岛为龙头的山东半岛蓝色经济区在全省文化产业发展中发挥了引领作用。

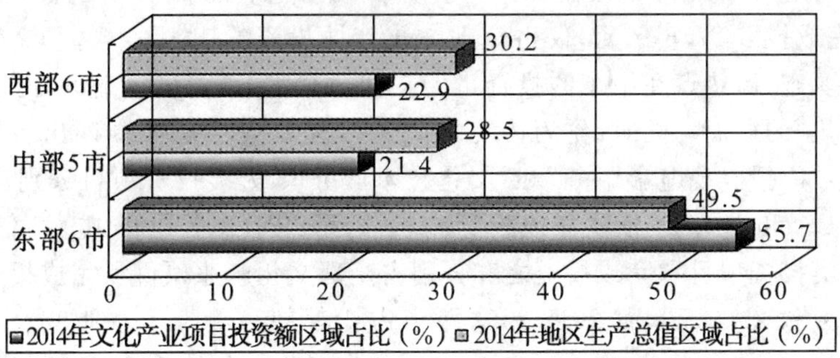

图 4　2014 年山东区域文化产业投资占比与 GDP 占比相关情况

二、当前全省文化产业投资面临的新挑战

2014 年，在 GDP 增速放缓且下行压力增大、经济运行面临诸多困难挑战的情况下，文化产业也进入了加快调整和适应新常态的发展新阶段，

同样面临增速放缓后的诸多新挑战。从全省文化产业投资情况看,一些制约性因素应重点关注。

(一)文化产业整体发展速度放缓,对未来文化产业投资持续高增长的动力预期将产生影响

根据国家统计局最新核算数据反馈,2013 年山东文化及相关产业法人单位实现增加值首次超过 2000 亿元,达到 2015.4 亿元,占 GDP 的 3.65%。与 2012 年相比,占比提高了 0.1 个百分点,当年价格增速却由 2012 年的 23.6%降至 13.5%,回落 10.1 个百分点,仅比全省 GDP 当年价格增速高 3.1 个百分点,文化产业增加值增速与 GDP 增速的差距明显缩小。考虑当前国际国内经济形势影响,今后几年山东文化产业增加值增速仍有下行可能,这对文化产业投资者的投资动力和收益预期可能产生一定影响。因此,要保持文化产业投资的持续快速增长,必须克服各种困难,付出艰辛努力。

(二)文化产业新兴业态和热点行业投资占比不高,传统文化服务领域投资潜力有待释放

以多媒体及动漫游戏软件开发、文化数字内容服务、广告业、工程勘察设计、专业化设计服务为主体的"文化创意和设计服务",以互联网信息服务、文化增值电信服务、广电传输服务为主体的"文化信息传输服务",既是《文化及相关产业分类(2012)》新增设的两个大类,也是文化产业发展领域涌现的新兴业态和热点行业,理应成为文化产业投资的重点和热点。2014 年全省"文化创意和设计服务"投资项目 89 个,完成投资 90.4 亿元,占全部文化产业投资的 3.5%;"文化信息传输服务"投资项目 26 个,完成投资 27.6 亿元,仅占全部文化产业投资的 1.1%。这些文化产业新业态、新热点在山东的投资市场空间还很大,需深度挖潜并摆脱"热点不热"的局面。同时,作为传统文化服务业三大支柱的"新闻出版发行服务""广播电视电影服务"和"文化艺术服务"3 大类投资项目分别为 18 个、31 个和 479 个,依次完成投资 11.6 亿元、171.8 亿元和 469.7 亿元,三大类投资项目和完成投资之和分别占全部文化产业项目和完成投资的 21.0%和 25.0%。而 2012 年这两个占比都超过 30%,达到 32.4%和 32.1%,2013 年降为 28.0%和 26.0%,2014 年占比创新低,呈逐年缩减态势。特别是 2014 年"新闻出版发行服务"完成投资占比只有 0.4%,低于 2012 的 1.2%和 2013 年的 1.0%;"文化艺术服务"完成投资占 18.0%,也远低于 2012 年的 30.2%和 2013 年的 24.3%。作为传统文化服务业三大类的发展空间有限,但在全面深化文化体制改革和完成市、县两级文广新部门强势合并的新形势下,应进一步加大对文广新等传统文化服务业领域的投资引导，解决后劲不足问题。

(三)文化产业投资项目仍有空白行业，超大规模投资项目数量略有减少

2014 年全省文化产业投资项目虽已覆盖文化产业 10 个大类，但仍有 11 个行业小类没有投资项目，占 120 个文化产业行业小类的 9.2%。从 2012—2014 三年情况看，“期刊出版”“记录媒介复制”“文化娱乐经纪人”“图书出租”“音像制品出租”“乐器零售”“幻灯及投影设备制造”等 7 个行业小类连续成为投资空白领域。2014 年全省计划完成投资额在 5 亿元以上和 10 亿元以上的超大规模文化产业项目分别有 166 个和 72 个，依次占全部文化产业投资项目的 6.6%和 2.9%；与 2013 年相比，项目数分别减少了 14 个和 4 个，减幅依次为 7.8%和 5.3%，项目数占比分别降低 0.7 个和 0.2 个百分点。在经济发展新常态下，要打造更多具有山东特色品牌和齐鲁文化风范的航母式文化产业龙头带动项目，面临新挑战。

(四)文化制造投资重点行业持续过度聚集和文化销售新兴业态投资规模不足，不利于培植新的文化产业增长点

2014 年全省文化制造业中完成投资超过百亿元的只有印刷复制业 203.4 亿元、文化用纸制造 149.5 亿元和工艺美术品制造 113.3 亿元，3 个行业共完成投资 466.2 亿元，占文化制造业投资的 64.0%，而 2012 年和 2013 年这 3 个行业投资分别占 58.2%和 62.2%，逐年增高，这 3 个龙头行业对整个文化产业发展起着重要的基础支撑作用。少数行业投资密集度高、垄断性强，短期内会带来一定的集约效益，但从长远发展看，相对固定的少数行业持续过度聚集也会产生负面效应。受宏观经济政策、产业结构调整及市场需求变化的影响，造纸因污染较重、耗水耗能多成为节能减排的重点行业；而工艺美术品制造属于劳动密集型行业，目前仍在低位运行，有些产品缺少设计原创性和核心竞争力。这些文化制造传统主导行业只有靠科技创新和内容原创才能走出发展瓶颈，必须加快培育适应省情的文化制造新兴行业。另外，2014 年全省文化批零业投资仅占 2.8%，缺少以大投资为支撑的能够发挥市场资源配置导向性、开放性、前瞻性的大型文化销售流通企业，进而影响到文化产品制造和其他文化服务业的市场占有率和综合竞争力，连锁经营模式、物流配送链条、数字网络交易平台等新兴文化销售业态的培植还需社会资本的强力注入。

三、新常态下把握文化产业发展走向的新启示

文化产业投资关乎文化产业自身发展和经济文化强省建设大局，既是当前文化产业发展吸纳资本要素的主渠道，也是预示未来文化产业走

势的风向标。2014 年全省文化产业投资数据分析研究，对新常态下把握好文化产业发展走向有以下几点新启示。

（一）抓住全面深化改革的战略机遇，确保文化产业投资稳中有进，在新常态发展舞台上文化产业将再现新亮点

文化产业作为文化经济化和经济文化化的双重聚合体，在一定程度上具有超经济周期逆势上扬的潜质。要积极适应和主动引领经济发展新常态，文化产业必须在拉动投资、扩大内需和结构调整中发挥不可替代的作用，文化产业向国民经济支柱性产业迈进的发展趋势和目标取向，必然成为各方关注和热衷的投资新亮点，在加大投资力度、改善投资结构方面，文化领域会成为投资者更加明智的选择。2014 年全省文化产业投资保持 18.0％的高速增长，对全部固定资产项目投资增长的贡献率为 7.5％，拉动全部项目投资增长 1.3 个百分点。只要紧紧抓住建设经济文化强省、全面深化文化体制改革、推进文化大发展大繁荣的战略机遇，继续加大文化产业投资力度和质量效益，整合优势资源，实现重点突破，在新常态发展的大舞台上文化产业作为重要角色将再现新亮点。

（二）文化产业投资重点的调整将引领文化产业内部结构优化升级，文化与相关产业的融合共生踏上新起点

2014 年全省文化制造业、文化批零业和其他文化服务业完成投资构成调整为 27.8∶2.8∶69.4，其他文化服务业已成为文化产业投资的主体行业和重点领域，这对于逐步改变山东文化产业增加值中制造业占据“半壁江山”的不均衡局面、实现文化产业内部结构优化升级将产生积极影响。随着市场在文化资源配置中积极作用的全面发挥，在文化产业投资领域鼓励各类市场主体公平竞争、优胜劣汰，文化产业投资的规模化、集约化、专业化水平将明显提升，特别是文化与相关产业的融合共生已踏上新起点，相关部门通力协作将产生“一招出手、全盘皆活”的叠加效应。通过文化与科技融合，让原创文化内容在高技术、大数据、云计算时代的数字信息平台上实现完美着陆，培育出更多、更好的新兴文化业态；通过文化与旅游融合，投资打造更多在全国叫得响的文化旅游项目，为“好客山东”品牌再续新篇；通过传统媒体与现代媒体融合，利用组建山东互联网传媒集团的契机，整合全省网络媒体资源，加大对新兴媒体龙头企业及项目的投资；通过文化创意和设计服务与相关产业融合，改变文化创意和设计服务投资“热点不热”的被动局面，发挥文广新传统文化服务业深化改革的内生动力，以项目投资带动传统文化服务业全面振兴，对文化演艺、新闻出版、广播影视、互联网信息服务等重点行业项目投资实行特殊扶持和优惠政策，相关产业融合发展的跨界性、边缘性、新颖性、原创性投资新业态和新项目将不断涌现。

（三）在文化产业投资主体多元化格局中，健全完善文化投融资政策保障机制与激活吸纳社会资本将催生文化发展新热点

随着各级政府有关部门对重点文化产业领域和相对薄弱环节的引导性投资和政策性培植力度的加大，降低文化领域民间资本准入门槛已成必然，文化产业投融资环境日趋宽松优化。为促进文化资源与金融资本的有效对接，有关部门必须以市场为导向，制定和实施文化产业发展规划、投资指南和重点项目数据库，管好用好文化产业发展专项资金、文化发展投资基金。利用设立省级文化产业发展股权投资引导基金的契机，在文化产业领域尝试风险投资运作模式，调整完善财政、税收、金融、商贸、土地、市场准入、工商管理、知识产权等政策，鼓励引导社会力量投资新兴文化业态、公益文化设施和地方特色文化项目。鼓励支持民营资本以控股、参股、合作、兼并、收购、承包、租赁、托管等形式，兴办各类民办文化企业，享受国有文化企业同等待遇。在发挥政府引导和服务职能的同时，激活社会投资者对投身文化产业领域的内驱动力和创新活力，以“八仙过海，各显神通”的良性竞争催生更多的文化发展新热点。

（四）大型骨干文化企业龙头引领与小微文化企业孵化培育并举，项目、园区、基地共同搭建文化产业崛起的新支点

2014 年全省亿元以上文化产业投资项目数及完成投资分别比上年增长 12.7%和 22.8%，平均每个亿元以上项目完成投资 2.1 亿元，较上年增长 9%。通过资本要素市场杠杆作用的发挥，促进大型文化投资项目与骨干文化企业联姻，扶持培育一批实力雄厚、具有较强市场竞争力和社会影响力的大型文化企业集团，鼓励与支持有条件的骨干核心文化企业集团发行上市或挂牌交易，将打造全省文化市场先锋主力军和文化产业战略投资家。在做大做强龙头企业和核心项目的基础上，以重点文化企业、重点文化项目、重点文化产业园区和基地建设为支撑，形成产业集群，发挥规模效应。同时，积极推进实施山东文化产业发展“金种子”计划，加快孵化培育小微文化企业，搭建中小企业融资担保平台为小微文化企业提供担保。只有依托这些新支点，形成全省大中小微文化企业全面、协调、可持续发展的新局面，才能在新常态下实现山东文化产业发展的新跨越。

（山东省统计局　杨红康）

践行绿色发展理念　推进生态文明建设

——2015年山东省生态环境保护情况

2015年,我省牢固树立和贯彻五大发展理念,围绕"改善环境质量,确保环境安全,促进科学发展"三条主线,坚持绿色发展道路,生态环境质量继续提高。

一、2015年全省生态环境保护工作取得新进展

(一)约束性机制稳定发力,空气质量稳步改善

自2014年,我省开始实施了环境空气质量生态补偿,同时将PM2.5浓度现状及改善率纳入科学发展综合考核体系,确保实现大气环境质量改善目标。2015年,全省细颗粒物(PM2.5)平均浓度为76$\mu g/m^3$,比上年下降7.3%;可吸入颗粒物(PM10)平均浓度为131$\mu g/m^3$,下降7.7%;二氧化硫(SO_2)平均浓度为45$\mu g/m^3$,下降23.7%;二氧化氮(NO_2)平均浓度为41$\mu g/m^3$,下降10.9%。

1."蓝天白云,繁星闪烁"(能见度≥10公里)天数全省平均为214.7天,比2014年增加15.1天,增长7.6%。"蓝天白云,繁星闪烁"天数最多的三个城市是威海、烟台、青岛,分别为342天、311天、302天;最少的三个城市是德州、济南、聊城,分别为141天、144天、145天。"蓝天白云,繁星闪烁"天数比上年增加最多的是济宁、淄博、潍坊三市,分别增加35天、30天、30天(详见图1)。

2. 重污染天数(AQI≥200)全省平均为29.9天,比2014年减少4.8天,下降13.8%。重污染天数最少的是威海、烟台、青岛3市,分别为5天、6天、11天,最多的是德州、聊城、枣庄3市,分别为59天、48天、46天。重污染天数比上年减少最多的是临沂市,减少25天;增加最多的是聊城市,增加4天(详见图2)。

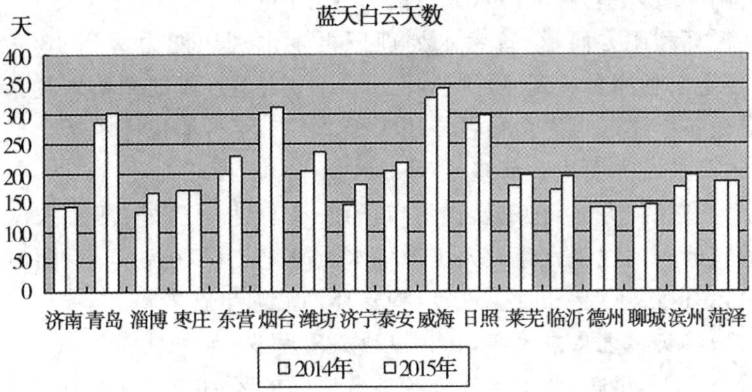

图 1　2014—2015 年各市蓝天白云天数对比情况

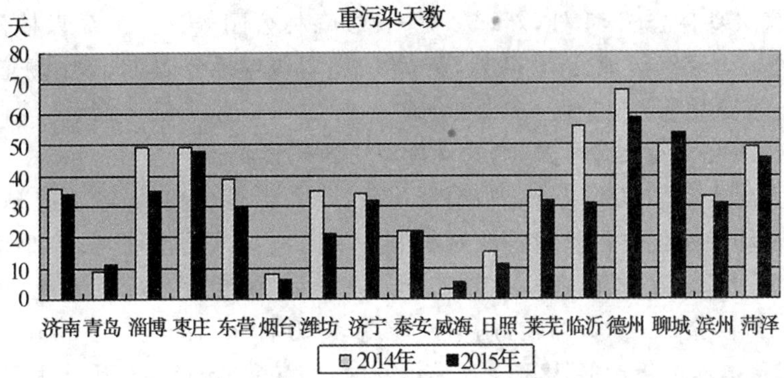

图 2　2014—2015 年各市重污染天数对比情况

(二)水环境质量持续改善,流域生态环境治理成效明显

2015 年,省控重点河流化学需氧量(COD)和氨氮平均浓度分别为 23.7 毫克/升和 0.91 毫克/升,分别比上年下降 2.4%和 5.8%,全省水环境质量连续 13 年持续改善。与 2010 年相比,2015 年全省 COD 和氨氮浓度分别下降 19.8%和 56.3%。南四湖水质实现跃升,流域内已恢复水生高等植物 78 种、鱼类 52 种、浮游植物 119 种、底栖动物 51 种。小清河流域生态环境综合治理成效明显,已恢复鱼类 27 种。重点河流 100 个省控断面中,仅济南市小清河辛丰庄 1 个断面水质尚未全面达标,全省重点河流基本消除劣五类水体。

在污染治理方面,以解决生活污水直排和垃圾沿河堆放为重点,推进污水处理厂扩容改造和配套管网建设。至 2015 年底,省政府两批挂牌督办的 378 个污水直排口全部整治完成,全年新增污水处理厂 22 座,新增配套管网947公里,新增污水处理能力57万吨。

在循环利用方面,全省污水处理厂再生水利用能力达到400万吨/日,年再生水利用量达到8亿吨,相当于8个大型水库的调蓄水量。南水北调沿线各市建成再生水截蓄导用工程21个,年可消化中水2.1亿立方米,有效改善农灌面积200多万亩。

在生态保护方面,在重要排污口下游、支流入干流处、河流入湖口及其他适宜地点因地制宜建设人工湿地水质净化工程,在湖滨带、河滩地实施规模化"退耕还湿"和生态恢复,构建环湖沿河生态屏障。

(三)扎实推进生态改善,森林湿地公园增多

截至2015年底,全省已建成各类自然保护区76个,创建国家生态县(市、区)4个、生态乡镇579个、生态村6个,国家生态工业园区7个,国家环保模范城市19个。2015年末我省森林公园面积达到43.6万公顷,共有国家级森林公园51处,新增3处;省级森林公园64处,市级森林公园131处。国家级湿地公园59处,新增9处;省级湿地公园113处,新增17处;湿地类型自然保护区17处。

(四)大力淘汰落后产能,清洁能源生产规模扩大

大力推动燃煤机组(锅炉)超低排放,建立了资金奖励、电价补贴、电量鼓励和差别化排污收费等激励机制。大力淘汰落后产能,关停小型煤电机组122.9万千瓦,淘汰生铁产能119.4万吨,粗钢465.0万吨,焦炭40.0万吨,造纸10.3万吨,制革产能30.0万标张,印染产能9357.9万米,铅蓄电池极板产能228.7万千伏安时,组装产能150.7万千伏安时。全省脱硝机组装机容量占比达86.2%,脱硝水泥产能占比达91.9%。截至2015年底,全省共淘汰黄标车116.5万辆,其中2005年底前注册的营运黄标车9.9万辆。2015年1月1日起,我省全面供应国Ⅳ车用柴油。全省规模以上在建工地扬尘治理措施基本落实,渣土运输车密闭化率达97.4%。清洁能源生产规模扩大。2015年全省可再生能源发电量212.3亿千瓦时,比上年增长29.0%。其中,风力发电121.4亿千瓦时,增长20.3%;生物质发电76.9亿千瓦时,增长36.9%。

二、生态环境保护工作面临的问题

一是污染排放和资源消耗依然存在较大压力。我省作为人口和经济大省,产业结构偏重,在工业化、城镇化快速推进的历史阶段,虽然主要污染物排放量逐年下降,但二氧化硫和氮氧化物排放量仍居全国第1位。资源消费总量大,能源消费以煤炭为主,非化石能源占一次能源的比重偏低,总量减排存在较大压力。

二是经济发展和生态环境保护的矛盾突出。2015 年全省 17 个设区城市空气质量均未达到国家二级标准。机动车、扬尘等污染严重，冬季雾霾天气频发。污水直排或溢流、污水处理厂运行不稳定等未得到根本性解决，水质不稳定。空气污染、固体垃圾污染、噪声污染、交通拥堵等“城市病”顽疾依然存在。仅注重眼前或局部经济利益而导致的资源、环境破坏现象时有发生。

三是环境监管和安全防控压力大。受经济下行影响，局部地区和行业治污困难，少数企业不正常运行治污设施，偷开、偷排现象时有发生；全省涉及重金属、剧毒物质和危险化学品排放的企业较多，存在较大环境隐患。

三、坚持绿色发展，持续推进生态文明建设

(一)树立生态文明发展新理念

要树立尊重自然、顺应自然、保护自然的生态文明理念，把生态文明建设放在突出地位，融入经济建设、政治建设、文化建设、社会建设各方面和全过程。发展必须是绿色发展、循环发展、低碳发展，平衡好发展和保护的关系，按照主体功能定位控制开发强度，调整空间结构，给子孙后代留下天蓝、地绿、水净的美好家园，实现发展与保护的内在统一、相互促进。

(二)推动形成绿色发展模式

要适应经济发展新常态，充分发挥经济体制改革的牵引作用，促进发展模式从低成本要素投入、高生态环境代价的粗放模式向创新发展和绿色发展双轮驱动模式转变。调整产业结构，加速淘汰落后产能，由第二产业一枝独秀变为第一、第二、第三产业协调发展。加强新能源技术、清洁煤技术、节能降耗、循环利用和生态技术等战略性技术的研发和利用。能源资源利用从低效率、高排放向高效、绿色、安全转型，大力推进节能环保产业的发展，推动绿色制造业和绿色服务业的兴起，实现“既要金山银山，又要绿水青山”。

(三)切实解决突出环境问题

一是要改善空气质量，严格执行山东省大气污染物第二阶段排放标准限值，对不能达标的企业依法实施限产或停产治理。完善空气质量预报预警系统，组织开展重污染天气预报预警和应急响应。推进污染行业冬季错峰生产，促进油品升级，着重解决冬季雾霾严重的问题。二是要加强重要饮用水水源及南水北调水质安全保障，积极推进退化湿地生态保护与修复。进一步加快污水处理厂(站)及管网建设进度，强化对污水处

理厂及入网企业的监管,对违规排放企业依法严肃处理。积极解决城市建成区污水直排环境及沿河垃圾长期堆存问题,推进城市黑臭水体治理。三是要推进土壤和固废污染防治。以城市土地二次开发利用为重点,建立土壤环境保护制度体系。严格涉重金属项目的审批,严控新增污染源。加强危险废物规范化管理,加快危险废物处置设施建设,推进危险化学品的环境管理登记。

(四)扎实推进生态保护工作

建立完善生态空间管控制度体系,促进生产空间集约高效、生活空间宜居适度、生态空间山清水秀。切实把握好开发与保护的平衡点,更多地为生态建设留白。大力推进大规模国土绿化行动。加强自然保护区、生态功能区规范化建设和管理,着力发挥生态系统自我修复能力,促进生态系统良性循环。将生态建设与扶贫工作相结合,加强环保扶贫。以南水北调沿线为重点,推进农村环境综合整治,确保农村饮用水安全。防范生态风险,增强生态承载力,提高生态服务价值,为实现经济社会全面、协调、可持续发展提供生态保障。

(五)积极推进生态文化建设

完善法律制度,为推进绿色发展提供可靠保障。坚持把推进绿色发展作为鲜明导向,完善经济社会发展考核评价体系,加强生态文明法治建设,以刚性约束促进绿色发展、资源节约、环境保护。弘扬生态文化,努力形成绿色发展的行动自觉。提高全民生态道德素质,大力倡导简约适度、绿色低碳、文明健康的消费模式和生活方式,推动形成绿色发展人人有责、人人参与、人人共享的良好风尚。

(山东省统计局　武金梅)

区 域 篇

经济运行平稳　结构持续优化

——2015年山东半岛蓝色经济区经济发展情况

2015年，面对错综复杂的国际、国内经济形势，山东半岛蓝色经济区深入贯彻省委、省政府各项决策部署，充分发挥区域优势，产业结构持续调整，经济保持平稳较快增长。“十二五”时期主要经济指标年均增速高于全省平均水平，对全省经济稳定增长起到积极的带动作用，实现“十二五”圆满收官。

一、半岛蓝色经济区经济运行特点

（一）经济平稳较快增长

2015年，全区实现生产总值29447.3亿元，按可比价格计算，比上年增长8.0%，增速与全省持平。其中，第一产业增加值1807.5亿元，增长4.0%；第二产业增加值14481.9亿元，增长7.5%；第三产业增加值13157.9亿元，增长9.3%。“十二五”时期，全区生产总值年均增速为9.9%，高于全省年均增速0.5个百分点。其中，第一产业增加值年均增速3.9%，低于全省年均增速0.1个百分点；第二、三产业增加值年均增速均超过10%，分别为10.2%和10.6%，分别高于全省年均增速0.3个和0.8个百分点。

分市看，青岛、烟台、潍坊3市生产总值分别居全省第1、第2、第4位，其中，青岛市生产总值9300.1亿元，高于第2位的烟台市2800多亿元，在经济总量上具有绝对优势。在发展速度方面，威海、烟台、潍坊、青岛4市生产总值增速均达到8.0%以上，分别高于全省平均0.5个、0.4个、0.3个、0.1个百分点。

（二）产业结构连续5年持续优化

“十二五”时期，半岛蓝色经济区产业结构持续优化，第一、二产业比重下降，服务业比重逐年提高。2015年，全区三次产业构成为6.1∶49.2∶44.7，与2010年三次产业构成7.1∶56.3∶36.6相比,第一、二产业比重分别下降1.0个和7.1个百分点,服务业比重提高8.1个百分点。其中,服务业比重连续5年稳步提高,分别比2014年、2013年、2012年、2011年提高2.7个、4.1个、5.5个、6.8个百分点。

分市看,"十二五"时期,区内各市以半岛蓝色经济区建设上升为国家战略为契机,积极贯彻落实全省"转方式、调结构"各项政策措施,深入发展海洋经济,转变经济发展方式,各市产业结构明显优化,呈现出第一、二产业比重下降,第三产业比重提高的发展势头。

山东半岛蓝色经济区各市生产总值构成情况

单位:%

地市	2010年各市生产总值构成			2015年各市生产总值构成		
	第一产业	第二产业	第三产业	第一产业	第二产业	第三产业
青岛市	4.9	48.7	46.4	3.9	43.3	52.8
东营市	3.7	72.6	23.7	3.4	64.6	32.0
烟台市	7.7	58.9	33.4	6.8	51.6	41.6
潍坊市	10.7	55.7	33.6	8.8	48.2	43.0
威海市	7.9	55.9	36.2	7.2	47.4	45.4
日照市	9.8	54.8	35.4	8.4	48.7	42.9

(三)规模以上工业运行平稳

2015年,区内规模以上工业增加值按可比价格计算比上年增长7.8%,高于全省规模以上工业增速0.3个百分点。"十二五"时期,区内规模以上工业增加值年均增速10.8%,与全省年均增速持平。

工业效益指标低位运行。2015年区内规模以上工业主营业务收入达到67814.4亿元,比上年增长3.5%,增幅比全省高0.7个百分点。实现利润4042.7亿元,下降4.9%;利税6298.7亿元,下降5.0%。其中,青岛市工业主要效益指标增长较快,明显高于全省平均水平。全年主营业务收入增长6.8%,利润增长15.3%,利税增长15.0%,分别高于全省平均增速4.0个、16.9个和15.9个百分点,利润、利税增速均居全省首位。

(四)固定资产投资增长略高于全省

2015年,区内固定资产投资23362.5亿元,比上年增长14.0%,比全省高0.1个百分点,增速居全省"四大区域"首位。"十二五"时期,全区固定资产投资年均增速18.5%,高于全省年均增速0.2个百分点。

2015年,区内亿元及以上项目投资9812.0亿元,比上年下降3.7%;房地产开发投资2823.9亿元,比上年下降0.7%。从全年看,区内亿元及以上项目投资从2月份起,增速逐月下降,由1—2月增长21.9%转为全年下降3.7%,大项目支撑力明显减弱。房地产开发投资从4月份起,降幅逐月收窄,由1—4月下降6.3%转为全年下降0.7%,降幅收窄5.6个百分点,走势稳步向好。

(五)进出口降势趋缓,实际到账外资增速高于全省

2015年,受国际经济形势影响,区内进出口一直处于下降空间,降势从10月份开始连续3个月趋缓,降幅有所收窄。全年进出口总额1839.9亿美元,比上年下降14.5%,比1—11月和1—10月分别收窄2.1个、3.2个百分点。其中,出口1082.4亿美元,下降1.5%,比1—11月、1—10月分别收窄2.1个和2.8个百分点;进口757.6亿美元,下降28.2%,比1—11月、1—10月分别收窄1.6个和2.7个百分点。分市看,区内6市除潍坊、威海2市进出口总额增长外,其他4市均有不同程度的下降,日照市降幅最大,下降56.3%。威海市在出口增长11.1%的带动下,全市进出口总额增长2.2%。

2015年,区内实际到账外资115.3亿美元,比上年增长9.3%,高于全省2.0个百分点;总量占全省比重超过七成,达到70.8%。"十二五"时期,区内实际到账外资年均增速为15.2%,高于全省年均增速3.0个百分点。

(六)财政收入较快增长,对全省贡献率超五成

2015年,全区实现公共财政预算收入2656.0亿元,比上年增长11.5%,高于全省1.5个百分点,居全省"四大区域"首位,对全省财政收入的贡献率超五成,达到54.6%。分市看,威海市财政收入增长13.1%,居全省首位;其后依次是潍坊、青岛、烟台3市,分别增长12.6%、12.4%和10.7%,分别高于全省平均水平2.6个、2.4个和0.7个百分点。

区内年末金融机构本外币存款余额35029.0亿元,比上年末增长9.6%。全年本外币存款增加3047.4亿元,占全省新增存款的43.9%,比上年多增817.5亿元。年末金融机构本外币贷款余额28055.7亿元,比上年末增长9.2%。全年本外币贷款增加2361.0亿元,占全省新增贷款的43.9%,比上年少增309.4亿元。

(七)农民收入稳定增长

2015年,半岛蓝色经济区内农民收入在全省保持较高水平,居"四大区域"首位。区内农民人均可支配收入达到15135元,比上年增长8.9%,高于全省0.1个百分点;农民人均收入水平比全省平均高2205

元,比西部经济隆起带、省会城市群经济圈、黄三角经济区依次高4046元、2579元和1452元。分市看,除日照、东营2市外,青岛、威海、烟台、潍坊4市农民人均可支配收入均达到14000元以上,分别居全省前4位。

二、值得关注的问题

2015年,山东半岛蓝色经济区实现平稳较快增长,在"十二五"时期主要经济指标领先全省,区域带动作用明显增强,但仍存在一些亟待解决的问题。

(一)区域内各市发展不平衡,分化明显

从工业效益指标看,2015年,青岛市利润、利税增长15%以上,引领半岛蓝色经济区稳步发展;以石油、钢铁等传统行业为主导产业的东营、日照2市,受国内外经济影响严重,利润、利税降幅较大,东营市利润、利税分别下降31.9%和33.9%,日照市利润、利税分别下降22.8%和11.6%。从财政收入看,青岛、烟台、潍坊、威海4市财政收入增速均达到10%以上,东营市财政收入仅增长6.7%,居全省第15位。从外商投资看,青岛、潍坊、威海3市实际到账外资增长均超过10%,居全省前列;东营、日照2市实际到账外资仅增长3.2%和1.0%,增长相对缓慢。

(二)对外贸易持续下降,形势不容乐观

山东半岛蓝色经济区依托其沿海的区位优势和良好的经济基础,对外贸易在省内占有绝对优势,进出口总额占全省比重超过70%。由于受国际需求持续不振,大宗商品价格大幅下跌,贸易竞争加剧、摩擦增多以及国内经济下行压力加大等多种因素影响,2015年区内进出口出现明显下降,进出口总额占全省比重较上年下降1.6个百分点。这主要是受进口大幅下滑的影响。其中,青岛、日照2市进口总额分别下降27.1%和63.1%,对全区进口增速分别下拉8.8个和17.9个百分点。青岛作为区内的核心城市,进出口总量一直居全省首位,但2015年进出口增速下降12.1%,对区内进出口增速由上年上拉0.9个百分点转为下拉4.5个百分点,龙头带动作用有所弱化。

三、几点建议

(一)进一步深化产业结构调整

充分发挥区域内优势产业的辐射作用、核心城市的龙头作用,通过政策扶持和市场引导实现区域内人才、科技、资金等因素的良性流动;积极改造提升传统产业,加速资源型城市转型升级,淘汰落后产能,因地制宜地培育发展战略新兴产业和现代服务业。在稳增长的基础上,进一步深

化产业结构调整，推动产业结构从劳动密集型向资金密集型、技术密集型转变，推进区内经济提质增效、转型升级。

（二）把握机遇，促进外贸健康发展

蓝色经济区内两个核心城市青岛、烟台被列入“一带一路”国家战略的重要节点城市，中韩、中澳自贸协定陆续签订，随着这一系列对外开放利好政策的推进，山东半岛蓝色经济区应把握机遇，充分发挥区域内人力素质较高、诸多重大装备领域技术较为先进、优势产能竞争力较强等优势，主动融入“一带一路”，积极推进与韩国、澳大利亚的全方位合作，挖掘新的外贸增长点。在推动企业、产品扩大出口的同时，积极发展服务贸易，构筑生产和服务联动“走出去”的新格局，提升对外贸易质量。

《山东半岛蓝色经济区发展规划》中提出，半岛蓝色经济区“规划期为2011—2020年，重点是‘十二五’时期”。2015年是“十二五”时期的收官之年，5年来，半岛蓝色经济区在提高经济发展质量、推进产业结构优化升级、扩大对外开放、提升人民生活水平等方面均取得了明显成效，发展成为全省重要的经济增长极。展望2016年，山东半岛蓝色经济区要继续主动适应新常态，引领新常态，持续深化改革，扩大开放，促进全区经济稳中有进，提质增效，对省内其他区域发挥积极的辐射带动作用，推进区域间协调发展，成为引领经济文化强省建设的重要引擎。

（山东省统计局　刘　婧）

经济稳步发展　结构逐步优化

——2015年山东黄河三角洲高效生态区经济发展情况

2015年，面对国内外错综复杂的经济形势，黄河三角洲高效生态经济区（简称“黄三角经济区”）积极适应经济发展新常态，稳步实施国家区域发展战略，以加快转变经济发展方式为主线，全力促进区域协调发展，产业结构调整取得明显效果，经济社会保持平稳发展。

一、经济运行主要特点

（一）经济总量平稳增长，三产比重不断提高

2015年，黄三角经济区在经济发展中更加注重转方式调结构，降速提质。全年实现生产总值8741.2亿元，按可比价格计算，比上年增长7.4%。其中，第一产业增加值620.5亿元，增长4.3%；第二产业增加值4924.7亿元，增长7.3%；第三产业增加值3196.1亿元，增长8.3%。

黄三角经济区是我省传统老工业基地，工业基础良好，工业经济占全区主导地位。自2009年底上升为国家战略以来，全区一直高度重视转变经济发展方式，不断加大结构调整力度，产业结构明显优化，呈现出第一、二产业占比下降，第三产业占比上升的良好态势。2015年，第一产业增加值占地区生产总值的比重为7.1%，比上年下降0.3个百分点，比2010年下降0.8个百分点；第二产业增加值占地区生产总值的比重为56.3%，比上年下降2.5个百分点，比2010年下降6.7个百分点；第三产业增加值占地区生产总值的比重为36.6%，比上年提高2.8个百分点，比2010年提高7.5个百分点。

（二）财政收支稳定增长，县域财力大幅度增加

2015年，黄三角经济区公共财政预算收入平稳增长，总量达到671.2亿元，比上年增长9.2%。公共财政支出875.0亿元，增长13.4%。上升为国家战略以来，黄三角地区财政收入保持较快增长，2010－2015年年

均增长15.0%;财政支出年均增长14.7%。

从区内19个县(市、区)看,各县财政收入实现较快增长。2015年,财政收入10亿元以下的县占全部县的比重由2010年的52.6%降至15.8%;财政收入20亿元以上的县占比大幅度提高,达到63.2%,比2010年提高36.9个百分点,年均提高7.4个百分点。

(三)工业生产增速放缓,企业效益下降

2015年,黄三角经济区受全球油气价格波动、贸易壁垒、市场不振等因素影响,工业生产增速放缓,企业效益下降。全年规模以上工业增加值比上年增长7.1%,增速比上年回落3.1个百分点;实现主营业务收入28120.5亿元,增长0.2%;实现利润1533.9亿元,下降20.7%;实现利税2381.4亿元,下降20.6%。

(四)固定资产投资增速放缓,房地产投资降幅较大

2015年,黄三角经济区受房地产投资下滑、制造业生产不景气等因素影响,固定资产投资增速连续5年下滑,并连续两年低于全省平均水平。全年固定资产投资6873.8亿元,增长13.8%,低于全省0.1个百分点,较上年下降1.8个百分点。房地产开发投资436.6亿元,下降2.2%,为全省两个出现下降的区域之一,降幅比"蓝区"高0.7个百分点。

(五)对外贸易平稳增长,开放水平稳步推进

2015年,受进口带动,黄三角经济区进出口保持平稳增长,居"四大区域"首位。全年实现进出口总额300.3亿美元,增长3.4%,高于全省16.1个百分点,比半岛蓝色经济区、省会城市群经济圈、西部经济隆起带分别高17.9个、10.5个、10.6个百分点。其中,进口总额154.6亿美元,增长14.9%;出口总额145.7亿美元,下降6.5%。实际到账外资12.8亿美元,增长3.9%,低于全省3.3个百分点。

5年来,黄三角经济区对外贸易保持较快增长,进出口总额年均增长10.7%,比全省年均增速高5.6个百分点;实际到账外资年均增长5.8%,比全省年均增速低6.4个百分点。

(六)金融市场运行平稳,为经济发展提供有力保障

2015年末,黄三角经济区金融机构存款余额8257.6亿元,比年初增加854.8亿元,新增存款占全省的12.3%,比上年下降2.4个百分点。其中,住户存款新增404.2亿元,占全省的11.9%。贷款余额6674.3亿元,比年初增加733.8亿元,新增贷款占全省的13.6%,比上年下降0.3个百分点。

(七)农民收入稳定增长,县域间收入水平逐步缩小

2015年,黄三角经济区农民人均可支配收入13683元,比全省平均水平高757元;比上年增长9.0%,高于全省0.2个百分点。区内19个县(市、区)中,人均可支配收入超过14000元的县有5个,占全部县的26.3%。其中,莱州市最高,达到16849元;庆云县最低,为10942元。两地相差5907元,差距比上年缩小1558元。

二、区域经济发展中存在的主要问题

(一)产业结构层次低,企业效益持续下降

转变发展方式、推进经济转型和产业升级的任务仍十分艰巨。区内经济以工业为主导,产业结构层次低,第三产业比重低。第二产业占生产总值的比重高达56.3%,高于全省9.5个百分点;第三产业占生产总值的比重仅为36.6%,低于全省8.7个百分点。工业产品结构单一,长期形成的石油化工及其相关产业,在国际油价低迷的形势下效益出现大幅下滑。2015年,区内规模以上工业利润比上年下降20.7%,低于全省19.1个百分点;利税下降20.6%,低于全省20.6个百分点。东营市作为石油资源型城市,对石油化工依赖度高,油价低位运行对企业效益影响更大,规模以上工业利润、利税分别下降31.9%和33.9%。

(二)内需拉动力不足

2015年,黄三角经济区社会消费品零售总额增长9.7%,低于全省0.9个百分点,分别低于半岛蓝色经济区、省会城市群经济圈、西部隆起带0.8个、0.8个、1.0个百分点。2011－2014年,社会消费品零售总额增幅分别为17.4%、15.1%、15.3%、12.6%,增幅基本呈逐年下降趋势。从固定资产投资增幅来看,2011－2015年的增幅分别为26.2%、23.3%、20.6%、15.6%、13.8%,也呈逐年下降趋势。由消费和投资两个方面来看,内需增长逐年放缓,拉动力明显不足。

(三)亿元以上大项目支撑作用明显减弱

2015年,区内亿元以上大项目投资3459.3亿元,比上年下降6.5%;占全部投资的50.3%,比上年下降11.0个百分点。亿元以上大项目投资对固定资产投资增速的拉动明显减弱,由上年上拉12.8个百分点转为下拉4.0个百分点。

三、对策及建议

(一)加大产业结构调整力度,大力发展民营经济,逐步转变国有企业为主的局面

区内各县要深化产业结构调整,强化第一产业,提升第二产业,大力发展第三产业,促进三次产业融合协调发展,更加注重发展质量和效益。

要一手抓传统产业改造提升，加大技术改造、兼并重组和淘汰落后产能力度，切实提升产品附加值和市场占有率，推动民营企业提质增效上水平；一手抓培育发展新兴产业，加快发展高端装备、节能环保、新能源新材料等先进制造业和商贸物流、电子商务、金融、旅游、文化创意等现代服务业，特别要注重打造产业链，大力发展龙头企业和高端产品，形成产业和研发聚集发展优势。

(二)释放内需扩大外需，增强经济增长的内生动力

坚持投资环境和投资导向，科学制定产业升级发展中长期发展规划。坚持以优质增量拉动经济增长、带动存量调整，抓好重点项目建设。引导企业加大对传统产业的技改投资力度，提高创新能力和对先进技术的吸收，通过技术改造实现扩大再生产和转型升级，提高投资的质量和效益，增强传统产业核心竞争力和可持续发展能力。加大招商引资力度，运用好跨国并购、融资租赁等新的招商方式，吸引更多的跨国企业投资。积极培育消费新热点，拓展消费新领域。进一步完善养老、教育、文化等服务消费政策，加大旅游产业开发力度，加大对新型电子产品、绿色智能家电和新能源汽车、环保家具建材的补贴力度，尽快形成有效、持续的新兴消费热点。

(三)强化重大项目投资带动作用

以“十三五”开局年为契机，继续抓好投资规模大、带动作用强、引领能力大、经济效益好的项目储备并予以推进，确保亿元以上项目，尤其是特大项目早落地、早开工，发挥好大项目、好项目的引领带动作用，切实提高投资的综合效益，不断增强投资增长的后劲。

展望 2016 年，国内外经济形势仍复杂严峻，经济下行压力大，黄河三角洲高效生态经济区应立足自身发展特点，以供给侧结构性改革为契机，降产能提品质，降速度提效益，抓好工业经济稳中有进、稳中向好的同时，以高效、生态经济为抓手，加快推进发展方式转变及产业结构调整，大力发展循环经济，确保新常态下经济社会平稳健康发展。

（山东省统计局　王金荣）

省会城市群协同发展　带动作用逐步显现

——2015年山东省会城市群经济圈经济发展情况

2015年，省会城市群经济圈各市认真贯彻落实省委、省政府的重大战略部署，按发展规划的定位要求，积极推动区域内各市融合协调发展，经济运行平稳，质量不断提高。

一、经济发展基本情况

2015年，省会城市群经济圈一体化发展步伐加快，产业结构进一步优化，经济运行质量提高，各项主要经济指标增速高于全省平均水平。

（一）经济总量稳步提升，济南带动作用逐步显现

2015年，省会经济圈实现生产总值21824.6亿元，按可比价格计算，比上年增长7.7%，增速低于全省0.3个百分点。分产业看，第一产业增加值1589.7亿元，增长4.3%，高于全省0.2个百分点；第二产业增加值在四大区域中仅次于半岛蓝色经济区，达到10210.2亿元，增长7.4%，与全省持平；第三产业增加值首次突破万亿元，达10024.7亿元，增长8.6%，低于全省1.0个百分点。

各市经济发展各具特色。从地区生产总值增速看，有三个市高于全省平均水平，其中聊城增长8.8%，济南、泰安均增长8.1%；四市增速低于全省，其中德州增长7.6%，淄博、滨州均增长7.1%，莱芜增长6.6%。从各市经济总量在区内的占比看，济南的核心地位突出，全年生产总值突破6000亿元，达6100.2亿元，占省会经济圈经济总量的28.0%，比上年提高0.4个百分点，对省会经济圈经济增长起到了重要支撑作用；泰安、德州、聊城3市生产总值在省会经济圈的占比也有所提高，分别比上年提高0.1个、0.2个、0.1个百分点。从各市三次产业在圈内的占比看，济南的引领作用愈加明显，各市相互融合、共同发展。第一产业增加值聊城市占比仍保持最高，达19.9%，比上年提高0.3个百分点。济南市加快发展第二产业，努力补齐第二产业短板，第二产业增加值在省会经济圈占比最高并首次超过淄博市，达22.6%，比上年提高0.6个百分点。第三产业增加值济南市占比最高，达34.8%，比上年下降0.5个百分点。济南市服务业在区域占比虽有所下降，但在总量上仍保持优势，实现增加值3487.8亿元，居全省第2位（见表1）。

表1　2015年省会经济圈各市生产总值情况

地区	地区生产总值（亿元）	增速（%）	GDP占省会经济圈比重（%）	一产占省会经济圈比重（%）	二产占省会经济圈比重（%）	三产占省会经济圈比重（%）
省会经济圈	21824.6	7.7	100.0	100.0	100.0	100.0
济南市	6100.2	8.1	28.0	19.2	22.6	34.8
淄博市	4130.2	7.1	18.9	9.1	21.8	17.5
泰安市	3158.4	8.1	14.5	16.9	14.3	14.2
莱芜市	665.8	6.6	3.1	3.3	3.4	2.7
德州市	2750.9	7.6	12.6	17.8	13.3	11.1
聊城市	2663.6	8.8	12.2	19.9	13.3	9.8
滨州市	2355.3	7.1	10.8	13.7	11.3	9.9

（二）产业结构进一步优化，转型升级效果明显

2015年，省会经济圈三次产业结构由上年的7.6∶48.2∶44.2调整为7.3∶46.8∶45.9，第一产业比重下降0.3个百分点，第二产业比重下降1.4个百分点，第三产业比重连续三年在“四大区域”中保持最高，比上年提高1.7个百分点，比2012年提高4.4个百分点，高于全省0.6个百分点。

（三）工业平稳增长，效益增幅居“四大区域”首位

2015年，省会经济圈规模以上工业增加值增长8.5%，高于全省1.0个百分点。分市看，有4市增速高于全省平均水平。其中，聊城市增长12.8%，居全省第2位；泰安、德州、滨州3市分别增长7.6%、8.0%、8.0%；济南市增长7.5%，增速与全省持平；淄博、莱芜2市增速低于全省，分别增长6.8%、6.5%。

2015年，区域规模以上工业效益主要指标相对较好，特别是利润、利税各月一直保持正增长，增速高于全省平均水平，在“四大区域”中表现最优。全年实现规模以上工业主营业务收入53506.7亿元，比上年增长2.2%，低于全省0.6个百分点；利润3080.9亿元，增长3.7%，高于全省

5.3个百分点，分别高于半岛蓝色经济区、黄三角经济区、西部经济隆起带8.6个、24.4个、3.9个百分点；利税5333.8亿元，增长4.6%，高于全省5.5个百分点，分别高于半岛蓝色经济区、黄三角经济区、西部经济隆起带9.6个、26.2个、3.8个百分点。各市工业企业效益表现差异较大。从增速看，德州市主营业务收入增长7.1%，居全省第2位；济南市利润、利税分别增长12.4%、14.9%，均居全省第2位；淄博市利润、利税分别增长6.3%、8.3%，均居全省第3位；受钢铁行业产能过剩、市场不景气等影响，莱芜市利润、利税降幅较大，分别下降51.7%、34.5%。从各市工业主要效益指标在省会经济圈的占比看，德州市、聊城市、滨州市主营业务收入占比均较上年有所提高；济南市、淄博市、聊城市利润、利税占比均较上年有所提高；莱芜市、泰安市三项效益指标占比均比上年有所下降(见表2)。

表2　2015年省会经济圈各市工业主要效益指标占比情况

地区	主营业务收入				利润				利税			
	绝对值(亿元)	增幅(%)	2015年在省会圈占比(%)	2014年在省会圈占比(%)	绝对值(亿元)	增幅(%)	2015年在省会圈占比(%)	2014年在省会圈占比(%)	绝对值(亿元)	增幅(%)	2015年在省会圈占比(%)	2014年在省会圈占比(%)
省会经济圈	53506.7	2.2	100.0	100.0	3080.9	3.7	100.0	100.0	5333.8	4.6	100.0	100.0
济南市	5363.7	0.3	10.0	10.4	345.1	12.4	11.2	10.1	715.6	14.9	13.4	12.2
淄博市	11620.6	1.7	21.7	22.0	738.6	6.3	24.0	23.6	1290.2	8.3	24.2	23.5
泰安市	6751.0	0.2	12.6	13.7	438.8	−3.9	14.2	15.7	724.0	−3.6	13.6	15.1
莱芜市	1832.7	−4.7	3.4	3.7	13.9	−51.7	0.5	0.8	37.2	−34.5	0.7	1.0
德州市	9566.1	7.1	17.9	17.1	556.6	2.4	18.1	18.3	989.8	3.0	18.6	18.9
聊城市	9087.2	4.7	17.0	16.5	609.6	5.1	19.8	19.5	871.8	5.7	16.3	16.1
滨州市	7999.2	2.8	14.9	14.3	267.1	−5.7	8.7	8.9	443.3	−1.4	8.3	8.4

(四)固定资产投资较快增长，房地产投资增速高于全省

2015年，省会经济圈固定资产投资15796.3亿元，比上年增长13.9%，与全省持平；投资额占全省比重为33.3%，与上年持平。其中，房地产开发投资1932.3亿元，增长6.3%，高于全省5.0个百分点。

从各市投资规模看，除莱芜市完成619.1亿元外，其他市均完成千亿元以上。其中，济南市投资超过3000亿元，达3498.4亿元；超过2000亿元的市达到4个，比上年增加2个，分别是淄博（2731.6亿元）、泰安（2618.2亿元）、德州（2237.9亿元）、聊城（2100.8亿元）。从增速看，区内7市投资均保持了较快增长，有3个市增速在14%以上，其中聊城市增长14.6%，居全省第1位；济南市增长14.2%，居全省第2位；德州市增长14.1%，居全省第4位；泰安、滨州、淄博、莱芜4市分别增长13.9%、13.8%、13.6%和13.5%。

（五）对外贸易增速好于全省，利用外资水平有所提高

2015年，省会经济圈对外贸易呈现出口各季保持正增长，进口各季降幅收窄的态势。全年实现进出口总额381.1亿美元，比上年下降7.1%，降幅低于全省5.6个百分点。其中，出口228.9亿美元，增长0.9%，高于全省1.3个百分点；出口额占全省的15.9%，比上年提高0.2个百分点。进口152.2亿美元，下降17.0%，降幅低于全省9.1个百分点。对外贸易实现顺差76.7亿美元。

从各市出口情况看，除济南、德州、滨州出口下降外，淄博、泰安、莱芜、聊城4市都保持增长，增速分别为3.4%、1.0%、6.9%和6.3%，其中莱芜、聊城增速分别居全省第3位和第5位。从各市出口对区域的贡献看，淄博市贡献最大，全年出口57.9亿美元，对省会经济圈出口增长的贡献率达97.2%；其次是聊城、莱芜、泰安3市，贡献率分别为76.8%、32.5%、8.8%。

省会经济圈利用外资水平不断提高，实际到账外资增速三年来首次超过全省。2015年，区域实际到账外资33.8亿美元，增长9.2%，比上年提高4.4个百分点，高于全省1.9个百分点。区域内各市利用外资水平差异较大。从增速看，济南、淄博、泰安、莱芜、滨州5市保持不同程度的增长，分别为10.0%、8.0%、20.0%、120.0%和7.2%。其中，莱芜、泰安增速居全省前2位；德州、聊城2市实际利用外资大幅度下降，分别下降24.1%和46.6%。从对区域的贡献率看，济南市实际到账外资达15.8亿美元，占省会经济圈的比重为46.7%，比上年提高0.4个百分点，对区域实际到账外资增长的贡献率最大，为50.6%；其次是泰安、莱芜、淄博和滨州，贡献率分别为29.1%、25.9%、15.4%和9.8%。

（六）财政收支平稳增长

2015年，省会经济圈公共财政预算收入1750.6亿元，比上年增长10.3%，增速高于全省0.3个百分点；占全省比重为31.7%，高于上年0.1个百分点。从各市财政收入增长情况看，济南、聊城2市公共财政收入保持两位数增长，分别为13.1%和12.6%，分别高于全省3.1个、2.6个百分点，增速分别居全省第1和第4位;淄博、泰安、莱芜、德州、滨州5市增速分别为8.7%、9.6%、1.1%、6.7%、9.1%。从对省会经济圈的贡献看,济南实现地方财政收入614.3亿元,居全省第2位,占省会经济圈的比重最高,达35.1%,较上年提高0.9个百分点,对省会经济圈财政收入增长的贡献率也最高,达43.6%,高于上年5.6个百分点;淄博、聊城、泰安、滨州4市财政收入增长较快,对区域贡献率均在10%以上,分别达到15.6%、12.1%、11.0%、10.4%;德州、莱芜2市贡献率分别为7.0%和0.3%。

2015年,省会经济圈公共财政预算支出2445.4亿元,比上年增长15.9%,增速高于全省1.0个百分点;占全省比重为29.6%,高于上年0.2个百分点。从各市财政支出增长情况看,除莱芜市增长4.7%以外,济南(15.3%)、淄博(11.8%)、泰安(14.4%)、德州(22.6%)、聊城(21.3%)、滨州(14.5%)6市均保持两位数增长,德州、聊城2市增速分列全省前2位。

(七)农民收入持续增加

2015年,省会经济圈农民人均可支配收入达12556元,比上年增长9.0%,高于全省0.2个百分点。分市看,德州、泰安、莱芜、聊城4市农民人均可支配收入分别增长9.6%、9.5%、8.9%、8.9%,依次比全省高0.8个、0.7个、0.1个、0.1个百分点。其中,德州、泰安2市增速分居全省第2和第3位。济南、淄博、滨州3市也保持一定增长,增速分别为8.5%、8.7%、8.8%。

二、2016年发展展望

回顾2015年,省会城市群经济圈一体化发展步伐加快,济南努力做大做强省会经济,龙头作用逐渐显现,服务功能、承载能力、辐射带动作用不断加强,各市积极融合互动,呈现协同发展的良好态势。同时,也要看到区域内各市经济发展不平衡,存在较大差距,既有经济总量的差距也有发展速度的差距。济南作为省会城市群经济圈的核心和龙头,全年生产总值在区域的占比仅为28.0%,首位度还不高,辐射带动作用还不够。2016年是“十三五”规划的开局之年,区域各项政策将逐步得到落实。济南市要继续拓宽发展空间,优化产业布局,壮大经济规模,进一步提升辐射带动作用。周边6市要在做大做强自身主导产业的同时,主动对接济南市优势产业,配套发展关联产业,从承接济南产业延伸上获得更多的经济增长点,促进区域产业的整体发展,加快省会城市群经济圈崛起。

(山东省统计局 徐晓萍)

经济平稳增长　结构不断优化

——2015年山东西部经济隆起带经济发展情况

2015年,我省认真贯彻《山东省西部经济隆起带发展规划》要求,按照“面上摊开,点上突破,融合互动”的总体思路,积极落实各项扶持政策,加快产业结构优化升级,合力推进,融合发展,西部隆起带经济发展实现了平稳增长。

一、经济平稳增长,结构不断优化

2015年,西部隆起带实现生产总值18370.3亿元,按可比价计算,比上年增长8.0%,增速与全省持平。区内各市经济增长存在差异,菏泽、聊城、济宁3市增速均高于全省,分别为9.3%、8.8%、8.4%,分居全省第1、第2、第4位。其他3市增速均低于全省,其中德州市增长7.6%,枣庄、临沂2市均增长7.1%。

产业结构更加优化,三次产业结构由上年的10.9∶50.7∶38.4调整为10.4∶48.9∶40.7。其中,第一产业比重下降0.5个百分点;第二产业比重下降1.8个百分点;第三产业比重连续三年稳步提高,比上年提高2.3个百分点,比2012年提高4.9个百分点。

二、工业平稳增长,各市效益差别大

2015年,西部隆起带规模以上工业增加值增长8.5%,高于全省1.0个百分点。分市看,区域内4个市增幅高于全省,其中菏泽、聊城2市保持两位数增长,分别为13.1%和12.8%,居全省前2位;济宁、德州2市均增长8.0%,高于全省0.5个百分点。枣庄、临沂2市分别增长6.8%、6.7%。

工业主要效益指标好于全省。2015年,西部隆起带规模以上工业实现主营业务收入47013.4亿元,占全省32.0%,高于上年0.5个百分点;

增长3.7%,高于全省0.9个百分点。实现利润2861.1亿元,占全省33.2%,高于上年0.7个百分点;下降0.2%,降幅低于全省1.4个百分点。实现利税4651.5亿元,占全省33.0%,高于上年0.8个百分点;增长0.8%,高于全省1.7个百分点。分市看,菏泽、德州、聊城3市工业效益指标均保持正增长,实现主营业务收入分别增长9.8%、7.1%、4.7%,分居全省第1、第2、第6位;利润分别增长5.5%、2.4%、5.1%;利税分别增长6.1%、3.0%、5.7%。枣庄、济宁、临沂3市利润、利税均处下降空间,实现利润分别下降11.7%、7.4%、4.5%,利税分别下降9.8%、3.8%、3.9%。

三、固定资产投资较快增长

2015年,西部隆起带固定资产投资13790.2亿元,占全省29.1%,高于上年0.1个百分点;增长14.0%,高于全省0.1个百分点。其中,房地产开发投资增长0.1%,低于全省1.2个百分点。分市看,区内聊城、德州、菏泽3市固定资产投资增速高于全省,分别为14.6%、14.1%、14.1%,分居全省第1、第4、第4位;济宁和临沂均增长13.9%,与全省持平;枣庄增长13.8%。

四、出口保持正增长

2015年,西部隆起带实现进出口总额286.7亿美元,占全省11.9%,高于上年0.7个百分点;下降7.2%,降幅低于全省5.5个百分点。其中,出口总额180.4亿美元,占全省12.5%,比上年提高0.7个百分点;增长5.7%,增速高于全省6.1个百分点,在四大区域内最高。分市看,菏泽、枣庄进出口额均保持两位数增长,分别增长22.7%、10.7%,分居全省第1、第3位。出口额增速除德州市(−0.8%)略有下降外,其他5市均保持正增长。其中,枣庄市增长21.6%,居全省第1位;临沂、聊城、济宁、菏泽4市分别增长6.4%、6.3%、5.1%、1.8%。

五、财政收入平稳增长,财政支出保障有力

2015年,西部隆起带公共财政预算收入1364.5亿元,占全省24.7%,高于上年0.1个百分点;增长10.4%,高于全省0.4个百分点。公共财政预算支出2436.4亿元,占全省29.5%,高于上年0.2个百分点;增长15.9%,高于全省1.0个百分点。分市看,临沂市公共财政预算收入增长较快,增长13.1%,居全省第1位;聊城、济宁2市保持两位数增长,分别为12.6%和10.3%;枣庄、德州、菏泽3市增速均低于10%,分别

为8.3%、6.7%和9.7%。公共财政支出增速除枣庄市(8.8%)外,其他5市均保持较快增长。其中德州、聊城2市增速在20%以上,分别为22.6%、21.3%,居全省前2位;临沂、菏泽和济宁3市增速在10%以上,分别为17.2%、16.3%、10.4%。

六、农民收入稳定增长

2015年,西部隆起带农民人均可支配收入达11089元,比上年增长9.2%,高于全省0.4个百分点。区内6市农民人均可支配收入增速均高于全省平均水平。其中,菏泽、德州2市增长较快,增速分别为9.8%、9.6%,居全省前2位。

七、2016年发展展望

回顾2015年,西部隆起带经济保持较快增长的发展势头,主要经济指标增速好于全省平均水平。在经济发展过程中,依然存在经济综合实力弱、服务业占比低、现代服务业发展滞后、利用外资水平低等问题。区内全年实现生产总值仅占全省29.2%,与东部地区还有明显差距;服务业占比为40.7%,低于全省4.6个百分点;实际到账外资16.4亿美元,比上年下降12.7%,是全省四大区域中实际到账外资唯一出现下降的区域。

2016年,西部经济隆起带要乘扶持政策加大之利,依托区位优势,积极争取中原经济区、革命老区、京津冀协同发展等优惠政策,充分发挥政策叠加效应,将各项政策落到实处。实施服务业提升战略,做大做强优势服务业,如大力提高枣庄、济宁的文化旅游业发展水平,做大做强临沂的商贸物流业,继续加快发展金融、电子商务、信息技术等现代服务业,加快服务业转型升级步伐。积极推进全方位、多层次、宽领域的对外开放,优化招商环境,创新合作理念和合作模式,进一步扩大对外开放水平。以创新、协调、绿色、开放、共享的发展理念为引领,加快生产要素合理流动、优化配置,促进区域融合发展、科学发展,形成邻边经济新高地,为全省区域经济发展注入新动力。

(山东省统计局　徐晓萍)

经济运行稳中有进　效益提升亮点突出

——2015年济南市经济社会发展情况及展望

2015年,面对错综复杂的国内外经济形势和各种不利因素,在市委、市政府的坚强领导下,全市紧紧围绕“打造四个中心,建设现代泉城”中心任务,统筹推进稳增长、促改革、调结构、惠民生、防风险各项工作,全市经济运行总体平稳,稳中有进。初步核算,2015年全市生产总值6100.2亿元,比上年增长8.1%,GDP总量首次突破6000亿元大关。固定资产投资3498.4亿元,增长14.2%,其中房地产发展“双过千”,房地产投资1014.1亿元,增长10.5%;房屋销售面积1191.2万平方米,增长37.7%。一般公共预算收入614.3亿元,增长13.1%。实现税收959.3亿元,增长9.6%。金融机构本外币各项存款余额14174.7亿元,增长10.5%;金融机构本外币各项贷款余额11356.8亿元,增长13.5%。城乡居民人均可支配收入分别达到39889元和14232元,分别增长8.0%和8.5%。

一、经济运行基本情况

(一)产业结构更趋优化

全市以产业迈向中高端为目标,大力发展战略性新兴产业和现代服务业,经济结构不断优化。第一产业增加值305.4亿元,增长4.1%;第二产业增加值2307.0亿元,增长7.4%;第三产业增加值3487.8亿元,增长8.9%。三次产业比重由上年的5.0∶39.2∶55.8优化为5.0∶37.8∶57.2。

农业生产稳定增长。全年粮食播种面积648.7万亩,粮食总产量264.6万吨,其中夏粮129.8万吨,增长2.7%。畜牧生产平稳,肉类总产量达到40万吨,禽蛋总产量35.4万吨,奶总产量29.6万吨。蔬菜瓜果产量平稳,其中蔬菜总产量649.7万吨,水果总产量53万吨。现代都市农业深度拓展。粮食、蔬菜产业功能区规划落实实施,建设粮食高产创建功能区120万亩、保供菜田50万亩。特色优势产业蓬勃发展,茶叶、中药材分别达到0.8万亩和10万亩。现代农业园区建设提速增量,形成以“一区六园”为龙头、240个特色园区为骨干、60万亩主体规模经营的都市农业园区集群,建设4处现代农业体验馆。

工业整体运行平稳。1—12月全市规模以上工业实现增加值增长7.5%。一季度增长7.1%,二季度增长7.2%,三季度增长7.3%,四季度增长7.5%,呈现逐级走高的态势。工业结构调整优化。轻工业实现增加值增长9.0%,分别比全部工业和重工业高1.5个和2.1个百分点,占全部工业的比重为28.0%,同比提高1.4个百分点。非公有制企业完成增加值增长10.2%,分别比全部工业和公有制企业高2.7个和6.0个百分点。高耗能行业比重持续降低,六大高耗能行业实现增加值占全部规模以上工业增加值的比重为27.1%,同比下降2.1个百分点。装备制造业实现增加值占比达到42.9%,同比提高0.5个百分点。重点行业保持良好增势。40个工业行业大类中,有27个行业增加值比上年有所增长。产品产量继续增长。我市生产的150种大类产品中,有78种产品呈增长态势,占52.0%,同比增长3.3个百分点。

现代服务业快速发展。全市服务业实现增加值3487.8亿元,比上年增长8.9%;占全市生产总值比重达57.2%,比上年提高1.4个百分点,服务业增加值贡献率达57.9%,拉动全市经济增长4.7个百分点。分行业看:金融业实现增加值641.9亿元,增长19.2%,占全市服务业增加值的比重为18.4%,比上年提高1.6个百分点;房地产业实现增加值415.0亿元,增长15.3%,占全市服务业增加值的比重为11.9%,比上年提高0.4个百分点。会展业规模不断扩大,共举办展会165场,比上年增加4场。软件和信息服务业收入2050亿元,增长17.1%,总量稳居全省首位。

(二)需求结构继续改善

投资质量提升。固定资产累计投资额3498.4亿元,增长14.2%。其中,第一产业投资102.5亿元,增长8.2%;第二产业投资1217.4亿元,增长14.9%;第三产业投资2178.5亿元,增长14.1%。三次产业投资比重由上年的3.8∶35.9∶60.3调整为2.9∶34.8∶62.3。服务业投资比重比上年提高2.0个百分点,其中金融业增长214.9%,批发和零售业增长37.8%,交通运输仓储和邮政业增长40.0%。工业投资较快增长。工业完成投资1147.9亿元,增长13.8%,占全部投资的比重为32.8%。工业中技术改造投资707.9亿元,增长15.8%。

消费需求升级。全市实现社会消费品零售总额3410.3亿元,增长

10.5%。从城乡看,城镇市场增速快于乡村市场。城镇实现零售额增长10.5%,乡村增长10.0%,城镇快于乡村0.5个百分点,与去年相比拉近了0.3个百分点,呈现出城乡市场发展差距缩小的态势。从行业看,批发零售业主导消费品市场发展。批发业增长9.0%,零售业增长11.1%,住宿业增长7.1%,餐饮业增长9.9%。从各类主要消费品看,消费需求明显升级。限额以上批发零售业中,金银珠宝类增长27.1%,书报杂志类增长13.8%,通讯器材类增长18.5%。基本生活用品平稳增长。粮油、食品、饮料、烟酒类增长13.1%,服装、鞋帽、针纺织品类增长5.9%,日用品类增长8.3%。汽车类销售出现较大回落。汽车类实现零售额340.4亿元,占限额以上法人企业零售额的25.5%,较去年仅增长2.0%,回落8.1个百分点。

对外经济有新的进展。全市新签外商投资项目104个,合同外资额30.3亿美元,增长61.2%;实际到账外资15.8亿美元,增长10.0%。从产业结构看:104个新批项目中第三产业88个,占比84.6%,合同外资额28.1亿美元,占总额的92.8%,实际到账外资13.5亿美元,占总额的85.6%;第二产业15个,占比14.4%,合同外资额1.4亿美元,占总额的4.8%,实际到账外资1.5亿美元,占总额的9.5%。从外资来源国别(地区)看:亚洲份额最大,合同外资中,亚洲27.7亿美元,占总额的91.3%;实际到账外资中,亚洲15.3亿美元,占总额的97.1%。全市进出口总额99.1亿美元,下降5.5%。其中,进口39.2亿美元,下降11.6%;出口60.0亿美元,下降1.0%。外商投资企业实现进出口总额31.4亿美元,同比增长8.0%。

(三)质量效益稳步提升

财政收支快速增长。全市一般公共预算收入614.3亿元,增长13.1%。其中,税收收入474.9亿元,增长9.4%。从主体税种看,增值税、营业税、企业所得税、个人所得税分别增长1.1%、13.0%、21.2%、23.0%。一般公共预算支出658.6亿元,增长15.2%。其中,医疗卫生与计划生育增长17.3%,节能环保增长38.7%。

工业效益保持稳定增长。全年工业经济效益综合指数为258.51,同比提高1.73个百分点。规模以上工业实现主营业务收入5363.65亿元,增长0.31%;利税715.63亿元,增长14.9%,高于全省平均水平15.8个百分点,高于上半年1.9个百分点,高于三季度6.3个百分点;利润345.12亿元,同比增长12.5%,增速高于全省14.0个百分点,高于上半年3.5个百分点,高于三季度11.4个百分点。

城乡居民收入稳步提高。全市居民人均可支配收入31270元,增长

8.5%。城镇居民人均可支配收入39889元，增长8.0%；城镇居民人均消费性支出26319元，增长9.3%。农村居民人均可支配收入14232元，增长8.5%；农村居民人均消费性支出8597元，增长11.8%。

（四）经济发展活力增强

新产业蓬勃发展。一批新兴产业项目投产达效，成为新的增长点。云计算产业集群获得省重大专项立项，引进培育无人机、工业机器人、智能电网、创意设计、数字传媒等领域一批新兴企业。建筑产业化应用面积达到790万平方米。创新谷、药谷、新材料产业园等载体建设加快推进。全市各类科技孵化器、生产力促进中心达到50余家，孵化面积100万平方米、在孵企业1400余家，扶持打造21家“泉城众创空间”。

企业创新能力增强。全市规模以上工业完成高新技术产业产值2250.11亿元，增长9.22%；高新技术产值占比达到42.63%，比年初提高1.05个百分点，比全省高10.12个百分点，列全省首位。发明专利申请量15096件，增长20.54%；发明专利授权量3913件，增长49.98%；PCT专利申请量110件，增长50.68%。国内有效发明专利拥有量11503件，增长32.32%；万人有效发明专利拥有量16.44件，增长32.69%，居全省首位。

新业态新模式迅速成长。电子商务交易额达到2180亿元，增长35%；互联网金融、股权投资、融资租赁等现代金融业态实现新的发展。新增上市公司3家、新三板挂牌企业47家，山东金融资产交易中心交易量突破100亿元。

（五）民生状况持续改善

就业形势保持稳定。年末全市从业人员388.7万人。其中，第二产业从业人员124.7万人，第三产业从业人员192.2万人。全年新增城镇就业20.7万人，新增农村劳动力转移就业5.6万人。年末城镇登记失业率为2.04%，比上年末下降0.2个百分点。

社会保障水平继续提高。年末城镇职工基本养老保险参保人数为266.14万人，增加15.5万人；职工医疗保险参保人数为208.09万人，增加11.6万人；城乡居民医疗保险参保人数为419.3万人，增加3.3万人；失业保险参保人数为130.08万人，增加5.04万人；工伤保险参保人数为144.46万人，增加5.04万人；生育保险参保人数为136.43万人，增加7万人。

市场物价低位运行。居民消费价格总水平上涨1.9%，涨幅较2014年回落0.3个百分点，其中食品价格上涨1.4%，对CPI上涨贡献率为22.8%，对CPI的影响程度较上年下降20.6个百分点，拉动效应减弱。

工业生产者出厂价格下降5.0%。工业生产者购进价格下降7.3%。

全市经济社会发展中还存在一些突出的矛盾和问题,主要表现在经济下行压力加大,招商引资、项目建设力度尚需进一步加大,创新动能尚需加速集聚,县域发展不平衡的问题依旧突出等方面。这些都要在今后的工作中着力加以解决。

二、2016年经济发展形势展望及建议

从国际形势看,宏观经济不确定持续,大宗商品价格走低、贸易疲软,汇率和资本流动波动加剧,投资生产增长停滞,金融与实体经济活动走势分离,世界经济处于深度调整之中。从全国看,我国已进入新常态攻坚发展的新时期,新型工业化、信息化、城镇化、农业现代化、绿色化"五化"协同发展,经济长期向好的基本面没有改变。从全市看,面对经济发展新常态,市委、市政府提出要牢固树立创新、协调、绿色、开放、共享发展理念,坚持稳中求进工作总基调,全力做好稳增长、调结构、补短板、守底线等工作,确保实现经济稳定增长。要积极打造区域性经济中心、金融中心、物流中心、科技创新中心,加大招商引资、项目建设、旧改、棚改等重点工作。更加注重推进供给侧改革。全面贯彻"去产能、去库存、去杠杆、降成本、补短板"的要求,积极稳妥淘汰落后产能,加快产业更新,推进企业改革和兼并重组,促进供给与需求有效对接。更加注重推进统筹协调发展。出台实施《济南市新型城镇化规划》,有序推进农业转移人口市民化,多措并举加快房地产去库存。加快城乡基础设施互联互通,加快推动轨道交通、石济客专、济青高铁等一批重点项目。更加注重补齐发展短板。全面落实县域差别化扶持政策,以产业为纽带强化区县对接帮扶,完善市域内企业项目迁移收益分享机制,有序推动城区工业企业向县域转移发展。加大民营经济扶持力度,提高对小微企业、民营经济的信贷投放。举全市之力打造中央商务区和高新区。中央商务区要立足于高、着力于快,一同推进规划、拆迁、建设、招商各项工作。尽快启动历下金融商务服务中心建设。加快编制中央商务区综合交通、市政基础设施等专项规划和建设方案,启动轨道交通环线CBD段建设。高新区要"扩容"和创新并重,加快打造产业发展和创新驱动新高地。要打造"两城两谷",扶持做大浪潮、齐鲁制药、鲁能智能、量子通讯研究院、药谷等重点企业和平台,做强电子信息和生物医药两大千亿级产业集群。强化产业支撑。把发展智能制造和"互联网+"作为产业"弯道超越"的引擎和重大机遇,制定智能制造五年规划,设立产业扶持资金,建设东部、西部两大智能制造研发服务平台,实施"机器换人"示范试点,推进高端数控机床及工业机器人产业化与应用,

打造“济南智造”品牌。抓好项目建设。“四个中心”建设三年行动纲要安排了2016年150个市级重点项目，总投资3310亿元，年计划768亿元。其中，“四个中心”建设项目105个，总投资1912亿元，年计划455亿元；“现代泉城”项目45个，总投资1398亿元，年计划313亿元。这些项目涵盖了先进制造业，高效农业和金融、物流、文化旅游等现代服务业，以及城市综合体、重大基础设施、棚改旧改、社会事业等领域。

2016年是“打造四个中心，建设现代泉城”破题起势的攻坚阶段。济南市把“四个中心”建设作为实现新常态新发展的重大战略举措，全市上下积极参与，努力实现“一年有势头，两年有看头，三年有突破”。总体判断，2016年全市经济仍将保持平稳增长。促进经济平稳增长的对策建议有：

一是抓工业，增强经济实力。积极探索对接融入国家“一带一路”战略的有效途径，抓住保障房建设、旧改棚改等城镇化建设项目，积极优化汽车、建材、钢铁等我市传统投资驱动类优势产业。利用中国制造2025、工业4.0、供给侧改革等有利契机，拉长做强新材料、新信息、医药、生物、节能环保、高端装备等战略性新兴产业链。关注信息经济，实施“互联网＋”行动计划，促进大数据发展应用，打造“济南智造”品牌。高度重视工业项目短缺带来的发展后劲不足、增长速度放缓等问题，增加工业投入，依托先进制造业基地，加强工业园区建设，优化产业布局，构建起富有济南特色的工业产业新体系。

二是抓投资，增强发展后劲。抢抓供给侧结构性改革、“四个中心”建设、补齐“短板”等机遇，加大规划、土地、拆迁等落实力度，加快推进基础设施项目建设落地。加大对已批项目和在建项目的推进力度，确保按计划形成工程量。发挥民间投资支撑作用，完善和落实好鼓励民间投资发展的各项政策措施，进一步拓宽民间投资渠道和领域，切实增强民间投资发展活力和后劲。加大招商引资力度，突出重点产业招商、重点板块招商、重点企业招商、重点区域招商，探索“互联网＋招商”、市场化招商新模式，建立招商项目库、产业专家库、信息数据“云后台”，强化跟踪服务，增强招商引资工作实效。

三是促消费，培育新的增长点。支持电子商务新业态发展，加快建设国家电子商务示范城市和信息惠民示范城市，提升山大路、智汇蓝海等5个专业电商园区，推动菜鸟物流、淘宝网“特色济南馆”项目落地。大力发展健康养老、教育培训、家政服务等生活性服务业。加快供给侧改革，支持和鼓励企业实施制度创新、技术创新、产品创新，把服务消费、信息消费、时尚消费、品质消费、绿色消费等重点领域作为主攻方向，切实增加有效供给，满足日益兴起的新消费需求，进而形成经济发展的新动力。

四是推创新，增强经济发展动力。积极推进“大众创业、万众创新”，在打造一批具有较强竞争力的高新技术大企业大集团的同时，也要扶持、鼓励有发展前景的中小企业走“专、精、细”的创新之路，增强市场活力，为经济发展增添内在动力。加快推进创新科技与金融的结合，鼓励金融机构加大对科技型企业的信贷投放力度。高新技术产业也要抓住发展机遇，不断拓宽产业发展领域，及时捕捉行业发展热点，争取在新一轮产业竞争中占据制高点。

（济南市统计局　倪志纯　张叶红）

经济运行总体平稳　新强态特征逐步显现

——2015年青岛市经济社会发展情况及展望

2015年，面对错综复杂的国内外环境，全市深入贯彻落实中央宏观调控各项措施，坚持稳中求进的发展总基调，统筹推进稳增长、调结构、惠民生、防风险，主动认识新常态、适应新常态、引领新常态，全市经济运行总体平稳，稳中有进，稳中向好。

一、全市经济运行基本情况

初步核算，2015年全市生产总值9300.07亿元，按可比价格计算，同比增长8.1%，高于上年0.1个百分点，“十二五”期间年均增速达9.7%。分产业看，第一产业增加值363.98亿元，增长3.2%；第二产业增加值4026.46亿元，增长7.1%；第三产业增加值4909.63亿元，增长9.4%。三次产业比例为3.9∶43.3∶52.8。

(一)三次产业协调发展

农业生产平稳发展，全年全市粮食总产量321.4万吨，肉类总产量54.7万吨，蛋类总产量18.3万吨，奶类总产量35.4万吨。

工业生产稳健运行。全市规模以上工业完成工业总产值1.73万亿元，增长7.8%；实现增加值3703.7亿元，增长7.5%，增速比上年回落1.9个百分点。重点培育的千亿级产业链支撑作用显著。全市10条千亿级产业链实现产值1.3万亿元，占规模以上工业总产值的比重达到75%。家电、石化、机械装备、服装、食品5条产业链已经突破千亿元。

建筑业发展平稳。全市具有资质等级的总承包和专业承包建筑业企业552家，全年完成建筑业总产值1338.6亿元，增长5.8%；实现增加值486.8亿元，增长8.9%。

第三产业发展稳中向好。全年全市第三产业增加值增长9.4%，对我市经济增长的贡献达到了75%。分行业看，交通运输、仓储和邮政业实现增加值654.72亿元,增长6.7%;批发和零售业实现增加值1167.98亿元,增长8.0%;住宿和餐饮业实现增加值194.02亿元,增长1.8%;金融业实现增加值588.28亿元,增长12.9%;房地产业实现增加值479.93亿元,增长11.1%;营利性服务业实现增加值784.92亿元,增长13.5%;非营利性服务业实现增加值1016.73亿元,增长8.2%。

(二)"三驾马车"持续发力

固定资产投资筑底企稳趋势明显。在全国固定资产投资增速持续回落的态势下,我市固定资产投资增长已经呈现筑底企稳趋势。2014年一至四季度,全市固定资产投资增速回落3.2个百分点。2015年,全市固定资产投资6555.7亿元,增长14.2%,一至四季度仅回落0.8个百分点。分产业看,一产投资115亿元,增长9.8%;二产投资3253.6亿元,增长16.5%,其中,工业投资3145.8亿元,增长16.4%;三产投资3187.2亿元,增长12.1%。重点领域中,现代服务业投资1915.8亿元,增长0.3%;装备制造业投资1561.1亿元,增长14.0%;基础设施投资1259.2亿元,增长26.3%;物流业投资773.4亿元,增长39.7%。

消费品市场平稳增长。全年实现社会消费品零售额3713.7亿元,增长10.5%,比上年回落2.1个百分点,"十二五"期间年均增速达13.6%。限额以上法人企业消费品零售额1205.6亿元,增长9.6%。按经营单位所在地分,城镇市场实现零售额3109.1亿元,增长10.7%;乡村市场实现零售额604.6亿元,增长9.4%。按行业分,全年批发零售业完成3246亿元,增长10.3%;住宿餐饮业完成467.7亿元,增长11.9%。在限额以上法人企业商品零售中,粮油、食品、饮料、烟酒类零售额增长17.7%,服装、鞋帽、针纺织品类增长8.8%,家用电器和音像器材类增长22.7%,石油及制品类下降10.9%,汽车类增长6.9%。

外贸出口实现增长。2015年,全市外贸出口达到2816.7亿元,同比增长0.2%,占全国份额达到1.99%,比2014年提高了0.04个百分点。2015年,全市实际使用外资66.9亿美元,增长10.0%。

(三)经济发展提质增效

工业发展"转方式、调结构"成效明显。一是全市加快淘汰落后产能,加快推进高耗能、高污染企业和老企业的关停、搬迁和转型升级。全年高耗能行业产值仅增长4.6%,远低于7.8%的工业平均增幅。二是大力发展高端、新兴产业,努力培育增长新动力。全年规模以上工业实现战略性新兴产业产值3490亿元,增长15.2%。

财政金融平稳增长。2015年,全市实现一般公共预算收入1006.3亿元,增长12.39%,在15个副省级城市中,青岛与深圳等7市共同进入财政收入千亿元城市行列；一般公共预算支出 1222.87 亿元，增长 13.8%。2015 年末，金融机构本外币各项存款余额 13156 亿元，比年初增加 1275 亿元，其中，金融机构人民币各项存款余额 12533 亿元，比年初增加 1191 亿元；金融机构本外币各项贷款余额 11577 亿元，比年初增加 1046 亿元。2015 年，资本市场服务业成为助推我市金融业发展的强劲力量，资本市场服务业交易额大幅上升，辖内证券经营机构累计代理交易额 69394.09 亿元，同比增长 251.83%。

（四）市场主体活力进一步释放

得益于商事制度改革的持续推进，我市市场主体的活力得到进一步释放，私营企业户数节节攀升。截至 2015 年末，我市共有私营企业 27.7 万户，与去年相比增加了 6.8 万户，增速达 32.3%，有力地支撑了我市经济的平稳增长。

（五）社会民生持续改善

就业总体保持平稳，居民收入稳定增加。2015 年，全市实现城乡新增就业 41.4 万人。其中，城镇新增就业 20.3 万人，农村转移就业 21.1 万人，另有 28.7 万外来人员来青就业。年末城镇登记失业率为 3.0%。居民收入稳定增长，全年居民人均可支配收入 32885 元，比上年增长 8.6%。按常住地分，城镇居民人均可支配收入 40370 元，比上年增长 8.1%；农村居民人均可支配收入 16730 元，比上年增长 8.4%。城乡居民人均收入倍差 2.41，比上年缩小 0.01。全年居民人均消费支出 21326 元，比上年增长 8.5%。按常住地分，城镇居民人均消费支出 26052 元，比上年增长 8.0%；农村居民人均消费支出 11127 元，比上年增长 8.3%。

居民消费价格温和上涨，全年 CPI 累计上涨 1.2%，涨幅比 2014 年回落 1.4 个百分点，为 2010 年以来最低。在 1.2%的涨幅中，翘尾影响和新涨价因素分别为 0.4 个和 0.8 个百分点。CPI 主要分类的价格温和上涨，其中食品价格上涨 1.7%，非食品价格上涨 1.0%；消费品价格上涨 1.2%，服务项目价格上涨 1.3%，涨幅均比 2014 年明显回落。住宅销售价格同比下降，12 月份新建住宅销售价格同比下降 2.2%，二手住宅销售价格同比下降 0.3%。

二、当前经济运行需要关注的问题

（一）经济下行压力较大

国内宏观经济面临较大的下行压力。2015 年，全国 GDP 增长破 7，为 6.9%，是 1990 年以来的 25 年新低。12 月份，全国工业生产者出厂价格(PPI)同比下降 5.9%，连续 46 个月呈现负增长。我市工业生产者出厂价格指数(PPI)已连续17个月下降,工业生产者购进价格(IPI)同比连续46个月下降,居民消费价格指数(CPI)涨幅创近六年来新低。12月份,我市工业生产者出厂价格指数环比下降0.34%,同比下降2.73%;工业生产者购进价格指数环比下降0.90%,同比下降7.92%。1—12月平均,PPI同比下降2.96%,IPI同比下降5.76%。

(二)骨干工业企业产值增速回落明显

2015年,全市大中型工业企业完成产值占全市的47.3%,增长1.5%,低于全市平均增速6.3个百分点。累计产值前100名的企业完成产值增长1.8%,低于全市6.0个百分点。

(三)亿元项目投资形势不强

2015年,全市计划总投资亿元以上产业类项目(不含房地产开发,下同)同比下降5.9%,增速比上年同期回落24.9个百分点;占全市产业类项目投资的比重为40.3%,占比同比降低9.7个百分点。其中,亿元以上新开工产业类项目同比下降17.7%。

(四)待售房屋面积继续攀升

2015年末,全市各类待售房屋总面积同比增长33.4%,待售面积为历史新高。其中,商品住宅占全部待售面积的62.1%;办公楼占全部待售面积的8.4%;商业营业用房占全部待售面积的19.4%。

三、2016年经济形势展望及建议

2016年是"十三五"规划的开局之年,是全面建成小康社会进入决胜阶段的第一年。从国际看,世界经济复苏不及预期,各国发展态势分化明显;从国内看,"三期叠加"影响持续,经济下行压力加大,但经济发展仍有较大的韧性和潜力。必须努力抓住多重战略叠加机遇,主动适应新常态,坚持改革发展、创新发展、转型发展,着力提质增效、转型升级、改善民生,加快新常态下经济发展动力转换,继续保持经济平稳健康发展。

(一)以改革的领先支持发展的率先

随着资源环境的变化,主要靠低成本要素投入驱动的发展方式越来越难以为继,亟须形成以创新为引擎的新增长动力,拓展新的发展空间,这就要求必须正确处理好政府与市场的关系,放开用活市场这只"看不见的手",管住用好政府这只"看得见的手",推动经济更有效率、更加公平、更可持续发展;紧扣增强微观主体活力和促进转型升级,推进行政管理体制改革,加大对与促进经济增长、促进就业创业密切相关的审批事项的改革力度;推动金融领域改革创新,发挥金融对经济的催化剂作用。

(二)大力推动产业高端化发展

一是优化产能结构。加快淘汰落后产能,加快推进高耗能、高污染企业和老企业的关停、搬迁和转型升级,提高生产集中度,进一步化解过剩产能。二是壮大先进制造业。加快发展先进装备制造业,夯实战略性新兴产业发展基础,形成新的核心竞争力,使其逐步成为经济发展的重要引领和拉动力量。三是重点发展现代服务业。围绕全产业链的整合优化,大力发展生产性服务业、科技服务业、物流业、文化创意产业等现代服务业。

(三)优化投资结构,提高投资效益

努力提升投资增长质量和效益。注重增强招商引资项目质量,通过青岛市招商引资及投资促进工作平台,加快引入一批“龙头”型优质大项目,带动相关产业链,形成投资热点和产业集群。抢抓机遇,以创新驱动为动力,进一步激发民间投资活力,充分发挥其在投资增长中的主力军作用。进一步发挥好投资对全市经济增长的关键和引领作用。

(四)提高居民消费能力,释放居民消费潜力

首先,要着力提高居民消费能力。认真落实国家深化收入分配制度改革的政策措施,建立健全与经济发展进程、经济效益相适应的长效增长机制,努力提高居民收入,尤其要提高中低收入居民收入,不断扩大中等收入群体比重。其次,要积极培育消费新热点,顺应消费升级趋势。大力培育信息消费、绿色消费、健康服务、教育培训、文化娱乐、旅游休闲、养老消费等消费性服务业,完善网络购物、网络游戏、三网融合、大数据等新型消费平台;支持有条件的企业向电商转型,加快传统零售商“触网”转型。

(青岛市统计局　李　刚　崔俊富)

经济发展砥砺前行　转型升级加快推进

——2015 年淄博市经济社会发展情况及展望

2015 年，面对错综复杂的国内外经济环境和艰巨繁重的改革发展任务，全市上下在市委、市政府的坚强领导下，深入贯彻“一个定位，三个着力”总体要求，坚持稳中求进工作总基调，主动适应新常态，着力培育新动力，经济运行“稳”的基础不断强化，“进”的态势持续显现，主要指标保持在合理区间，结构调整扎实推进，质量效益持续提升，新旧动力加速转换，民生福祉有效改善，为“十二五”发展画上圆满句号，为“十三五”增创新优势、实现新跨越奠定了坚实基础。

一、2015 年全市经济运行总体情况

初步核算并经省统计局审定反馈，2015 年全市实现地区生产总值(GDP)4130.2 亿元，按可比价格计算，比上年增长 7.1%，增速分别比一季度、上半年、前三季度提高 1.1 个、0.7 个和 0.4 个百分点，全市经济稳增长势头持续巩固。分产业看，第一产业增加值 144.9 亿元，增长 4.3%；第二产业增加值 2228.8 亿元，增长 6.8%；第三产业增加值 1756.5 亿元，增长 7.8%。

(一)从生产领域看，工业生产稳中有升，服务业发展加速推进

1. 工业生产稳中有升。2015 年，全市规模以上工业增加值同比增长 6.8%，增速分别较一季度、上半年、前三季度提高 1.1 个、1.2 个和 0.6 个百分点。行业增长面和产品产量增长面年内呈现出逐步抬升态势。全年行业增长面达 86.8%，产品产量增长面达 60.0%，分别较年初提高 21 个和 11.9 个百分点。从先行指标看，2015 年全市工业用电量同比下降 0.6%，降幅分别较上半年、前三季度收窄 1.5 个和 1.6 个百分点，工业生产企稳回升势头不断巩固。

2. 服务业发展加速推进。2015 年，全市服务业增加值同比增长

7.8%,增速比上年提高2.0个百分点;服务业增加值占GDP的比重达42.5%,较上年提高1.8个百分点。

3. 农业生产平稳向好。全年粮食单产达476.7公斤/亩,同比增长2.2%。受种植面积减少影响,全年粮食总产达173万吨,同比微降0.4%。受市场价格、空气异味综合整治等因素影响,畜牧业发展趋缓。全年肉类总产15.7万吨,同比下降9.3%;禽蛋产量6.1万吨,同比下降4.3%。全年水果总产97.0万吨,同比下降5.5%;蔬菜总产193.8万吨,同比下降8.3%。

(二)从需求领域看,投资增长平稳,消费市场稳中有进

1. 投资在调整中保持较快增长。2015年,全市固定资产投资完成2731.6亿元,同比增长13.6%,增速比上年回落2.1个百分点。分产业看,第一产业投资增长17.2%,第二产业投资增长12.6%,第三产业投资增长14.9%。商品房销售逐步回暖。全年商品房销售面积同比增长5.5%,增速分别较上半年和前三季度提高25.3个和9.5个百分点;商品房销售额增长4.8%,增速分别较上半年和前三季度提高22.2个和7.9个百分点。

2. 消费市场稳中有进。2015年,全市实现社会消费品零售总额1949.7亿元,同比增长10.6%,增速分别较一季度、上半年、前三季度提高0.6个、0.2个和0.1个百分点。

3. 进出口总额降幅收窄。全年进出口总额实现76.3亿美元,同比下降14.6%,降幅分别较一季度、上半年、前三季度收窄11.8个、8.4个和7.2个百分点。其中,出口额57.9亿美元,同比增长3.4%。

(三)从要素保障看,财政金融稳定增长,居民消费价格保持适度涨幅

1. 财政收支稳定增长。2015年,全市完成公共财政预算收入317.9亿元,同比增长8.7%,增速比上年提高1.6个百分点;完成公共财政预算支出382.9亿元,同比增长11.8%,增速比上年提高6.1个百分点。

2. 金融市场健康发展。12月末,全市金融机构人民币存款余额3771.3亿元,比年初增长5.7%;贷款余额2629.0亿元,比年初增长5.6%。金融存贷比(贷款/存款)达69.7%,同比提高0.4个百分点。

3. 居民消费价格保持适度涨幅。全年居民消费价格指数同比上涨1.1%,涨幅低于全国、全省平均水平。

(四)从转型升级看,各种新兴动力加速积聚

1. 需求结构不断优化。内涵型投资增势良好,经济增长新动能加快形成。全年工业技改投资同比增长15.7%,快于全部投资增速2.1个百分点;装备制造业投资增长30.0%,快于全部投资增速16.4个百分点;

文化创意产业投资增长14.6%，快于全部投资增速1.0个百分点；现代服务业投资增长25.9%，快于全部投资增速12.3个百分点。消费结构不断升级。个性化、多样化、升级类消费渐成主流，全年服装类、文化办公用品类、家具类、中西药品类、金银珠宝类、汽车类消费分别增长16.1%、22.6%、16.3%、11.8%、11.5%和7.8%，均高于限上社会消费品零售总额增速。

2. 质量效益稳步提升。企业效益稳步向好。2015年，全市规模以上工业企业实现利润总额728.31亿元，同比增长6.6%，增速较上年提高16.4个百分点；实现利税总额1278.12亿元，增长8.5%，增速较上年提高15.8个百分点。政府、居民收入增长速度继续快于经济增长速度。全年全市公共财政预算收入同比增长8.7%，快于同期GDP增速1.6个百分点；城镇居民人均可支配收入33793元，增长7.6%，快于同期GDP增速0.5个百分点；农村居民人均可支配收入14531元，增长8.7%，快于城镇居民收入增速1.1个百分点。

3. 新旧动力加速转换。市场活力显著增强。年末全市实有各类市场主体29.17万户，同比增长30.9%。其中，年内新增市场主体7.5万户，同比增长149.0%。新增注册资本590亿元，同比增长79.7%。产业结构不断优化，新增长动能蓄积发力。全市三次产业结构比由上年的3.5∶55.8∶40.7调整为3.5∶54.0∶42.5，第三产业占比提高1.8个百分点。全年高技术产业产值占规模以上工业总产值的比重达31.8%，占比较年初提高1.1个百分点；装备制造业增加值占规模以上工业增加值的比重达18.6%，占比同比提高0.5个百分点。新技术新业态新模式加快孕育。2015年，全市快递总数同比增长39.6%，互联网和相关服务业、商务服务业、科学研究和技术服务业、软件和信息技术服务业营业收入同比分别增长11.7%、12.1%、27.9%和11.0%。

4. 创新引领作用凸显。全年共取得重要科技成果262项，同比增长8.3%。全年国内发明专利申请量3928件，同比增长1.7%；国内发明专利授权量1163件，同比增长71.8%；有效发明专利密度7.8件/万人，同比增长33.7%。

5. 经济社会发展协调性增强。就业保持了总体稳定。全年实现城镇新增就业8.9万人，农村劳动力转移就业7.4万人，均超额完成年度计划目标。12月末，城镇登记失业率为2.8%，低于4.0%的控制目标。民生等重点领域支出保障有力。全年民生支出占财政总支出的比重达75.4%，比上年提高1.9个百分点。生态淄博建设不断加强。开展空气异味综合整治和孝妇河流域综合治理，集中实施1237项环保重点工程和九大环保专项行动，全市“蓝繁”天数达165天，同比增加30天，增幅居全省第2位；空气质量良好天数达143天，良好率同比提高6.3个百分点；主要河流断面COD和氨氮平均浓度分别改善0.6%和25.7%。

二、当前经济运行中存在的突出矛盾和问题

（一）需求不足仍是制约全市经济增长的主要因素

一是企业投资意愿下降。12月末，全市在建亿元以上项目372个，同比减少137个。其中，本年新开工亿元以上项目219个，同比减少119个。新开工亿元以上项目计划总投资569.84亿元，同比下降39.7%。二是房地产去库存压力较大。房地产市场进入周期性减速调整阶段，房地产企业拿地意愿不强，2015年全市房地产开发企业土地购置面积同比下降36.0%；全市库存商品房去化周期虽较年初有所缩短，但仍然超过21个月。三是消费需求增速有所放缓。全年社会消费品零售总额同比增长10.6%，增速较上年回落1.8个百分点，高于同期GDP回落幅度1.5个百分点。

（二）改善实体经济经营状况任务艰巨

一是工业生产领域通缩的状况仍在惯性延续。全市工业生产者出厂价格已经连续44个月同比下降，购进价格已经连续39个月同比下降。二是工业企业景气指数降低。四季度，我市工业企业景气指数为101.8，分别较一季度、二季度、三季度回落8.7个、3.1个和1.7个百分点。三是结构性产能过剩问题依然突出。现阶段普遍存在低端产品供给过剩、高端产品供给能力不足的问题。钢铁、煤炭、机械等传统行业产能利用率下降、开工不足的情况比较普遍。四是工业企业效益状况改善基础仍不牢固。规模以上工业效益改善主要是受齐鲁石化公司影响（齐鲁石化公司2015年大幅盈利而上年大幅亏损）。若剔除齐鲁石化因素影响，全市规模以上工业利润、利税仅分别增长0.2%和0.7%。

（三）金融领域风险防控压力仍然较大

据市人民银行专题调查显示，近期银行业机构欠息和逾期贷款急剧增长，不良贷款双升压力和潜在风险不断加大。2015年12月末，全市19家银行业机构不良贷款率为3.84%，比年初提高0.88个百分点。

（四）加快发展动力转换的任务仍相当艰巨

一是新兴产业、装备制造业竞争力不够强。新兴产业虽然发展速度较快，但规模较小，带动能力较弱。全市战略性新兴产业产值占规模以上工业产值的比重不足19%，还不足以弥补传统产业回落带来的影响。全年装备制造业主营业务收入增长4.2%，高于规模以上工业增速2.6个

百分点;利润增长1.0%,低于规模以上工业增速5.6个百分点,行业盈利能力有待加强。二是企业创新能力不够强。全市开展研发活动的工业企业仅占规模以上工业企业总数的11.9%。2014年,全市研发经费占生产总值的比重较上年下降0.19个百分点,是全省占比下降的两个地市之一。

三、2016年全市经济发展形势展望

展望2016年,国内外经济形势依然严峻复杂,机遇与挑战并存。

从有利因素看,2015年美国经济增长强劲,欧洲经济回稳态势比较明显,2016年全球经济将在深度调整中延续复苏态势。从国内看,新型工业化、城镇化、信息化、农业现代化将为经济发展提供强大动力,全面深化改革正持续释放市场活力,“一带一路”拓宽了经济发展新空间,新技术、新产业、新业态加快孕育为经济增长注入新动力,“十三五”规划中提出的供给侧改革、消费升级、“互联网+”以及国际产能合作等重点领域综合措施将有效化解结构性制约,这些因素都将长期支持国内经济平稳运行。从全市看,“十二五”以来全市经济保持平稳较快发展,产业结构不断优化,创新能力持续增强,生态淄博建设加力提速,新型城镇化进程加快推进,人民生活达到新水平,这些有利因素为2016年乃至整个“十三五”时期全市经济平稳较快发展奠定了坚实基础,成为经济运行的稳定支撑因素。

从不利因素看,国际金融危机深层次影响在相当长时期内依然存在,外部环境不稳定、不确定因素增多,将持续给外贸带来压力。同时,“三期叠加”的影响短期内仍会持续放大,结构调整的阵痛在传统产业领域仍然不会减轻,投资增速或高位放缓,房地产业进行自身调整,这些因素在短期内也会对经济发展有所冲击。淄博作为一个依托资源发展起来的老工业城市,产能过剩问题相对较为突出,传统产业优势明显减弱,战略性新兴产业支撑能力还不够强,产业迈向中高端的任务十分艰巨,加上资源环境承载力接近饱和,因此结构调整的阵痛可能会比其他地市更长一些。

总体来看,有些不利因素和问题是国家主动调控的结果,尚处于可控范围之内,支撑经济增长的动力要大于下行压力,预计“十三五”时期第一年可以取得平稳开局。

四、对策建议

2016年是“十三五”开局之年,是全面建成小康社会决胜阶段第一年。为确保“十三五”良好开局,建议:

（一）全力稳定经济运行，防止经济发展出现系统性风险，避免风险由企业点向社会面转换

认真落实各项结构性减税措施，坚决兑现“工业强市30条”政策，增强企业抵御经济下行和在困境中谋发展的信心和能力。大力拓宽实体经济融资渠道，加快完善多层次资本市场体系，为不同规模、类型、成长阶段的企业提供差异化服务。扎实做好大额信用风险处置和复杂担保圈破解，高度关注并持续化解部分企业出现的风险问题，避免风险由企业点向社会面转换。

（二）持续扩大有效投资需求

新常态下投资尤其是有效投资仍是稳增长的关键。要重点抓好290个年度重大项目以及总投资185亿元的12个利用国家政策性贷款项目工作推进力度，按照“三个跟着走”的工作机制，确保项目按时落地、开工建设和投产达效。

（三）要在加快结构调整上狠下功夫

大力推进工业转型升级。结合“十三五”规划，积极运用新技术、新工艺、新装备和新材料，改造提升化工、机械、建材等传统产业，提高质量效益，降低排放消耗。集中打造一批国际国内技术领先的创新产业链，推动新材料、生物医药、机电装备制造三大优势产业和新能源及节能环保、电子信息两大潜力产业加快发展，积蓄增强工业经济发展新动能。加快发展现代服务业。尽快制定实施服务业转型升级发展方案，在土地利用、准入门槛、税负征收、要素价格等方面进一步制定扶持政策。巩固农业发展良好势头。继续抓好粮食高产创建，加快发展特色农业，扩大“三品一标”农产品规模，实施“互联网＋现代农业”行动，培育一批特色农产品“淘宝镇”“淘宝村”。

（四）不断提升消费增长基础，增强消费增长的持续动力

要积极营造“大众创业、万众创新”环境和氛围，鼓励自主创业，千方百计扩大就业，进一步完善工资增长机制，切实提高城乡居民收入。要不断完善社会保障制度，稳定居民收入预期，不断解决制约城乡居民“愿消费”“敢消费”和“能消费”的问题和瓶颈。要大力发展文化、娱乐、休闲、教育和健康养老等新型消费，不断推动消费转型升级。

（淄博市统计局　邱承江　王　起　张曙光）

经济运行缓中趋稳　城市转型稳中有进

——2015年枣庄市经济社会发展情况及展望

2015年，面对持续低位运行的宏观经济形势，面对困难矛盾叠加的城市转型压力，全市上下咬定发展不放松，稳中求进，迎难而上，真抓实干，在转型发展道路上又迈出了坚实一步。全市经济社会运行总体平稳，开启了转型发展的新局面。

一、全市经济运行主要情况

全市经济在逆境中砥砺前行，保持了总体平稳的发展态势。经初步核算并经省统计局反馈，枣庄生产总值实现2031亿元，增长7.1%。其中，第一产业增加值154.11亿元，增长4.0%；第二产业增加值1070.19亿元，增长6.7%；第三产业增加值806.70亿元，增长8.3%。

(一)从供给端看，三次产业保持平稳运行

1. 农业生产保持稳定。全年农林牧渔业总产值实现306.99亿元，增长4.1%。全市粮食作物种植面积达到390.32万亩。粮食单产430.42公斤/亩，增长0.1%；粮食总产168.00万吨，下降1.5%。肉类总产量26.40万吨，增长1.4%；禽蛋总产量11.26万吨，增长1.1%；奶类总产量4.91万吨，下降1.1%。水产品产量9.10万吨，下降3.1%。

2. 工业经济平稳回升。从2015年4月开始，工业经济呈现逐月上扬态势，从1—4月的增长5.1%回升至1—12月的增长6.8%。分轻、重工业看，轻工业增加值增长4.0%，重工业增加值增长8.1%，重工业增长快于轻工业。在国有企业增加值增速下降5.4%的情况下，非公有制企业表现出较强活力，实现增加值增长10.7%，高出全市平均水平3.9个百分点。在支柱行业中，化学原料和化学制品制造业、橡胶和塑料制品业、通用设备制造业、农副食品加工业保持了较高的增长，增加值分别增长25.7%、23.9%、12.6%和12.5%。重点监测的57种产品中，增长的有31种，占54.4%。生产平稳的同时，产销衔接良好。规模以上工业产销率达99.6%，居全省第2位。

3. 服务业实现较快发展。服务业增加值增长8.3%，快于第二产业增速1.6个百分点，快于GDP增速1.2个百分点。规模以上服务业企业营业收入增长7.9%。旅游业实现蓬勃发展，预计旅游总人数1879.38万人次，增长10.5%；总收入141.41亿元，增长11.0%。交通运输相对稳定，公路货运量4860万吨，增长6.7%；货物周转量1208476万吨公里，增长0.5%。金融业运行稳健，全市本外币存款余额1436.81亿元，新增本外币存款106.43亿元，同比多增26.14亿元；本外币贷款余额1081.13亿元，新增本外币贷款62.92亿元，同比多增19.79亿元。

（二）从需求端看，三大需求实现协同拉动

1. 投资拉动相对稳定。全年实现固定资产投资1625.93亿元，增长13.8%。在全国、全省固定资产投资增速均出现减缓的背景下，枣庄固定资产投资依然保持了两位数增长。从建设性质看，改建和技术改造投资增长较快，完成投资323.53亿元，增长23.2%，快于全部投资增速9.4个百分点。从构成看，设备工器具购置投资增长较快，完成投资559.35亿元，增长31.3%，快于全部投资增速17.5个百分点。从资金来源看，利用外资6.92亿元，增长315.7%；国家预算内资金25.04亿元，增长31.3%。房地产开发投资减缓，房地产开发投资186.64亿元，下降13.5%。

2. 消费拉动依然强劲。社会消费品零售总额805.4亿元，增长10.8%，增速居全省第4位。消费对全市经济的带动作用相对增强。其中，限额以上单位实现零售额375.3亿元，增长8.4%。分区域看，城镇零售额585.2亿元，增长10.7%；乡村零售额220.2亿元，增长11.1%。分行业看，批发零售业712.3亿元，增长10.6%；住宿餐饮业93.1亿元，增长14.6%。在限额以上批发和零售企业中，粮油食品类增长14.8%，建筑及装潢材料类增长19.1%，金银珠宝类增长13.6%，化妆品类增长12.0%，汽车类增长16.0%。

3. 出口拉动快速提升。进出口总额15.95亿美元，增长10.7%。其中，出口14.03亿美元，增长21.6%，增速居全省第1位。在全省出口出现下降的情况下，枣庄出口保持了较高的增长速度。对美国、欧盟、日本、韩国四大传统市场出口进一步复苏，分别出口1.81亿美元、1.72亿美元、1.04亿美元、0.98亿美元，分别增长25.6%、16.7%、7.3%、32.7%，四大传统市场出口额占全市出口总额的39.6%。共有223家企业与“一带一路”沿线国家建立了贸易往来，共计出口5.31亿美元，增长24.8%，占全市出口总额的37.8%。

(三)从转型发展看,调整升级取得积极进展

1. 产业结构更趋合理。第一产业增加值占 GDP 比重为 7.6%,比上年提高 0.1 个百分点;第二产业为 52.7%,下降 1.6 个百分点;第三产业为 39.7%,提高 1.5 个百分点。第三产业在国民经济中的地位进一步提升。在全市支柱行业中,化学原料和化学制品制造业、通用设备制造业和农副食品加工业 3 个行业运行态势较好,实现规模以上工业增加值分别增长 25.7%、12.6%和 12.5%,三大行业占全市规模以上工业增加值的比重达到 20.8%。枣庄单纯依靠煤炭、水泥的传统产业结构有了较大改观。

2. 民营经济蓬勃发展。非公有经济户数达到 26.54 万,增长 7.1%;从业人数达到 94.18 万人,增长 7.8%;纳税额 139.72 亿元,增长 1.4%,快于全部税收收入 2.6 个百分点,占税收收入的比重为 79.7%。民营创汇能力进一步增强。全市民营企业进出口额达到 8.90 亿美元,增长 28.7%,占全市进出口总额的比重为 55.8%,拉动全市进出口增长 13.8 个百分点。其中出口 8.60 亿美元,增长 46.2%,占全市出口总额的比重为 61.3%,拉动全市出口增长 23.5 个百分点。

3. 财税结构逐步改善。公共财政预算收入完成 149.31 亿元,增长 8.3%。公共财政预算收入占 GDP 的比重为 7.4%,比上年提高 0.4 个百分点。公共财政预算支出完成 236.41 亿元,增长 8.8%。国、地税收入 175.41 亿元,下降 1.2%。其中,国税收入 67.36 亿元,下降 11.6%;地税收入 108.05 亿元,增长 6.7%。国税收入中,煤炭和建材行业出现较大幅度下降,分别下降 23.5%和 41.7%;电力和电信行业有较大幅度增长,分别增长 28.0%和 87.8%。地税收入中,房地产业下降幅度相对较大,下降 7.5%;住宿和餐饮业增长幅度较大,增长 78.1%。这说明电信、文化旅游等新兴产业对全市税收的贡献作用日益增强。

4. 科技创新能力增强。枣庄高新区成功升格为国家级高新区。新认定高新技术企业 21 家,复审通过 9 家,全市高新技术企业达到 91 家;全市首批认定科技型中小企业 142 家。全市高新技术产业产值达到 702.97 亿元,增长 7.9%;占规模以上工业总产值的比重达到 19.83%,比年初提高 1.02 个百分点。全市专利申请 3973 件,增长 31.0%;发明专利申请量 1170 件,增长 47.0%,年度发明专利申请首次过千件,重视专利质量的导向得以确立。工业企业专利申请 2128 件,占比 54.0%;专利授权 1341 件,占比 55.0%,企业成为专利创造新主体。

(四)从社会发展看,民生事业得到不断提升

1. 社会保障水平提高。参加失业保险职工 42.41 万人,领取失业保险金人员 9301 人;参加养老保险职工 80.11 万人,参加养老保险离退休人员13.6万人;参加基本医疗保险职工45.46万人,参加基本医疗保险离退休人员13.91万人;提供公益性岗位1154人,灵活就业人员1.96万人。社会救助能力提升。救助标准和补助水平进一步提高,城市低保标准达到每人每月440元,农村低保标准达到每人每年3400元,农村五保对象分散供养标准提高到每人每年3500元,集中供养标准提高到每人每年4600元。

2. 居民收入稳步增长。居民人均可支配收入19075元,增长8.4%。居民人均消费支出11446元,增长10.6%。城镇居民人均可支配收入(新口径)25792元,增长7.2%。城镇居民人均消费支出(新口径)14744元,增长10.6%。城镇居民人均住房面积(新口径)33.5平方米。农村居民人均可支配收入12038元,增长9.0%。农村居民人均消费支出7991元,增长9.3%。农村居民人均住房面积38.3平方米。

3. 消费价格温和上扬。居民消费价格上涨1.0%。分类别看,食品价格上涨0.8%,烟酒及用品上涨5.0%,衣着上涨1.8%,家庭设备用品及维修服务上涨0.7%,医疗保健和个人用品上涨0.5%,交通和通讯下降1.0%,娱乐教育文化用品及服务上涨1.5%,居住上涨1.6%。在食品价格中,粮食价格上涨1.5%,鲜菜价格上涨10.9%。工业生产者出厂价格下降7.9%。

二、当前经济运行中存在的主要问题

(一)主要指标增速明显放缓

2015年,枣庄GDP增长7.1%,同比回落1.9个百分点;工业增加值增长6.8%,同比回落3.7个百分点;固定资产投资增长13.8%,同比回落1.7个百分点;社会消费品零售额增长10.8%,同比回落1.9个百分点;进出口总额增长10.7%,同比回落4.4个百分点;税收收入下降1.2%,同比回落8.1个百分点。主要指标增速回落的原因是:一方面,受宏观经济进入新常态,市场需求明显不足,下行压力加大等因素的影响;另一方面,枣庄传统支柱行业受产能过剩和宏观形势趋紧等因素制约,不少企业仅是在维持生存,转型发展遇到较大困难,而新兴产业由于体量较小,很难在短期内发展壮大。这是目前资源枯竭型城市面临的两难问题,也是制约其转型发展的主要瓶颈。

(二)工业品价格持续低位造成一系列连锁反应

2015年,枣庄PPI为92.1%,仍处于下降区间,自2012年8月以来连续41个月处于下降区间。传统支柱行业受产品价格影响较为突出。2015年12月份重点调度的20种主要工业品价格中,有80%的工业品价格下降。其中，煤炭同比下降10%左右，水泥同比下降8%左右，精甲醇同比下降15%左右。工业品价格持续疲软，造成枣庄规模以上工业企业效益长期低位徘徊。2015年以来，枣庄规模以上工业企业利润、利税一直呈现负增长，且降幅呈现扩大趋势。企业效益的下滑直接传导到税收收入。2015年以来，枣庄税收收入尤其是国税收入一直呈现负增长。其中，煤炭国税收入下降23.5%，建材国税收入下降41.7%，煤化工国税收入下降26.6%。

(三)经济增长动能依然不足

在部分行业产能过剩、市场需求不足以及生产经营成本偏高的形势下，一些实体项目回报率不高，致使投资意愿不强，投资增长后劲不足。从重点项目看，新开工项目同比减少，投资趋缓。2015年，全市亿元以上重点项目166个，比上年减少95个，完成投资305.27亿元，下降28.5%。创新驱动能力不强，科技投入仍显不足。2014年全市R&D经费支出27.75亿元，占GDP的比重仅为1.4%，低于全省平均0.79个百分点。研发投入和研发人员不足直接导致了创新能力弱，进而影响了转型升级。

三、对下一步走势的预判及建议

2016年是实施“十三五”规划的开局之年，也是枣庄加快新旧动能转换、实现城市转型的关键之年，我们既面临难得的机遇，也面临严峻的挑战，但仍处于大有作为的重要战略机遇期。一方面，国际金融危机的深层次影响依然存在，国内结构性改革带来的阵痛仍将持续，各种矛盾愈加凸显，各种挑战前所未有；另一方面，世界新一轮科技革命蓬勃兴起，国家全面深化改革持续发力，山东西部经济隆起带建设纵深推进，枣庄交通区位优势、生态环境优势、政策叠加优势集中显现，有利于我们坚定赶超发展的信心和决心，预计2016年枣庄主要经济指标仍能实现中高速发展。为实现预期目标，提出建议如下：

(一)抢抓项目，提升经济发展动力

将加大投资作为2016年稳增长的重点，集中力量谋划支持一些全局性、基础性、战略性重大项目，把重大项目作为带动转型升级的重要抓手，加快推进市级重大项目建设。调整和完善房地产信贷政策，加大对首次置业和改善性住房需求的支持，大幅降低房产交易环节税费，使市场机制正常发挥作用。围绕推动产业集聚，着力推进重大项目招引，实现产业链招商新突破。

(二)狠抓工业，夯实经济回升基础

扩大优质增量，围绕产业优势，抓紧谋划引进一批发展前景好、技术含量高的工业项目，进一步做大做强战略新兴产业和高新技术产业，抢占新一轮的发展先机。优化工业存量，充分利用经济下行的倒逼机制，坚决淘汰落后产能，加快优化升级传统产能，积极帮助引导传统产业进行创新，开拓市场。优化发展环境，为企业搭建各种公共服务平台，切实帮助企业解决困难。

（三）促进消费，增强经济发展动力

加快发展民生产业，拓宽消费领域，提高居民收入，改变消费预期，更好地拉动居民消费增长。要建立与经济增长相适应的居民收入稳定增长机制，努力提高中低收入者的收入水平，持续增加民生事业投入，完善社会保障体系，切实提高居民消费水平。要进一步出台促进家电、汽车等更新换代、消费升级、大额消费贷款等的政策措施，促进消费热点换代升级，带动经济增长。

（四）深化改革，加快红利全面释放

继续推进简政放权，全面清理非行政许可审批事项，取消不必要的生产经营准入限制、行业管理规定，规范企业投资前置审批及中介服务环节，为企业发展创造公平环境。将定向降准、扩大支农支小再贷款等政策落到实处，鼓励发展适应中小企业融资需求的各类金融机构，化解目前银行业局部存在的"惧贷惜贷"现象，为中小微企业提供更多直接融资渠道。

（五）统筹区域经济发展

立足区位、资源和产业优势，继续做大做强产业集群，增强区域经济实力。实施链式招商，深入挖掘和包装一批产业上、下游项目，积极在产业链配套上实现区（市）间的合作共赢，形成上下游相配套、横向互补发展的县域产业发展体系。探索通过市场化手段整合各区（市）经济开发区。建议由高新区牵头，通过相互参股的形式整合各区（市）经济开发区资源，实现发展互补、利益共赢。

（枣庄市统计局　魏　国　陈　成　张　磊）

新常态下砥砺奋进稳步发展 谱写美丽幸福新东营建设华彩篇章

——2015年东营市经济社会发展情况及展望

2015年，在市委、市政府的正确领导下，全市上下认真贯彻落实中央和省委、省政府决策部署，积极应对错综复杂的国内外经济形势，积极适应经济发展新常态，深入实施黄蓝国家战略，着力加快经济转型升级，大力推进科技创新，全市经济总体保持平稳健康运行态势。

一、2015年全市经济运行情况

（一）"稳"的趋势保持不变，增速换挡质量提升，缓中趋稳成为新常态

一是从整体走势看，2015年全市经济运行呈现平稳健康、缓中趋稳的运行态势。全年实现生产总值3450.64亿元，按可比价格计算，比上年增长6.9%。其中，第一产业实现增加值117.75亿元，增长4.1%；第二产业实现增加值2230.61亿元，增长6.6%；第三产业实现增加值1102.28亿元，增长7.9%。三次产业结构比为3.4∶64.7∶31.9。二是就业形势总体稳定。城镇新增就业4.88万人，城镇登记失业率为2.15%。三是消费价格涨势平稳。全年全市居民消费价格指数(CPI)上涨1.5%。其中，服务项目价格上涨2.6%，消费品价格上涨1.1%。

（二）"进"的动力有所增强，产业结构持续优化，升级步伐逐步加快

一是现代高效生态农业稳步发展。2015年，全市实现农林牧渔业总产值251.86亿元，按可比价格计算，比上年增长4.3%。其中农业总产值104.17亿元，增长8.1%；林业总产值2.29亿元，增长7.0%；畜牧业总产值63.06亿元，下降2.9%；渔业总产值59.56亿元，增长5.0%；农林牧渔服务业总产值22.78亿元，增长9.3%。农业现代化发展水平显著提升，新型农业经营主体不断涌现，全市共有现代农业园区190家、农业龙头企业631家、家庭农场963家、农民合作社1817家。黄河三角洲

农业高新技术产业示范区获国务院批复，是继杨凌农高区后第二个获得国务院批复的国家级农高区。二是新型工业化稳步推进。加快推动传统产业改造升级，重点打造石油化工及盐化工、橡胶轮胎及汽车配件、有色金属、石油装备四大产业集群，鼓励支持企业实施改造提升、开发高端产品，向研发、服务、品牌等价值链高端延伸。全年规模以上工业总产值和主营业务收入分别达到 13263.01 亿元和 13091.50 亿元。34 个工业行业大类中 14 个行业实现增长，增长面为 41.2%。高新技术产业发展势头良好。2015 年，全市高新技术产业总产值 4644.71 亿元，占规模以上工业总产值的比重为 35.0%，比年初提高 0.4 个百分点。石油装备制造产业产品涵盖 37 个系列 1500 多个品种，产值占到全国的 1/3。橡胶子午胎产能占全国的 20%左右。三是服务业占比逐步提高，发展潜力大。2015 年实现服务业增加值 1102.28 亿元，增长 7.9%；占 GDP 的比重为 31.9%，比上年提高 1.9 个百分点。金融业增长较快，累计实现增加值 164.72 亿元，增长 16.9%；交通运输、仓储和邮政业累计实现增加值 126.50 亿元，增长 14.7%。

(三)“转”的进程逐步加快，“三驾马车”齐头并进，发展方式更趋协调

一是投资结构持续改善，民间投资迅猛发展。全年完成固定资产投资 3084.68 亿元，比上年增长 13.9%。第一产业完成投资 80.53 亿元，增长 8.6%；第二产业完成投资 1879.52 亿元，增长 13.1%；第三产业完成投资 1124.63 亿元，增长 15.6%。三次产业占固定资产投资的比重分别为 2.6∶60.9∶36.5。第三产业投资比重较 2014 年提高 0.6 个百分点。民间累计完成投资 2433.83 亿元，增长 17.3%，占全市固定资产投资的比重为 78.9%。二是消费层级有所提升。全年实现社会消费品零售总额 728.05 亿元，比上年增长 9.0%。其中，限额以上消费品市场零售额 399.41 亿元，下降 1.1%。限额以上单位多数商品零售保持稳定增长，23 个零售大类的消费品中有 15 类呈增长态势。其中，增势较好的有：建筑及装潢材料类增长 21.7%，煤炭及制品类增长 18.5%，中西药品类增长 16.8%，文化办公用品类增长 15.1%。三是外经外贸转型步伐加快。抓住国家“一带一路”战略有利契机，扎实推进国际产能和装备制造合作，充分利用国际国内两个市场、两种资源。全年累计完成进出口 129.12 亿美元，下降 2.3%。其中，出口 49.68 亿美元，下降 18.5%；进口 79.44 亿美元，增长 11.6%。重点出口产品中，电解铜、化工产品、纺织服装出口形势较好，分别增长 19.6%、15.5%和 5.4%。新批外商投资企业 10 家，新增合同外资 1.57 亿美元。实际到账外资 2.22 亿美元，增长 3.2%。

(四)"新"的亮点注入活力,"改革红利"空间较大,发展优势不断增强

一是新型城镇化和区域协调化发展将成为对冲经济增速减缓的增长极。全年城镇化率65.52%。2015年,广饶县居全国综合实力百强县第44位。积极打造科技创新驱动和绿色集约发展的引领区,东营港经济开发区入选"2015中国化工园区20强"。整合提升现有园区,优化产业布局,打造了石油化工及盐化工、橡胶轮胎及汽车配件、有色金属、石油装备等特色鲜明、体系完整、竞争力强,在全国具有一定影响力的产业集群。二是加快实施创新驱动发展战略,科技创新能力不断增强。加强创新平台建设,国家级、省级和市级创新平台分别达到5家、170家和215家。全年获山东省科技进步奖一等奖1项、二等奖4项、三等奖2项,山东省技术发明奖二等奖1项。三是积极对接宏观调控政策,一批重大政策重大项目实现新突破。黄蓝国家战略的深入推进、使东营综合保税区的获批、《环渤海地区合作发展纲要》将东营确定为重要节点城市为东营加快发展、扩大开放搭建了重要平台。京沪高铁第二通道纳入国家中长期高速铁路网规划,使东营交通体系的短板得到突破解决。地炼企业进口原油使用权有条件放开,对加快东营经济发展具有重大意义。四是创业创新活力迸发,新引擎作用开始显现。2015年全市各类市场主体共计12.91万户,增长25.1%。注册资本3088.15亿元,增长28.5%。

(五)"好"的因素不断累积,财税金融运行稳健,绿色发展有序推进

一是财政收支平稳增长,金融运行稳定良好。全市市级以下公共财政预算收入220.08亿元,增长6.7%。其中,税收收入占财政收入的比重为70.4%。截至12月末,全市本外币各项存款余额3683.47亿元,比年初增加396.52亿元;各项贷款余额3031.24亿元,比年初增加431.20亿元,新增贷款量在全省居第3位,仅次于济南、青岛,有力地支撑了东营经济的发展。非金融企业及机关团体贷款余额2545.60亿元,占全市贷款余额的84.0%。企业贷款余额中,短期贷款余额占81.0%,短期贷款新增量占企业贷款新增量的90.9%。二是绿色发展取得进展,生态文明建设进一步加强。共有环境监测站二级站1个,三级站5个。自然保护区1个,面积15.30万公顷。老工业污染源治理项目本年竣工152个,全年完成投资30.08亿元。黄河三角洲国家级生态经济示范区成为生态示范区建设试点单位。三是重点项目扎实推进。大力实施项目带动战略,82个市级重点项目完成投资304亿元。重大基础设施建设稳步推进,德大铁路通车运营,黄大铁路、济东高速公路建设进展顺利,胜利机场调整优化航线航班,国产大飞机试飞基地一期完工。东营港北防波堤全面建成,10万吨航道工程加快推进,吞吐能力达到5000万吨。

(六)"和"的硕果更加凸显,居民收入稳定增长,社会保障体系进一步健全

一是居民收入稳步提高。全市城镇居民人均可支配收入 38735 元,增长 7.1%;农村居民人均可支配收入 13887 元,增长 8.7%。二是财政支出更加关注民生领域。公共财政预算支出 257.68 亿元,增长 6.8%。其中,社会保障和就业支出增长 23.3%,医疗卫生与计划生育支出增长 12.5%。扩大有效投资,拨付各类建设资金 40.25 亿元,支持黄河南展区农村危房改造、火车南站、河流水质综合治理等重大民生、交通、环境治理工程建设。三是社会保障体系建设日趋完善。连续第 11 年提高企业退休人员待遇,居民基础养老金标准、居民医保财政补助标准进一步提高。全年参加城镇职工基本养老保险 51.80 万人,参加居民基本养老保险 74.09 万人。参加城镇基本医疗保险职工 66.76 万人,参加居民基本医疗保险 127.30 万人。参加失业保险职工 27.59 万人,领取失业保险金 5803 人。

二、经济运行面临的困难和挑战

(一)经济形势复杂多变,下行压力依然较大

2015 年,世界经济复苏艰难曲折,国内经济下行压力不断加大。东营市受全球油气价格波动、贸易壁垒、市场不振等因素影响,产品价格走低,企业生产观望气氛仍未完全消退,再加上欧美对我国橡胶轮胎和石油管材进行"双反"调查,经济发展面临严峻形势。东营市经济运行同全国和全省趋势一致,主要经济指标出现不同程度的回落。其中,生产总值增长 6.9%,较 2014 年回落 3.1 个百分点;规模以上工业增加值增长 6.7%,回落 4.7 个百分点;固定资产投资增长 13.9%,回落 2.2 个百分点;社会消费品零售额增长 9.0%,回落 3.6 个百分点;进出口总额下降 2.3%,回落 6.4 个百分点。

(二)发展动能和后劲不足

一是新常态下市场内需无明显改善,消费品市场持续低迷。全年全市实现社会消费品零售总额 728.05 亿元,比上年增长 9.0%,分别较 2013 年、2014 年回落 4.5 个和 3.6 个百分点。其中,限额以上消费品市场零售额 399.41 亿元,下降 1.1%,分别较 2013 年、2014 年回落 16.1 个和 13.0 个百分点。二是进出口形势严峻。出口频繁遭遇"双反"调查,石油装备出口市场低迷,进口原材料价格持续低位运行。出口市场中,对亚洲、欧洲、北美洲、南美洲、大洋洲出口均为负增长,分别下降 3.7%、23.4%、43.4%、35.7%和 3.9%。全市新批外资企业仅 10 家,招商、营商的氛围不浓厚,新增利用外资缺乏有效支撑。三是固定资产投资增速放缓,大项目拉动力下降。固定资产投资增速从过去20%以上的高位运行区间逐步放缓,2015年增速为13.9%。亿元以上在建项目数量减少。全市亿元以上在建项目390个,较2014年减少100个。其中,亿元以上新开工项目222个,较2014年减少109个。建设资金供给不足。2015年全市共到位建设资金2830.25亿元,增长11.0%,增速较2014年回落2.9个百分点,低于投资增速2.9个百分点。建设资金缺口由2014年的159.02亿元增加到254.43亿元。

(三)结构调整任务依然较重

一是从产业结构看,经济结构性矛盾仍然较突出。2015年第三产业增加值占全市GDP的比重全省最低,为31.9%,分别低于全国(50.5%)、全省(45.3%)18.6个和13.4个百分点。工业经济结构中,全市六大高耗能行业工业总产值占全市工业总产值的比重为59.6%,较2014年提高4.4个百分点。服务业中传统服务业占主导地位,现代服务业发展较快但规模不大,高端服务业处在起步阶段。二是经济运行质量有待进一步提升。财政收入占GDP的比重偏低。2015年东营市地方财政收入占GDP的比重为6.4%,低于全省同期2.4个百分点,低于全国同期16.1个百分点。全市各县区财政收入占GDP的比重也偏低,近年来均在8%以下。2015年全市税收收入占财政收入的比重为70.4%,分别较2013年、2014年回落6.9个、7.6个百分点。三是从工业效益指标看,增速下降幅度较大。2015年全市规模以上工业主营业务收入、利润、利税分别下降3.2%、31.9%和33.9%,较2014年分别回落15.2个、33.1个和34.7个百分点。

(四)困扰企业发展的问题突出,企业经营更加困难

一是企业资金紧张,融资难、融资贵问题没有得到有效解决。多数企业融资成本呈上升趋势,企业贷款费用较高、审批时间较长,贷款满足率下降。企业两项资金占用增加,全年规模以上工业两项资金占流动资产的比重达25.6%,较2014年提高1.7个百分点。二是企业综合成本上升,要素制约和环境约束进一步增强。全年规模以上工业主营业务成本增长1.4%,高于主营业务收入增速4.6个百分点,生产成本增加,挤占企业利润空间。同时,能源消费总量控制、节能减排、大气污染防治对重化工业的影响逐步显现。三是高耗能行业快速发展,结构调整压力进一步加大。水泥、炼油、轮胎行业"高产能、高库存、高成本,低需求、低价格、低效益"的问题困扰着行业健康发展。

三、2016年经济走势判断及建议

2016年是率先全面建成小康社会决胜阶段的开局之年，是推进结构性改革的攻坚之年，是推动东营经济转型升级的关键之年。展望2016年，国际经济仍处于低速增长和调整分化中，产能过剩、企业经营困难、金融风险开始显性化等问题依然严峻，但我国经济长期向好的基本面没有改变，中央提出的“创新、协调、绿色、开放、共享”五大发展理念，指明了经济工作方向。中央和省委、省政府一系列稳增长、调结构、防风险政策措施和供给侧等改革举措将持续发力，“双创”“互联网＋”“中国制造2025”等一系列战略举措将推动新产业、新业态及现代服务业快速成长，我国发展仍处于可以大有作为的重要战略机遇期，具备经济持续健康发展的基础条件。

具体到东营市，随着《环渤海地区合作发展纲要》、京津冀协同发展等区域战略的实施和重大交通基础设施建设的快速推进，东营的战略地位将得到显著提升，发展空间更加广阔，发展潜力加快释放。东营市委提出的率先全面建成小康社会、加快建设美丽幸福新东营的奋斗目标催人奋进。尽管2016年不稳定、不确定因素仍然较多，但东营市经济稳步发展的动力仍有所增强，经济运行平稳健康的趋势仍保持不变。只要全市上下切实增强机遇意识、发展意识、改革意识，充分看到有利条件和积极因素，同时积极应对不利因素和困难挑战，预计全年经济将持续健康发展。

(一)按照“四个全面”战略布局、坚持发展第一要务、以五大发展理念为引领，保持经济持续健康发展，加快推进美丽幸福新东营建设

一是牢固树立创新、协调、绿色、开放、共享发展理念，不断提高发展质量和效益，加快形成引领经济发展新常态的体制机制和发展方式，坚持稳中求进，努力保持经济稳定增长。加强分析研判，准确把握经济发展趋势，及时解决经济运行中的矛盾问题，抓好经济运行。二是加快简政放权，提高政府效能。规范政府行为，营造“优商、惠商、亲商、安商、扶商”的优良环境。持续深入推进简政放权，推动各项行政审批明确标准、简化程序、降低收费、提高效率。三是进一步优化发展环境。针对当前经济运行中遇到的问题，加大相关政策支持力度，完善和细化配套措施，强化政策分类扶持引导，健全产业发展专项资金保障体系，鼓励和支持企业大力开展技术创新和转型升级，扶持企业加大研发力度，不断提高本土产品质量和竞争力。加大对政策措施落实的督查力度，推动各项决策部署真正落到实处，保证政策红利得到有效释放。四是完善财税金融措施，支持实体经济发展。加快财税体制改革，落实好结构性减税措施，切实减轻企业税费负担。加大金融对实体经济支持力度,进一步降低贷款利率,创新金融服务产品,切实解决企业融资难、融资贵等问题,保障实体经济健康发展。

(二)稳步释放内需、扩大外需,有效增强经济增长的内生动力

一是以重大项目为抓手,持续扩大有效投资。坚持投资环境和投资导向,科学制定产业升级发展中长期发展规划。坚持以优质增量拉动经济增长、带动存量调整,抓好重点项目建设。加大招商引资力度,运用好跨国并购、融资租赁等新的招商方式,吸引更多的跨国企业落户东营投资。加强要素资源保障,确保各类重点、重大项目按时落地、开工建设和投产。加大投资结构调整力度。加大对战略性新兴产业、高端制造业、现代服务业等领域的投资力度,新上一批产业拉动力强、带动就业多、财税贡献大的项目。二是积极培育消费新热点,拓展消费新领域。进一步完善养老、教育、文化等服务消费政策,加大旅游产业开发力度,加大对新型电子产品、绿色智能家电和新能源汽车、环保家具建材的补贴力度,尽快形成有效、持续的新兴消费热点。三是提升资源和要素利用率,有效挖掘经济增长潜力。加大政府创新投入,建立重大技术攻关项目基金,积极推动科技金融融合发展,支持具有持续盈利能力、主营业务突出、规范运作、成长性好的企业在主板、中小企业板、创业板上市或找到场外市场挂牌,加大上市和挂牌企业补贴力度。鼓励企业树立品牌产权意识,重点扶持有技术含量、有自主知识产权,在市场具有潜力的名牌商品企业,进一步扩大东营品牌的市场竞争力和影响力。

(三)积极构建现代产业体系,着力培育经济发展新引擎

一是大力发展现代农业。不断推进国家农高区创新发展,打造全市“农业硅谷”,发挥示范引领作用。不断深化农业产业化经营,大力实施农业龙头企业集群发展战略,提升农业规模化、标准化、品牌化发展水平。大力实施科技兴农战略,培育具有东营特色的农产品品牌。积极发展电子商务等新型流通业态,完善农产品营销网络,开拓中高端销售市场,建设大宗农产品交易市场,着力提升黄河三角洲国际生态农业博览会档次,增强黄河口特色农产品影响力。二是进一步做好优化工业内部结构的文章,加快新型工业化进程。做大做强橡胶轮胎及汽车配件、有色金属、石油装备、石油化工及盐化工四大产业集群,积极培育新能源、新材料、新信息、新医药等战略性新兴产业发展壮大。发展壮大先进制造业,提升装备制造业比重,增强创税能力,提高制造业核心竞争力。三是把突出发展服务业作为优化调整产业结构的关键环节抓紧抓实。坚持生产性服务业和生活性服务业一起抓,不断发展壮大规模、提升产业档次,积极促进二、三产业融合。健全多层次的资本市场体系,提升金融业对经济发展的支持力度。大力发展现代物流业，依托港口、机场、铁路站场等交通枢纽建设物流园区，积极搭建物流服务业载体。加强城市精细化管理，促进休闲旅游度假及健康养老服务业发展。

（四）提升改革创新活力，增强经济可持续发展的能力

一是大力实施创新驱动。加强科技创新平台建设，加快建成一批国家级实验室和研发中心，提高城市技术研发能力。加快提升智能制造水平，培育一批智能制造达标和示范企业。指导企业向“微笑曲线”两端延伸，抓好技术研发、系统集成、品牌培育等关键节点。加强政府引导，分行业筛选一批骨干企业，帮助引进高端战略伙伴，打造高层次职业化的经营管理团队，建设把握行业发展方向的研发体系，积极培育拥有市场话语权的知名品牌。二是持续深化改革。进一步推进商事制度、预算编制、国有企业、医药卫生体制、教育领域等改革，积极培育发展各类市场主体，推进大众创业、万众创新，完善鼓励创新创业的服务体系，增强经济发展活力。三是积极扩大对外开放。大力拓展国际市场，鼓励企业开展跨境电子商务，支持企业在海外建立国际营销和售后服务网络。加快东营综合保税区建设，办好国际橡胶轮胎展、石油装备展等高端展会。支持、引导县域经济对外开放，提高县域对外开放主动性，激发县域对外开放创造性。

（东营市统计局　倪文华　林　娜）

适应引领新常态　经济社会新发展

——2015 年烟台市经济社会发展情况及展望

2015 年是经济新常态全面步入攻坚期的一年，面对错综复杂的外部环境和改革发展的艰巨任务，全市上下积极适应和引领经济发展新常态，加快转变发展方式，扎实做好稳增长、促改革、调结构、惠民生、防风险各项工作，全市经济运行总体平稳，完成了主要目标任务，为“十二五”画上圆满句号。展望 2016 年，影响经济运行的不确定因素仍然较多，经济下行的压力依然较大，应继续采取有效措施，确保“十三五”发展取得良好开局。

一、经济运行基本面保持平稳

初步核算，2015 年全市实现地区生产总值 6446.08 亿元，按可比价格计算，同比增长 8.4%，增速比上年回落 0.7 个百分点，分别高于全国、全省 1.5 个和 0.4 个百分点。其中，第一产业实现增加值 440.85 亿元，增长 4.3%，增速比上年提高 0.4 个百分点；第二产业实现增加值 3323.46 亿元，增长 7.9%，增速比上年回落 0.9 个百分点；第三产业实现增加值 2681.77 亿元，增长 9.8%，增速比上年回落 0.6 个百分点。

（一）农业经济平稳运行

2015 年，全市农林牧渔业实现增加值 457.32 亿元，同比增长 4.5%，增速比上年提高 0.6 个百分点。全年粮食播种面积 584.85 万亩，比 2014 年下降 1.2%。全年粮食总产量 258.47 万吨，同比下降 1.7%。蔬菜产量 203.75 万吨，同比下降 3.2%。水果产量 558.66 万吨，同比增长 8.3%。禽蛋产量 24.23 万吨，同比增长 1.2%。肉类总产量 50.77 万吨，同比增长 1.5%。水产品总产量 197.75 万吨，同比增长 3.5%。

（二）工业生产缓中趋稳

2015 年，全市规模以上工业增加值同比增长 7.9%，增速比上年回落

1.7个百分点，分别高于全国、全省1.8个和0.4个百分点。分行业看，列入统计的38个行业大类中有29个行业实现增长，增长面为76.3%。主要行业继续引领全市工业增长，增加值总量排名前5位的行业均实现较快增长且增速超过全市平均水平。其中，化学原料和化学制品制造业增长15.3%，计算机、通讯和其他电子设备制造业增长10.4%，汽车制造业增长10.0%，农副食品加工业增长10.6%，有色金属冶炼和压延加工业增长13.4%。

(三)固定资产投资增速回落

2015年，全市完成固定资产投资4667.14亿元，同比增长13.9%，增速比上年回落2.0个百分点，高于全国3.9个百分点，与全省持平。其中，项目投资4060.08亿元，同比增长16.5%，增速比上年回落1.4个百分点；房地产投资607.06亿元，同比下降0.8%，增速比上年回落6.6个百分点，低于全省2.1个百分点。

(四)市场销售较快增长

2015年，全市实现社会消费品零售总额2679.45亿元，同比增长10.9%，增速比上年回落1.8个百分点，分别高于全国、全省0.2个和0.3个百分点。其中，限额以上单位消费品零售额1085.38亿元，同比增长9.6%。按经营单位所在地分，城镇实现消费品零售额2133.05亿元，同比增长10.4%；乡村实现消费品零售额546.40亿元，同比增长12.6%。按消费形态分，餐饮收入230.33亿元，同比增长15.6%；商品零售2449.13亿元，同比增长10.4%。

(五)进出口同比下降

2015年，全市外贸进出口总额493.87亿美元，同比下降6.3%，增速比上年回落13.9个百分点，降幅低于全国1.7个百分点，低于全省6.4个百分点。其中，出口总额280.45亿美元，下降4.6%，增速比上年回落5.4个百分点，降幅分别高于全国、全省1.8个和4.2个百分点；进口总额213.42亿美元，同比下降8.5%，增速比上年回落26.2个百分点，降幅分别低于全国、全省5.6个和17.6个百分点。

(六)财税收入平稳增长

全市完成一般公共预算收入542.66亿元，同比增长10.7%，增速比上年回落1.4个百分点，高于全省0.7个百分点。其中税收收入420.72亿元，增长7.0%，增幅比上年回落6.8个百分点；占公共财政预算收入的比重(可比口径)为81.2%，比上年提高1.0个百分点，比全省平均水平高5.2个百分点。2015年，全市实现国地税总收入865.36亿元，同比增长1.9%。其中，国税部门组织收入345.29亿元，同比增长4.5%，比上年回落 9.7 个百分点;海关代征税收 127.50 亿元,同比下降 18.8%,降幅同比扩大 7.0 个百分点;地税完成收入 392.57 亿元,增长 8.6%,增幅同比提高 0.2 个百分点。

(七)居民收支稳定增长

2015 年全市居民人均可支配收入 27437 元,比上年名义增长 8.5%,扣除价格因素实际增长 7.7%。按常住地分,城镇居民人均可支配收入 35907 元,比上年增长 7.8%,扣除价格因素实际增长 7.0%;农村居民人均可支配收入 15540 元,比上年增长 8.9%,扣除价格因素实际增长 8.0%。城乡居民人均收入倍差为 2.31,比上年缩小 0.02。2015 年,全市居民人均生活消费支出 18114 元,增长 9.6%,扣除价格因素实际增长 8.7%,比上年实际增速回落 0.6 个百分点,增速放缓。城镇和农村常住居民人均生活消费支出分别为 23410 元和 10675 元,分别增长 8.5% 和 11.2%。

(八)存贷款余额增势平稳

2015 年末,全市金融机构本外币存款余额 7029.82 亿元,同比增长 9.5%,增速比上年末提高 2.9 个百分点。全年本外币存款新增(比年初增加)555.40 亿元,同比多增 97.42 亿元。年末,金融机构本外币贷款余额 4470.45 亿元,同比增长 4.3%,增速比上年末回落 4.4 个百分点。全年本外币贷款新增 185.08 亿元,同比少增 157.08 亿元,其中,住户新增贷款、非金融企业及机关团体新增贷款同比分别减少 57.98 亿元和 99.93 亿元。

(九)价格水平低位运行

2015 年,全市居民消费价格同比上涨 0.8%,涨幅比上年同期回落 1.1 个百分点。八大类商品“七涨一跌”:食品类涨 0.2%,烟酒涨 0.9%,衣着涨 5.4%,家庭设备用品及维修服务涨 1.9%,医疗保健和个人用品涨 0.5%,娱乐教育文化用品及服务涨 1.8%,居住涨 0.3%,交通和通讯跌 2.4%。工业生产者价格继续下行。2015 年,工业生产者出厂、购进价格同比分别下跌 2.9%、3.1%,与上年同期相比跌幅分别扩大 2.0 个和 2.1 个百分点。

二、转型升级实现积极进展

(一)结构调整稳步推进

一是投资结构进一步优化。2015 年,第三产业完成投资 2793.54 亿元,同比增长 13.6%,占全市投资的比重达 59.9%。扣除房地产投资的三产项目投资 2186.48 亿元,同比增长 18.3%,增速高于全市投资增速

4.4个百分点。工业投资结构进一步优化，技改投资完成1749.99亿元，占全部投资的比重达37.5%，占工业投资的比重达98.8%。引进外资持续增长，实际利用外资增长8.3%。二是产业结构不断改善。全年第三产业增加值增长9.8%，对经济增长贡献率达41.7%，比上年提升1.3个百分点，第三产业占GDP的比重同比提高1.7个百分点，三次产业比重为7.0∶51.6∶41.6。第三产业中，现代服务业实现增加值1265.00亿元，同比增长10.9%，增速分别高于GDP和第三产业2.5个和1.1个百分点；占第三产业的比重为47.2%，占比同比提高5.8个百分点。金融、租赁和商务服务等高端服务业快速发展。2015年，全市金融业增加值225.95亿元，同比增长11.5%，增速分别高于GDP和第三产业3.1个和1.7个百分点。租赁和商务服务等营利性服务业也得到了较快发展，同比增长20.8%。三是制造业继续向高端化方向发展。2015年，装备制造业完成增加值1484.38亿元，占规模以上工业增加值的比重达到47.1%，占比同比提高1.4个百分点；高新技术产业产值完成6432.11亿元，增长9.8%，占规模以上工业产值的比重达到41.11%，比年初提高0.41个百分点。四是能耗水平继续下降。全年规模以上工业综合能源消费量负增长，同比下降4.1%，降幅比上年扩大3.6个百分点。

(二)新的发展动能加快孕育

以“互联网+”等为代表的新产业、新模式、新业态迅猛发展，新的增长点不断孕育成长。2015年，软件和信息技术服务业营业收入增长22.3%。高附加值、高技术含量的工业产品高速增长。2015年，全市运动型多用途乘用车(SUV)增长99.3%。七大战略性新兴产业产值同比增长11.5%，比规模以上工业总产值增幅高5.3个百分点，对工业生产增长的贡献率为39.2%，拉动全市工业生产增长2.4个百分点。战略性新兴产业已成长为我市工业的新动力、新支柱。网络零售保持快速增长，跨境电商增势迅猛。2015年，全市网络零售额完成358.3亿元，增长56.8%。截至年底，全市在淘宝、京东、1号店等第三方平台上的网络卖家达到6.35万家，占全省的10.2%；其中，活跃用户3.84万家，数量位居全省第2。在阿里巴巴、中国制造网等跨境电商平台注册的企业超过3000家。信息、健康、文化等升级类消费持续升温。2015年末，全市3G、4G移动电话户数已达368.85万户，同比增加72.82万户，3G、4G用户覆盖率达到43.9%。限上批发零售单位书报杂志类、中西药品类、通讯器材类和文化办公用品类零售额分别增长12.8%、12.3%、9.7%和31.8%。便捷交通经济效应日益突出。2015年，烟台高铁共完成客运量292.5万人，高铁客运量占全部铁路客运量的比重已达46.56%。

(三)创新创业聚集增长新动力

创新驱动战略实施取得明显成效。科技创新投入增加,预计2015年R&D经费支出184亿元,占GDP的比重超过2.8%。全年地方财政科技支出18.64亿元,比上年增长12.0%。创新能力进一步提升。全年规模以上工业企业新产品产值同比增长11.0%,增速继续高于规模以上工业平均水平。高技术产业工业总产值比上年增长12.6%,高于全市平均水平6.4个百分点。政府简政放权的一系列改革措施为"大众创业、万众创新"营造了良好的氛围。据市工商局资料,2015年全市新设企业3.73万户,新设个体工商户13.58万户。2015年末,全市在册市场主体56.28万户,比上年增长36.7%。其中,企业13.34万户,增长31.1%;个体工商户41.87万户,增长38.8%;农民专业合作社1.07万户,增长26.4%。

(四)民生福祉继续改善

民生投入持续加大。2015年财政一般公共预算支出中,教育、社会保障和就业支出同比分别增长17.3%、22.7%;医疗卫生支出增长14.0%。2015年末,城镇登记失业率为3.26%,失业处在较低水平。社保扩面任务超额完成。2015年末,全市企业职工养老、城镇职工医疗、失业、工伤和生育保险参保人数分别达到159.85万人、212.22万人、108.27万人、120.88万人和112.29万人。城镇化水平提高。2015年末,全市常住人口城市化率为60.35%,比上年提高1.8个百分点。生态环境质量改善。市区空气优良天数达到304天,比上年增加24天。农村自来水普及率达到96%,生活垃圾一体化管理实现全覆盖。

三、经济发展中面临的问题和挑战

(一)经济下行压力增大

从2015年主要经济指标增速看,年内低开稳走,但与上年同期相比,大部分指标增速出现明显回落,增速换挡特征明显。2015年GDP增速创26年最低,比上年回落0.7个百分点;规模以上工业增加值增速比上年回落1.7个百分点;全市固定资产投资增速比上年回落2.0个百分点;全市社会消费品零售总额增速比上年回落1.8个百分点;外贸进出口增速比上年回落13.9个百分点。当前,国际经济环境复杂多变,全国处在结构调整的关键阶段,传统产业去库存、去产能力度加大。受此影响,烟台经济增长仍面临较大压力。

(二)企业生产经营困难加剧

一方面,生产价格持续下行。全国工业品出厂价格指数连续46个月处于下降通道,且同比下滑幅度不断扩大。2015年,全国工业生产者出厂价格同比下降5.2%,12月份同比下降5.9%,环比下降0.6%。另一方面,企业的资金、土地、人工等成本却不断升高,全市工业企业每百元主营业务收入的成本达到88.38元。受这两方面影响,部分企业盈利大幅缩水,经营压力不断加大。2015年,全市规模以上工业企业利润总额同比仅增长3.9%,38个工业行业大类中12个行业利润下滑、3个亏损。全市规模以上企业亏损单位数同比增长10.6%。亏损企业亏损总额增长47.0%,分别较上年和前年同期上升了48.9个和26.9个百分点。

(三)经济增长的后劲仍显不足

一是动力转换有待加快。尽管近年来新产业的培育取得了一定的成效,全年战略性新兴产业表现出较为强劲的增长态势,但工业战略性新兴产业产值占工业总产值的比重依然不高。新兴产业规模尚小,带动作用不强,支撑力有限,尚难以在近期完全填补传统力量转型的缺口,难以对经济增长形成有力支撑。二是投资动力有待加强。新开工项目平均规模下降,亿元以上大项目跟进不足,大项目对投资支撑和拉动作用明显下降。2015年,新开工项目平均投资规模为1.3亿元,同比减少438万元。全市亿元以上新开工项目654个,比上年减少166个,下降20.2%,其中10亿元以上新开工项目个数下降12.5%。三是消费潜力有待进一步释放。从商品销售看,汽车、油品类销售持续走低,分别增长10.5%和下降4.3%,两者占零售额37.4%,对整个零售额影响较大,亟待开发新的商品消费热点。服务性消费存在不同程度的供给性约束。2015年,全市居民人均服务性消费支出增长11.8%,增幅高于商品性消费支出2.7个百分点,表现出较大的增长潜力。尽管交通、通讯、医疗、文化娱乐等服务性消费增长较快,但仍不同程度地存在供给不足、供给质量不高等问题,一定程度上抑制了消费需求的进一步释放。四是出口形势依然严峻。当前,国际市场需求持续低迷,欧美国家贸易保护主义有所抬头,国际市场环境依然复杂。此外,受传统的劳动密集型产品出口竞争力不断削弱、高科技含量和高附加值产品优势尚未形成,以及大宗商品价格下跌、物流成本高、人民币汇率波动加剧、中小企业经营困难增多等因素的制约,外贸出口增长空间受到抑制。

四、2016年经济形势展望及对策建议

2015年,受需求疲软、汇率波动以及全球产业链条与经济结构调整等因素影响,全球贸易出现了2008年金融危机以来的最大降幅,经济呈现深度调整、走势分化等特征。预计2016年,全球经济有望继续缓慢复苏,但面临的下行风险仍在增加。发达国家经济复苏的差异化导致货币

政策的分化，由此带来的国际资本的流动和外汇市场的乱局还将继续困扰全球经济金融的稳定。新兴经济体国家经济增速下滑、国际大宗商品价格下跌以及国际资本外流，可能引发政治与经济上的不确定性和金融市场的持续动荡。从国内看，在房地产调整周期、债务周期、库存周期及新产业培育周期等因素的作用下，经济发展也将面临诸多不确定性。存量调整是否到位和反弹的时点，房地产去库存周期、房地产投资的触底和底部运行的长度，新产业、新业态和新动力的培育状况等周期性因素将决定2016年经济企稳反弹的基础和性质。随着国家加大供给侧结构性改革力度，去产能、去库存、去杠杆、降成本、补短板等方面出台的实质性的政策措施得到落实，供给体系质量和效率会逐步趋好，也将给我国更大幅度的需求性扩展带来契机。可以预见，2016年，经济发展的新动能将加快培育，同时传统动能继续改造提升，国内经济总体上仍会延续缓中趋稳走势，保持平稳增长。

2016年是“十三五”规划开局之年，是全面建成小康社会进入决胜阶段的第一年，尽管外部发展环境中的不确定因素仍然较多，经济增长仍有下行压力，但随着增长新动力的不断显现，经济有望探底企稳。下阶段，要认真贯彻落实中央和省、市经济工作会议各项部署，坚持稳中求进工作总基调，坚持以提高经济发展质量和效益为中心，按照五大发展理念，加大供给侧结构改革力度，提高我市产业供给结构适应性和灵活性，充分调动各方面发展经济的积极性，为实现“十三五”良好开局夯实基础。

一是强化目标意识，全力稳增长。无论是调整产业结构，转变发展方式，还是改善民生水平，完善社会保障，都需要以一定速度的经济增长作为保证。2016年我市经济面临的下行压力将超过上年，经济形势将更加严峻，必须坚定不移地把发展放在第一要务，以更加坚定的信心，更加积极的作为，紧紧围绕全年目标任务，落实相关责任，充分调动各级抓发展、抓项目、抓转型、抓民生的积极性、主动性、创造性，担当作为，凝神聚力地推动经济平稳健康发展。要提前谋划一批投资项目，发挥好投资对稳增长的关键作用。要认真做好新增长点和企业开工情况的摸排，帮助解决好实际困难，全力保障增长点发力和企业开工。要加大对各类风险的识别预警和防控，提前做好煤、电、油、运、资金等生产要素的协调，精准发力、定向施策，实现首季良好开局，为实现全年目标打好基础。

二是积极推动产业中高端化发展。通过实施重大工程和重点项目，加速技术创新成果产业化进程。财政引导资金应重点投向制造业转型升级的关键领域，鼓励企业开展集成创新、管理创新和营销模式创新。坚持瞄准国际高精尖产业和《中国制造2025》，大力发展智能制造、高端装备、生物医药等高端制造业。大力发展生产型服务业，实现企业非核心业务分离和外包，提高全要素生产率，引领产业向价值链高端提升。

三是切实加大有效投入。着力谋划 2016 年和“十三五”投资工作，加大力度提高招商引资组织化水平，把有效投资作为硬任务，层层落实。将产业投资作为未来投资增长的主要支撑，加大对战略性新兴产业、生产性服务业、制造业服务化的投资力度。挖掘重大基础设施建设方面的潜力，打破壁垒限制，引入社会资本，积极鼓励民间资本进入。鼓励创新，倒逼转型，继续发挥技改投资的拉动作用。

四是提高满足新消费的供给水平。适应生产生活方式智能化、信息化、城市化、绿色化的发展趋势，鼓励企业加大创新力度，提升产品品质，提供满足消费、引领消费的新产品和服务。通过整合资源、引进技术、联合攻关等，做大做强新一代信息技术、节能环保、新能源汽车等战略性新兴产业。大力扶持发展电子商务，要针对成长性较好的电商出台扶持发展政策，加速这些企业做大做强，做出知名度、影响力。加大服务消费供给力度，加快教育、卫生、文化等事业单位分类改革，放宽民间资本的市场准入，缓解供给性约束，创造新供给，释放服务性消费潜力。

五是实施外贸“优进优出”战略。鼓励企业强化技改研发，开发适销对路的高附加值产品，增加高质量、高水平的优质外贸商品供给，同时加大国外先进技术、关键设备、重要零部件和国内稀缺资源、国内消费者愿意购买的优质商品进口，推动外贸从“大进大出”向“优进优出”转变。

六是营造公平良好的市场环境。全面深化改革，加快转变政府职能，进一步清费降负、简政放权，优化政府职能，提升运行效率，更好地发挥政府作用，继续发力降成本，为企业营造公平、优良的市场环境。用好政府产业发展基金，带动社会资金积极投向新兴产业和大众创新创业领域。加大金融服务实体经济力度，完善促进金融机构开展中小微企业金融服务的激励机制，发展普惠金融和绿色金融，创新小微企业信贷风险分担模式，建立政府、银行和担保机构合作机制，努力构建一个统一开放、竞争有序的市场体系。

（烟台市统计局　李　广　陈绍忠）

新常态新发展 质升量扩谱新篇

——2015年潍坊市经济社会发展情况及展望

2015年，我市准确把握、积极引领经济发展新常态，从供需两端发力，全力打造“大众创业、万众创新”和增加公共产品、公共服务“双引擎”，经济社会保持健康发展良好态势，全面完成“走在前列，起好带头作用”的目标定位。

一、全市经济运行的主要特点

2015年，全市经济运行总体稳中有进、稳中向好，主要经济指标高于全省平均水平，体现为增长势头巩固、调整步伐加快、内生动力增强、发展质量提升、民生事业改善5个显著特征。

（一）稳定增长势头持续巩固

全市实现地区生产总值5170.5亿元，迈上5000亿元台阶，同比增长8.3%，分别比前三季度和上半年提高0.1个和0.3个百分点，分别比全国、全省高1.4个和0.3个百分点，增速居全省第6位。

农业生产稳步走高。全市实现第一产业增加值455.2亿元，居全省第1位，同比增长4.2%，分别较前三季度和上半年提高0.4个和0.5个百分点。全市粮食播种面积1085.1万亩，单产420.3公斤，总产91.2亿斤，同比分别减少0.99%、0.83%和1.81%。其中，夏粮总产44.1亿斤，同比增长1.27%；秋粮受旱情影响总产47.1亿斤，同比减少4.52%。各类农产品生产总量均居全省前列。蔬菜总产1235万吨，瓜果类总产229万吨，肉蛋奶总产185万吨，水产品总产60万吨，棉花总产2.4万吨，油料总产20万吨。

工业生产稳中有升。全市规模以上工业增加值累计同比增长8.4%，较前三季度提高0.2个百分点，分别高于全国、全省2.3个和0.9个百分点，居全省第5位、半岛城市群第3位。八成以上行业增加值实现增长。全市38个行业大类中31个行业增加值同比实现增长，增长面达81.6%。六成以上产品生产量实现增长。列入统计范围的221种重点产品中，141种产品产量同比增长或持平，占63.8%。高新技术产品产量高速增长。太阳能电池、锂离子电池、工业机器人等增速达50%以上，光电子器件、中空玻璃、电动自行车等增速在10%以上。

房地产市场恢复性增长。全年完成房地产开发投资467.9亿元，同比增长4.0%，分别高于全国、全省3.0个和2.7个百分点。房屋销售总体表现为以价换量、去库存为主。全市房屋销售面积由年初的下降43.9%，波动上升至8月份的峰值(增长17.2%)，之后受2015年基数前低后高影响自9月份开始增幅逐月回落，全年销售面积同比增长9.1%，分别高于全国、全省2.5个和3.1个百分点。

消费品市场增势平稳。全市实现社会消费品零售总额2277.5亿元，同比增长10.6%，增幅居全省第8位。按经营单位所在地分，乡村消费市场快于城镇消费市场4.0个百分点。按消费类型分，餐饮收入增幅快于商品零售3.1个百分点。以粮油食品、针纺织品、日用品等为代表的刚性需求平稳较快增长；以书报杂志、计算机及配套产品、通讯器材类为代表的新兴消费快速增长；受房屋销售形势好转影响，建筑及装潢材料、五金电料、家具等商品需求逐步回升。

(二)结构调整步伐持续加快

三次产业结构优化。全市三次产业占比调整为8.8∶48.2∶43.0，服务业占比同比提高1.7个百分点。全市实现服务业增加值2224.6亿元，同比增长9.8%，高于GDP增幅1.5个百分点，对经济增长的贡献率为43.7%，拉动经济增长3.6个百分点。保险业收入加快，实现保费收入160.4亿元，同比增长20.8%。受电子商务发展较快影响，邮政业务量大幅增加，邮政业务总量16.2亿元，同比增长69.0%，其中快递业务同比增长106.3%。

工业结构优化。全市战略性新兴产业增加值增幅高于全市平均水平。医药制造业同比增长11.7%，高于全市平均3.3个百分点；专用设备制造业同比增长9.2%，高于全市平均0.8个百分点；电气机械和器材制造业同比增长13.6%，高于全市平均5.2个百分点；运输设备制造业同比增长12.9%，高于全市平均4.5个百分点。高新技术产业产值占比不断提高。占规模以上工业总产值的比重为31.9%，较年初提高1.3个百分点，提高幅度居全省第4位。民营经济活力增强。增加值占GDP的比重达55%以上，同比增长9.1%，高于全部工业平均增速0.7个百分点。

信贷结构优化。全市银行业本外币各项存款余额6217.6亿元,较年初增加650亿元,总量及新增量分居全省第4和第3位;存款较年初增长11.7%,高于全省平均1.8个百分点。各项贷款余额4760.4亿元,较年初增加310亿元,总量及新增量分居全省第3和第5位;贷款较年初增长7.0%,低于全省平均3.0个百分点。一是小微企业贷款增速较高。全市新增小微企业贷款151.2亿元,较年初增长14.7%,高于各项贷款平均增速7.7个百分点;占全部新增企业贷款的59.8%,同比提高11.1个百分点。二是对服务业支持力度增强。全市新增服务业贷款106.6亿元,较年初增长10.7%,高于各项贷款平均增速3.7个百分点。三是支持实体经济长期发展。全市中长期贷款较年初增加188.7亿元,占全部新增贷款的60.9%;较年初增长12.0%,高于各项贷款平均增速5.0个百分点。

投资结构优化。全市固定资产投资完成4516.7亿元,总量居全省第3位,同比增长13.9%,增速与全省持平,高于全国3.9个百分点。一是新开工项目多。全年新开工投资项目4047个,同比增长37.0%;新开工项目完成投资额2881.2亿元,同比增长19.9%。二是工业投资是主体。全年完成工业投资2404.4亿元,同比增长19.7%,高于全市平均5.8个百分点;本年新建续建工业项目2867个,占项目数的48.6%。三是民间投资活力增强。民间投资完成4052.2亿元,占全部投资的89.7%。四是基础设施投资启动。完成投资额551亿元,同比增长10.0%,较前三季度提高4.0个百分点。五是投资项目建设资金增幅回升。项目建设资金来源合计5055.3亿元,同比增长9.6%,较前三季度提高3.1个百分点。

(三)发展内生动力持续增强

市场主体发展迅猛。全面深化商事制度改革,“三证合一、一照一码”登记制度于2015年9月底正式实施,有效激发了市场活力和大众创业的热情。全市新登记各类市场主体14.4万户,同比增长47.2%。其中,新登记个体工商户9.7万户,同比增长47.6%;新登记企业类市场主体4.2万户,同比增长60.4%。新登记市场主体中99.5%为民营经济。

科技创新能力增强。全市专利申请量16514件,同比增长40.0%,其中发明专利申请量5337件,同比增长69.1%;专利授权量9678件,同比增长29.6%,其中发明专利授权量1191件,同比增长69.4%,为推进经济发展提供了强有力的支撑。产学研合作方面,举办科技成果对接会6次,发布成果信息437项,签署协议13项,建立中以科技创新基金和科技服务平台并举办首届洽谈会。创新平台建设方面,新组建市级科技企业孵化器12家，新增孵化面积32.5万平方米，在孵企业376家。科技成果转化方面，技术交易市场已完成技术交易2802项，实现交易额35.4亿元；新认定高新技术企业86家，认定数量居全省第2位。科技与金融融合方面，设立3亿元天使基金，支持种子期、初创期科技创新型企业；组织实施省以上科技项目180项，获无偿扶持资金2.1亿元；组建18支科技类创新基金，累计投入政府性引导资金11.1亿元，撬动金融和社会资本投入55亿元。

企业直接融资比例提高。全市债券融资达到226.2亿元，首次突破200亿元，创历史新高。54家企业在场外市场挂牌，持牌数量超过历年企业挂牌数量之和。其中，在"新三板"挂牌15家，在齐鲁股权交易中心挂牌39家。依托市金控集团设立专业子基金28只，基金实现总投入154.7亿元，撬动其他金融及社会资本142亿元。全市新设融资性担保公司7家，总共达到44家，实现了县域全覆盖；成立注册资本10亿元的再担保公司，服务企业发展。

(四)发展质量效益持续提升

财政收入量质双升。全市完成一般公共预算收入484.5亿元，总量保持全省第4位；同比增长12.6%，分别较前三季度和上半年提高1.8个和1.5个百分点，高于全省平均2.6个百分点，居全省第4位。收入质量保持全省先进行列。全市税收收入完成389.4亿元，同比增长9.5%，高于全省平均3.5个百分点；占一般公共预算收入的80.4%，高于全省平均4.4个百分点，居全省第3位。

企业效益逐步好转。全市规模以上工业实现利润697.6亿元，同比增长4.9%；实现利税1050.2亿元，同比增长5.8%。利润、利税增幅分别较前三季度提高3.2个和2.9个百分点，均高于全省平均水平。全市38个行业大类中有30个行业利润实现增长，占78.9%。战略性新兴产业利润增幅较高，医药、仪器仪表、运输设备、机械器材、专用设备5个行业利润分别增长21.2%、26.4%、12.8%、12.4%和8.4%。

(五)民生社会事业持续改善

就业形势良好。城镇新增就业12.3万人，农村劳动力转移就业10.2万人，均完成10万人的目标任务。城镇登记失业率为2.93%，达到控制在3.8%以内的年初目标。

城乡居民收入差距小。全市居民人均可支配收入23405元，居全省第7位；同比增长9.3%，居全省第3位。城镇居民、农村居民人均可支配收入分别为31060元和14890元，分居全省第7和第4位；同比分别增长8.3%和9.2%，分居全省第4和第5位。城乡居民人均收入倍差为

2.09，分别低于全国、全省0.64和0.35。

民生支出加快。财政在支持“三农”发展、推动节能减排、推进城镇化建设方面的力度不断加大，全市农林水、节能减排、城乡社区支出158.2亿元，同比增长25.9%，高于平均支出9.9个百分点；增支32.6亿元，占全部增支额的38.6%。

环境综合整治力度加大。有序推进“三八六”环保行动，稳步推进总量减排工作、环境质量持续改善。年初计划的713项环保行动重点工作、483个重点减排工程项目全部完成。大气环境质量改善，“蓝天白云，繁星闪烁”天数达到234天，居全省第5位；同比改善30天，居全省第5位。水环境质量改善，7条重点河流水质稳定达到五类标准，23条市控及以上重点河流基本消除劣五类水体，全面完成市委市政府确定的目标任务。

多渠道增加居民保障性住房。配合房地产去库存，打造商品房与保障房互通渠道。不再组织建设新的保障房，通过集中采购、租赁现房及货币补贴等方式解决保障性住房需求问题。加大棚户区改造力度，出台专门政策，对实施货币化安置的棚改项目或选择货币化安置的棚改居民给予适当补助，鼓励现房安置及货币化安置。用好允许农村中小学教师、医护人员团购商品房的政策，解决部分教师、医护人员住房难题。

二、当前经济运行中的主要问题

当前，制约我市经济发展的因素仍然较多。农业方面，受连续3年干旱影响，粮食连续2年减收，2015年未完成全省下达的粮食生产指标。玉米、小麦价格下跌10%以上，蔬菜、水果、禽畜产品价格也有不同程度的下降，且受干旱影响，农业生产成本提高，农民增收形势严峻。工业方面，体现工业发展趋势的先行指标工业生产者出厂价格连续48个月下降，原盐、原油、煤炭等主要生产资料价格大幅下降；企业两金占用同比增长6.8%，高于主营业务收入0.6个百分点，影响企业良性发展。金融方面，企业贷款难与银行难贷款并存，大企业不愿贷，小企业贷不到，银行不良贷款率增至2.7%，比年初提高1.2个百分点，银行业惧贷心理加剧。投资方面，审批项目和审批投资额均同比下降，企业投资意愿不足，影响经济发展后劲。这些问题都是经济发展的阶段性特征，必须通过加快腾笼换鸟、推动结构性改革才能加以解决。

三、2016年经济走势预判

从世界范围看，全球经济有望缓慢复苏，但基础比较脆弱。一方面，发达国家经济总体复苏态势不稳。虽然美国经济增长势头明显，但欧元区和日本仍未摆脱经济困境。另一方面，新兴经济体呈现明显的分化格局。金砖国家中，中国、印度仍保持7%左右的经济增速，但俄罗斯、巴西、南非经济陷入衰退。国际资本从新兴市场国家回流欧美发达国家的趋势明显，新兴市场国家的汇率持续贬值，部分发展中国家的通胀率居高不下。国际大宗商品价格下跌，国际资本外流，引发了政治与经济上的动荡，世界经济增长不确定性因素持续增加。

从国内看，困难与机遇并存，经济发展长期向好的基本面没有变。一方面，困难增加。中国传统的低成本、低价格竞争优势逐渐削弱，传统的低端制造业向东南亚国家转移；欧美发达国家纷纷采取“再工业化”战略重振本国制造业，高端制造业外资企业纷纷回流。国民经济不可能通过短期刺激实现“V”形反弹，可能会经历一个“L”形增长阶段。主要表现为经济增速下降、工业品价格下降、实体企业盈利下降、财政增收难度加大、经济风险发生概率上升等新常态特征。这要求我们在宏观调控上既要坚持底线思维，保持“忧患心”，又要坚持战略思维，彻底摆脱“速度情结”“换挡焦虑”，保持“平常心”，不能急于求成。另一方面，深化改革政策的实施将稳步推动经济增长。面对新常态下经济运行中出现的新情况、新问题，党中央、国务院没有搞“大水漫灌”，没有搞强刺激，而是不断创新宏观调控政策、方式和思路，奋力推动大众创业、万众创新，从供给和需求两端发力，出台的政策既兼顾需求又兼顾供给，既稳增长又调结构，既立足当前又着眼长远，并且以改革贯穿稳增长与调结构全过程。在这些利好政策的共同推动下，部分先行指标出现回暖迹象。12月份，中国制造业采购经理指数(PMI)为49.7%，高于11月0.1个百分点，其中生产指数和订单指数分别比11月上升0.3个和0.4个百分点；非制造业商务活动指数为54.4%，比11月上升0.8个百分点，升至2015年最高点，扩张动力较为强劲。另外，我国新兴产业、新型业态、新的商业模式呈蓬勃发展之势，服务业增速高于二产，消费代替投资成为第一拉动力，新的业态网上零售额迅猛增长，战略性新兴产业增长速度加快。综合这些因素，我们认为，2016年中国经济仍将会保持增长平稳、稳中有进、进中提质的势头。

对于我市来讲，2016年总体发展基调将继续与全国保持一致，但发展势头会好于全国、全省。一是我市的发展势头总体好于全国、全省。2015年，地区生产总值、工业增加值、固定资产投资等主要指标分别高于全国1.4个、2.3个和3.9个百分点。二是我市企业对未来发展充满信心。从全市近700家工业企业经济状况调查情况来看，预计2016年一季度综合经营情况“良好”的企业占32.1%，比上季度提高0.3个百分点。三是我市出台的政策及时、有力、接地气。及时、有针对性地出台了“5+

1”、助推创新创业30条新政、《在公共服务领域推广政府和社会资本合作模式的实施意见》等政策措施促进经济发展,对稳增长起到了巨大的促进作用。四是我市经济“抗压”能力强。我市的经济基础比较好,门类比较齐全,“东方不亮西方亮”,经济下行时抗压能力比较强。我市今年主要经济指标位次前移也印证了这一点。

2016年是“十三五”的开局之年,国家稳增长力度加大,在适度扩大总需求的同时,加强供给侧改革,重点在去产能、去库存、去杠杆、降成本、补短板五大任务上做文章,找准了发展的突破点。我市只要围绕国家出台的各项宏观经济政策,顺势而为,乘势而上,积极争取重大基础设施项目在我市落地,加大实体经济发展力度,积极承接先进城市溢出项目,有效发挥金融保障支撑作用,就能推动我市经济保持中高速、迈向中高端,继续走在全国、全省前列。

(潍坊市统计局　王　丙　于小玲　王玉梅)

砥砺奋进谋突破　转调创优谱新篇

——2015年济宁市经济社会发展情况及展望

2015年，面对复杂严峻的国内外经济形势，全市上下认真落实中央、省及市委、市政府各项决策部署，积极适应发展新常态，抓住用好系列重大机遇，创新思路办法，集中攻坚克难，经济运行总体平稳，经济结构持续优化，发展活力不断增强，在转型调整中实现新的发展。

初步核算，2015年全市实现地区生产总值4013.1亿元，按可比价格计算，比上年增长8.4%。其中，第一产业增加值452.2亿元，增长4.1%；第二产业增加值1896.1亿元，增长7.6%；第三产业增加值1662.8亿元，增长10.7%。三次产业结构由上年的11.3∶49.1∶39.6调整为11.3∶47.3∶41.4。第三产业占比提升1.8个百分点，创近年来新高。

一、2015年度经济运行基本特点

（一）主要指标稳中有进，全省排位继续前移

GDP增速高于全省平均水平0.4个百分点，居第4位，同比前移3位。服务业增加值增速高于全省1.1个百分点，居第1位。公共财政预算收入增速高于全省0.3个百分点，居第8位，同比前移4位。税收收入增长10.7%，高于全省4.7个百分点，占财政收入的比重达73.6%，同比提高0.2个百分点。其中，增值税增长6.5%，高于全省6.8个百分点；营业税增长18.4%，高于全省8.5个百分点。规模以上工业增加值增速高于全省平均水平0.45个百分点，居第7位。纳统“四上”企业较年初净增618家，增量居全省第2位。

（二）结构调整步伐加快，经济协调发展增强

1. 产业结构不断升级。农业生产稳定向好。全市粮食播种面积1127万亩，比上年增加5.4万亩；粮食总产586万吨，比上年增长1.2%，

实现"十二连增"。蔬菜与棉花播种面积分别为264万亩、88万亩,同比分别减少0.5%、19.6%。工业生产转型升级。规模以上工业增加值增长7.95%,其中轻、重工业增加值分别增长16.73%和4.31%,轻、重工业增加值之比为34.1∶65.9,轻工业对工业增长的贡献率明显提升,达63%。36个行业大类中30个实现增长,有21个行业增速高于全市平均水平。纺织服装、橡胶和塑料制品、计算机通讯和其他电子设备制造业、造纸增速都处在14%—34%的快速平台上,有效弥补了煤炭及工程机械下滑带来的影响。服务业快速发展。服务业增速较上年加快0.9个百分点;占GDP的比重较上年提高1.8个百分点,居全省第3位。规模以上服务业企业实现营业收入287.57亿元,增长22.8%,增速居全省首位,其中互联网和相关服务、其他服务业、娱乐业营业收入实现了翻番。在32个服务行业大类中,我市服务业覆盖了28个,有27个营业收入实现增长。

2. 需求结构持续改善。投资结构趋于优化。全市固定资产投资2891亿元,同比增长13.9%。民间投资2445亿元,增长10.5%,占全市投资的84.6%。一产投资65.44亿元,增长23.9%,比上年加快3.9个百分点;服务业投资1301.19亿元,增长21.1%,高于全省7.2个百分点,比上年加快12.4个百分点,对全市投资的贡献率为64.3%。高新技术产业投资与基础设施投资分别完成349.9亿元、274.3亿元,分别增长22.3%、28.0%,合计占全市投资的21.5%。消费市场和产品升级向好。全市社会消费品零售总额1911亿元,同比增长10.5%。按城乡分,城镇1485.7亿元,增长10.3%,其中,镇区698.9亿元,增长11.3%;乡村425.3亿元,增长11.1%。按消费类型分,餐饮收入206.5亿元,增长12.9%;商品零售1704.5亿元,增长10.2%。与居民生活相关的粮油、食品、家具及家用电器等基础消费稳定增长,信息和文化类新消费点快速增长,计算机及配套产品、书报杂志、电子出版物及音像制品类分别增长97.8%、31.4%、32.1%。对外贸易低速增长。进出口总额54.38亿美元,比上年增长3.9%。其中,出口34.36亿美元,增长5.1%;进口20.02亿美元,增长5.1%。

3. 城乡统筹迈出新步伐。全市常住人口城镇化率达52.75%,较上年提高2.5个百分点,提高幅度连续3年居全省第1位。市区面积达到1534平方公里,人口增加到177.5万,进入国家II类大城市行列。小城镇和美丽乡村建设提速推进,稳步实施小城镇驻地环境综合整治,城乡环卫一体化实现全覆盖,农村环境状况得到较大改善,市县两级建成美丽乡村示范片区22个、示范村408个,93%的村达到环境整洁村标准。济宁农村环境综合整治暨美丽乡村建设荣获2015年度中国人居环境范例奖。旧城改造深入推进，启动棚户区改造项目115个，建设安置房5万余套，新增公共租赁住房4153套，主城区开工整治老旧小区58个，39个小区完成整治任务。都市区融合发展加快。"济邹曲嘉"四大板块在产业发展、交通基础设施建设、环境建设、公共服务一体化上迈出新步伐。泗河全域开发、"三河六岸"改造稳步推进，一批主干路网实现贯通，城际公交线路达到13条。222个在建城建项目完成投资127.2亿元，主城区新增供热面积443万平方米，新增天然气用户1.8万户。

4. 生态建设扎实推进。重拳整治大气污染，空气质量明显改善，2015年"蓝天白云、繁星闪烁"增加天数居全省第1位。完善"治用保"流域治污体系，国控省控主要河流断面水质稳定达标，代表山东省接受国家淮河流域治污核查取得第1名。"十二五"累计完成湿地修复60万亩，治理采煤塌陷地10.1万亩，新增造林111.7万亩，森林覆盖率达30.2%。严格执行污染物排放许可和总量控制制度，万元GDP能耗下降17%以上，减排污染物9.9万吨，超额完成"十二五"节能减排任务。

(三)新旧动力有序转换，创新驱动不断提速

1. 新产业新业态加速集聚。深入实施"331"企业创新工程，高新技术、信息产业等战略性新兴产业发展和传统产业转型升级步伐加快。2015年新认定和通过复审的国家高新技术企业达87家，总数达277家，居全省第5位。规模以上工业高技术制造业增加值同比增长10.7%，高于全市规模以上工业平均水平2.7个百分点。高新技术产业完成产值1562.92亿元，同比增长12.44%，占工业总产值的比重达到28.87%。信息产业规模持续膨胀，美国惠普、甲骨文、中兴通讯等一批知名IT企业落户建设，我市被省政府列为"山东省信息技术产业基地"。快递业务收入增长32.8%。

2. 市场主体不断扩大。全面深化商事制度改革，"三证合一、一照一码"登记制度顺利实施，"大众创业、万众创新"热潮涌动，全年新登记市场主体13.75万户，注册资本963.3亿元，净增6.43万户。民营经济户数达41.8万户，注册资金971.9亿元，同比分别增长6.0%、11.6%，其中民营企业5.5万家，增长13.1%。申请专利8699件，同比增长17.1%，其中发明专利2005件，同比增长29.4%。

3. 非公企业活力不断增强。全市非公有工业企业增加值同比增长10.16%，占规模以上工业增加值的比重逐季提高到58.3%，对工业经济增长的贡献率达73.01%。私营企业增长11.78%，占比为33.9%。

(四)质量效益稳步提升,民生保障持续改善

1. 财政金融稳健运行。一般公共预算收入 368.6 亿元,增长 10.3%。其中,税收收入 271.4 亿元,增长 10.7%;占公共财政预算收入的比重为 73.6%,同比提高 0.2 个百分点。四大税种收入 152.1 亿元,增长 7.5%,其中,增值税、营业税分别增长 6.5%、18.4%。金融机构本外币存款余额 4098.35 亿元,较年初增加 418.04 亿元,总量及增量均居全省第 6 位。贷款余额 2723.8 亿元,较年初增加 160.77 亿元,总量及增量分居全省第 7、第 12 位。

2. 居民收入稳步增加。全市居民人均可支配收入 20120 元,增长 9.1%,总量和增速分居全省第 11、第 4 位。其中,城镇居民人均可支配收入 27887 元,增长 7.8%,总量和增幅分居全省第 12、第 10 位;农村居民人均可支配收入 12570 元,增长 9.1%,总量及增速分居全省第 11、第 6 位。城乡收入倍差缩小至 2.22。

3. 消费价格涨势平缓。全市居民消费价格(CPI)同比上涨 0.8%,涨幅同比回落 2.4 个百分点,全年基本在低位运行,低于全年调控目标。八大类消费价格同比"六涨二跌":食品上涨 1.6%、衣着上涨 1.4%、烟酒上涨 0.4%、医疗保健及个人用品上涨 3.2%、娱乐教育文化用品上涨 1.0%、家庭设备用品及服务上涨 1.1%,交通和通讯下降 2.3%、居住下降 0.5%。

4. 民生保障取得新成绩。就业形势保持总体稳定,2015 年实现城镇新增就业 6.43 万人,完成年度计划的 107.2%;新增农村劳动力转移就业 7.46 万人,完成 105.0%。社保体系不断健全,实施社会保险费一票征缴,新增参保人员 9.2 万人次,连续 11 年提高企业退休人员养老金,城乡基础养老金标准由每人每月 75 元提高到每人每月 85 元,生育保险个人零负担全面落实。救助制度更加完善,累计投入各项救助金 8.5 亿元,保障低保 26.2 万户、五保 1.77 万户。养老服务工程圆满完成,新建农村互助养老院 155 个、新增养老床位 4300 张,养老机构数和床位数居全省前列。

二、当前需要重点关注的几个问题

我市同全国、全省一样仍处于"三期叠加"阶段,外部环境不明朗,经济下行压力大,这对我市经济增长构成严峻挑战。

(一)先行指标仍未好转

2015 年 12 月份,全国制造业采购经理人指数(PMI)为 49.7%,已连续 5 个月处于荣枯线以下,表明制造业下行压力依然较大。我市工业生产者出厂价格和购进价格在经历了2011年的快速上涨后，指数逐年下跌，2015年同比分别下降6.3%、4.0%。全市196种工业产品中有55.6%的产品产量下降，其中煤炭产量下降2.3%、发电量下降4.5%、焦炭产量下降1.0%、钢材产量下降7.2%、水泥产量下降8.2%。工业用电量一直处在下降通道，全年下降3.69%，居全省第12位。

(二)结构性矛盾依然突出

服务业占比偏低。2012－2015年服务业占比始终处在全省第11位，提高幅度虽有所加快，但仍低于全国、全省平均水平。2015年，全国服务业占比提高幅度达2.4个百分点，快于我市0.6个百分点。投资结构不优。我市三次产业投资结构已由2014年的2.8∶55.6∶42.3调整为2.3∶52.7∶45.0，但农业投资占比仍然偏高，服务业投资占比仍然偏低。GDP增长动力结构不强，传统产业拉动力趋弱。2015年全市GDP增长的主要支撑包括营利性服务业(25.4%)、金融业(12.0%)、交通运输仓储邮政业(8.9%)、农林牧渔服务业(12.0%)、建筑业(8.7%)等，而工业、批零、房地产主要指标增幅大幅回落，直接下拉GDP增长2.5个百分点。

(三)区域发展不平衡问题加剧

我市经济总体发展水平仍处在合理区间，但从县市区来看，经济发展不平衡问题加剧。2015年，公共财政预算收入最高的邹城市达67.1亿元，是最低的泗水县(8.9亿元)的7.6倍；人均GDP最高的高新区达20.8万元，是金乡县(2.9万元)的7.1倍；城镇居民人均可支配收入最高的任城区达31888元，是微山县(24669元)的1.3倍；农村居民人均可支配收入最高的兖州区达13921元，是最低的泗水县(11588元)的1.2倍。

(四)企业生产经营依然困难

重点行业持续下滑，煤炭及机械行业依然不振。采掘业增加值下降1.48%，专用设备制造业下降11.74%，铁路、船舶制造业下降3.65%。工业效益指标持续负增长。规模以上工业主营业务收入完成5510.68亿元，下降3.6%，低于全省6.4个百分点，降幅居全省第15位；利润311.8亿元，下降7.4%，低于全省5.8个百分点，降幅居全省第13位；利税537.7亿元，下降3.8%，低于全省2.9个百分点，降幅居全省第12位。企业产能利用程度持续下滑。工业企业景气调查结果显示，全市仅有53.8%的企业生产正常，较上半年回落26.1个百分点；仅有3.7%的企业计划扩大投资生产，47.8%的企业计划缩减投资规模。

(五)投资后劲增长乏力

房地产投资形势严峻。全市房地产完成投资308.5亿元，下降

13.4%,而全省增长1.3%。在下降的7个市中,我市降幅仅好于枣庄(下降13.5%)。商品房销售面积波动中回落,全年下降12.9%,较上年回落24.7个百分点,而全省商品房销售呈现恢复性增长,销售面积由上年下降11.1%转为增长6.0%。项目总体数量偏少。我市全年新开工项目2186个,较上年减少296个。其中,亿元以上项目288个,较上年减少188个,亿元以上项目数量不足临沂(626个)的一半。民间投资活跃度不强。全年民间投资2445亿元,增长10.5%,低于全省2.8个百分点;占全部投资的比重为84.6%,高于全省3.1个百分点。

三、2016年经济形势展望及对策建议

2016年是“十三五”规划的开局之年,也是与全省同步提前全面建成小康社会决胜阶段的第一年。从我市现有条件看,挑战与机遇并存。一方面,2012年以来GDP增速波动中下行的惯性必然会对2016年造成压力,行业间、区域间、企业间分化特征将进一步显现,资本沉淀、产能过剩、企业生产经营成本上涨、利润低位徘徊、新旧动力转换接续等问题将更加突出,可能会影响到整体经济的增长和质量。另一方面,随着原有市场基本出清、国际环境及国内制度红利释放、新增长动力加速形成,“十三五”前两年我市经济有望步入新上升周期。在这种特定形势下,我们要高度关注经济的分化走势,经济分化意味着有上有下、有进有退、有生有死,面对“优胜劣汰”的考验,谁能抓住机遇把工作做在前面,谁就有机会在重新洗牌中实现弯道超越。应对经济分化走势,首要的是贯彻好中央、省各项政策部署,结合济宁实际抓好落实。随着中央、省、市有关调控政策和决策部署逐渐发力,特别是矿山环境恢复和采煤塌陷地治理、新型城镇化建设和棚户区改造、生态保护与建设示范区、传统文化传承发展示范区、省信息技术产业基地等国家级及省级政策叠加效应不断释放,2016年我市经济有望实现“十三五”开门红,继续保持在中高速发展区间。

(一)全力落实转调稳政策

贯彻落实全国、全省经济工作会议精神,结合我市实际,以五大发展理念为指导,以结构性改革引领经济发展新常态。积极搞好对接及决策部署,加快区域、产业、企业、民生等中微观层面制度创新,确保中央及省转调稳政策落地生根、发挥效能。如对我市具有较强竞争优势且面临产能过剩困境的机械设备行业,帮助其获取“一带一路”沿线国家资源和市场,推进国际产能合作,积极培育外部需求;对优势尚不突出的电子商务、健康养老、节能环保、服务外包等,尽快研究制定相关产业发展战略,提前做好新产业培育和布局,尽早抢占市场先机。

(二)着力改造提升传统产业

加快产业转型升级,并不是放弃传统产业,更不能把传统产业看成是夕阳产业。济宁以劳动密集型为主的传统产业多数层次偏低,处于价值链低端。但这些产业并非没有市场,关键在于抓住"两化"融合的机遇,用高新技术、信息化手段对其进行改造,使之实现产品升级,从而焕发出新的活力,进入新的生命周期。当前,要突出引导一批重点工业企业以互联网为媒介,以新一代信息化技术为手段,逐步实现柔性化、定制化生产,加快工程机械、煤化工、纺织等行业成套设备及生产系统的智能化改造,推动数控技术和智能装备在工业领域广泛应用;实施"机器换工"专项行动,推动重点产业、传统优势产业和劳动密集型产业逐步实现"机器换工"。

(三)强力扩大有效投资需求

新常态下投资特别是有效投资仍是稳增长的关键。当前,济宁市人均占有水平低的市情没有改变,投资总量相对偏少、结构不优是经济社会发展的主要矛盾。在较长一段时期内,加大资本投入、实现资本积累,仍是实现跨越发展的最重要任务。目前,我市固定资产投资额仅为徐州市的67.6%,2005年后总量基本维持在徐州市的七成左右水平;财政收入占比与投资占比同向变动,也占七成左右。我市新开工亿元以上项目288个,数量不足临沂市的一半。严峻的现实促使我们要继续坚持把项目带动作为扩大投资的重要引擎,创新项目管理与运营,激活民间资本,扩大发展空间,增强发展后劲。

(四)合力助推创新型经济发展

新常态下能否顺利实现动力转换,关键在创新。传统发展模式已不可持续,抓创新就是抓发展,谋创新就是谋未来。不同时代有不同的创新"主打歌",历经蒸汽技术、电力技术、电子信息技术等重大技术和产业变革,我们正迎来新的创新时代,以绿色、智能、泛在为特征的群体性技术革命正在各领域蓬勃兴起。面对风起云涌的创新浪潮,我们要审时度势,以创新产业和企业为主体,以创新成果产业化为导向,推动创新链、产业链、价值链相融合,向创新要增长动力,向创新要发展潜力。创新型经济是重智力的经济,我们要进一步打造好高校、院所、企业技术创新中心、孵化器等创新载体,以好"巢"引好"凤"。创新型经济是"草根"经济,要充分释放小微企业和"草根"的创新活力,营造优良的创新型经济生态,打造更多的优质众创空间和创业平台,让创新创业呈现勃勃生机。创新型经济是互联网条件下的经济,互联网时代孕育出不同以往的创新模式,新兴产业、新型业态、新商业模式由此不断涌现。我们要把实施"互联网+"作为"必选课”“抢答题”，全面连接、融入和引领互联网时代的技术、产业革命浪潮，努力在创新型经济发展中有新作为。

（五）大力提升社会治理水平

一是积极推进新型城镇化建设。新型城镇化是解决城乡差距的根本途径，也是最大的内需所在，要坚持以人为核心，发挥好新型城镇化对现代化的支撑作用，提速推进“济邹曲嘉”四大板块融合发展，促进城市化向集约型、组群式发展，突出城市建设特色和文化内涵，为农业人口市民化提供有力支撑。二是把增加居民收入、着力改善民生放在更加突出的位置，确保居民实际收入增长速度不低于经济增长速度。民生改善是扩大消费的前提，要强化政府公共服务职能，把政府支出更多地投向民生；要实施更加积极的就业政策，把扩大就业摆在更加突出的位置，千方百计扩大就业，促进城乡居民增收，提高大众消费能力。三是大力发展消费型经济，增加信息消费、绿色消费、旅游休闲消费等新型消费的供给，充分挖掘需求的“富矿”，形成新的消费增长点。四是全面推进社会保障制度建设，加强社会保险、社会救助、社会福利等制度的相互衔接，加快实现基本养老、基本医疗保险升级统筹。五是加快推进收入分配制度改革，逐步提高居民收入在国民收入分配中的比重以及劳动报酬在初次分配中的比重。只有增加居民收入，扩大居民消费，才能减少总需求不足带来的风险，带动经济增长，避免陷入中等收入陷阱。

（济宁市统计局　徐兴华　魏中齐）

砥砺奋进谋发展　转型升级新突破

——2015年泰安市经济社会发展情况及展望

2015年以来，面对新常态下复杂严峻的宏观经济环境，全市深入贯彻落实各级经济工作会议精神，坚持稳中求进，强化创新驱动，加快转型升级，切实做好各项工作，政策效应逐步显现，全市经济运行总体平稳，稳中向好。

一、经济运行总体平稳，转型升级步伐加快

经初步核算，2015年，全市实现生产总值3158.4亿元，按可比价格计算（下同），比上年增长8.1%。分产业看，第一产业增加值269.1亿元，增长4.1%；第二产业增加值1461.8亿元，增长7.2%；第三产业增加值1427.5亿元，增长9.9%。三次产业对经济增长的贡献率分别为3.6%、48.2%和48.2%，分别拉动经济增长0.3个、3.9个和3.9个百分点。

（一）砥砺奋进，全市经济运行总体平稳

一是产业发展保持稳定。

农业生产形势稳定。农村经济总量稳步增长。2015年，全市完成农林牧渔业总产值496.3亿元，比上年增长4.2%。其中，农业总产值271.0亿元，增长3.2%；林业总产值7.3亿元，增长8.0%；牧业总产值178.3亿元，增长5.1%；渔业总产值14.4亿元，增长2.6%；农林牧渔业服务业总产值25.3亿元，增长12.6%。农作物生产形势稳定。2015年，粮食播种面积561.4万亩，减少2.0%，总产276.8万吨，下降1.73%；单产493.0公斤，增长0.3%。畜牧业生产稳定发展。2015年，肉类总产量47.8万吨，同比增长3.4%；禽蛋产量20.7万吨，同比增长4.0%；牛奶产量59.3万吨，同比增长1.7%。

工业生产平稳增长。2015年，全市规模以上工业增加值增长7.6%，

增幅比上月提升0.1个百分点。其中,重工业增长8.6%,轻工业增长4.3%。分行业看,全市36个有生产活动的大类行业中,有28个行业增加值实现增长,有13个行业增加值增幅超过10%。分产品看,在国家重点调度的120种重点工业产品中,同比增长的有58种,增长超过20%的有18种。工业产品销售率为98.8%,产销衔接保持稳定。

服务业发展态势良好。2015年,全市服务业增加值增幅快于GDP增幅1.8个百分点,实现税收111.4亿元,比上年增长7.8%,高于全部税收增速6.2个百分点;占全部税收的比重为48.9%,提高2.8个百分点,服务业税收贡献提高。万达商业广场、梦泰山啤酒城、泰山千古情、泰山天鹅湖等建成运营,"三日游"成效明显,实现旅游消费总额582.3亿元,增长13.9%,占GDP的比重达到18.4%,旅游经济发展良好。信息服务、健康养生、家政服务等新兴服务业发展迅速。

二是内需增长总体平稳。

投资增长稳中略缓。2015年,全市固定资产投资2618.2亿元,比上年增长13.9%,增幅比上月回落0.2个百分点。其中,第一产业投资66.45亿元,增长43.2%;第二产业投资1137.53亿元,增长11.2%;第三产业投资1414.25亿元,增长15.0%。2015年,房地产开发投资145.2亿元,比上年增长1.4%;商品房销售面积237.9万平方米,增长6.0%,房地产销售形势有所好转。

市场消费平稳增长。2015年,全市社会消费品零售总额1331.6亿元,增长10.8%,四个季度增幅均稳定在10.8%—10.9%。从经营地看,城镇市场零售额1166.8亿元,增长10.4%;乡村市场零售额164.8亿元,增长13.1%。从消费形态看,商品零售1192.2亿元,增长10.0%;餐饮收入139.4亿元,增长17.8%。

三是民生保障继续加强。

民生投入增长较快。2015年,全市各项民生支出达到261.3亿元,占公共财政支出的79.9%。其中,医疗卫生与计划生育、教育、社会保障和就业、节能环保、住房保障等民生领域支出得到重点保障,分别增长18.5%、22.6%、20.1%、34.5%和83.1%,均高于14.4%的平均水平。全市城乡居民医疗保险制度实现并轨,企业退休人员养老金实现"十一连涨",共发放各项社会保险金128.1亿元;全市最低保障救助15.16万人,发放低保金3.6亿元,城市月低保、农村年低保、农村五保供养标准分别提高30元、400元和500元。

居民收入稳定增长。2015年,全市城镇新增就业6.74万人,新增农村劳动力转移就业8.05万人,城镇登记失业率为2.37%,低于3.5%的控制目标，就业水平保持稳定。全市居民人均可支配收入21377元，增长8.9%。其中，城镇居民人均可支配收入28132元，增长8.0%；农村居民人均可支配收入13322元，增长9.5%。

物价水平低位运行。2015年，全市居民消费价格同比上涨0.8%，涨幅比上年回落1.0个百分点。12月份，八大类价格同比呈“六涨二降”态势。其中，衣着类上涨2.4%，娱乐教育文化用品及服务类上涨1.6%，居住类上涨0.1%，食品类上涨0.9%，家庭设备用品及维修服务类上涨1.2%，医疗保健和个人用品类上涨5.9%，烟酒类下降0.7%，交通和通讯类下降1.0%。2015年，工业生产者出厂价格同比下降4.1%，购进价格同比下降3.6%，降幅均比上年有所扩大，连续三年呈现负增长态势。

（二）深化改革，转型升级步伐加快

一是经济结构不断优化。

现代农业不断推进。2015年，全市大力实施十四大特色优势产业振兴规划，有机蔬菜、苗木花卉、泰山茶、名优果品、奶牛养殖和泰山螭霖鱼等高效特色农业发展良好。全市设施农业发展到16.8万个，比上年增长16.4%；各类设施种植业占地面积达21.9万亩，增长11.4%。规模以上农业龙头企业、农民合作社、家庭农场分别达到870家、6893家和2436家。东方园林、滕头园林、澳亚牧场、益客食品等特色农业园区加快发展。杞农云商、农村淘宝等农业电商平台和电商村不断涌现。

工业结构继续优化。2015年，全市深入实施工业转型升级、百亿企业培植、互联网工业等计划，大力发展电子信息、智能制造等新兴产业，工业内部结构不断优化。全市装备制造业完成增加值同比增长9.7%，高于全部规模以上工业2.1个百分点，对规模以上工业增长的贡献率达到49.7%。装备制造业8个大类行业中有5个行业增幅超过全市平均水平。其中，通用设备制造业、专用设备制造业和金属制品业增速超过10%。电子信息产业、装备制造业主营业务收入增幅分别高于规模以上工业12.2个和8.5个百分点。

服务业结构逐步向好。2015年，全市大力实施“103030”工程，加快推进服务业改革，第三产业增加值占全部生产总值的比重达45.2%，比上年提高1.5个百分点。其中，现代服务业增加值占全部服务业增加值的比重达51.2%，提高1.6个百分点。金融改革加快推进。目前，全市有56家地方金融组织，13家异地银行，17家保险机构，金融业实现增加值104亿元，增长18.0%，高出服务业增速8.1个百分点。全市规模以上服务业企业调查中，道路运输业、仓储业、商务服务业、科技推广和应用服务业这四个行业规模较大，发展较快。

投资结构不断改善。2015年,全市服务业投资增长分别快于全部投资和工业投资增幅1.1个、3.4个百分点,服务业投资占固定资产投资的比重达到54.0%,比上年提高0.5个百分点,服务业发展基础与动力不断增强。全市工业技改投资和高新技术产业投资均实现较快增长,分别比上年增长18.4%和21.4%,分别高于工业投资增幅6.8个和9.8个百分点。

消费结构稳步升级。近几年,随着经济的发展,人民生活水平不断提高,消费理念发生大的变革,消费结构在升级中分化,传统型消费逐步向享受型、发展型消费转变,教育、旅游、文化娱乐、医疗保健等新消费热点不断涌现。2015年,全市限额以上法人批发零售业中,书报杂志类、电子出版物及音像制品类、中西药品类、文化办公用品类及金银珠宝类增长较快,分别增长18.8%、17.6%、19.1%、23.1%和21.6%。

二是运行质量持续提升。

经济效益有所好转。财政金融平稳增长。2015年,全市一般公共预算收入205.3亿元,增长9.6%。其中,税收收入145.9亿元,增长7.9%,占公共财政预算收入的比重为71.1%。12月末,全市金融机构人民币各项存款余额2705.0亿元,比年初增长10.2%;金融机构人民币各项贷款余额1800.6亿元,增长13.1%。工业企业效益增速环比小幅回升。全市规模以上工业企业主营业务收入、利润总额、利税总额分别增长0.2%、-3.9%、-3.6%,分别比11月份回升0.1个、0.7个、0.9个百分点。

绿色发展取得新进展。2015年,全市六大高耗能行业增加值增长7.1%,低于全市规模以上工业0.5个百分点。2015年,规模以上工业综合能耗下降3.73%,万元工业增加值能耗下降10.53%,万元GDP能耗下降10.69%,降幅分别比上年扩大5.73个、2.12个和5.58个百分点。

三是新增长点稳定发力。

科技创新不断加强。2015年,全市高新技术产业产值完成1829.6亿元,比上年增长12.1%,高于规模以上工业增幅4.5个百分点;占规模以上工业总产值的比重达到26.9%,同比提高1.3个百分点。全市高新技术企业达到114家,国家级企业技术中心达到4家,省级工程技术研究中心达到42家。全市国内有效发明专利拥有量1064件,比上年增长22.6%。

非公经济亮点突出。2015年,全市规模以上工业非公有制经济增加值同比增长8.2%,高于规模以上工业0.6个百分点;占全市总量的66.8%,同比提高2.0个百分点,对全市规模以上工业增长的贡献率达到

70.0%，拉动增长5.3个百分点。小微企业表现活跃。2015年，全市规模以上小微企业实现主营业务收入3447.1亿元，同比增长6.6%，增幅比全部规模以上工业企业高6.4个百分点，成为拉动规模以上工业企业效益较快发展的重要力量。

新生动力不断成长。2015年，新产业、新业态发展迅猛，一批电子商务产业园、电商企业和电商专业村加快建设，现代物流园区达24个，规模以上物流企业达221家，快递业务达2亿元（增长32.1%），电子商务交易额达600亿元左右；新材料、新医药、新一代信息技术产业主营业务收入占比达13%左右，新能源装机容量达480.1兆瓦；新登记各类市场主体4.8万户，增长21.7%，市场活力不断增强。

二、困难问题仍然突出，经济下行压力依然较大

虽然全市经济运行总体平稳，稳中有进，但当前新常态下，国内外经济形势错综复杂，不稳定、不确定因素增多，经济深层次问题依然存在，特别是结构性矛盾仍然突出，经济处在弱平衡状态，下行的压力依然较大。

（一）发展预期趋向谨慎

受产能过剩、市场竞争加剧、企业生产经营成本上升、传统产业转型升级阵痛等因素影响，企业对下阶段发展预期趋向谨慎。工业企业专项调查显示，2015年四季度，67.1%的工业企业对本行业总体运行表示乐观或者正常，66.0%的工业企业对下季度本行业总体运行表示乐观或者正常，以上两项景气调查核心指标均比三季度下降，显示经济运行预期趋紧。

（二）供需结构性矛盾突出

从供给看，我市传统产业规模大，占比超六成，产业层次不高，多数产品处于产业价值链的低端环节，产业集群竞争优势不明显，产业转型升级让步于企业生存发展需要，技术改造和研发投入不足，结构调整与优化将延续较长一段时间。从需求看，消费升级活力不足。目前，全市四成以上的消费主要集中于粮油食品类、汽车类、煤炭制品类和石油类制品。近几年，石油类商品持续负增长，汽车类带动作用减弱，新的消费热点还未形成。一些大型商场、实体门店受网购冲击明显，实体经济转型升级压力较大。

（三）工业经济困难较多

一是市场需求仍然偏弱。2015年，全市工业生产者出厂价格下降4.1%，已连续40个月负增长。工业用电量同比下降2.4%，2015年以来增速一直为负值。二是经营成本持续增加。2015年，规模以上工业企业

管理费用增长7.5%,财务费用增长12.3%,利息支出增长9.9%,企业两项资金占用增长23.7%,60%以上的企业存在资金缺口,近70%的企业银行贷款利率上浮,用工难用工贵、融资难融资贵、创新难创新贵等问题尤为突出。三是盈利水平堪忧。2015年,反映全市经济效益水平的7项主要指标中有5项下降。从重点产业看,煤炭产业利润、利税分别下降37.2%和16.7%,分别下拉全市利润、利税1.8个和1.7个百分点。

(四)投资增长动力不足

一是工业投资受企业经营困难、资金链紧张及土地环保等影响,自主投资意愿较低,2015年完成投资仅增长11.6%,比全部投资增幅低2.3个百分点。二是大项目支撑能力亟待加强。全市计划总投资亿元及以上施工项目404个,比上年同期减少18个;本年完成投资902.6亿元,仅增长2.7%。其中,亿元及以上新开工项目完成投资490.3亿元,下降17.2%。三是房地产市场依然偏弱。房地产开发企业完成投资仅增长1.4%,同比回落12.0个百分点;房地产销售虽有所好转,但增速比上月环比回落6.7个百分点;12月末,待售面积达135.7万平方米,同比增长60.8%。

三、抓住机遇主动作为,推动全市经济实现新跨越

展望2016年,从国际上看,世界经济形势错综复杂,仍面临大规模跨境资本流动、外汇与金融市场动荡、地缘政治变化等诸多不利因素,国际经济增长态势难有大的改变,仍将维持低速增长;从国内看,受发展动能转换、去产能、清理化解债务及外部环境变化等因素影响,我国经济总体上仍有下行压力,但随着中央经济工作会议"五大任务"的实施和各项改革政策的深入推进,尤其是供给侧改革的不断加强,经济持续增长动力将不断增强,国内经济将保持低速平稳增长;从全市情况看,2016年是推进结构性改革的攻坚之年,也是泰安经济转型升级的关键之年,一些深层次问题和矛盾不断显现,经济下行压力依然较大,但经济发展的质量在提升、结构在优化,新经济增长点不断涌现,发展动力也在积蓄增强,全市经济发展总体向好的基本面没有变,仍将延续总体平稳、稳中有进、稳中向好的态势。新的一年,要充分认识新形势,按照创新、协调、绿色、开放、共享的发展理念,坚持问题导向,以创新思维和超常规举措狠抓政策落实,全面推进结构性改革,着力补齐发展短板,努力推进全市经济跨越式发展。

(一)坚定信心,确保经济平稳健康发展

当前,国内外经济形势错综复杂,泰安经济也面临着增速换挡、结构

调整、动力转换等问题，要坚定信心，主动作为，充分认识、适应、引领新常态，认真落实供给侧改革等一系列政策，实打实抓好“去产能、去库存、去杠杆、降成本、补短板”五大任务，切实加强新情况、新问题的监测和分析，分析差距，找准发展定位，适时调整发展政策，实现全市经济平稳健康发展。

（二）加快转型升级步伐，提高经济发展质量效益

坚持“增减”并举，优化存量，提升增量，补齐短板，扩大有效供给，注重创新驱动发展，推进结构性改革。切实把握好稳增长和调结构的平衡，尊重地方实际和企业实际，区别对待，对重点企业和困难行业，提供有针对性的资金、技术等支持；激活创新要素，鼓励企业自主创新，为传统骨干企业创造更多的发展空间。大力培植高端制造业、新兴服务业和现代农业，深入拓展文化旅游、物流服务、健康养老等产业，促进产业转型升级，推动全市经济提质增效行稳致远。

（三）夯实发展基础，巩固提升工业经济

发挥市场主体作用和企业的积极性、创造性，加快融入“互联网＋”，推动信息化与新型工业化深度融合，充分发挥泰安特色“塔形”创新体系作用，不断提升全市工业智能制造水平。继续加强银企联系，突出解决好企业资金问题，支持先进制造业、新兴产业发展和传统产业升级改造。强化政府联动服务，加强调度排查和分类指导，采取切实措施帮助企业解决资金供给紧张、劳动力成本上升和效益下滑等问题和困难，形成“合力扶企”的氛围。加强对重点企业、优势行业、民营企业的培育扶持，提升工业经济发展后劲。

（四）狠抓项目建设，培育经济增长新动力

强化产业招商力度，注重发挥园区、企业主体作用，加大产业招商、定向招商和精准招商力度，重点引进一批引领型、补链型产业项目和科技型、创新型领军企业。加强项目协调推进，优化投资结构，扶持高效高质高端投资，严控产能过剩和“两高一资”项目建设，提高投资有效性和精准度。不断优化投资环境，提升政府职能部门的服务质量和办事效率。关注国家、省战略布局，引导扶持企业积极参与、主动对接市场。充分利用民间资本活跃优势，明确和细化鼓励政策，切实为民间资本创造更大的发展空间。

（泰安市统计局　亓利群　吕秀芹）

转型升级添动力　稳中有进开新局

——2015年威海市经济社会发展情况及展望

2015年，面对错综复杂的国内外形势和不断加大的经济下行压力，全市人民在威海市委、市政府的坚强领导下，全面贯彻落实党中央、国务院和省委、省政府的决策部署，坚持生态立市、科教兴市、产业强市，主动适应经济发展新常态，妥善应对各种风险挑战，以改革创新的精神扎实做好各项工作，现代化幸福威海建设迈出坚实步伐。展望2016年，在供给侧结构性改革的大环境下，全市经济结构将加快调整，发展动力将加速转换，经济有望保持平稳运行。

一、全市经济运行情况及特点

初步核算并经山东省统计局核定，2015年全市实现生产总值3001.6亿元，突破3000亿元大关，按可比价格计算，比上年增长8.5%。分产业看，第一产业实现增加值217.1亿元，增长4.3%；第二产业实现增加值1422.2亿元，增长8.2%；第三产业实现增加值1362.2亿元，增长9.5%。全市经济发展呈现以下主要特点：

（一）经济运行稳中有进，主要指标表现良好

一是农业生产稳步发展。2015年，全市实现农林牧渔业增加值224.69亿元，增长4.5%，居全省第4位，五大行业实现全面增长。其中，农业增加值56.76亿元，增长4.3%；林业增加值0.53亿元，增长7.4%；畜牧业增加值33.58亿元，增长4.5%；渔业增加值126.27亿元，增长4.4%；农林牧渔服务业增加值7.55亿元，增长8.4%。

二是工业生产平稳增长。2015年，全市规模以上工业增加值同比增长8.61%，列全省第3位，增速比全省、全国分别高出1.11个和2.51个百分点。在全市37个工业行业大类中，有33个行业实现增长，增长面为89.2%，其中16个行业增幅高于全市平均水平，增势较好的有医药制造业(增长19.0%)、仪器仪表制造业(增长16.6%)和专用设备制造业(增长15.2%)。从轻、重工业看,重工业生产好于轻工业。重工业增加值同比增长8.9%,轻工业增长8.3%。企业效益基本稳定。2015年规模以上工业企业实现主营业务收入7072.98亿元,增长6.3%;实现利税606.67亿元,增长5.1%;实现利润380.77亿元,增长3.9%。

三是第三产业发展良好。服务业作为我市拉动经济发展的新引擎、提升城市功能的新途径和转方式调结构的主阵地,保持了健康平稳发展。服务业增加值占生产总值的比重达到45.4%,比上年提高1.4个百分点,首次高于全省平均水平,列全省第4位;服务业增加值贡献率达47.65%,拉动全市经济增长4.05个百分点;金融市场保持稳健。12月末,全市金融机构本外币存款余额2790.42亿元,比年初增加174.05亿元,增长6.7%;金融机构本外币贷款余额1842.25亿元,比年初增加106.97亿元,增长6.2%;交通运输业平稳运行。全年铁路(不含城际铁路)、公路、海运共完成货运量8424.0万吨,增长6.2%;完成客运量3904.9万人,下降3.1%;完成货运周转量354.6亿吨公里,增长5.2%;完成客运周转量36.7亿人公里,下降0.4%。港口吞吐量达到7323.9万吨,增长3.0%。

(二)经济结构优化升级,发展动力加速转换

一是产业结构趋优。三次产业比例由上年的7.4∶48.6∶44.0调整为7.2∶47.4∶45.4,第三产业增速分别快于生产总值、第二产业增速1.0个和1.3个百分点。高新技术产业产值达到2754.21亿元,增长13.55%,占规模以上工业总产值的比重达到38.83%,比年初提高1.10个百分点。全市六大高耗能行业占比为11.0%,比上年下降0.6个百分点;装备工业占比为35.5%,比上年提高0.9个百分点。

二是投资结构优化。2015年,全市完成固定资产投资2543.7亿元,同比增长14.1%。其中,服务业投资1144.1亿元,增长36.4%,比全市投资平均增速高22.3个百分点,同比提高7.4个百分点。工业企业升级改造步伐加快,全市实现技改投资946.89亿元,同比增长7.3%,技改投资占工业投资的比重达到74.0%。民间投资保持主导地位。民间投资2089.71亿元,增长16.8%,增速比全部投资高2.7个百分点;占全部投资的比重达82.2%,比上年提高1.9个百分点。

三是消费结构升级。2015年,全市实现社会消费品零售总额1311.66亿元,同比增长11.0%,高于全省平均水平0.4个百分点,居全省第2位。按经营单位所在地分,城镇累计实现消费品零售额1087.63亿元,增长11.1%,拉动社会消费品零售总额增长9.2个百分点;乡村累计实现消费品零售额224.03亿元，增长10.5%。乡村增速虽然比城镇慢了0.6个百分点，但二者差距比去年同期缩小0.7个百分点，呈现出城乡市场发展差距缩小的态势。消费升级类商品较快增长。电子出版物及音像制品类增长27.0%，同比提高3.4个百分点；家用电器和音像器材类增长18.4%，同比提高2.5个百分点。

(三)居民收入稳步提高，民生保障持续改善

一是居民收入稳步提高。2015年，城市居民人均可支配收入36336元，同比增长8.6%，高于全省平均增速0.6个百分点，居全省首位；农村居民人均可支配收入16313元，同比增长8.8%，与全省平均增速持平。农村居民人均可支配收入增速快于城市居民0.2个百分点。从收入构成看，工资性收入仍是城乡居民的主要收入来源。城镇居民人均工资性收入21940元，占人均可支配收入的60.4%；农村居民人均工资性收入8399元，占人均可支配收入的51.5%。

二是民生支出力度加大。2015年，全市地方一般公共预算收入完成249.7亿元，增长13.1%。地方一般公共预算支出完成338.4亿元，增长20.6%，比去年同期增长14.3个百分点，超出全省平均增幅5.7个百分点。其中，民生支出大幅增长，占财政总支出的比重达到83.1%。

三是居民消费价格低位运行。2015年，我市居民消费价格(CPI)呈现出低位平稳运行的态势，同比上涨1.0%，涨幅较上年降低1.4个百分点，创五年来CPI涨幅最低。八大类商品和服务项目价格呈现“六升二降”的格局，其中食品类、衣着类、家庭设备用品及维修服务类、医疗保健和个人用品类、娱乐教育文化用品及服务类、居住类价格呈上升态势，烟酒类与交通和通讯类价格则呈下降态势。

二、经济运行存在的主要问题

尽管我市结构调整、转型升级取得积极进展，但当前国内外经济形势依然错综复杂，我市经济仍然面临工业下行压力犹存、企业投资意愿不强、消费增速总体放缓、外贸稳增长压力较大等困难。

(一)工业下行压力犹存

一是工业用电量长期低位运行显示工业发展势头疲弱。2015年以来，全市工业用电量增长乏力，一季度、上半年、前三季度和全年的增速分别为0.2%、-1.0%、-1.3%和-0.9%。二是市场需求无明显好转。与此相关的工业生产者价格延续下降态势。2015年工业生产者出厂价格累计下降1.5%，降幅比去年同期扩大0.2个百分点，产能过剩、需求不足形势依然严峻。三是企业经营成本居高不下。要素供应紧张，企业用工成本持续攀升，贷款难、贷款贵、贷款渠道窄的问题尚未缓解。全年规模以上工业企业主营业务成本增速比主营业务收入增速高0.2个百分点；利息支出占利润总额的比重达到16.7%。

(二)企业投资意愿不强

由于经济放缓引发的担忧，加上土地、税收等优惠政策取消，企业投资观望情绪加重，部分企业选择收缩规模，保持观望，主动转型、积极求变的紧迫感不够强，新建、在建项目数量减少。2015年，全市在建亿元以上项目254个，同比下降14.8%；亿元以上项目计划总投资2493.75亿元，同比下降2.6%；本年完成投资713亿元，同比下降17.1%，占固定资产投资的比重为28.0%，同比下降10.6个百分点。

(三)消费增速总体放缓

受经济下行压力加大、经济发展动力不足的影响，2015年全市社会消费品零售总额增长11.0%，较上年降低1.9个百分点。受电商冲击、企业转型等因素影响，批发零售业经营困境加剧，增幅持续回落，2015年全市批发零售业零售额增长10.5%，下滑2.5个百分点。受居民收入增速降低、预期消费不确定等因素制约，大件耐用消费品需求明显下降。2015年家具类、建材装潢类、通讯器材类增幅同比分别降低29.7个、5.6个和4.4个百分点。

(四)外贸稳增长压力较大

受国内经济增长放缓，市场需求减少的影响，橡胶、塑料原料、成品油、原油等大宗产品进口减少，现有的一些外资企业也在不断压缩产能，部分还搬迁出了我市，导致我市2015年进口增速下降17.2%。部分加工企业将订单转移到东南亚国家生产的趋势加剧，还有一些企业将注意力转向国内市场，使加工贸易出口增长乏力，2015年我市加工贸易出口额同比下降9.4%。2015年，全市外贸依存度为34.4%，较上年回落1.9个百分点，表明外贸对全市经济的拉动作用难以在短期内明显提升。

三、2016年展望及建议

2016年是“十三五”规划的开局之年，是推进结构性改革的攻坚之年，是提前全面建成小康社会、实现现代化幸福威海建设新跨越的关键之年，落实结构性改革“去产能、去库存、去杠杆、降成本、补短板”五大任务，为我们实现引领式发展提供了宝贵的“窗口期”，我们要坚持稳中求进工作总基调，战略上坚持持久战，战术上打好歼灭战，坚持既定战略不动摇，着力加强结构性改革，进一步优化供给结构，加快形成引领经济发展新常态的体制机制和发展方式。

(一)升级产业体系,积极培育新产业、新业态

坚持高端、高质、高效方向,按照一产抓特色促跨越,二、三产抓结构上规模的思路,推动三次产业在更高层次上协调发展,产业内部结构从价值链低端向高端加快转变。实施产业集群"3+4+3"发展战略。培育壮大三大战略性新兴产业集群,改造提升四大传统优势产业集群,加快培育智能装备、海洋生物、物联网三大未来产业。引导企业加大技术改造力度,淘汰落后产能,化解过剩产能。大力培育新产业、新业态,集中培育智能装备、海洋生物、物联网三大未来产业。实施"机器换人"示范工程,支持企业建设智能工厂、数字化车间;实施"互联网+"行动计划,争创全省互联网私募股权融资试点,实施休闲经济培育计划,打响休闲经济城市品牌。

(二)加强财税金融工作,更好支持实体经济发展

一是继续挤出资金支持科技创新,灵活安排专项资金用于贴息、奖补,加大对新兴产业发展和传统产业改造的扶持力度。提高产业投资基金、风险投资基金运营效率,引导更多金融资本、民间资本进入我市产业投资领域。二是优化小微企业风险补偿基金运行机制,稳步扩大小额贷款保证保险规模,发展壮大地方金融组织,促进小额贷款公司、融资性担保公司健康发展,推动民间融资机构规范化、阳光化发展,打通民间资本支持实体经济的通道。扩大新型农村合作金融试点范围,完成农村信用社银行化改革工作。

(三)着力推进供给侧结构改革,推动经济持续健康发展

在适度扩大总需求的同时,着力加强供给侧结构性改革,实施"五大政策支柱",为供给侧结构性改革营造良好的环境和条件,落实结构性改革"去产能、去库存、去杠杆、降成本、补短板"五大任务,从提高供给质量出发,用改革的方法推进结构调整,矫正要素配置扭曲,扩大有效供给,提高供给结构对需求变化的适应性和灵活性,提高全要素生产率,更好地满足广大人民群众的需求,促进经济社会持续健康发展。

(四)推动高水平双向开放,拓展开放型经济发展空间

一是推动外贸优进优出。支持企业加快自主出口品牌和境外自主营销网络建设,有选择地进口能源资源性产品、关键设备和重要零部件。在巩固传统优势市场的同时,积极参与"一带一路"建设,拓展非洲、中东欧等新兴市场。二是实施精准招商。推进主导产业补链式招商、新兴产业龙头式招商、传统产业提升型招商,重点引进产业链上下游配套项目,引进龙头型、基地型企业,争取达到引进一个项目、带动一批产业、拉动一条产业链、辐射一片区域的效果。三是突破对韩经贸合作。抓住国家服务

贸易创新发展试点城市政策机遇，把国家服务贸易创新发展试点工作与中韩自贸区地方经济合作示范区建设统筹结合起来，突出对韩服务贸易合作，形成有效的政策叠加效应。着力优化服务贸易结构，积极培育服务外包市场，推动服务贸易上档升级。

（威海市统计局　李耀华　孙丹丹）

经济运行趋稳回升　转型升级稳步推进

——2015 年日照市经济社会发展情况及展望

2015 年，面对复杂严峻的国内外经济形势，在市委、市政府的坚强领导下，全市上下坚持立足当前、着眼长远，标本兼治、重在治本，相继推出了“突破园区、聚力招引”“五抓”、深化改革等一系列政策措施，日照经济运行实现趋稳回升，结构调整取得明显成效，总体情况好于预期，成绩来之不易。

一、2015 年全市经济运行触底回升，转型升级稳步推进

初步核算并经省统计局审核反馈，2015 年全市完成地区生产总值 1670.80 亿元，按可比价格计算，比上年增长 7.5%，增速比一季度、上半年、前三季度分别回升 1.2 个、1.0 个和 0.6 个百分点（见下图）。其中，第一产业增加值 140.60 亿元，增长 4.0%；第二产业增加值 813.06 亿元，增长 8.0%；第三产业增加值 717.14 亿元，增长 7.4%。三次产业比例由上年的 8.3∶50.3∶41.4 调整为 8.4∶48.7∶42.9，第三产业比重比上年提高 1.5 个百分点。

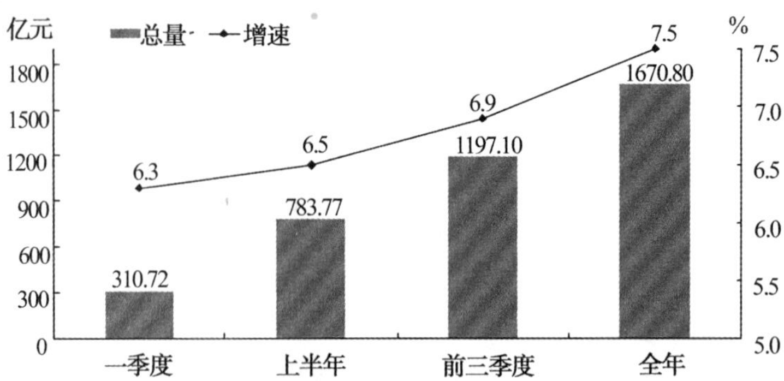

2015 年各季度全市地区生产总值累计总量及增速

(一)农业生产总体稳定

全年粮食作物种植面积 233.95 万亩,总产量 93.22 万吨,单产 398.45 公斤/亩。全年猪出栏 200.5 万头,比上年减少 3.0%;家禽出栏 8267 万只,比上年增长 55.8%;羊出栏 76.4 万只,比上年减少 10.6%;牛出栏 7.27 万头,比上年减少 4.7%。全年肉类产量 26.12 万吨,增长 24.0%;奶类产量 2.6 万吨,增长 6.0%;蛋类产量 11.4 万吨,下降 3.2%。水产品总产量 59.56 万吨,增长 2.0%。其中,海水产品产量 56.31 万吨,增长 2.6%;淡水产品产量 3.25 万吨,下降 8.0%(见表 1)。

表 1　　2015 年主要农牧产品产量及增长速度

名称	单位	产量	增长(%)	名称	单位	产量	增长(%)
粮食	万吨	93.22	-6.9	茶叶	吨	13470	5.7
棉花	吨	2544	12.3	蚕茧	吨	3121	-19.4
油料	万吨	22.97	-3.4	肉类	万吨	26.12	24.0
蔬菜	万吨	112.48	0.1	禽蛋	万吨	11.4	-3.2
瓜类	万吨	16.58	0.1	奶类	万吨	2.6	6.0
水果	万吨	25.85	9.1	海水产品	万吨	56.31	2.6
烤烟	吨	8935	-14.8	淡水产品	万吨	3.25	-8.0

(二)工业转型升级稳步推进

全市完成规模以上工业增加值 586.9 亿元,增长 8.43%,增幅高于全省 0.93 个百分点。汽车及零部件制造业完成产值 547.06 亿元,超过钢铁行业 192.94 亿元,优势比上年扩大 103.31 亿元。装备制造业增加值占规模以上工业的比重达到 30.2%,提高 6.6 个百分点。高新技术产业产值 518.92 亿元,增长 11.88%;占规模以上工业总产值的比重为 20.12%,比年初提高 1.14 个百分点。六大高耗能行业增加值占规模以上工业的比重回落至 30.2%,比上年下降 7.4 个百分点。

表 2　　2015 年主要工业产品产量及增速

产品名称	单位	产量	增长(%)	产品名称	单位	产量	增长(%)
粗钢	万吨	1399.9	12.8	精制食用植物油	万吨	135.5	14.7
火力发电量	亿千瓦时	188.3	0.8	低速载货汽车	万辆	97.5	7.3

续表

产品名称	单位	产量	增长(%)	产品名称	单位	产量	增长(%)
汽车发动机	万台	73.9	－2.5	环境污染防治专用设备	万台(套)	1.4	2.7
纸浆	万吨	163.7	－6.7	液晶(LCD)电视机	万台	30.7	－16.3
水泥	万吨	1095.1	－6.3	自动变速箱	万台	112.6	5.0

(三)固定资产投资稳中趋缓

全市完成固定资产投资1407.81亿元,比上年增长14.0%,居17市第7位。分产业看,第一产业投资36.22亿元,比上年增长76.8%;第二产业投资562.64亿元,增长11.1%;第三产业投资808.94亿元,增长14.3%。全年三次产业投资之比为2.5∶40.0∶57.5,第三产业投资比重比上年提高0.2个百分点。完成改建和技术改造投资358.32亿元,增长25.4%;占全部投资的25.5%,比上年提高2.4个百分点。民间投资保持主体地位,完成投资942.34亿元,占66.9%。亿元以上投资项目288个,完成投资595.98亿元,增长8.4%。

房地产开发投资108.85亿元,比上年增长18.4%,增速居全省第1位。商品房销售面积147.75万平方米,增长0.3%。商品房销售额72.85亿元,增长0.1%。

(四)消费品市场增速回落

全市实现社会消费品零售总额603.87亿元,增长10.3%,增速比上年回落2.3个百分点。其中,限额以上社会消费品零售额254.63亿元,增长3.7%。从城乡居民消费情况看,城镇消费品零售额488.52亿元,增长10.1%;乡村消费品零售额115.36亿元,增长10.9%。从消费形态看,商品零售557.65亿元,增长10.1%;餐饮收入46.23亿元,增长13.0%。

从限额以上批零企业销售情况看,吃、穿、用等生活基本需求类商品实现零售额106.26亿元,增长19.7%。其中,粮油、食品类商品零售额82.31亿元,增长25.0%;日用品类5.34亿元,增长15.7%;家具类1.15亿元,增长37.4%;中西药品类2.23亿元,增长8.5%;汽车类商品42.9亿元,增长2.4%。

（五）对外贸易低位运行

全市完成进出口总值151.85亿美元，比上年下降56.3%。其中，进口110.51亿美元，下降63.1%；出口41.34亿美元，下降13.7%。全年对美国出口下降8.3%，对韩国出口增长0.4%，对日本出口下降0.3%，对俄罗斯出口增长0.3%。全年新批准设立外商投资项目15个，比上年下降42.3%；合同外商投资1.96亿美元，增长16.7%；实际到账外资5.78亿美元，增长1.0%。

（六）交通运输业平稳发展

全年完成地方公路客运量2897万人次，下降4.2%；地方公路货运量7459万吨，增长5.1%。地方海上客运量105万人次，下降2.1%；海上货运量885万吨，增长4.7%。铁路发送旅客量146.09万人次，增长7.1%；铁路货运量4944.77万吨，下降17.3%（见表3）。全年沿海港口新增泊位3个，新增通过能力1480万吨。完成沿海港口货物吞吐量3.61亿吨，增长2.2%，增速比上年回落8.9个百分点。其中，集装箱吞吐量281.34万标箱，增长16.2%，增速比上年回落3.2个百分点。

表3　2015年全市客货运输量及增长速度

	旅客				货物			
	运输量		周转量		运输量		周转量	
	万人次	增长（%）	亿人公里	增长（%）	万吨	增长（%）	亿吨公里	增长（%）
公路	2897	−4.2	20.85	2.2	7459	5.1	155.86	0.5
铁路	146.09	7.1	—	—	4944.77	−17.3	—	—
水路	105	−2.1	0.66	9.4	885	4.7	97.93	4.4

（七）财税金融平稳运行

全年完成一般公共预算收入121.65亿元，增长9.5%。其中，税收收入96.71亿元，增长10.3%，占一般公共预算收入的79.5%。一般公共预算支出185.39亿元，增长10.5%。其中，民生支出154.21亿元，同口径增长11.6%，占财政支出的83.2%。全年国税收入（含海关代征税）379.26亿元，下降28.0%。其中，国内税收收入（扣除海关代征税）86.85亿元，增长1.6%。地税收入82.39亿元，增长9.7%。其中，税收收入77.42亿元，增长10.0%。

年末金融机构各项存款余额本外币合计1872.35亿元，比上年减少49.36亿元（人民币存款余额1833.83亿元，比上年减少46.97亿元）。其中，住户存款971.08亿元，比上年增加103.20亿元。年末金融机构各项贷款余额本外币合计 2159.30 亿元，比年初增加 271.74 亿元(人民币贷款余额 1950.55 亿元，比上年增加 392.30 亿元)。

(八)就业形势总体稳定，居民收入平稳增长

全市城镇新增就业 4.49 万人，农村劳动力转移就业 2.37 万人，累计实施各类培训 4.16 万人。年末城镇登记失业率为 2.0%，低于年度控制目标 1.5 个百分点。全年共发放创业担保贷款 8.89 亿元，扶持创业 7030 人，带动就业 3.3 万人。高校毕业生总体就业率为 96.4%。

全市居民人均可支配收入 19547 元，增长 9.1%，扣除价格因素，实际增长 7.8%。其中，城镇居民人均可支配收入 26217 元，增长 8.2%，扣除价格因素，实际增长 6.9%；农村居民人均可支配收入 12319 元，增长 9.3%，扣除价格因素，实际增长 8.0%(见表 4)。城镇居民人均消费支出 16809 元，增长 7.5%；农村居民人均生活消费支出 6741 元，增长 8.0%。

表 4　　2015 年居民人均可支配收入及增长速度

指标名称	全市居民		城镇居民		农村居民	
	绝对值(元)	比上年增长(%)	绝对值(元)	比上年增长(%)	绝对值(元)	比上年增长(%)
可支配收入	19547	9.1	26217	8.2	12319	9.3
工资性收入	14142	10.1	20176	7.5	7603	15.0
经营净收入	4202	4.4	4348	8.2	4044	0.3
财产净收入	683	4.5	1231	2.9	89	9.6
转移净收入	520	29.7	461	80.2	58	35.5

(九)市场物价低位运行

全年居民消费价格总水平比上年上涨 1.2%，与全省持平，比全国低 0.2 个百分点，比上年回落 0.6 个百分点(见表 5)。八大类消费品“七升一降”。全年工业生产者出厂价格下降 8.7%，工业生产者购进价格下降 7.4%。

表 5　　2015 年居民消费价格指数(以上年为 100)

指标	全国	全省	全市
居民消费价格指数(CPI)	101.4	101.2	101.2
食品	102.3	101.2	100.1
粮食	102.0	101.7	101.4

续表

指标	全国	全省	全市
油脂	96.8	98.4	93.0
肉禽及其制品	105.0	104.1	102.3
蛋	93.0	90.4	86.0
鲜菜	107.4	110.1	105.0
烟酒	102.1	101.8	101.6
衣着	102.7	103.5	102.6
家庭设备用品及维修服务	101.0	101.7	102.0
医疗保健和个人用品	102.0	101.6	102.0
交通和通讯	98.3	98.4	98.0
娱乐教育文化用品及服务	101.4	101.9	101.5
居住	100.7	100.8	103.1

二、全市经济发展的机遇和挑战并存，加快发展的氛围进一步浓厚

受国内外大环境影响，全市部分企业生产经营困难，资源、交通、环境约束趋紧，人才和创新支撑不足，县域经济等"短板"仍然存在。但是，全市也面临巨大的发展优势，如旅游资源丰富，城市承载能力增强，迎难而上的发展氛围进一步浓厚，发展前景日趋广阔。

(一)面临的困难和挑战分析

一是外部环境严峻，区域竞争激烈。世界经济仍将延续疲软复苏态势，市场需求不旺，大宗商品价格低迷，不确定、不稳定因素较多，外部经济环境对全市影响较大。从自身看，全市部分行业产能过剩与有效供给不足并存，经济下行压力仍然较大，传统行业比重高、转型升级慢、创新力不足的压力相对较大。青岛、烟台、威海、潍坊、临沂、连云港等周边市竞相发展，竞争压力有增无减。

二是经济总量小，经济增长点缺乏。2015 年，全市地区生产总值、规模以上工业主营业务收入、社会消费品零售总额、一般公共预算收入等总量仅高于莱芜市，居全省第 16 位。全市规模以上工业企业仅有 624 家，分别比威海、连云港少 1034 家、1013 家，年内能够纳入统计的新建投产规模以上工业企业只有宝华新材料和康信食品 2 家。行业主管部门梳理

排查的2016年工业增长点仅有41项,新增增加值25亿元。2015年全市亿元以上投资项目288个,比上年减少33个。全市加快发展的迫切性日益增强。

三是经济运行质量较低。产业结构亟待优化,全年第三产业比重达到42.9%,但仍比全省低2.4个百分点,与全省的差距比上年扩大0.3个百分点。高新技术产业占比小,全市高新技术产业产值占全部规模以上工业总产值的比重为20.12%,低于全省平均水平12.39个百分点。骨干行业效益下滑,全年钢铁行业实现利润2.68亿元,比上年下降84.9%;汽车行业实现利润21.61亿元,下降26.1%。财税增收难度大,全年一般公共预算收入增长9.5%,低于全省0.5个百分点;国税收入下降28.0%,降幅全省最大。

四是资源约束加大。受没有客水来源、市域内水系没有完全连通和近两年持续干旱等因素影响,全市水资源瓶颈日益凸显,2015年20多家骨干企业因此限水甚至停水,给经济运行造成一定影响。在环保方面,完成省下达的节能减排和环境保护目标任务艰巨,环境保护对企业生产的要求越来越严格,生产企业对环保投入不断加大,全市节能减排压力有增无减。

(二)当前的机遇和优势分析

展望2016年,随着“一带一路”“半岛蓝色经济区”等国家战略的实施和全市“突破园区、聚力招引”等一系列政策措施的深入推进,全市新一轮大开放、大招引、大发展的热潮已经形成,全市经济社会发展将在上年触底回升的基础上进一步企稳向好。

一是自身发展环境不断优化。自然环境方面,日照拥有“蓝天、碧海、金沙滩”的生态环境优势,境内海、山、谷、林、泉(温泉)兼备,文化底蕴丰富,发展旅游业的条件得天独厚。随着产业的发展,国内消费升级和全市航空、高铁时代的相继到来,旅游业将迎来大发展。城市管理方面,对创城突出问题进行集中整治,有力改善了新老城区“两重天”、违章建筑“乱搭建”、交通秩序“闯抢堵”、农贸市场“脏乱差”、老旧小区“杂乱破”等突出问题,城市面貌得到极大改善。发展氛围方面,把“突破园区、聚力招引”确立为全市的头号工程,出台了相应的配套文件、政策,掀起新一轮大开放、大招引、大发展的热潮,全市发展的氛围空前浓厚。

二是“一带一路”国家战略机遇开拓了发展空间。在“一带一路”国家战略中,日照迎来了难得的发展机遇。这既是全面提升对外开放水平、加快构建日照开放型经济新体制的重大机遇,也是加快推进日照“海陆空”立体综合交通体系建设、增强城市核心竞争力的重大机遇。随着日照机场的通航，青日连铁路的稳步推进，全市形成了“海陆空”综合立体化的交通网络。这将极大拓展日照发展空间，给全市带来巨大的发展机遇。

三是深化改革为发展增添新动力。改革是祛病根、激活力的利器。全市坚持问题导向，在投融资、公用事业、国有企业、事业单位分类、教育、综合执法、价格、机关事业单位工资和养老保险制度等方面深化改革，一大批改革成果落地生效，必将有力助推全市经济社会发展。

三、紧抓“突破园区、聚力招引”头号工程不动摇，奋力实现赶超目标

为确保2016年各项重点经济工作任务顺利完成，实现“十三五”时期的赶超目标，提前全面建成小康社会，全市上下要狠抓“三招三引”，进一步深化改革，破除制约发展的瓶颈和短板，在重点领域、重点环节取得新突破，推动日照经济社会加快发展。

（一）坚持“三招三引”不动摇，做大做强经济总量

坚持推进“突破园区、聚力招引”这一全市头号工程，加快园区扩张总量和转型升级。推动国家级开发区瞄准国内外一流园区，实现转型发展；省级开发区依托本地比较优势，打造特色优势主导产业，向集群化发展。加强园区投融资平台建设，加大园区基础设施投入。加快建设高素质、复合型、专业化招商队伍，瞄准世界500强、中国500强、民营500强和行业10强聚力招引，培育更多经济增长点。更加注重先进技术、商业模式、文化理念、人才团队整体引进，加快补齐人才科技短板。

（二）狠抓重点环节工作落实，实现经济提质增效

按照中央经济工作会议提出的“去产能、去库存、去杠杆、降成本、补短板”新要求，结合日照产业发展特点、优势，找准供给侧改革结合点，不断推出工作落实的新思路、新举措。围绕重点领域，筛选确定一批大项目，加快投资进度，尽快建成投产。围绕降本增效，引导企业推行精细化管理，解决存在的问题。引导银行业金融机构加大对企业的信贷支持力度，推动更多企业到“创业板”或“中小板”上市。抓好开源挖潜，加强对电子商务等新商业模式的税收征管，支持企业实行主辅分离，形成独立纳税主体。抓好“双创”扶持工作，做好日照创业大学暨公共创业孵化基地等“双创”平台建设，支持重点群体创新创业。

（三）抢抓机遇，加快构建对外开放新格局

深入研究“一带一路”、半岛蓝色经济区等国家战略与项目、平台对接工作，用好国家支持政策，把机遇优势落实到生产力布局上、落实到项目

上、落实到成效上，加快构建对外开放新格局。加快口岸整合以及海港布局调整，积极引进飞机制造、拆解、维修、保养等项目。强化多园支撑，推动中韩产业园招商引资和规划建设，用好中韩自贸区机遇，大力引进汽车零部件、综合物流等项目，拉长钢铁、汽车等优势产业链条。积极争设中国(山东)自贸区日照片区，抢抓中澳自贸区建设机遇，争取规划建设国家层面的中澳产业园，推进亚欧、中亚、中蒙通道日照出海口规划建设。全面实施“大通关”服务，促进贸易投资便利化。支持企业积极稳妥地走出去，推进产能合作。

(四)大力培育旅游支柱产业

科学规划和充分利用全市丰富的旅游资源，着眼长远，明确旅游业发展总体布局和重点任务，推动“吃住行游购娱”全行业协调快速发展。强化精品项目带动，打造海滨旅游高端景区，改造提升、新建一批旅游项目，积极开展推动乡村旅游升级改造工程，打造国内领先的旅游环境。进一步理顺体制机制，加强对旅游业发展的总体谋划和综合协调，积极推进景区管理改革，激发景区发展活力。加大营销力度，制定整体推广方案，拓展中高端客源市场，提升全市旅游业发展层次和水平。

(五)大力实施突破县域经济

优化区县发展定位，以“突破园区、聚力招引”为中心，加快培育各具特色的“板块经济”。积极出台支持县域经济发展的综合性意见，强化对县域经济的扶持，同时加大考核力度，调动区县自身发展的积极性。推动临港产业新增项目、特色产业项目和“退城进园”项目向区县转移，推动基础设施和公共服务向区县延伸。大力培育新型农业经营主体和服务主体，培育一批特色“淘宝村”。大力推进城镇化进程，有序推进外来务工人员、“城中村”等人口市民化。深化户籍制度改革，建设区域中心，扩大住房有效需求，保持房地产业稳定健康发展。

(日照市统计局　刘汉营　王衍华)

克服压力稳增长　借力转调促发展

——2015 年莱芜市经济社会发展情况及展望

2015 年，面对错综复杂的宏观环境和持续加大的经济下行压力，全市上下在市委、市政府的坚强领导下，紧紧围绕“一二三四五”总体发展思路和“一个强化、四个提升”的部署要求，把推动经济稳中向好发展作为工作的重中之重，大力推动产业振兴提升和项目建设，积极培育新增长点，全市经济运行总体平稳，结构调整取得积极进展。

一、2015 年全市经济运行总体情况

初步核算，2015 年全市实现地区生产总值 665.83 亿元，按可比价格计算，比上年增长 6.6%。其中，第一产业增加值 52.72 亿元，增长 3.4%；第二产业增加值 344.16 亿元，增长 6.6%；第三产业增加值 268.95 亿元，增长 7.1%。从运行趋势看，一季度、上半年、前三季度、全年全市地区生产总值分别累计增长 7.2%、6.1%、6.4%和 6.6%，经济总体企稳并实现小幅回升。

(一)生产供给保持稳健，三次产业协调发展

农业生产保持良好态势。全年粮食作物播种面积 64.9 万亩，粮食总产 25.95 万吨，增长 5.1%。其中，夏粮 5.2 万吨，增长 23.8%；秋粮 20.75 万吨，增长 1.2%。特色蔬菜发展良好。全年生姜产量 23.34 万吨，大蒜产量 23.90 万吨，同比分别增长 3.1%、5.2%。畜牧业保持平稳。全年肉类总产 6.27 万吨，下降 2.2%；禽蛋总产 3.15 万吨，增长 0.3%。

工业生产实现企稳。全年规模以上工业实现增加值 296.84 亿元，同比增长 6.47%，增速较上半年、前三季度分别提高 0.69 个、0.46 个百分点。重点行业运行稳健，钢铁行业实现增加值 119.33 亿元，增长 8.63%；机械制造业实现增加值 60.42 亿元，增长 6.33%；化工行业实现

增加值35.36亿元,增长14.14%。受市场需求制约,采掘、建材行业出现回落,分别下降10.68%、8.62%。

服务业稳步发展。全年服务业增加值增长7.1%,增速高于地区生产总值0.5个百分点。分行业看,营利性服务业实现增加值40.73亿元,增长18.4%;金融业实现增加值33.69亿元,增长9.4%(年末金融机构人民币存贷款分别达到829.35亿元、619.6亿元,分别增长5.21%、2.66%);保险业实现保费收入19.14亿元,同比增长8.19%。营利性服务业和金融业两大行业对服务业增长的贡献率达到50.02%。

(二)需求拉动总体平稳,支撑基础依然稳固

消费市场保持平稳。全年实现社会消费品零售额320.88亿元,增长10.5%。其中,农村消费市场活跃,实现零售额55.41亿元,增长15.6%。从消费结构看,建筑及装潢材料类、五金电料类、中西药品类商品增势强劲,分别增长264.7%、62.0%和16.6%;生活用品中的粮油、食品、饮料、烟酒类增长12.4%;体育娱乐用品类增长13.3%。

出口实现逆势增长。在全省出口形势相对严峻的情况下,莱芜出口仍实现较快增长。全年实现进出口总值18.97亿美元,同比下降14.4%。其中,进口9.13亿美元,下降29.5%;出口9.84亿美元,增长6.9%,高于全省7.3个百分点。从出口产品来看,机电实现出口额1.99亿美元,农产品实现出口额1.99亿美元,分别增长15.5%、18.8%,成为主要增长点。

固定资产投资缓中趋稳。全年完成固定资产投资619.07亿元,增长13.5%。从全年走势看,各月增幅区间介于13.5%—14.4%,相对平稳。其中,基础设施项目投入进一步加大,共完成投资97.77亿元,同比增长30.5%,高于全市投资增速17.0个百分点。民间投资带动作用显著增强,完成331.04亿元,同比增长27.3%,占全部投资的比重达到53.5%。

(三)结构调整步伐加快,经济实现稳中向好

服务业比重进一步提高。全年服务业增加值占地区生产总值的比重首次突破40%,达到40.4%,比上年提高2.4个百分点。服务业税收占全部税收的比重达到36.31%,比上年提高2.82个百分点。

工业结构持续优化。全年非钢产业增加值占规模以上工业增加值的比重达到59.8%,比上年提高3.3个百分点。高新技术产业产值占规模以上工业的比重达到19.85%,同比提高1.15个百分点。

投资结构调整成效明显。2015年,全市服务业投资保持较快增长,占全部投资的比重达到35.86%,同比提高4.74个百分点。全年完成技改投资191.36亿元,同比增长20.2%;技改投资占工业投资的比重达到

51.44%,较上年提高6.03个百分点。

经济质量稳中向好。2015年全市公共财政预算收入占GDP的比重为7.5%,比上年提高0.3个百分点。税收占财政收入的比重达到82.4%,提高0.7个百分点。

(四)民生保障继续提升,生活水平不断改善

财政收支平稳增长。全年完成公共财政预算收入50.17亿元,增长1.15%。完成税收总收入77.73亿元,比上年下降7.37%。重点事业发展得到保证。全市公共财政预算支出完成83.84亿元,增长4.65%。其中,教育、科学技术、社会保障和就业、医疗卫生、节能环保支出分别增长3.57%、2.55%、8.00%、20.62%和2.36%。

就业、物价总体平稳。2015年全市新增城镇就业2.1万人,新增农村劳动力转移就业2.6万人。年末城镇登记失业率为2.5%。居民消费价格指数温和上涨,全年增长1.1%。

居民收入稳步提高。2015年,全市居民人均可支配收入22924元,增长7.8%。其中,城镇居民30219元,增长6.8%;农村居民13714元,增长8.9%。

二、当前全市经济面临的困难及问题

(一)企业经营持续困难

2015年,全市工业生产者出厂价格指数(PPI)为85.3%,已连续48个月同比下降。其中,钢铁、采掘等全市主导行业产品降幅更大。近年来用工、融资、环保等成本刚性上升,进一步挤压了企业的利润空间。2015年全市规模以上工业销售利润率只有0.76%,明显低于全省5.87%的水平;规模以上企业亏损面达15.21%,比全省高7.97个百分点。亏损企业亏损额达到30.22亿元,拉低了全市工业企业整体盈利水平。

(二)主要行业下行压力较大

在规模以上工业中,排名前5位的行业分别是钢铁、机械、化工、电力、采掘,五大行业占规模以上工业的比重达到86.6%。钢铁、化工、采掘三个行业处于产能过剩状态,产品需求低迷,下行压力加大。2015年三个行业实现税收分别下降46.18%、14.76%和50.71%。电力行业虽然受益于煤炭价格下滑而实现盈利,但发电量下降2.2%。机械行业主要以生产汽车零部件为主,2015年全国汽车生产量增长3.25%,增速较上年降低4.05个百分点,市场需求开始回落,行业长期向好基础不牢。

(三)经济发展后劲偏弱

固定资产投资对经济的拉动作用明显下降,全年新开工亿元以上项

目91个，同比减少27个，计划总投资同比下降23.89%。工业投资增幅回落较快，全年工业投资371.99亿元，增长6.10%，增速较上年下降11.75个百分点。工业投资的回落势必影响今后市场主体的培育成长。同时，新型动力还未形成规模，高新技术产业投资也仅增长6.90%，全市高新技术产业占比仍然较全省平均水平低12.66个百分点，对经济增长推动力仍然偏弱。

(四)企业融资难问题相对突出

莱芜企业融资方式相对单一，主要以银行贷款为主，融资难问题比较突出。同时，银行不良贷款率较高，全年为3.15%，较全省平均水平高1.08个百分点，造成大部分国有商业银行贷款审批权限上收，进一步加剧了企业融资压力。2015年底，全市人民币贷款余额增长2.66%，低于全省平均水平8.08个百分点。企业贷款同比下降1.71%。项目建设资金来源趋紧，2015年全年全市规模以上项目实际到位资金621亿元，同比增长6.7%，低于固定资产投资增幅6.8个百分点。

三、2016年经济发展形势展望

展望2016年，国际经济形势依然错综复杂，世界经济弱势复苏、发达经济体与新兴经济体经济形势和政策走势分化的状况难有大的改变，美联储加息、大宗商品价格低迷和地缘政治动荡都将给世界经济发展增添新变数。国内经济“去产能、去库存、去杠杆”压力仍然较大，特别是消费、创新、改革等新引擎还处于成长阶段，尚未担纲经济增长主要动力，而出口、固定资产投资等传统引擎却急剧衰减，将对经济增长造成冲击和制约。因此，全市经济保持平稳增长仍面临很多困难和挑战。一是主要产业低迷状态短期内难有明显改观。2015年全市钢材价格持续下行，主要产品均价全年累计下降700多元。据冶金工业规划研究院发布的预测报告显示，2015年我国钢材实际消费量出现了20年以来的首次下降。这标志着我国钢铁市场发生重大转折，钢铁行业开始进入减量发展阶段。在国内产能严重过剩的情况下，钢铁行业的回升空间有限，甚至可能继续下滑，其对全市经济增长的支撑作用将减弱。钢铁行业的低迷还会对下游的交通运输、批发等行业产生较大冲击。二是新常态下投资对经济的拉动作用将继续减弱。由于产能过剩和需求不足，全市企业生产经营的效益较差，投资意愿明显减弱，全年工业投资增长缓慢。新开工亿元以上项目减少，且没有5亿元以上新开工项目，预计2016年固定资产投资增速继续呈回落态势。

在看到不利因素的同时，我们也要看到，全市保持经济平稳发展仍具备一定的有利条件和积极因素。一是全国“稳增长”的举措将为全市经济平稳发展提供重要保障。2015年以来，为了应对经济下行压力，国家连续出台了加大基础设施投资力度，降准降息，减税降费，下调电价，鼓励“大众创业、万众创新”等一系列稳增长、调结构的改革措施。2016年国家这些稳增长政策的累积效应会加速释放，将为莱芜保持经济平稳发展提供重要机遇和支撑。二是莱芜自身发展也具备一定的支撑。2015年全市新增规模以上企业147家，2016年还将有维达纸业二期、莱芜电厂第2台机组等一批大项目竣工投产。同时，随着全市十大重点产业振兴提升战略的深入实施，传统产业企稳回升，新兴产业加快壮大，存量企业对全市经济的拉动作用将趋于增强。三是要素支撑可能有所改善。2015年底，全市不良贷款余额和不良贷款率实现“双降”，金融环境逐步改善。同时，随着莱芜股权投资引导基金、中小企业转贷应急资金、扩大过桥资金规模等“六大政策工具”效能发挥，企业融资难问题将得到积极缓解。目前，全市正在积极推出弹性年限多元供地制度，将有效减轻土地对企业的资金压力。2016年全市直供电政策范围扩大，将进一步减轻企业用电成本。

四、有关建议

（一）准确把握国家、省政策，助推全市经济转调发展

为应对经济下行压力，国家、省陆续推出了系列“稳增长”举措和扶持政策。要及时关注和研究这些政策，尽量做到“享受到”“利用好”。结合当前实际，一要主动对接融入国家“一带一路”发展战略，抢抓发展机遇，积极参与战略分工；二要紧抓政策机遇期，加强与同级开发银行、农业发展银行的沟通配合，整合资源，争取国家专项建设基金；三要主动推动供给侧改革，通过政府引导方式鼓励传统产业转型升级。

（二）创新投融资体制，破解企业资金难题

受银行惜贷、企业互保联保风险影响，资金问题已成为影响全市经济平稳发展的重要因素。要加快推进金融改革，完善全市“六大政策工具”运行机制，提高利用效率，加强宣传，鼓励引导符合条件的企业参与进来；创新思路，搭建“银企”沟通平台，建立科学考核、奖励机制，提高各类金融机构放贷积极性；继续鼓励企业通过上市挂牌、股权转让等多种方式开展直接融资；加强协调，特事特办，帮助非自身原因陷入担保圈、产品市场好的停产企业复工。

（三）健全项目引建机制，加快发展动力培育

项目是经济发展的重要支撑。在项目发展上，一是要建立有效的引

进机制，采用灵活、变通、合法的方式完善招商优惠政策。科学考评各区、各部门招商工作，加大奖励力度，提高招商积极性。二是要围绕莱芜产业发展重点，开展科学、精准招商。三是要加强落地项目建设管理。建立在建项目名录库，制定建设时间表，落实推进责任，勤督查、多调度，加快建设进度。认真摸排项目建设中出现的困难，相关部门靠上服务，及时清除障碍。

(四)强化政府服务力度，增强市场主体活力

企业是经济基本细胞，在经济下行压力不减的形势下，要积极深化改革，加快政府职能转移，全面强化对企业的服务力度，尽量减轻企业非经营成本压力。继续强化“摸排消”工作机制，及时帮扶企业解决实际困难。尽可能下放审批权限，提高审批效率，方便企业办事。积极减少市级收费项目，减轻企业成本压力。使企业轻装上阵，增强竞争活力。

(莱芜市统计局　付　萍　高　雷)

砥砺奋进稳增长　矢志进取转调创

——2015 年临沂市经济社会发展情况及展望

2015 年是“十二五”规划收官之年，面对经济下行压力、新环保法实施标准提升等叠加因素影响，临沂各级按照“走在前列”“一二三四”目标思路和实施“八大战略”、打好“六场硬仗”工作部署，坚持以提高发展质量效益为中心，全力打好稳增长、调结构、增动力主动仗，经济运行呈现总体平稳、稳中有进、稳中向好的态势。

一、2015 年经济运行情况及特点

（一）经济运行总体平稳

全年实现 GDP3763.2 亿元，增长 7.1%，增幅连续两个季度稳步回升。规模以上工业增加值增长 6.7%，增幅连续 7 个月逐月回升。一般公共预算收入 283.9 亿元，增长 13.1%，增幅居全省第 1 位。全市在建项目 2979 个，计划总投资 7545.5 亿元，项目数量、投资规模均为 10 年来最高。全年完成固定资产投资 3219.2 亿元，增长 13.9%；实现社会消费品零售总额 2235 亿元，增长 10.7%。就业收入稳定，新增城镇就业 13.4 万人、农村劳动力转移就业 17.1 万人；居民人均可支配收入 19912 元，增长 8.6%。

（二）产业转调升级取得新进展

服务业发展较快，服务业增加值增长 8.4%，快于 GDP 增速 1.3 个百分点；三次产业比例调整为 9.2∶44.8∶46.0，第三产业比重首次超过二产，出现历史性积极变化。工业经济调整优化，食品产业产值过 2000 亿元，机械和木业产业产值过千亿元；消费升级类产业快速增长，气动元件、数控机床、铸造机械等重点产品实现倍增。新兴产业实现产值 1748.5 亿元，增长 7.0%；高新技术产业、装备制造业产值分别增长 9.5%和 10.1%，占工业产值的比重分别达到 27.2%和 16.2%。现代农业发展平稳，粮食再获丰收。

(三)运行质量效益有所提高

财税收入质量提高,税收占公共财政收入的比重达到83.4%,居全省第2位;公共财政收入占GDP的比重达到7.5%,同比提高0.5个百分点。节能降耗成效明显,"十二五"期间污染减排重点项目全部建成,单位GDP能耗超额完成上级任务;能源消费结构改善,规模以上工业煤炭消费量同比减少531.8万吨标准煤,焦炭占能源消费量的7.3%,同比下降3.5个百分点;生态环境不断改善,PM2.5、PM10、二氧化硫浓度降幅居全省首位,代表全省"迎淮考核"名列流域第1,受到省政府通报表扬。

(四)动力结构优化趋势显现

投资结构较优,制造业投资增长12.5%,占工业投资的88.6%;技改投资占工业投资的60.7%,同比提高0.4个百分点;高新技术产业投资占工业投资的43.4%,高于全省7.0个百分点;房地产开发投资占全部投资的12.2%,同比回落0.9个百分点。内涵效益型投资增势较好,设备工器具购置投资增长43.3%,占工业投资的41.2%,同比提高7.8个百分点。创新驱动能力增强,实施各类科技计划项目400余项,获无偿扶持资金5374万元;申请发明专利突破3200件,同比增长129.0%。

(五)民生保障持续改善

各级财政用于民生方面支出443亿元,增长22.1%,占全市财政支出的83.1%;基础设施投资突破320亿元,增长20.8%。新建、改扩建幼儿园181处,第二轮城区学校"三年联建"基本完成,"全面改薄"经验在全省推广。社会保障提标扩面,征缴各项保险费158亿元,城乡居民基础养老金提高到每人每月85元,农村低保标准提高到每人每年3031元、城市低保月人均补助水平达到416元。物价水平温和回升,居民消费价格指数(CPI)同比上涨1.2%。

二、市委、市政府顶层设计、创新推进系列政策措施对经济形成了支撑

(一)制度政策安排支撑

积极落实参照执行国家中部政策、商城国际化等政策,稳步推进生态文明先行示范、"两型社会"建设等国家级、省级改革试点,落实国家创新创业、电子商务、促进外贸、稳定房地产等系列措施。结合实际争取和进行了制度政策安排创新,特别是市委十二届八次、九次全委会以来,各级按照"走在前列"要求,深入实施"八大战略"、攻坚"六场硬仗",扎实推进"三引一促"、企业"二次创业"、商城国际化、新型城镇化、扶贫开发等重点

工作，“稳”的基础不断强化，“进”的动力不断增强，“好”的因素持续积聚。

(二)“三引一促”支撑

全市引建招商引资项目1016个，到位市外资金1290.5亿元，增长119.0%。众泰发动机、鑫海高镍基材料、沃尔沃桥箱、宜华木业等一批先进制造业项目和中兴通讯、修正药业、新大洋电动车等一批战略性新兴产业项目开工建设或投产运营，富士康、万达、阿里巴巴等500强企业相继落户临沂。引进A类领军人才225名，“带资金、带技术、带项目”的B类创新创业人才1076名。

(三)商城国际化支撑

临沂港实现“属地验放、口岸直通”一站式通关，综合保税区开关运行。临沂商城全年实现市场交易额3203.3亿元，增长19.2%；物流总额、电子商务交易额分别增长23.9%和86.6%。举办各类展会66个，展出总面积86.7万平方米。全市电子商务企业和商户达4万家，实现电子商务交易额突破1100亿元；物流业总额突破2.6万亿元，居全省第2位。

(四)市场主体支撑

深化商事制度改革，调整取消下放两批共86项市级审批事项，市场主体活力得到释放。新增各类市场主体8.8万户，注册资本(金)835亿元，分别增长35.0%和43.5%；实现“个转企”9454家。全市民营经济税收占国地税收总量超过八成，民间投资占固定资产投资近九成，成为稳定经济的重要推力。

(五)骨干及创新型企业支撑

在“二次创业”“双百企业”培植政策促动下，产值过亿元企业2371家、收入过亿元企业2360家，同比分别增加34家和25家。“双百企业”实现产值3247.9亿元，其中龙头骨干型企业实现产值2866.9亿元，占全市规模以上工业产值的28.3%；创新成长型企业实现产值392.3亿元，增长29.1%。

(六)环保整治拓宽了空间支撑

大力推进大气污染综合整治，使环保和绿色、科学发展理念在各级及企业深入人心，既拉动了投资，催生了新的增长点，也成为优质资源；“两高一低”及落后过剩产能得到遏止，一批产业升级、符合环保要求或已试生产的项目得以上马，部分环保手续及设施完备的产业园区成为招引项目的重要载体，停产治理及限产限期治理企业经过环保整治、技术改造、“退城入园”，为新常态下科学跨越发展赢得了更大空间、更好环境和更有利条件。

三、经济运行中面临的困难及问题

全市经济社会总体欠发达的现状没有发生根本性改变，在世界经济复苏缓慢、国内“三期叠加”影响不断加深的大背景下，经济总量不大、人均占有不高、产业层次偏低、企业竞争力弱、县域经济实力不强等长期矛盾与短期问题相互交织，有效供给能力不强，追赶发展与转型升级任务重。

(一)受宏观经济下行影响赶超进位有压力

世界经济处于后金融危机深度调整期，主要经济体复苏疲软且不平衡，不稳定因素较多。国内经济“三期叠加”、需求弱化影响还在惯性延续，中央稳增长措施虽有加码，但幅度不大，且更为重视结构转调，政策边际效应递减，下行传导压力仍然存在。临沂经济总量、财政收入分别占全省总量的6.0%和5.1%，人均GDP、人均财政收入分别仅为全省的57.4%和47.8%，均列全省倒数第2位、鲁南苏北末席，总量小、人均低的主要矛盾没有改变；县域公共预算收入增速低于全市3.0个百分点以上，多数经济指标居全省百名左右，至今没有县进入全国综合实力百强行列。缩短与全省及周边地区人均差距，实现经济总量、财政收入区域“双进位”，实施县域经济对标赶超，与全省同步全面建成小康社会等任务较重。

(二)供给侧转调升级任务紧迫

工业化尚处中前期，又将面临供给侧结构性改革及信息化、智能化新挑战。从产业看，主导产业中高耗能行业及税负低的涉农行业超过70%，高新技术产业占比低于全省5.3个百分点，新兴行业增速快却不足10%，服务业也以传统行业为主(占比超过60%)，现代物流等新兴服务业贡献率低于传统服务业15.0个百分点；低层次粗钢、建陶等资源初级加工、能源消耗性企业在行业占比超过60%。从企业看，骨干企业规模偏小且运行质量效益不高，有4家企业入围2015年全国企业500强，分布在食品、冶金、建材、建筑四个行业，排名最高的新程金锣仅列第275位，营业收入分别为滨州魏桥的15%、青岛海尔的21%；企业对供需两侧变化调整应对不足，停产减产及亏损企业明显增多。从创新驱动看，R&D经费占GDP的比重分别低于全国0.3个、全省0.4个百分点，有研发活动的企业仅占8.3%，研发人才特别是高端人才缺乏；科技成果转化慢，专利产出效率为21.4件/亿元，为全省平均水平的37%。

(三)需求侧动能特别是投资后劲有待加强

大项目、好项目相对不足。亿元以上、10亿元以上新开工项目同比分别减少 282 个和 12 个，完成投资额分别下降 31.0%和 44.1%；生物医药、绿色化工等重点领域投资分别下降 7.9%、10.1%。投资边际效率持续下降。县域间投资趋同化现象突出，难以形成较为明显的区域产业和产品优势，造成部分资源配置效益损失，投资效果系数和弹性系数分别从 2010 年的 0.21 和 0.57 下降到 0.07 和 0.46，每百元投资收益仅为全国的 22%、全省的 53%。企业投资意愿不强。据全市企业投资意向调查显示，仅有 35.9%的项目投资回报率超过 10%，28.1%的调查对象认为政策环境将趋于宽松，对明年同行业、跨行业有投资意愿的分别仅有 32.3%和 7.0%。

(四)要素资源约束压力较大

节能环保制约。"十二五"以来单位工业增加值能耗、单位 GDP 能耗累计分别下降 26.3%和 16.2%，节能降耗空间不断缩小；同时，煤炭、电力在能源消费中分别占 72.6%和 13.6%，加工转换效率仅为 62.1%，能源消费结构偏重，PM2.5、PM10、二氧化氮等指标月均浓度时有超标，空气质量改善程度与人民群众要求还有差距。土地要素紧缺。全市建设用地供应总量同比下降 49.6%，200 个重点项目缺口 7000 余亩，部分项目落地、企业扩产受限，部分县区土地利用效率低、产出强度弱等问题依然存在。金融风险需防范。受地方政府债务、房地产市场、互联网金融、产能过剩行业企业债务、民间不规范借贷等因素影响，区域性金融风险有所累加，需加强防范。

(五)部分企业生产经营形势依然严峻

市场需求依然不足。全市工业生产者出厂价格指数(PPI)连续 47 个月下降，且较上年同期回落 1.8 个百分点，表明市场需求仍显不足。企业盈利水平下降。全市规模以上工业企业每百元主营业务收入成本为 87.8 元，高于全国平均水平 1.7 元；企业"两项资金"增长超过 7%，"三项费用"分别增长 46.7%、32.5%和 5.3%；用工成本及环保、技改等刚性投入不断增加，而主营业务收入、利润分别下降 0.4%和 4.5%。融资难、成本高。虽然基准利率不断下调，但调研企业普遍反映实际贷款利率上浮 20%左右，多数小微企业因土地、房产等质押条件难以获得贷款。税费改革对部分行业形成制约。建筑业"营改增"适用税率(11.0%)高于现行税率 8.0 个百分点，虽然理论上可以通过进项抵扣降低税负，但由于人工费无法抵扣、多数抵扣项目增值税发票难以获得等因素，企业税负明显增加。

四、展望2016年，宏观经济环境趋势向好，临沂经济发展仍拥有诸多潜力及增长空间

全球经济将在深度调整中延续复苏态势，科技创新进入活跃期，新一轮科技革命和产业变革蓄势待发，新技术、新材料、信息化等新动能初露端倪，经济总体仍然处于黄金增长期。我国经济发展基本面好、潜力大、韧性强、回旋余地大，仍处于可以大有作为的重要战略机遇期。中央经济工作会议坚持“稳中求进”总基调(“稳”就是“保持经济运行在合理区间”，“进”就是在适度扩大总需求的同时，加强供给侧结构性改革，促进经济转型升级)，将有效引导经济重归持续健康运行轨道。2016年经济有望低开稳走、稳中有升。

从临沂看，拥有诸多良好机遇条件：一是后发优势犹存、先发优势强劲。临沂仍处于欠发达向发达过渡阶段，人均GDP5700美元左右，人力资源及土地等要素资源空间大，借资本、借人才、借技术创新发展潜力。特别是城镇化水平、工业化水平不高，以投资为主体的需求侧潜力释放、以产业升级为主体的供给侧改革空间大。二是政策叠加优势更为突出，特别是以商城国际化为龙头对接“一带一路”、以革命老区开发规划对接脱贫开发、以发达的民营经济充分利用“双创”，都能发挥独特作用。三是发展内生动能较强。规模以上工业企业数量仅次于青岛，居全省第2位，其中民营经济占比超过97%。金融资本较为活跃，拥有创新创业、“二次创业”的坚实基础。临沂是全国市场名城、物流之都，传统商贸物流繁荣发展，以电子商务为代表的新兴业态迅速膨胀，商贸物流促进作用逐步走强。四是“三降”矛盾不是太重，能集中有效供给效能。钢铁、水泥、电解铝、平板玻璃、轮胎等需淘汰产能占比不足4%，商品房库存消化周期在18个月左右，金融及政府债务风险相对较低。特别是环境综合整治，为科学跨越发展赢得了腾转空间。此外，根据以往发展经验，每个五年计划或规划实施都会对经济特别是前两年经济起到明显推动作用。预计2016年临沂经济将实现“十三五”开门好，重返高于全国、全省的中高速增长区间。

(临沂市统计局　张凡春　魏彦利)

转型升级砥砺前行　协同发展破题上路

——2015年德州市经济社会发展情况及展望

2015年，面对复杂严峻的宏观经济环境，全市按照市委、市政府的总体部署，统筹稳增长、调结构、促改革、惠民生各项工作，采取了一系列有针对性的政策措施，积极因素不断累积，转型升级成效逐步显现，全年经济运行保持了总体平稳、稳中有进的发展态势。

初步核算，2015年全市实现生产总值(GDP)2750.94亿元，按可比价格计算，增长7.6%。其中，第一产业增加值283.71亿元，增长4.3%；第二产业增加值1358.00亿元，增长7.1%；第三产业增加值1109.23亿元，增长9.1%。第三产业占GDP的比重为40.3%，比上年提高1.0个百分点。

一、2015年经济发展的基本情况

(一)农业生产整体稳定

2015年，全市粮食总产量达到871.4万吨，比上年增加2.97万吨，增长0.3%。其中，夏粮产量419.8万吨，增长1.2%；秋粮产量451.6万吨，下降0.4%。蔬菜生产保持增长。蔬菜播种面积158.02千公顷，增长0.2%；蔬菜产量594.95万吨，增长1.9%。肉类总产量67.9万吨，下降5.5%，其中猪肉产量42.7万吨，增长2.3%；禽蛋产量41.28万吨，下降2.6%；牛奶产量18.48万吨，增长1.6%。

(二)工业生产稳中趋缓

2015年，全市规模以上工业增加值增长8.0%，较上半年、前三季度分别回落2.7个和1.2个百分点。重工业增速相对较快。规模以上重工业增加值累计增长8.1%，分别比轻工业和全部规模以上工业高0.4个和0.1个百分点。重工业对全市规模以上工业增长的贡献率为55.8%，拉动规模以上工业增长4.4个百分点。行业基本面正常。35个行业大

类中32个行业同比实现增长,增长面达到88.6%,保持较高水平。装备制造业拉动作用明显。全年装备制造业累计完成工业增加值476.7亿元,增长8.3%,高于规模以上工业增速0.3个百分点;对全市规模以上工业企业的贡献率是27.2%,拉动全市工业增长2.2个百分点。产品产量增多降少。全市128种产品中有73种产品产量增长,增长面为57%;重点调度的20种产品中有12种产品产量保持增长,7种产品产量保持两位数增长。大企业培植成效显现。主营业务收入50亿元以上的企业达到15家,较去年增加2家;30亿—50亿元的企业为15家,与去年持平;10亿—30亿元的企业为88家,较去年增加16家。

工业效益低位运行。2015年,全市规模以上工业实现主营业务收入9566.1亿元,增长7.1%;实现利税989.8亿元,增长3.0%;实现利润556.6亿元,增长2.4%。与去年相比,主营业务收入、利税和利润增速分别回落8.3个、7.0个和7.9个百分点。总体来看,规模以上工业企业效益呈走低态势。

(三)固定资产投资稳中放缓,房地产市场逐步趋稳

2015年,全市固定资产投资完成2237.91亿元,增长14.1%,比上年下降2.2个百分点,但仍位列全省前3位。其中,一、二、三产业分别完成投资14.26亿元、1014.74亿元和1208.91亿元,三次产业投资比重由上年的1.2∶48.7∶50.1调整为0.7∶45.3∶54.0,第三产业投资比重较上年提高3.9个百分点。基础设施投资增长较快,完成投资214.08亿元,增长27.0%。内涵效益型投资增势强劲,高新技术产业投资437.6亿元,增长26.3%;工业技改投资686.9亿元,增长22.3%;装备制造业投资333.89亿元,增长23.2%。民间投资活跃,完成投资1839.31亿元,增长14.1%。

房地产市场逐步趋稳。全年完成房地产开发投资214.57亿元,比上年增长2.3%。商品房销售面积447.3万平方米,比上年下降1.0%,增速较去年回升23.7个百分点。其中,住宅销售面积400.2万平方米,比上年下降1.4%,增速较去年回升25.6个百分点。

(四)市场消费增势平稳,对外贸易继续回落

2015年,全市社会消费品零售总额为1257.41亿元,增长10.7%。其中,限额以上单位消费品零售额为894.18亿元,增长7.0%。按经营单位所在地分,城镇社会消费品零售额为1126.05亿元,增长9.7%;乡村社会消费品零售额为131.36亿元,增长19.6%。城乡增速差距由上年的13.7个百分点减少至9.9个百分点。按行业分,批发业社会消费品零售额为88.72亿元,增长9.7%;零售业社会消费品零售额为1026.52

亿元，增长 10.7%；住宿业社会消费品零售额为 14.93 亿元，增长 10.1%；餐饮业社会消费品零售额为 127.24 亿元，增长 11.4%。

消费升级相关产品较快增长。限额以上单位中体育、娱乐用品类销售增长 43.4%，金银珠宝类增长 32.8%，化妆品类增长 51.1%，通讯器材类增长 14.6%，家具类增长 14.3%，汽车类增长 14.1%。

2015 年，全市进出口总额 31.74 亿美元，比上年下降 9.3%。其中，出口 22.07 亿元，下降 0.8%；进口 9.68 亿美元，下降 24.0%。

(五)政府收入质量提升，金融市场运行平稳

2015 年，全市一般公共财政预算收入累计完成 182.78 亿元，增长 6.7%。其中，税收收入完成 140.89 亿元，增长 1.2%；占公共财政预算收入的比重为 77.1%，高于全省平均水平 1.1 个百分点。主体四税稳步上升。全市主体四税完成 87.65 亿元，增长 15.8%，高于全部税收增速 9.1 个百分点。其中，增值税增长 3.7%，营业税增长 29.1%，企业所得税下降 10.3%，个人所得税增长 8.6%。

2015 年末，全市金融机构人民币各项存款余额 2470.31 亿元，较年初增加 317.56 亿元。其中，住户存款余额 1727.50 亿元，较年初增加 233.46 亿元；非金融企业存款余额 408.11 亿元，较年初增加 33.95 亿元。金融机构人民币各项贷款余额 1546.00 亿元，较年初增加 101.07 亿元。其中，住户贷款余额 488.12 亿元，较年初增加 33.15 亿元；非金融企业及机关团体贷款余额 1057.88 亿元，较年初增加 67.92 亿元。

(六)就业形势总体稳定，居民收入稳步增长

2015 年，全市实现城镇新增就业 60942 人。其中，城镇失业人员再就业 18512 人；就业困难人员再就业 4630 人。全市新增农村劳动力转移就业 85819 人。截至 2015 年底，城镇登记失业 19295 人，登记失业率为 2.8%，均控制在计划目标范围内。

2015 年，全市居民人均可支配收入 16020 元，增长 9.5%。分城乡看，城镇居民人均可支配收入 21039 元，同比增长 8.4%。其中，工资性收入 12986 元，增长 10.7%；经营净收入 5238 元，增长 2.5%；财产净收入 1447 元，增长 10.8%；转移净收入 1368 元，增长 9.4%。农村居民人均可支配收入 11269 元，同比增长 9.6%。其中，工资性收入 5552 元，增长 10.9%；经营净收入 4314 元，增长 8.1%；财产净收入 104 元，增长 4.2%；转移净收入 1300 元，增长 9.9%。

(七)居民消费价格温和上涨，工业品价格继续回落

2015 年，全市居民消费价格比上年上涨 1.3%，涨幅比上年回落 0.7 个百分点。分类别看，食品类价格上涨 1.6%，烟酒类上涨 3.3%，衣着类上涨3.0%,家庭设备用品及维修服务类上涨1.2%,医疗保健及个人用品类上涨1.1%,交通和通讯类下降1.8%,娱乐教育文化用品及服务类上涨0.6%,居住类上涨1.7%。

2015年,全市工业生产者出厂价格下降1.9%,降幅比上年扩大1.1个百分点;工业生产者购进价格下降3.7%,降幅比上年收窄0.2个百分点。

总的来看,2015年全市经济仍运行在合理区间,总体平稳、稳中有进。

"稳"是指经济运行"平稳"的特征相比以往更为突出和明显。全年GDP增速基本维持在7.5%—7.6%,社会消费品零售总额增幅保持在10.5%—10.9%,固定资产投资增幅保持在14%以上,房地产市场出现企稳迹象,前期大幅下降的态势得到有效遏制。民生指标运行平稳。就业形势保持稳定。城镇新增就业6.1万人,完成全年计划(6.0万人)的101.7%;农村劳动力转移就业8.6万人,完成全年计划(8.5万人)的101.2%。城镇登记失业率为3.0%,控制在计划目标(<3.5%)范围内。城乡收入稳步增长。全年城镇居民和农村居民人均可支配收入分别增长8.4%和9.6%,农村居民收入增幅高于城镇居民,且两者均高于GDP增速。

"进"指转方式、调结构取得显著成效。一是产业结构调整稳步推进。2015年第三产业增加值增速超过第二产业2.0个百分点,占GDP的比重提高1.0个百分点。其中,金融业、营利性服务业发展较快,金融业实现增加值增长15.2%;信息传输、租赁商务、居民服务业等营利性服务业实现增加值增长15.9%,两行业增加值占服务业增加值的比重由2014年的21.2%提升至2015年的22.5%,对服务业的贡献率达到39.2%。通过网络实现的商品零售额迅猛增长,增幅超过80%;B2B电子商务市场交易额450亿元,比上年增长42.0%;德州创客服务中心揭牌运营;天使街股权众筹落户德州,金融市场活跃。第二产业中,装备制造业产业增长较快,增速高于全市平均水平0.36个百分点;高新技术产业投资增速比全市投资增速快了12.2个百分点;高新技术产业产值增速高出全省平均水平4.5个百分点。技改投资增长22.3%,增速列全省第1位。二是需求结构进一步改善。2015年,最终消费支出对国民生产总值增长的贡献率为39.7%,比上年提高0.6个百分点。长期以来,靠不断扩大投资规模拉动经济增长的模式得到改善。居民消费结构也在发生变化,农村增速快于城镇,餐饮增速快于商品,网上增速快于网下。三是节能降耗继续取得进展。GDP能耗水平在持续降低的基础上又进一步下降,六大高耗能工业行业增加值占全部规模以上工业增加值的比重为28.0%，较去年年底下降1.4个百分点。这既是调整产业、产品结构，淘汰落后产能的结果，也是积极采用新技术，降低现有产品能耗水平的结果。同时，这也意味着我市经济由原来的工业主导型拉动经济增长向服务主导型拉动经济增长转变的趋势在加强。

二、经济运行中存在的问题

（一）工业下行压力有增无减，支撑作用减弱

由于工业增加值占全市GDP的比重接近50%，工业在全市经济发展中的地位十分重要，工业增速回落是2015年全市GDP增幅回落的主要因素。目前，工业生产仍未摆脱市场需求疲软的态势。一是市场需求未明显回暖。从市场反映看，工业产品价格持续下滑，全市工业品出厂价格累计同比下降1.9%。二是工业用电量持续回落。全市工业用电151.25亿千瓦时，较去年同期下降6.9%。三是工业投资低速徘徊。2015年，全市工业投资990.45亿元，同比增长10.5%，低于全部投资增速3.6个百分点。

（二）大项目投资减少，影响经济发展后劲

受市场需求不振等因素影响，企业投资意愿下降，大项目储备不足，资金链条紧张，持续增长面临较大压力。一是大项目情况不容乐观。2015年，全市亿元以上建设项目（不含房地产）703个，同比减少26个；完成投资1173.8亿元，同比增长1.5%，低于全市固定资产投资12.6个百分点，占全市固定资产投资的比重为52.5%，同比降低6.4个百分点。二是投资资金偏紧。2015年，全市到位资金2413.9亿元，同比增长10.9%，增速同比下降3.6个百分点，低于投资增速3.2个百分点。

（三）消费需求有所减弱，缺乏新的增长点

一是传统热点商品消费增长趋缓，基本生活类消费品难以再现高速增长，耐用消费品拥有量已趋于饱和，依靠汽车、石油等商品拉动消费品市场增长不是长久之计，居民消费结构亟待转型升级。二是房地产市场低迷，商品房销售面积及销售额持续回落，再加上资金困难、库存压力大，房地产企业的开发意愿不强，新开工面积增速负增长，发展后劲堪忧。2015年，全市商品房销售面积和销售额同比分别下降1.0%和1.5%，房屋新开工面积同比下降37.7%。房地产业的低迷也直接影响到建材、家具、家电、装潢等相关商品及服务的消费。

三、2016年经济发展展望与建议

展望2016年，国内外经济发展环境仍然错综复杂，有利条件与不利因素并存，经济既有增长动力，又有下行压力。

从国际看，世界经济总体上仍处在危机后的深度调整之中，市场需求较弱，且在短期内难以改变，进出口仍将面临较大压力。从全国看，一些领域仍存在继续下行的压力，但消费增长相对稳健，新的增长动力正在显现。另外，改革红利和创新红利进一步释放，新产业、新业态、新产品、新模式等新的动力在加快孕育成长，这些都是经济增长的动力来源。

从德州看，“一圈一带一区”战略深入实施，协同发展示范区建设破题上路。出台了加快融入京津冀协同发展实施意见和“一区四基地”实施方案，建立了“1+1+6”工作推进机制，实行精准对接，与京津7个区签订战略合作协议。随着各项政策措施逐步落实到位，新的经济增长点不断孕育:农业提质增产不断推进;“10+6”主导产业的不断壮大，“三百企业”重点培植等一系列政策的落实，为我市工业大企业发展以及产业集聚带来新的发展良机;投资方面，2015年德州市建成了1292个投资项目，其中有805个工业项目，将在今后逐步发挥效益;国开行、农发行、中国进出口银行等金融机构授信900亿元支持德州融入京津冀;举办融入京津冀协同发展合作恳谈会、第五届资本交易大会等活动，一些重点项目签约落地，天津现代农牧业示范园等478个投资过亿元项目竣工投产，中建材浮法玻璃生产基地等398个项目开工建设，北汽40万辆、奇瑞10万辆新能源汽车项目签约。此外，加快融入省会经济圈步伐，全面深化与山东大学、省立医院和高新技术产业合作，“一区一圈一带”战略纵深展开，72项重点工作全面实施。这些都对德州市经济发展构成有力支撑。

德州市经济发展也存在诸多压力，房地产市场去库存过程仍将继续，回暖尚需时日;纺织、建材、化工等支柱行业产能过剩，经济转型升级压力大，对经济增长的制约更加突出。

下一步，全市要主动适应和把握经济发展的新变化、新机遇、新挑战，审时度势，趋利避害，积极作为，坚持“四个全面”战略布局不动摇，认真践行“创新、协调、绿色、开放、共享”的发展理念，坚持稳中求进工作总基调，全面实施协同发展战略，实现“十三五”良好开局。

(德州市统计局　张千华　尚文鑫)

砥砺奋进　转中提质

——2015 年聊城市经济社会发展情况及展望

2015 年，面对复杂严峻的国内外经济形势和艰巨繁重的改革发展任务，全市上下在市委、市政府的正确领导下，认真贯彻落实中央、省各项决策部署，按照“作风引领，团结实干，争先进位，科学发展”的工作要求，加快实施创新驱动、质量强市和大项目带动三大战略，统筹稳增长、调结构、促改革、防风险、惠民生等各项工作，全市经济社会发展呈现总体平稳、稳中有进、进中向好的良好态势。

一、全市经济运行情况及特点

（一）经济运行总体平稳，指标增速稳中有进

2015 年，全市生产总值实现 2663.62 亿元，比上年增长 8.8%。其中，第一产业增加值 316.39 亿元，增长 4.5%；第二产业增加值 1360.25 亿元，增长 10.0%；第三产业增加值 986.98 亿元，增长 7.9%。

主要指标增速高于全省。全市生产总值增速高于全省平均水平 0.8 个百分点，规模以上工业增加值增速高出 5.3 个百分点，固定资产投资增速高出 0.7 个百分点，进出口总值增速高出 1.4 个百分点，出口值增速高出 6.7 个百分点。多项指标增速位次前移。全市生产总值增速居全省第 2 位，比上年前移 6 位；规模以上工业增加值增速居第 2 位，前移 5 位；固定资产投资增速居第 1 位，前移 5 位；进出口总值增速居第 11 位，前移 4 位；城乡居民人均可支配收入增速分居第 9 和第 8 位，均前移 1 位。

财政税收扩量提质。2015 年，地方公共财政预算收入完成 175.93 亿元，比上年增长 12.6%，增速居全省第 2 位；财政收入占 GDP 的比重达到 6.6%，比上年提高 0.39 个百分点。其中，税收收入 125.69 亿元，税收占财政收入的比重达 71.44%。重点税种保持平稳增长。增值税增长 2.8%，营业税增长 11.5%，企业所得税增长 9.5%。8 个县（市、区）和经

济开发区财政收入均超过10亿元。全年税收总收入238.5亿元，增长9.4%，增速较上年提高7.0个百分点。税收占GDP的比重达8.95%，较上年提高0.28个百分点。分税种看，国税实现收入124.91亿元，增长8.6%，增速居全省第2位；地税实现收入113.59亿元，增长10.2%。分产业看，第二产业实现税收135.86亿元，增长10.8%；第三产业实现税收100.59亿元，增长6.5%。

社会效益优化升级。人力资本投入加大。全市教育投入62.33亿元，比上年增长19.9%；占公共财政预算支出的比重达18.0%。城乡居民收入稳步提高。全市居民人均可支配收入实现15249元，增长8.9%，较上年增长1249元。其中，城镇居民人均可支配收入21570元，增长7.9%；农村居民人均可支配收入10512元，增长8.9%。城乡居民收入差距比缩小至2.05。

就业形势总体平稳。全年新增城镇就业6.2万人，新增农村劳动力转移就业7.2万人，分别完成全年计划的108.0%和102.9%。城镇登记失业率控制在3.01%，低于全年计划0.69个百分点。

物价水平保持稳定。2015年各月居民消费价格指数涨幅均在1.8%以内，全年上涨1.2%。八大类消费品和服务项目价格呈现“七升一降”态势。其中，食品类上涨1.7%、烟酒及用品类上涨1.4%、衣着类上涨3.1%、家庭设备用品及维修服务类微涨0.1%、医疗保健和个人用品类上涨0.2%、娱乐教育文化用品及服务类上涨2.0%、居住类上涨1.1%、交通和通讯类下降1.7%。商品零售价格总指数下降0.3%。

(二)产业结构不断优化，转型升级成果明显

全市三次产业结构由上年的12.4∶51.5∶36.1调整为11.9∶51.0∶37.1。第三产业占比较上年提高1.0个百分点。

农业农村经济平稳发展，基础地位更加巩固。全年实现农林牧渔业总产值595.2亿元，比上年增长4.6%。全市粮食总产量100.99亿斤；蔬菜总产量1080.87万吨，增长2.9%；肉类总产量58.04万吨，增长5.9%；蛋类总产量32.78万吨，增长5.7%。现代农业园区及农业重点项目建设进展强劲，现代畜牧业发展势头迅猛。新增国家级畜禽养殖标准化示范场1个、省级示范场30个，新增“三品一标”74个。启动国家现代农业示范区建设，重点扶持20家市级精致农业示范园区和100处高效生态农业示范基地。

工业经济进中向好，新型工业化稳步推进。2015年，全市工业实现增加值1273.86亿元，比上年增长10.3%。其中，规模以上工业增加值增长12.8%，增速比上年提高1.3个百分点。分门类看，制造业增长

12.8%,电力、热力、燃气及水生产和供应业增长12.6%;分经济类型看,国有企业增长5.0%,集体企业下降1.2%,股份制企业增长13.1%,外商及港澳台投资企业下降1.7%;分行业看,33个行业大类中有31个增加值保持增长,增长面为93.9%。工业产品产销衔接良好,工业企业产品销售率达98.99%。

内部结构持续优化。一是装备制造业占比提高。全市装备制造业增加值增长17.9%,增速高于全部规模以上工业5.1个百分点;占全部规模以上工业产值的比重达31.8%,比上年提高3.0个百分点。其中,高端装备制造业产值增速高于全部规模以上工业产值增速3.0个百分点。二是高新技术产业快速增长。高新技术产值实现2401.23亿元,增长15.2%;占规模以上工业总产值的比重为26.3%,比年初提高1.3个百分点。三是高污染、高耗能行业增速、占比同步下降。六大高耗能行业增加值增长11.4%,增速低于全部规模以上工业1.4个百分点;占全部规模以上工业产值的比重为32.5%,较上年下降3.8个百分点。

服务业发展态势良好,发展动力不断增强。全年服务业实现增加值986.98亿元,比上年增长7.9%;服务业占GDP的比重达到37.1%,较上年提高1.0个百分点。一是现代服务业发展势头强劲,现代金融、电子商务、健康养老、文化旅游等新兴产业快速发展。其中,金融业实现增加值107.89亿元,增长15.2%;营利性服务业实现增加值149.98亿元,增长15.9%。二是房地产市场运行平稳。房地产开发投资完成190.42亿元,增长12.0%;房屋销售额157.67亿元,增长14.6%;商品房销售面积增长11.6%。在全国房地产业持续低迷的大环境下,聊城全年有10个月实现房地产投资、商品房销售面积和房屋销售额同步增长。三是金融市场运行平稳。年末,金融机构人民币存款余额2571.93亿元,比年初增加301.49亿元,增长13.3%;金融机构人民币贷款余额1845.65亿元,比年初增加171.43亿元,增长10.2%。四是邮电通讯业较快增长。邮政业务总量完成5.77亿元,增长10.4%;电信业务总量完成16.68亿元,增长6.7%;移动业务总量完成15.22亿元,增长0.6%。

(三)发展支撑进一步强化,新商业模式不断涌现

投资扩量提质同步推进。全年完成固定资产投资2100.82亿元,比上年增长14.6%。其中,第一产业投资31.25亿元,增长92.2%;第二产业投资1328.71亿元,增长13.2%;第三产业投资740.86亿元,增长15.3%。投资结构持续优化,三次产业投资比例由上年的0.9∶64.1∶35.0发展为1.5∶63.2∶35.3。投资质量不断提升。技改投资完成573.15亿元,增长19.2%,增速高于全部投资4.6个百分点;高新技术产业投资完成

316.67亿元，增长25.1%，高于全部投资10.5个百分点。

重大项目建设进展顺利。全市总投资5亿元以上的项目101个，完成投资405.93亿元，比上年增长22.1%；完成投资额占全部投资的比重为19.3%，较上年提高1.1个百分点。组织实施了市级重点项目“六百工程”，完成投资1655亿元；优选了100个大项目进行重点扶持，完成投资710亿元；积极争取7个项目列入省重点项目，完成投资45.9亿元。德商高速聊城至范县段正式建成通车，聊城至夏津段主体完工，力争2016年上半年建成通车；济聊一级路聊城段正式通车运行。莘南高速、青兰高速、聊城机场、郑济高铁、京九高铁、聊泰铁路、德郓高速、聊城黄河公路大桥(东阿至东平黄河公路大桥)、徒骇河通航等一批重大交通项目扎实推进。

消费层次不断提升。全年社会消费品零售总额实现1060.22亿元，比上年增长10.5%。其中，限额以上零售额358.28亿元，增长3.1%。分行业看，批发贸易业零售额921.78亿元，增长10.2%；住宿餐饮业138.44亿元，增长12.5%。从结构看，消费增长主要靠基本生活需求和消费升级拉动。其中限额以上零售增长较快的有：粮油、食品类增长14.0%，服装、鞋帽、针纺织品类增长6.5%，家用电器和音像器材类增长25.5%，通讯器材类增长12.6%。以互联网为主要内容的商贸流通新模式不断涌现，全年新纳统企业中，网络推介销售、订单外包等销售企业及群体明显增多，限额以上贸易企业通过互联网实现零售额7468.6万元，增长63.8%，增速高于限额以上零售额60.7个百分点。微商、电商行业在聊城迅速崛起，电商企业达3600余家，“淘宝村”不断涌现，网上购物成为聊城人的新时尚。

(四)发展活力突显，新动能不断积聚

市场主体健康发展。商事登记制度改革激发社会创业活力，新市场主体大量涌现。年末实有各类市场主体30.07万户，比上年增长23.3%；注册资金3058.67亿元，增长30.2%；户均注册资本101.72万元。其中新增市场主体7.41万户，增长10.8%。个体私营经济快速增长。年末实有个体工商户23.70万户，增长23.5%；注册资金124.36亿元，增长46.0%。私营企业户数达4.66万户，增长28.8%；注册资金2028.39亿元，增长39.0%；户均注册资金435.28万元。

科技创新能力不断增强。全年申请国内发明专利1335件，比上年增长58.7%；国内发明专利授权299件，增长43.8%。大力推动科技金融工作，推动开展专利质押贷款业务，降低企业科技融资难度。全市知识产权质押贷款保持2亿元规模，居全省第2位。着力深化“政产学研"协同创新，校地合作、校企合作形成良好的发展势头。先后与东南大学开展20余项技术合作项目。鲁西科技城建设进展顺利，新建省级重点实验室1家，省级示范工程技术研究中心2家，市级重点实验室7家。目前全市共有重点实验室58家，工程技术研究中心218家，院士工作站8家。大力推进县域农业科技园区发展，莘县率先成功获批国家农业科技园区。

(五)改革进一步深化，发展后劲不断增强

大力推进简政放权，削减行政审批事项37项、下放1项，全面取消非行政审批事项，176家中介机构进驻行政服务大厅；全面推行"四证联办""三证合一"和"一照一码"。扎实推进国有企业改革，建立了较为完备的国资监管制度体系。深化财政金融改革，市、县两级全部公开了政府预算、部门预算和"三公"经费预算；全市农信社银行化改革全面完成。市外银行达到17家。境内外上市公司达到6家；新增齐鲁股权交易中心挂牌企业10家，总数达到48家；新增新三板挂牌企业6家，总数达到16家。

(六)民生事业不断发展，社会保障日趋完善

财政支出倾向民生领域。全年实现财政支出346.84亿元，比上年增长21.3%，用于民生方面的支出达286.64亿元，增长25.2%。其中，教育支出62.33亿元，增长19.9%；社会保障和就业支出35.27亿元，增长15.2%；医疗卫生与计划生育支出37.03亿元，增长13.9%；城乡社区事务支出41.72亿元，增长14.0%；住房保障支出11.10亿元，增长57.3%。

教育、文化、卫生、社保工作取得新进展。教育事业快速发展。启动新建、改扩建城区中小学学校9所，农村中小学校舍标准化建设开工学校148所，完成110所中小学食堂提升改造。文化事业扎实推进。东阿阿胶养生文化苑项目入选全国特色文化重点项目，10处文化遗产入选山东省第一批乡村记忆工程文化遗产。卫生计生事业健康发展。新增山东临床重点专科5个、建设单位2个，全市建成国医堂99家。社会保障水平稳步提高。全年城乡居民养老保险参保人数达到298.3万人，基本医疗保险参保人数达到562.1万人，失业保险参保人数达到33.3万人。连续11年提高企业退休人员养老金，月人均增资255元。居民基础养老金标准由每人每月75元提高到每人每月85元，城乡居民医保财政补助标准由每人每年320元提高到每人每年380元，失业保险金标准由每人每月800元提高到每人每月850元。

二、经济运行面临的困难和挑战

(一)发展环境错综复杂,下行压力依然较大

当前,国际、国内经济大环境复杂多变,局部地区地缘政治持续紧张,发展中的不可预测因素仍然较多。国际经济复苏缓慢,日本以及西欧各国等发达国家经济发展明显低于预期,部分发展中国家增长回落、动力不足。国内人民币汇率波动加剧,金融市场风险增大。受国内外大环境影响,全市经济发展虽总体呈现平稳发展的态势,但多项经济指标增速较上年均明显回落,经济下行压力依然较大。具体来讲,生产总值增幅较上年度回落0.6个百分点,固定资产投资回落1.4个百分点,社会消费品零售额回落2.2个百分点,财政收入回落2.6个百分点,进出口、城乡居民收入增速均有不同程度的回落。

(二)工业发展困难增多,转型升级难度较大

一是部分企业生产经营困难。2015年,全市规模以上工业亏损企业63家,亏损面2.2%,比年初扩大0.5个百分点,亏损额增长5.5%。规模以上工业主营业务收入增长4.7%,比上年下降9.9个百分点;应收账款增长22.8%,部分企业资金回笼困难。尽管国家出台一系列减税降费政策,但数据显示企业税负仍较重。规模以上工业主营业务税金增长13.9%,增速比主营业务收入高9.2个百分点。同时,企业用工支出持续增加也加重了企业负担。对全市95家“僵尸企业”进行了摸底调查,结果显示“去僵尸”困难较大。市场需求持续萎缩导致工业企业经营困难加重。工业生产者出厂价格指数下降3.7%,降幅屡创新低。国际市场需求长期低迷的同时,一向表现较好的国内市场需求也出现萎缩迹象。2015年规模以上工业出口交货值下降3.9%,增速比上年回落17.2个百分点。规模以上工业产品产销率98.99%,下降0.2个百分点。

二是企业创新能力偏弱。目前,符合现阶段市场需求变化的产品有效供给不足,质优、高效、安全等中高端需求无法满足,而低端产品供给又存在严重的产能过剩。有效供给不足的直接原因在于我市多数工业企业创新不足。聊城高新技术企业个数少、规模小,产值占比低,辐射、拉动作用小,企业研发投入少。全市规模以上工业企业2867家,而生产高新技术产品的企业仅327家,占比仅为全部规模以上工业企业的11.4%。高新技术产业产值仅占规模以上工业总产值的26.26%,低于全省6.25个百分点,占比仅列全省第13位。全市尚未建立以企业为主体的技术创新体系,高新技术产业中真正拥有核心技术和前沿技术的企业较少,仅停留

在一般产业、一般产品、一般技术上，对行业的辐射、拉动作用比较小。R&D经费支出占GDP的比重较低，规模以上工业企业中有R&D活动的仅有111家，占比仅为3.9%。此外，环境、资源、交通、能源等工业发展制约因素不断增加，工业经济转型升级压力不断增大。

（三）服务业发展相对滞后，增长动力相对不足

尽管近几年服务业发展较快，但服务业占比仍然较低。2015年全市服务业占比仅为37.1%，低于全省8.2个百分点。一是内部结构不尽合理，优化调整仍需加强。汽车类、家用电器等传统消费热点市场几近饱和，对服务业发展作用弱化；休闲娱乐、文化旅游、养老保健等新兴消费点受居民收入影响，增长乏力。二是服务业企业规模较小，发展后劲不足。全市服务业企业多以中小微企业为主，市场影响力大的大企业、大集团较少，知名服务品牌相对缺乏，本土企业安于现状，暂没有走出聊城、全国连锁的打算。三是服务业吸引外资能力较弱，缺乏投资规模大、产业相关度高、带动能力强的大项目、好项目。四是居民消费信心不足，市场发展缺乏后劲。受经济形势影响，城乡居民消费预期不乐观，住房、医疗、教育预期支出压力增大。居民消费信心不足，储蓄倾向较重。

（四）对外贸易形势依然严峻

受国际大宗商品价格下滑、国内市场有效需求不足、经济下行压力增大等宏观经济因素影响，全市对外贸易下降明显，自2014年第一季度以来持续呈现负增长。2015年第一季度全市进出口总额增幅为－8.5%，第二季度扩大至－16.3%，尽管第三、四季度降幅有所收窄，但依然较大，分别为－13.2%和－11.3%。进口大幅下降是全市对外贸易持续低迷的主要原因。2015年第一、二、三、四季度进口增幅分别为－23.2%、－39.6%、－28.4%和－23.9%。实际利用外资明显下降，经济外向度不高。全市实际利用外资5680万美元，较上年下降46.6%。

三、2016年经济走势判断及建议

2016年是我国“十三五”规划的开局之年，是我国进一步深化改革、扩大开放的关键之年，亦是经济适应新常态、拓取新发展的攻坚之年，更是聊城市奋勇争先、争先进位的作为之年。展望2016年，综观国内外形势，世界经济仍将持续温和复苏，我国发展仍处于可以大有作为的重要战略机遇期，具备经济持续健康发展的基本条件。尽管2016年经济发展的不确定因素仍然较多，但经济稳步发展的动力仍不断增加，新动能仍不断积聚，经济运行实现稳中有升、稳中向好的趋势仍保持不变。全市上下仍

需坚定信心，按照创新、协调、绿色、开放、共享的发展理念，把握好稳增长与调结构的平衡点，积极做好“去产能、去库存、去杠杆、降成本、补短板”各项工作，推动全市经济提质增效、科学发展。

（一）坚持稳中求进总基调，推动经济持续健康发展

深刻把握新常态下经济发展内涵、动力、格局的变化，正确认识新常态，主动适应新常态，积极引领新常态，坚持稳中求进、进中向好，坚持在优化增量中稳增长、调结构。一是要继续增强经济稳定增长的底线意识，以稳增长为工作的出发点。二是要继续推进经济增长中的动力结构、产业结构、区域结构、就业结构等的调整，把握好经济调控的轻重缓急和时机节奏，防止经济出现大起大落。三是要在保持经济稳定增长的基础上，继续积极推动发展方式转变。

（二）着力释放有效需求，筑牢经济发展的动力保障

从聊城自身发展状况看，一是要确保投资扩量提质。要充分发挥投资促进经济发展的“加油站”和“助力器”作用，加快实施重大项目带动战略，确保项目落地、投产、生效。加大资金的筹措力度。鼓励企业通过证券市场上市融资，降低资金，不断扩大利用银行贷款，确保项目资金到位。要精准掌控投资方向，使投资不断向高精尖领域倾斜，利用投资结构调整促使“转调创”，提升经济发展后劲。二是要活跃消费市场，充分挖掘消费对经济的贡献度，重点从电子商务、旅游、文化、体育、养老服务和农村消费市场等方面寻求突破，重点推进引导消费结构转型升级。三是要想方设法用好国际国内两大市场、两种资源。致力于扭转对外贸易低迷状态，搞好“引进来”和“走出去”双向推进，最大限度地释放对外贸易对经济发展的支撑作用。

（三）着力推动供给侧结构性改革，加快破除增长难题

把握好节奏和力度，稳步推进“三去一降一补”各项工作，努力提高供给体系质量和效益。一是要坚决淘汰并严禁再上过剩产能。对我市产能过剩企业，特别是丧失自我修复能力的企业进行摸底调查，研究制定分类处置方案和配套政策措施；健全市场化退出机制，有序推进资产重组、破产清算，切实做好退出企业的职工安置工作，严格把关杜绝新上过剩产能项目。二是要坚决落实降成本的各项政策。清理取消不合理收费，整合各类中小微企业财政奖补资金；引导金融机构提高贷款审批和发放效率，推动企业上市融资。三是要坚决依靠去库存稳定房地产市场。用足用好住房公积金支持职工住房消费的政策，扩大住房消费，引导未开发房地产用地转型利用。四是要坚决依托品牌质量扩大有效供给。实施质量强市战略，鼓励和引导企业瞄准国际一流水平，加快产品服务升级；鼓励商品

生产企业进行设计、服务和经营模式创新，扩大个性化、定制化、精品化产品供给。五是要坚决依靠金融创新防范化解金融风险。继续发挥好市、县两级企业还贷周转金作用，提升政府背景担保公司融资担保能力，为资金困难企业提供临时还贷支持；做大做强融资性担保行业，逐步置换企业互保联保贷款；健全政银企应急处置风险合作机制，加大对不良贷款的核销和处置力度。

（四）着力推动产业转型升级，加快提升质量效益

一是要大力发展现代农业。搞好农田水利建设；加强农业品牌建设，重点培育品牌蔬菜、特色林果、现代畜牧和水产养殖基地，争创国家级绿色食品原料生产加工基地；加快发展精致高效农业，奋力推进农村电子商务，抓好“淘宝村”建设。二是要力促工业转型升级。推进企业技术改造和设备更新，以新能源汽车、通讯光纤、稀土制品等产品为重点，大力培育新材料、新能源、高端装备、节能环保等战略性新兴产业；推进工业企业“双百”工程，发展壮大100户重点企业和100户第二梯队企业，加快培育一批50亿、百亿和千亿企业；实施产业园区升级工程，着力提升“3＋5”千亿产业园区承载能力，推动重点产业集群式入园发展；用好环境、能源、资源、土地等约束机制，加大低效落后产能淘汰力度，倒逼落后产能加快转型。三是要加快服务业创新发展。推进服务业提升工程，推动生产性服务业向专业化和价值链高端延伸，生活性服务业向精细和高品质转变；推进现代物流业突破工程，依托盖氏邦晔、千千佳等企业发展城市配送物流、冷链物流、医药物流等专业物流；实施电子商务示范带动工程，重点抓好冠县、莘县农村淘宝服务中心的建设与运营，推动创业大厦、当代国际大厦、汇通智慧创新大厦等创业载体发展，加快创建国家电子商务示范城市；实施商贸业提升工程，推动百货大楼、亿沣超市等传统商贸企业发展全渠道、O2O、定制化营销模式，增加餐饮、休闲、娱乐、文化、体育等功能；实施健康服务业培育工程，推动临清华美健康产业园、茌平金柱和佑颐养中心、冠县新华健康产业园、莘县日月潭怡养院等健康养老项目投产增效，着力打造省级区域健康医疗中心；实施文化旅游业壮大工程，以运河文化旅游产业带推进为主线，整合古城、东昌湖景点等旅游资源，组建旅游集团进行商业化运作。

（五）着力深化重点领域改革，加快体制机制创新

继续深化行政审批制度改革。进一步梳理审批事项，削减市级行政审批事项，深化企业登记“三证合一”“一照一码”，缩短审批时限。深化国有企业改革。积极推进混合所有制改革，发挥国有资本引导带动作用；加快推进国有资本监管体制建设，组建或改建国有资本投资运营公司；优化考核分配机制，出台商业类、公益类市属国企考核办法，推动建立现代公司治理体制。稳步推进农村改革。明晰集体土地产权归属，实现集体产权主体清晰；稳定农户承包权，放活土地经营权。探索宅基地有偿使用制度和自愿有偿退出机制，探索农民住房财产权抵押、担保、转让的有效途径。创新投融资体制。加快 BT、TOT、资产证券化融资等项目融资方式的运用，大力发展 PPP 项目，通过设立奖补资金，吸引更多社会资本参与项目建设；加快市公共资源交易中心建设运营。

（聊城市统计局　孙　锋　李朋伟）

结构调整稳中有进　转型升级稳中提质

——2015年滨州市经济社会发展情况及展望

在全国进入增速换挡、结构调优、动力转换的新常态下，滨州全市上下着力应对经济下行压力，2015年经济呈现总体稳定、稳中有进、进中提质的良好态势。GDP实现7.1%的增速，成绩来之不易，充分说明经济仍运行在合理区间，而且呈现出经济结构进一步优化、转型升级进一步加快、新兴动力进一步积聚、人民生活进一步改善的显著特点。但也要看到，当前国内外政治经济环境仍然错综复杂，结构调整、转型升级正处在爬坡过坎的关键阶段，全面深化改革任务艰巨，稳增长、促改革仍面临较大压力。

一、全年经济运行的基本特点

初步核算并经省统计局反馈，2015年全市实现生产总值2355.33亿元，按可比价格计算，比上年增长7.1%，增速列全省第12位，较上年前移4个位次。分产业看，第一产业增加值217.53亿元，增长4.9%；第二产业增加值1150.17亿元，增长6.8%；第三产业增加值987.63亿元，增长7.9%。三次产业结构为9.24∶48.83∶41.93，第三产业占比较上年提高1.5个百分点。

（一）农业生产形势总体良好

粮食生产形势总体稳定。全年粮食播种面积680.15万亩，较上年增加14.4万亩；总产310.35万吨，较上年增加4.63万吨，两项指标均创历史新高。林业、畜牧业、渔业生产形势总体良好，农村经济实现平稳增长。全年农林牧渔业实现总产值449.58亿元，增长5.0%，增速较上年提高0.6个百分点。现代农业成效显著。黄河三角洲（滨州）国家农业科技园区建设取得新进展，沿黄现代农业示范区成功创建省级示范区。“渤海粮仓”无棣核心试验区已成为全国棉改粮示范样板工程，项目区盐碱地含盐量明显下降。2015年6月14日，山东省科技厅组织专家对“渤海粮仓”无棣县项目区小麦示范田进行测产，经现场实打实测，折合亩产517.08公斤。“渤海粮仓”滨州项目区科技示范工程小麦亩产再破千斤大关。

（二）工业生产稳中有升

从全年走势看，工业生产呈现稳中有升态势。全年规模以上工业增加值增长8.0%，较上半年提高0.5个百分点，超出全省水平0.5个百分点。从行业看，37个行业大类中有14个行业实现正增长，增长面为37.84%。重工业仍是工业发展的主要力量，全年重工业实现增加值同比增长10.65%，拉动全市上涨5.9个百分点，对全市工业生产增长的贡献率为73.76%。其中，有色和石油加工炼焦等重点行业增势稳定。有色金属冶炼和压延加工业增加值增长18.17%，石油加工、炼焦和核燃料加工业增长18.16%，是拉动全市工业的主力军。从主要产品看，20种主要产品中有10种产品实现正增长。其中，汽油增长52.0%，焦炭增长14.9%，石油沥青增长14.2%，精制食用植物油增长12.3%。

（三）固定资产投资平稳中趋缓

2015年以来，固定资产投资增势稳定，一直保持在14%左右水平，进入三季度增幅略有回落。全年累计完成固定资产投资1990.24亿元，增长13.8%。从产业情况看，第一产业完成56.35亿元，增长99.1%；第二产业完成1345.25亿元，增长20.5%，其中工业完成投资1271.14亿元，增长20.0%；第三产业完成588.63亿元，下降2.5%。从三大投资领域看，制造业完成投资1097.88亿元，增长14.7%；基础设施完成投资376.39亿元，增长11.9%。从投资来源看，民间投资1624.63亿元，增长6.5%，占全部投资的81.6%。

（四）消费市场缓中有升

全年全市实现社会消费品零售总额813.63亿元，增长9.0%；增幅较前三季度提高0.4个百分点。从销售单位所在地看，城镇消费品零售额556.15亿元，增长9.0%；乡村消费品零售额257.48亿元，增长9.2%。从消费形态看，餐饮收入96.73亿元，增长10.2%；商品零售716.89亿元，增长8.9%。从销售规模看，限额以上单位消费品零售额251.89亿元，下降1.3%，降幅较前三季度收窄4.4个百分点。从限额以上单位统计的22类商品看，有15类商品零售额实现增长。其中，煤炭及制品类增长46.5%，机电产品及设备类增长41.4%，书报杂志类增长33.1%，体育、娱乐用品类增长16.6%，通讯器材类增长15.5%，电子出版物及音像制品类增长13.2%，粮油食品类增长10.5%。

（五）开放型经济取得新突破

在当前全国、全省外贸形势严峻的情况下，滨州对外贸易呈逆势上扬态势。全年实现进出口总额81.39亿美元，增长12.7%，增幅高于全省水平25.4个百分点，居全省第2位。其中，出口额36.32亿美元，下降4.1%；进口额45.07亿美元，增长31.3%。从主要出口产品看，电器设备及元件、铝材及制品、糖（葡萄糖）、钢材及制品出口形势良好，分别增长63.9%、39.9%、31.2%和12.2%。从主要进口产品看，大豆、铝矿砂占到进口额的74.9%，分别增长33.4%和132.7%。

全年全市新批利用外资项目9个，实际到账外资4.1亿美元，增长7.2%。多层次资本市场融资模式（上市、"新三板"、公司债和票据等）在探索中取得新突破。全年有8家企业在"新三板"挂牌上市，8家企业实现股权挂牌。据不完全统计，全市企业直接投资规模超过171亿元。

（六）财税收入增势稳定，金融物价运行总体平稳

全年实现一般公共预算收入204.15亿元，增长9.1%。其中，税收收入152.55亿元，增长7.3%，占一般公共预算收入的比重为74.73%。主体税种中，增值税增长1.3%，营业税增长19.6%，企业所得税下降0.1%，个人所得税增长5.2%。全年实现国税税收收入175.61亿元，增长8.5%，增速列全省第4位；实现地税税收收入128.23亿元，增长7.5%，增速列全省第12位。

年末全市金融机构本外币存款余额2375.27亿元，较年初增加272.32亿元，比年初增长13.0%，增幅列全省第4位；本外币贷款余额2095.47亿元，较年初增加225.77亿元，比年初增长12.1%，增幅列全省第6位。存贷比为88.22，列全省第2位。

全年居民消费价格累计同比上涨1.3%。其中，服务项目价格同比上涨2.7%，消费品价格上涨0.8%。八大类商品和服务项目价格"七升一降"，食品上涨0.8%，烟酒上涨2.9%，衣着上涨3.8%，家庭设备用品及维修服务上涨0.2%，医疗保健及个人用品上涨0.4%，交通和通讯下降0.3%，娱乐教育文化用品及服务上涨0.4%，居住上涨2.5%。

（七）民生事业持续改善

就业形势良好。全年城镇新增就业6.04万人，完成年度计划的188.7%；农村劳动力转移就业9.64万人，完成年度计划的113.5%。全市城镇登记失业率为2.19%，控制在省下达目标内。全年保障性安居工程开工22785套，基本建成14351套，均超额完成国家下达任务。

居民收入稳步提高。全年全市居民人均可支配收入20846元，增长8.4%。其中，城镇居民人均可支配收入28388元，增长7.5%；农村居民人均可支配收入12727元，增长8.8%。

(八)经济运行展现新活力

积极引进一批大项目、好项目。大连万达城市综合体、颐高国际电子商务产业园、红星美凯龙等重大项目开工建设顺利。欧尚大型超市项目已签订意向协议。电子商务、信息消费等发展迅猛。博兴县被省商务厅确定为全省电子商务试点县。全市“中国淘宝村”增至16个,全年电子商务交易额达到1001亿元,增长34.4%。实施“三证合一”登记制度,实行“一照一码”登记模式,民营经济展现出强大活力。截至2015年末,全市民营经济经营户数达17.95万户,从业人员81.66万人,分别增长23.1%、23.6%。

二、经济运行中存在的问题和困难

(一)面对复杂的国内外环境,企业对后期经济运行信心明显不足

在对下季度工业生产经营总体状况的调查中,持“乐观”判断的企业比重为26.4%,比上年同期下降1.26个百分点;持“不乐观”判断的企业比重为10.8%,比上年同期提高1.23个百分点。在对下季度企业综合经营状况的评价中,持“良好”判断的企业比重为27.6%,比上年同期下降3.25个百分点;持“不佳”判断的企业比重为8.8%,比上年同期提高3.48个百分点。在对下季度企业生产增速的预计中,预计“加快”的企业比重为10.8%,比上年同期下降3.56个百分点;预计“减缓”的企业比重为19.6%,比上年同期提高4.17个百分点。乐观判断的比重下降,不乐观判断的比重提高,表明企业对后期工业经济运行信心不足。

(二)市场需求不足,企业经营面临较大困难

全市工业生产者出厂价格和购进价格已经分别连续50个月和51个月同比下降,全年分别下降9.1%、11.5%,降幅比上半年分别扩大0.7个和0.1个百分点,工业生产领域通缩的状况惯性延续。全市1342家规模以上工业企业中停产企业154家、减产企业743家、亏损企业253家。企业效益状况继续下滑。全市规模以上工业利润总额同比下降5.67%,亏损企业亏损额增长13.42%。实体经济仍处于“去产能、去库存、去杠杆”过程中,规模以上工业企业应收账款、产成品存货分别增长21.34%和4.90%,增幅分别高于上半年9.22个和11.22个百分点。

从外需情况看,出口增速明显放缓,全年出口总额下降4.1%。出口的主力军中,纺织品、服装、化学制品分别下降30.1%、3.9%和4.2%。出口产品层次低,机电产品、高新技术产品出口占比较小,仅分别占到出口额的13.2%、5.5%。受进口配额影响,棉花进口持续下降,导致加工贸易大幅下滑,全年加工贸易下降48.7%。

(三)经济实体数量明显偏少,经济发展的支撑力亟待挖掘

"四上"企业是经济发展的主体,是经济增长的活力之源,也是完成经济发展目标任务的重要支撑。我市的"四上"企业数量居全省下游,与周边市相比差距明显,经济增长动力缺乏支撑。"四上"企业新增少,退出多。截至2015年12月末,全市"四上"企业总数2482家,较上年净减少98家。其中,规模以上工业企业仅为1342家,较上年净减少80家,少于德州、聊城、菏泽等市。批发零售、住宿餐饮和规模以上服务业单位数量也少于上述城市。从社会消费品零售总额绝对量看,我市与上述市存在较大差距。经济实体数量偏少的主要原因是达到标准的个体户转企没有积极性。

三、对当前经济形势的基本判断及2016年走势展望

(一)对当前宏观经济形势的基本判断和2016年形势展望

近年来,中国经济增速有所下降,从过去10%左右的高速增长逐步回落到7%左右的中高速增长平台,经济进入新常态。2015年11月初发布的《中共中央关于制定国民经济和社会发展第十三个五年规划的建议》提出今后五年中国经济保持中高速增长的目标,2016-2020年经济年均增长底线是6.5%以上,可见6%-7%的中速已经成为共识。经济增速放缓的背后,是中国经济发展内在条件和外部环境正在经历着深刻的变化。从加快实施"一带一路""京津冀一体化"等重大国家战略,到加大定向调控、精准扶贫力度,中央正在采取一系列重大战略举措,以保持经济长期健康持续发展。央行宣布自2015年10月24日起下调金融机构人民币贷款和存款基准利率,一年期贷款基准利率下调0.25个百分点至4.35%;一年期存款基准利率下调0.25个百分点至1.5%,这是央行年内第五次降息、第五次降准,为降低企业融资成本,助力实体经济发展提供重大利好。可以预见,随着简政放权、降准、降息等各项宏观经济调控政策的稳步实施,改革的动力和市场的活力将进一步激发,经济发展内生动力将进一步增强,经济稳中向好的态势更加积极。但受国际市场需求整体低迷、地区冲突加剧的不利影响,2016年外需持续增长面临较大压力。2015年年底,美联储宣布将基准的联邦基金利率提高25个基点,结束了长达7年的零利率时代。受此影响,2016年以来人民币大幅贬值,进一步加剧了中国经济的波动性和外界对中国经济的不稳定预期。

(二)我市经济面临的有利因素和2016年形势判断

我市经济发展情况与全国形势基本一致。经济步入了增速换挡、结构调优、动力转换的新常态,消费热点不突出,部分行业和企业效益下滑,

财政持续增收压力较大。经济正处于新旧动力转换的关键阶段，新动力还难以弥补原有动力减弱带来的不利影响，稳增长仍然面临较大压力。同时，我市传统行业占比偏大，新兴产业规模较小，服务业占比仍低于全国、全省水平，结构调整和转型升级的任务十分艰巨。

但应该看到，我市面临的一系列有利因素也为稳增长、促改革、调结构提供了强有力保障。一是传统优势产业转型升级步伐不断加快，创新能力不断增强，产业链不断向上下游延伸。铝产业已逐步发展成铝土矿—氧化铝—电解铝—铝型材—铝精深加工制品的完整产业链，培育了一大批以铝产品制造为主的龙头企业。以魏桥创业集团为代表的一大批铝产业企业发展壮大。目前，全市拥有规模以上铝材深加工等涉铝企业33家，氧化铝年生产能力1200万吨，电解铝年生产能力636万吨，铝材加工能力700万吨，吸纳从业人员10万人。2015年9月17—19日，中国铝加工产业技术创新交流大会在我市举行。56个涉铝项目达成合作意向，总协议金额31亿元。铝产业将成为支撑滨州新一轮发展的重要板块和经济增长极。二是“两区两圈”和京津冀一体化产业转移为我市增添了新的区域战略机遇。北汽海纳川滨州项目总投资138亿元，一期年产10万台的缸体、缸盖铸造和机加生产线工程主体已完成；年产30万台的缸体、缸盖铸造和机加生产线2016年底投产。项目全部达产后，年实现销售收入500亿元。三是随着“新四化”稳步推进和港口、铁路、高速公路等基础设施项目的建设，经济持续健康发展的环境承载力和运输潜力进一步释放。2015年6月26日，滨州港口2×3万吨码头正式开航运营。滨州港是黄蓝战略规划中的重要港口之一，是省会城市群经济圈内唯一海港和最近的出海通道，也是我省建设“东北亚国际航运综合枢纽”的重要一环。2015年9月28日，德大铁路滨州站正式开通运营，结束了滨州不通铁路的历史，便利快捷的交通将进一步为滨州的发展聚集人流、物流、资金流。2015年10月16日，“滨新欧—滨州号”国际货运班列开通，滨州货物可直达欧洲。班列的开通将进一步加强我市与中亚、欧洲经贸往来，提升我市外向型经济发展水平，能够综合发挥港口、铁路的融合功能，形成陆海统筹、海铁联运，促进主导产业实现大进大出、优进优出的良好格局。

综合判断，2016年乃至“十三五”时期全市经济运行的环境总体良好，经济运行将继续保持总体平稳、稳中有升的良好态势。

四、促进全市经济持续健康平稳发展的几点建议

(一)着力发展实体经济，夯实稳增长基础

一是认真研究和把握国家宏观调控政策，强化对全市举足轻重的大

型企业集团的跟踪监测，协调企业解决困难，发挥骨干企业的支撑作用。充分利用国家针对中小企业的减税政策，帮助中小企业解决融资问题，发挥其带动就业、增加居民收入的优势，努力形成“大企业顶天立地，小企业铺天盖地”的良好局面。二是正确处理短期稳增长与长期调结构的关系，把转型升级、提质增效作为关键和重点，积极培育新的经济增长点，鼓励扶持企业自主创新发展，积极引导企业开拓产品市场，采取措施帮助企业降本增效，促进全市经济保持健康平稳增长。三是大力培育新增企业，在增量拉动上求突破。新增企业是拉动经济增长最直接、最有效的生力军。在稳存量经济发展的同时，还要全力抓好新建企业的培育、入库和政策扶持，紧密结合产业实际情况，在创业扶持、资金支持、融资促进等方面加大对企业的扶持力度。探索设立政府专项扶持资金，宣传引导更多企业纳入“四上”单位名录库，做大总量，稳定存量，优化增量。四是发挥龙头企业带动作用，延伸拉长产业链。铝产业以魏桥创业集团、齐星集团等企业为龙头，依托氧化铝、电解铝的上游资源优势，打造5000亿级产业集群。以产业集聚区为载体，狠抓产业集群发展，围绕各集聚区的主导产业，采取有力措施，引导并推动企业根据确定的产业链条进行纵向协作和横向联合，逐步形成龙头企业和配套企业相互依存、互动发展的完整产业链。

（二）加快投资项目建设，在有效投资上精准发力

今天的结构反映了昨天的投入，今天的投入决定着明天的发展后劲和质量。今天没有大的项目投入，明天就不可能有充足的税收、科学的增长，后天的工资增长、医保社保、教育卫生等许多公共支出就难以保障。为此，一要进一步优化投资结构，加快先进制造业、现代服务业、民生工程、基础设施项目推进和建设步伐，鼓励和支持企业加大对战略性新兴产业、科技创新等方面的资金投入力度，加快产业结构调整步伐，提高经济发展后劲。二要贯彻落实国家有关政策，制定完善各项配套措施，着重破解民营企业融资难、税费重、准入门槛高等问题，进一步激发民间投资活力，充分发挥民间投资的巨大拉动作用。三要摸清新常态下的投资需求，在有效投资上精准发力。随着城镇化进程加快和居民收入提高，人们对环境保护、教育医疗、文化旅游等都提出了更高要求，投资在技术创新、产业升级、环境治理等领域中大有可为。

（三）促进消费转型升级，培育经济增长新动力

一是积极引导企业创新经营模式，兼顾线上和线下共同发展。因为当前网络零售已逐渐成为年轻人的一种重要消费模式，而目前我市限额以上贸易法人企业中能够利用网络开展营销的只有八九家，实现的销售额也很少，与发达地区差距较大。二是积极培育新的消费热点。发展养老、家政、医疗、保健、休闲文化、现代旅游等居民服务和家庭服务业，解决需求急剧增长和供给相对不足的矛盾，引领服务消费，释放消费潜力。三是千方百计增加居民收入，缩小不同收入阶层之间的收入差距，提高消费能力。四是完善社会保障体系，消除居民的后顾之忧，提升居民消费信心。

（滨州市统计局　常增文　宋延武）

经济发展平稳向好　社会事业持续推进

——2015年菏泽市经济社会发展情况及展望

2015年以来，面对复杂多变的国内外经济环境，市委、市政府带领全市人民，深入贯彻落实科学发展观和十八届四中、五中全会精神，积极适应经济发展新常态，着力培育"五大主导产业"，大力推进各项改革，全面加快"转调创"步伐。全市经济继续保持平稳向好发展，质量和效益进一步提高，各项社会事业稳步推进，民生保障水平提高，居民生活环境进一步改善。

一、全市经济总体保持平稳向好发展态势，质量和效益进一步提高，各项社会事业稳步推进

全市经济总体保持平稳较快增长。2015年，全市实现地区生产总值2400.96亿元，可比增长9.3%。分产业看，第一产业实现增加值270.09亿元，可比增长3.0%；第二产业实现增加值1267.43亿元，可比增长10.0%；第三产业实现增加值863.44亿元，可比增长10.1%。

（一）从三次产业看，农业生产保持平稳增长，工业生产快速增长，服务业发展较快、占比提高

农业生产形势稳定，生产条件进一步改善。2015年，我市降水较多，没有大的自然灾害，气象条件总体有利，农业生产形势稳定。粮食生产实现"十二连增"。全市粮食总产148.21亿斤，增长5.5%，总产创历史最高水平。在粮食稳定增产的前提下，畜牧业生产总体平稳。全市肉类总产69.52万吨，增长2.5%；禽蛋产量41.66万吨，增长4.5%；奶类总产6.85万吨，增长2.8%。农业现代化水平逐步提高。截至2015年末，农机总动力达到1530.13万千瓦，增长2.3%。全市农作物耕种收综合机械化水平达到85.5%，比上年提高1.35个百分点。

工业生产保持快速增长。2015 年,全市规模以上工业增加值增长 13.05%。分轻、重工业看,重工业增加值增长 16.16%,快于轻工业增加值增速 7.46 个百分点。分行业看,我市纳入统计的 34 个行业中,除煤炭开采和洗选业增加值下降 2.56%外,其他 33 个行业实现增长,增长面达 97.1%。主要工业产品产量保持增长。原煤产量 1483.56 万吨,增长 2.2%;人造板产量 888.06 万立方米,增长 9.2%;化学纤维产量 9.4 万吨,增长 9.6%;轮胎外胎产量 907.7 万条,增长 45.5%。

工业用电量增长较快。工业用电量的快速增长预示着工业经济发展加快。2015 年全市工业用电量 117.95 亿千瓦时,同比增长 5.7%。在全省 17 市中,共有 4.0 个市的工业用电量增速为正增长,我市工业用电量增速居第 3 位,比全省平均增速高 4.0 个百分点。我市工业用电量增速与规模以上工业增加值增速的匹配度较高,电力弹性系数(工业用电量增速与规模以上工业增加值增速之比)达到 0.44,比全省平均水平高 0.21。

服务业占 GDP 的比重进一步提高,电子商务业发展迅速。2015 年,全市服务业实现增加值 863.44 亿元,增长 10.1%;占 GDP 的比重达到 36.0%,同比提高 1.3 个百分点。借助"互联网+"的发展,与互联网相关的新兴产业保持较快增长。全市电商产业园区已建成投入使用 11 个,在建 5 个。新增"四上"企业中不断涌现出 O2O、B2C 等新兴电子商务业态企业。东明石化集团打造的东明石化商城自 2015 年 9 月底上线运行到年底,实现网上汽柴油销量 29.1 万吨,实现销售额 14.97 亿元。山东优博电子商务有限公司运行的淘宝"特色中国·菏泽馆"开馆 3 天销售额达到 436.9 万元。农村电子商务发展迅猛,"淘宝镇"由 1 个发展到 4 个,"淘宝村"由 7 个发展到 35 个,都位居全省前列。

(二)从拉动经济增长的动力看,固定资产投资增长平稳,消费品市场稳中有升,外贸进出口大幅增长

固定资产投资平稳增长。2015 年,全市完成固定资产投资 1073.35 亿元,同比增长 14.1%。分产业看,第一产业完成投资 8.53 亿元,同比增长 128.0%,占规模以上投资的 0.8%;第二产业完成投资 558.25 亿元,同比增长 16.0%,占规模以上投资的 52.0%;第三产业完成投资 506.57 亿元,同比增长 11.1%,占规模以上投资的 47.2%。2015 年,高新技术产业完成投资 169.05 亿元,同比增长 28.0%,投资结构进一步优化。

消费品市场稳中有升。2015 年,全市实现社会消费品零售额 1352.11 亿元,同比增长 11.3%,分别比一季度、上半年和前三季度高 0.1 个、0.1 个和 0.2 个百分点。按消费形态看,住宿餐饮业面对新形势,不断尝试转型,市场有所恢复,增速高于全市零售额。2015 年,全市餐饮收入 127.92 亿元,增长 12.7%,比全市社会消费品零售额增速高 1.4 个百分点。

外贸进出口快速增长。2015 年,全市完成进出口总值 43.25 亿美元,增长 21.0%,增幅居全省第 1 位。其中,出口完成 21.97 亿美元,同比增长 1.8%;进口完成 21.28 亿美元,同比增长 50.2%。

(三)从三大收入看,公共财政实力增强,企业收入平稳增长,城乡居民收入持续增加

公共财政预算收入增速提高,收入结构优化。2015 年以来,我市经济发展平稳,财政收入增速有所提高。全市完成公共财政预算收入 177.66 亿元,增长 9.7%。收入结构优化。税收收入占公共财政预算收入的比重达到 77.0%,同比提高 0.5 个百分点。四大主体税种收入占税收收入的比重达到 62.5%,同比提高 3.7 个百分点。

企业收入平稳增长,重点企业税收贡献增加。2015 年,全市规模以上工业企业完成主营业务收入 7051.3 亿元,增长 9.8%,完成利税 895.58 亿元,增长 6.1%;完成利润 548.03 亿元,增长 5.5%。全市入库税金前 100 名企业共上缴税金 84.17 亿元,占全部税收的 33.6%,同比提高 1.4 个百分点。纳税额过亿元的企业达到 12 家,比上年增加 2 家;第 100 名企业纳税 953 万元,比上年第 100 名企业纳税额多 152 万元。

居民收入持续增加,城乡差距继续缩小。2015 年,全市居民人均可支配收入 14276 元,增长 9.6%。其中,城镇居民人均可支配收入 20370 元,增长 8.5%;农村居民人均可支配收入 9802 元,增长 9.8%。农村居民收入增幅超过城镇居民 1.3 个百分点,城乡居民收入之比(以农民收入为 1)为 2.078,同比下降 0.025,城乡居民收入差距继续缩小。

(四)从经济发展环境看,金融机构存贷款快速增长,重点支出得到保障,居民消费价格低位运行

金融机构存贷款快速增长。2015 年末,全市金融机构本外币存款余额 2550.47 亿元,同比增长 14.5%。其中,住户存款余额 1912.26 亿元,同比增长 15.0%。金融机构本外币贷款余额 1635.43 亿元,同比增长 13.0%。

保险事业健康发展。截至 2015 年末,共有 38 家保险公司在我市开展业务。2015 年,全市保险业财产险保费收入 18.68 亿元,增长 17.9%;人身险保费收入 71.01 亿元,增长 27.3%。财产险赔付支出 9.6 亿元,增长 22.3%;人身险赔付支出 8.4 亿元,增长 4.9%。

重点支出得到保障,尤其是事关民生的支出增长较快。2015 年,全市公共财政预算支出399.62亿元,增长16.3%。其中,教育支出81.71亿元,增长21.9%;社会保障和就业支出70.25亿元,增长20.1%;住房保障支出7.08亿元,增长44.7%。

居民消费价格低位运行。1—12月,当月价格同比分别上涨0.6%、0.6%、0.3%、1.2%、0.7%、0.5%、1.0%、2.3%、1.0%、1.5%、2.0%和2.0%,全年平均上涨1.1%,涨幅比上年回落0.8个百分点。八大类消费品价格"六升二降"。其中,价格同比上涨的是食品类(上涨0.7%)、衣着类(上涨3.2%)、家庭设备用品及服务类(上涨1.4%)、医疗保健及个人用品类(上涨1.5%)、娱乐教育文化用品及服务类(上涨3.5%)、居住类上涨(1.2%);价格同比下降的是烟酒及用品类(下降1.1%)、交通和通讯类(下降2.5%)。

(五)从经济发展成果看,经济结构持续优化,民生保障水平持续提高,居民生活环境有所改善

经济结构继续优化。2015年,全市三次产业结构调整为11.2∶52.8∶36.0。与上年同期相比,第一产业占比下降0.5个百分点,第二产业占比下降0.8个百分点,第三产业占比提高1.3个百分点,经济结构进一步优化。服务业内部结构优化,现代服务业发展加快。以信息传输、计算机服务和软件业,租赁和商务服务业,居民服务和其他服务业,文化、体育和娱乐业为主的营利性服务业发展势头良好,占比提升。2015年,全市营利性服务业实现增加值181.46亿元,增长19.8%,高于全部服务业增速9.7个百分点,占GDP的比重比上年提高0.9个百分点。

民生保障水平持续提高。民生支出占公共财政预算收入的比重达到77.7%。社会就业稳步发展,通过就业扶持、培训提升、创业指导,新增城镇就业9.9万人、农村劳动力转移就业20.1万人,城镇登记失业率为3.12%。公共服务水平稳步提升,市区新上新能源公交车300辆,投放公共自行车1000辆。新建村级综合性文化服务中心700个、文化广场1605个。开工保障性安居工程23976套,改造农村危房7276户。建设农村公路1148.5公里。

城乡居民生活环境有所改善。全市上下狠抓节能环保工作,坚持把生态文明建设放在更加突出地位,坚持"绿色发展、循环发展、低碳发展",全力建设美丽菏泽。全市淘汰落后设备1091台套,节能30万吨标煤。盘活利用低效工业用地7672亩,治理采煤塌陷区1.3万亩。国家级、省级生态乡镇分别达到44个、109个。城市环境空气质量同比改善6.0%;"蓝天白云,繁星闪烁"天数达到186天,同比增加41天。三条主要河流出境断面水质稳定达标。全面完成省下达的各项约束性指标。

全市经济在国内外经济环境复杂多变、各种制约因素叠加、全国全省经济回落的情况下，保持了较好发展态势。据国家统计局服务业调查中心和中国物流与采购联合会发布的数据显示，2015 年 12 月份，中国制造业采购经理指数(PMI)为 49.7%，比上月回升 0.1 个百分点，本月 PMI 虽然微幅回升，但仍位于临界点以下。尤其原油价格降至多年最低点，相关行业企业的生产经营受到一定影响，制造业下行压力依然较大。中国非制造业商务活动指数为 54.4%，比上月上升 0.8 个百分点，连续两个月上升，为 2015 年以来的最高点，扩张动力较为强劲。表明非制造业总体保持稳中有升的发展态势。业务活动预期指数为 58.3%，处在较高景气区间，表明非制造业企业对未来 3 个月市场预期持乐观的态度。

二、展望 2016 年，面临复杂的发展环境，全市经济既有保持平稳增长的有利条件，也存在一些不利因素

2016 年是“十三五”的开局之年，从外部发展环境看，发达经济体将温和复苏，而新兴市场和发展中经济体将面对增长减缓的新现实。我国制造业面临转型升级，劳动力价格上涨，对于劳动密集型企业和出口型企业发展不利。目前，我国经济逐渐进入中速发展阶段，各项改革进入攻坚期，在我国大力推进城镇化的带动下，投资和消费将保持健康发展，经济结构持续优化。预计 2016 年，全国经济发展仍将继续上年稳中有进的发展趋势。

从我市的经济发展情况看，有利于发展的因素正在蓄积。

1. 多项政策叠加，将进一步促进我市经济发展。中原经济区发展规划和省委、省政府制定的山东西部经济隆起带发展规划都将继续支持我市的发展，省委、省政府在大项目布局、生产要素倾斜和基础设施建设等方面将继续给予我市大力支持。

2. 基础设施建设快速推进。2016 年，菏泽机场、菏泽至曲阜城际铁路开工建设；德上高速巨野至单县段和枣菏高速菏泽段开工建设；新万福河航道将开工建设。这些基础设施项目的建设，将为菏泽经济注入新的活力。

3. 主导产业快速发展。经过近几年的发展，我市逐步形成了能源化工、生物医药、机电设备制造、农副产品加工、商贸物流五大主导产业。这些产业的迅速壮大，为我市经济快速发展奠定了基础，提供了可靠保障。

4.“互联网+”引领新趋势，新的增长极逐步形成。在“互联网+”行

动助推下，我市一批功能完善、产业特点鲜明的电子商务产业园区已初步建成，吸引了国内外电子商务企业和配套服务企业入驻，初步形成了集网上商品交易、物流配送、融资支持、综合服务、人才培训等多功能、多业态为一体的电子商务集聚区。

近几年，我市经济发展势头较好，增长较快，有了一定的发展基础；但与科学发展观的要求相比，与先进市相比，仍然面临一些不利因素。

1. 外部环境将继续影响我市经济发展。国际金融危机深层次影响在相当长时期依然存在，全球经济贸易增长乏力，我国经济发展面临的外部环境不稳定、不确定因素增多。从国内看，我国经济长期积累的结构性矛盾还需要一些时间化解。宏观调控仍面临诸多困难和挑战，经济保持平稳发展的压力较大。2015 年，全国 GDP 较上年同期回落 0.4 个百分点，社会消费品零售总额增速同比回落 1.3 个百分点，固定资产投资增速同比回落 5.7 个百分点。就我市发展情况看，我市保持经济平稳增长的压力较大。2015 年，我市 GDP 增速同比回落 0.9 个百分点，社会消费品零售总额增速同比回落 1.7 个百分点，固定资产投资增速同比回落 1.9 个百分点。

2. 经济转型升级压力较大。一是农业面临较大的转型升级压力。由于粮食产量增加，粮价下跌，人工和土地成本攀升，农民种粮比较收益低；同时，农村青壮年劳动力大量外出，高效农业推广迟缓。二是我市工业发展起步较晚，工业经济总量较小，并以传统产业为主，结构层次较低，不能满足当前快速提高的需求层次，造成产品供给与市场需求吻合度不高，企业效益下滑。三是服务业以批发零售业、住宿餐饮业和交通运输邮电业为主，高附加值、技术知识密集型为主的信息传输、计算机服务和软件业，租赁和商务服务业等行业占比较低，现代服务业发展不够充分。

3. 创新能力需要进一步提升。一是创新人才不足，不论是企业还是农村，普遍存在创新型人才数量不足、能力水平较弱等问题。二是创新平台建设滞后，不论是政府主导的各类科技孵化器，还是企业建设的研发中心，均存在水平不高、建设滞后的问题。三是创新性资金投入不足，不论是政府还是企业，对科技研发的投入均低于全省平均水平。

4. 金融对实体经济的支持力度需要进一步加大。一是我市金融机构单一，导致金融业内竞争不足，从而使金融机构内部缺乏内生的创新以及发展动力，并且其垄断地位使得服务质量无法提高，程序不能优化。二是金融资金不能得到有效利用。由于我市企业规模较小，大部分中小企业由于达不到银行的授信条件而得不到贷款，使得金融机构不能将所吸收的储蓄投入实体经济,造成资金浪费。三是金融服务经济的水平不高。从企业初创、作坊式生产到成长为大型企业集团,都有不同的金融服务需求,特别需要构建完整的,有机联系、相互协同的金融服务链,为经济发展提供全方位的金融服务。

综合分析有利条件和不利因素,2016 年菏泽市经济仍将保持平稳发展趋势,增速将居全省前列。

三、坚持五大发展理念,主动适应经济发展新常态,努力推动全市经济社会实现科学赶超、后来居上

我市经济社会发展正处于战略转型期,经过前几年的积累,发展动力强劲,尽管受到国内外环境错综复杂、不稳定因素较多的影响,我们要坚持创新发展、协调发展、绿色发展、开放发展、共享发展的理念,努力推动全市经济社会实现科学赶超、后来居上。

(一)深化改革,充分释放经济发展活力

一是深入推进行政审批制度改革。精简审批事项,推进审批服务“两集中、两到位”,精简压缩审批环节和办理时限,深化商事制度改革,进一步优化营商环境。二是加快农村人口转移。深化户籍制度改革,积极落实居住证制度,引导农村人口自愿、有序向城镇转移;保持农村各项权益不变,在养老、医疗、教育等方面给予市民待遇,消除农民进城后顾之忧。三是加强供给侧改革力度,鼓励我市传统企业进行升级改造,生产出能够满足人民群众需求的适销对路产品。

(二)强化发展要素保障,优化经济发展环境

一是强化土地要素保障。清理低效土地,确保招来的大项目顺利开工建设、投产达效。二是强化金融要素保障。创新融资模式,采取 PPP 等方式拓宽融资渠道,缓解资金压力;强化金融市场监管,严厉打击非法集资,创优金融生态环境。三是强化人才要素保障。深化与科研院所、培训机构合作,大力开展职业技能培训,提高技能水平和就业能力;加大招才引智力度,推行政府购买智力,借智与培养并重,为跨越发展提供人才智力保障。

(三)突出创新驱动,提升经济发展的质量和效益

一是发挥农业大市优势,发展精致高效农业,推动“粮经饲”统筹、农林牧渔结合、“种养加”一体、一二三产融合发展,提升农业的产出水平和比较效益。二是以“1688 菏泽产业带”为抓手,大力实施“千企触网”行动,引导企业积极应用物联网、云计算、大数据等信息技术,创新生产方

式、运营模式。三是大力发展电子商务与实体流通相结合的物流体系，实现商业模式的创新和提升。鼓励支持商贸流通企业将物流产业链条向农村延伸覆盖，加快构建市县乡村四级物流体系。

（四）推进新型金融机构的发展，拓宽企业融资渠道

一是按照“低门槛、严监管”的原则，鼓励社会各类资本设立小额贷款公司，形成有别于商业银行和农村信用社等传统金融机构的业务模式，为中小企业的生产经营活动提供融资支持。二是支持有条件的小额贷款公司发展为村镇银行，增强其融资服务能力。通过发展扎根当地、专注服务中小企业的小额贷款公司，能有效解决中小企业信贷业务中信息不对称、缺乏适宜的担保和交易成本高等问题。三是设立财政专项基金，为科技型中小企业的新产品开发、新技术应用提供贷款贴息和担保。

（五）坚持共享发展成果，提高人民群众福祉

一是大力推进义务教育均等化，提高医疗服务水平和社会保障能力，加快推进以改善民生为重点的社会体制改革，不断提高人民群众的生活水平、生活质量，促进社会公平正义。二是实施精准扶贫、精准脱贫，分类扶持贫困家庭。三是坚持就业优先战略，创造更多就业岗位，着力解决结构性就业矛盾。

（菏泽市统计局　高会峰　胡衍彪）

专　题　篇

新常态下山东走在前列的路径选择

全省经济工作会议提出，坚持以习近平总书记视察山东重要讲话和重要批示精神为指引，以“走在前列”为目标定位，提升发展标杆，提升工作标准，提升精神境界。山东作为人口大省、经济大省、文化大省，在全国发展大局中占有重要位置，正处在由大到强战略性转变的关键时期，同时，面临新常态下速度换挡、结构优化、动能转换的多重压力，经济社会长期快速发展积累的深层次矛盾更加凸显。如何落实总书记指示精神，奋力推动山东在全面建成小康社会的新征程中走在前列，是摆在我们面前的重要课题。

一、经过改革开放30多年的发展，山东发展成就显著，多项指标位居前列，在全国发展大局中占有重要位置

经过30多年的发展积累和转型调整，山东多项指标已位居前列，在全国发展大局中占据重要位置。山东用占全国7.2%的人口，占全国1.6%的土地面积，创造出占全国9.3%的经济总量，为全国经济保持较快稳定增长做出了重要贡献。

（一）经济总量跨越式发展，综合实力显著提升

改革开放以来，山东经济总量攀升速度逐步加快。2014年GDP接近6万亿元，达到59426.6亿元，稳居全国第3位。经济总量占全国的比重由1978年的6.2%提高到2014年的9.3%。山东一年创造的生产总值从1000亿元到1万亿元用了14年，从1万亿元到2万亿元仅用了4年，之后迈一个万亿元台阶仅需2年时间。人均GDP迈进世界中等收入国家平均水平。2014年人均GDP接近1万美元，达到9911美元，在全国的位次由改革开放之初的后15位跃升至2014年的第10位。

(二)三次产业协调发展,供给能力大幅提高

三次产业之比由1978年的33.3∶52.9∶13.8调整到2014年的8.1∶48.4∶43.5。农业基础地位愈加牢固,粮食、棉花、油料产量居全国前3位,蔬菜、水果、肉类、水产品产量以及农产品出口创汇额连续多年居全国第1位。工业规模持续扩大,规模以上工业企业个数占全国10%以上,工业经济对经济增长的贡献率达到53.5%,装备制造业占规模以上工业的比重提高到27.5%,高新技术产业实现总产值占规模以上工业的比重达到31.4%。服务业所占份额显著增大,2014年服务业实现增加值25840.1亿元,与第二产业增加值的差距由1978年的1∶3.9缩小到1∶1.1,二、三产业发展的协调性逐步增强。

(三)投资规模不断扩大,消费水平不断提升

全社会固定资产投资自2004年以来连续11年居全国首位,基础产业和基础设施投资占全社会投资的比重接近1/4,为基础产业和基础设施建设奠定了良好的基础。消费需求进入加速升级阶段,社会消费品零售总额自2002年以来连续13年居全国第2位(列广东之后),最终消费占GDP的比重稳定在40%以上。以汽车,住房,通讯产品以及文教娱乐、旅游、家政等"新兴消费品"为特征的娱乐型、享受型消费,推动了消费结构的快速升级,消费量级由一万级逐步向十万级、百万级、千万级跃升。

(四)对外经贸不断拓展,全面开放的整体格局基本形成

对外贸易发展明显加快,2014年全省进出口总额达到2771.2亿美元,为改革开放之初的78.7倍,其中出口1447.5亿美元,进口1323.7亿美元,分别为改革开放之初的69.7倍和91.8倍。出口产品结构得到优化,机电产品自2004年以来跃升为全省第一大出口产品。外资项目规模不断扩大,2014年新批外商直接投资项目平均规模1180万美元,是十年前项目平均规模的3倍以上。外资领域由占八成左右的制造业开始转向服务业,从房地产、交通运输、仓储邮政到旅游开发、研发中心、金融保险、服务外包,均有外资进驻,服务业直接外资额占全省的比重上升到35.7%。

(五)城乡居民收入持续上升,生活富裕程度提高

城镇居民人均可支配收入接近3万元,达到29222元,为1978年的74.7倍;农民人均纯收入达到11809元,为1978年的102.7倍;城镇在岗职工平均工资过5万元,达到52460元,为1978年的92.7倍。城乡居民储蓄过3万亿元,达到33178.6亿元。城乡居民人均消费支出逐年加快,2014年分别达到18322.6元和7962元,分别为1978年的53.9倍和85倍。生活消费水平不断提升,城乡居民恩格尔系数分别由1978年的61.3%和61.5%

降至28.9%和31.0%，医教娱住行支出占消费支出的比重分别由改革开放初期的13.5%和27.2%大幅提升至51.0%和54.6%。

（六）可持续发展迈出可喜步伐，经济发展质量明显提升

全省万元GDP能耗自2006年上半年开始出现向下的“拐点”，“十一五”时期累计下降22.1%，圆满完成规划目标。“十二五”以来，继续保持良好下降势头。环境治理保护工作取得新进展，率先建立了基于环境空气质量改善的生态补偿制度。经济发展与扩大就业逐步形成良性互动，全社会就业人数以每年2.2%的速度增加，城镇登记失业率连续多年低于4.0%的控制目标。政府、企业增收实现双赢，2014年地方财政收入达到5026.8亿元，为1978年的78.4倍；规模以上工业实现利润自2001年以来稳居全国前2位，利税自2004年起连续多年居全国首位。

（七）社会事业发展逐步加强，经济社会发展协调推进

教育普及发展，义务教育全面展开，小学、初中适龄人口入学率保持在99%以上，普通高等教育在校生年均增长11.3%。卫生医疗保障能力逐步改善，每万人拥有的床位数、医生数均为1978年的3倍。文化产业进入快速发展轨道，2014年文化产业增加值占GDP的比重达到3.68%。社会保障覆盖范围不断扩大，建立了“全省统一、城乡一体”的居民基本医疗保险制度和居民大病保险制度，参保人数达7885.8万人。

二、与先进省份相比，山东经济运行的质量和效益还存在诸多问题，距离走在前列的要求还有较大差距

（一）产业结构不够优化，市场竞争能力不强

2014年，我省服务业对经济增长的贡献率为38.3%，拉动经济增长3.3个百分点。我省服务业增加值比江苏、广东2省分别少4760亿元和7383亿元；占GDP的比重为43.5%，分别比江苏、浙江、广东低3.5个、4.4个和5.5个百分点，低于全国平均水平（48.1%），仅居全国第14位。生产和效益比重较低，明显处于市场竞争的劣势。以纺织业为例，2014年我省纺织服装服饰业产值占纺织业产值的比重为26.5%，而江苏、浙江、广东分别为60.7%、41.4%和149.8%；我省纺织服装服饰业实现利润占纺织业实现利润的比重仅为25.5%，而江苏、浙江、广东分别为87.8%、48.3%和139.6%。

（二）产业创税能力较弱，财政收入结构较差

2014年，我省每百元GDP提供的公共财政预算收入为8.5元，分别比江苏、浙江、广东少2.7元、1.8元、3.4元，仅高于湖南、河北、河南，居

全国后4位。其中,每百元二、三产业增加值提供的税收为7.3元,分别比江苏、浙江、广东少2.5元、2.7元、2.8元。我省税收收入占公共财政预算收入的78.9%,分别比江苏、浙江、广东低4.1个、14.6个、1.8个百分点;四大主体税种占税收收入的比重为58.8%,分别比江苏、浙江、广东低11.1个、10.8个、10.5个百分点。

(三)劳动者报酬比重较低,居民收入处于较低水平

1995—2000年,我省劳动者报酬占GDP的比重一般在46%左右,在全国的位次一般是二十六七名。2000年有所上升,劳动者报酬占GDP的比重达到47.8%,在全国的位次上升到第19位。进入新世纪以来,仍呈持续下降态势,由2001年的47.8%降至2010年的39.5%;2014年小幅回升至40.1%,但位次下滑至第30位,仅略高于天津市,分别比江苏、浙江、广东低4.0个、6.1个和7.7个百分点。居民人均可支配收入居全国第9位,仅分别占上海、北京的45%、47%,分别比江苏、浙江、广东低6309元、11793元、4821元。非私营单位从业人员平均工资居全国第16位,低于全国平均水平,仅为北京、上海2市的一半左右,低于江苏、浙江、广东等省份。

(四)投入不足、人才匮乏,提高科技创新能力任务比较艰巨

2014年,我省全社会R&D经费支出占GDP的比重为2.19%,略高于全国2.05%的平均水平,仍低于江苏(2.5%)、浙江(2.3%)、广东(2.4%)的投入强度。科技人才匮乏的问题比较突出,2014年我省R&D人员全时当量28.6万人年,仅占全国的7.7%,为广东的42.4%。科技创新能力比较薄弱,我省发明专利占授权专利的比重为14.5%,居全国第17位;规模以上工业新产品投入产出比为12.5∶1,低于全国平均水平(14.1∶1),居全国第19位,与广东持平,低于江苏(13.3∶1)、浙江(18.4∶1)等省份。

(五)能源消耗、环境承载压力较大,转变经济发展方式面临诸多挑战

2014年,我省能源消费总量折标准煤3.54亿吨,占全国消费总量的8.3%,分别比江苏、浙江、广东高0.55亿吨、1.66亿吨、0.67亿吨标准煤。其中,煤品消费占能源消费总量的80.8%,远远高于全国平均水平(66.0%),而电力等清洁能源消费占比仅为4.4%,大大低于全国平均水平(11.2%)。从发展资源看,我省人均占有耕地7.8公亩,比全国平均水平少2.1公亩;水资源总量仅占全国水资源总量的0.54%,居全国第24位。环保压力较大,土地面积仅占全国土地面积的1.6%,但承受着全国8.1%的二氧化硫排放量,7.7%的氮氧化物排放量,6.9%的烟(粉)尘排放量,7.2%的废水排放量。

三、深刻领会总书记批示精神，准确把握走在前列的科学内涵，坚定新常态下走在前列的信心和决心

（一）深刻领会习近平总书记批示精神，积极主动打好稳增长、调结构这场硬仗，为走在前列奠定坚实的经济基础

党中央对山东发展高度重视、寄予厚望，习近平总书记明确要求山东要在全面建成小康社会进程中走在前列，这是赋予山东的重大责任，也是新常态下做好经济工作的根本遵循。全省要深刻领会总书记重要批示精神，准确把握走在前列的深刻内涵，不断解放思想，锐意进取，努力实现走在前列的目标定位。从内涵看，走在前列不是单一的发展目标，不是对发展数字的简单追求，不是以往发展模式的简单重复，而是全方位的，是山东经济社会发展的一个全新战略定位，是统摄山东经济社会发展各领域的战略目标体系，是对山东发展质量效益的高标准、严要求。在当前经济发展进入新常态，经济发展的速度、结构、动力等正在发生诸多趋势性变化，呈现诸多新特点的情况下，稳增长是前提、是根本，调结构是核心、是关键，二者是确保实现走在前列目标定位的牛鼻子，缺一不可。只有积极适应和引领新常态，更加自觉、更加有力地推动稳增长、调结构，积极主动打好稳增长、调结构这场硬仗，才能切实提升发展的质量和效益，才能为走在前列奠定坚实的经济基础。

（二）新常态，新挑战，新机遇，走在前列具备有利条件和坚实基础，要更加坚定追标兵、甩追兵的信心和决心

新常态下，山东走在前列具有诸多有利条件和坚实基础。从国际看，世界经济仍处在危机后的深度调整期，总体保持温和复苏态势。从国内看，在“三期叠加”的大背景下，投资增长乏力，新的消费热点带动不足，外需没有大的起色，增长动能转换还需时日。但经济发展长期向好的基本面没有变，经济韧性好、潜力足、回旋空间大的基本特质没有变，经济持续增长的良好支撑基础和条件没有变，经济结构调整优化的前进态势没有变，中国经济正处于重要战略机遇期，具有保持中高速增长的大格局。尤其是2015年以来中央采取了一系列既利当前、又利长远的宏观调控政策和重大改革举措，深入实施“一带一路”、京津冀协同发展、长江经济带三大战略，推出“中国制造2025”“互联网＋”行动，简化审批，降准降息，清费减税，极大提振了全社会信心，激发了“大众创业、万众创新”热情。这些政策效应、改革红利逐步释放，稳增长效应明显，支撑了经济发展的基本面，为经济持续向好发展积蓄了力量。从我省看，经过改革开放30多

年的积累和发展，我省已经具备了坚实的物质基础和体制机制保障，实体经济较为发达，产业体系比较完备，“两区一圈一带”重点区域发展战略成效明显，经济发展具有较大的韧性、潜力和回旋余地。新常态下，虽然经济社会长期快速发展积累的深层次矛盾更加凸显，对推进全省经济转型升级、加快提质增效提出了更为严峻的挑战，但也为化解产能过剩、挖掘新增长点、发挥市场倒逼作用提供了新机遇。面对有利的发展条件和现实基础，我们也不能盲目乐观。当今区域竞争比拼的已经不再是经济总量，而是经济结构优不优、创新能力强不强、质量效益好不好，而这正是我们的短板，是我们的软肋，是我们的压力所在。面对前有标兵、后有追兵的区域竞争格局，山东要在全面建成小康社会的新征程上继续走在前列，需要全省坚定信心和决心，拿出更大的勇气和魄力，与领先的标兵、与步步紧逼的追兵比质量、比效益，实现山东发展的凤凰涅槃，推动山东实现由大变强，为全国发展做出积极贡献。

四、新常态下山东走在前列的路径选择：贯彻新理念，稳增长，调结构，切实提高经济运行的质量和效益

(一)深入贯彻党的十八届五中全会精神，全面创新发展理念

经济社会发展即将进入第十三个五年规划时期，这是全面建成小康社会的决胜阶段，是贯彻落实中央“四个全面”战略布局，顺利完成第一个百年奋斗目标，为向第二个百年奋斗目标迈进、实现中华民族伟大复兴中国梦奠定坚实基础的重要阶段。审视并反思多年来的发展轨迹，我们深切地体会到，依托资源优势，靠增加物质投入实现迅猛增长，可以让我们“由小变大”，而从根本上看，只有彻底摒弃速度规模导向，摆脱原有的、粗放的发展模式，尽快提升经济发展的质量和效益，实现转型升级，才能让我们“由大到强”，继续在全国经济发展大局中处于领先位置，走在前列。转变经济发展模式，提升经济发展的质量和效益，首要的是解决思想意识、发展理念问题。在新一轮转变经济发展方式、促进经济优化转型过程中，在区域竞争日趋激烈的大环境下，山东要实现走在前列的目标定位，必须深刻学习领会十八届五中全会精神，牢固树立并切实贯彻创新、协调、绿色、开放、共享的发展理念，树立正确的发展观、政绩观，大胆冲破既有经验的束缚，以“功成不必在我”的胆识和魄力，正确处理大我和小我的关系，长远利益、根本利益和个人抱负、个人利益的关系，志存高远、脚踏实地破解发展难题，突破发展瓶颈，一张蓝图绘到底，切实在经济转型发展、提质增效上争当排头兵，走在前列。

(二)促进“三驾马车”协调发展,千方百计稳增长

一是树立正确的投资理念,稳定投资增长。稳增长的关键是稳投资,稳投资的关键在于以增量带存量、以优化促转化,以今天优化的投资结构促进形成明天优化的产业结构。要以科学的投资理念为先导,加快促进投资增长方式由数量型投资为主向效益型投资为主转变,把有限的资金重点投向那些低污染、高附加值,对全省经济有持久支撑作用的产业,投向重点领域和薄弱环节,投向社会民生、农林水利、能源交通、信息通讯、生态环保、现代服务业等领域,充分考虑投资的长期推动效应、社会效益、环境效益,提高投资的有效积累、有序循环和可持续发展。二是加快激活消费热点,释放消费需求。要积极创造促进消费的环境和条件,激活消费热点,深化工资、社保、住房、公务用车等改革,加快农业转移人口市民化进程。要加快推进养老、健康、家政、节能环保、文化教育体育等消费工程,引导居民树立良好的适度超前的消费理念,稳步提升消费结构和消费水平。要深入实施万村千乡市场工程、新农村现代流通服务网络工程,推动快递物流和电子商务下乡,打通农村消费“最后一公里”,充分挖掘农村的潜在消费需求。三是用好国际国内两个市场,推进开放发展。要积极对接国家重大发展战略,积极融入国家“一带一路”战略。青岛、烟台、威海、日照等胶东地区要充分发挥区位优势,承担起全省新形势下扩大开放的“火车头”作用。要抓住机遇,高水平地谋划实施威海中韩自贸区地方经济合作示范区,打造中韩地方经济合作重要平台。鲁北地区要积极参与京津冀协同发展,鲁南地区要主动融入长江经济带,鲁西地区要加强与中部省份的互联互通。

(三)深入实施高端、高质、高效发展战略,脚踏实地调结构

调结构重在调优,方向是高端、高质、高效,以优成势,以高助强。一是大力提升服务业发展水平。重点发展现代服务业,壮大发展新兴服务业,特别是要促进生产性服务业的稳健快速发展,促进现代制造业与服务业的有机融合、互动发展,不断提高服务业在国民经济中的份额。二是加快培植壮大新产业、新业态。要发挥我省海洋科研和产业优势,将海洋经济打造成新的经济增长点。要抓紧落实“互联网”发展意见,促进互联网由消费领域向生产、流通、服务领域拓展,衍生创造出更多的新产业、新业态。要加快青岛财富管理金融综合改革试验区建设步伐,强化金融在现代经济中的核心作用。三是加快推进传统产业转型升级。要持续推进“敲开核桃,一业一策”,细分任务,明确责任,确保工业转型升级“1+22”方案落实到位。要持续加大技术改造力度,激发传统产业的生机和活力,推动内涵发展和创新发展。

(四)推进收入分配制度改革,促进发展成果惠及民生

一是兼顾国家、企业和居民三者利益,适当调整收入分配格局。在收入分配格局中应适当提高住户部门的收入比重,尤其要提高住户部门初次分配收入所占比重,使得居民收入与GDP增长同步。正确处理效率和公平的关系,加大个人收入分配调节力度,有效调节过高收入,使高收入者的部分收入通过税收进入再分配,不断扩大中等收入者比重,大力提高低收入者收入。二是增加企业职工工资。改进企业分配制度,统一规范和依法管理劳动报酬与收益分配,健全企业正常增资机制,规范企业工资支付行为,适度提高最低工资标准,要逐步增加职工工资,使得职工工资与企业利税同步增长,不断提高职工工资总额在企业成本费用中的比重。三是千方百计促进农民增收。强化和完善对农业的补贴政策,实施必要的农产品价格保护政策,促进农民直接受益;加大财政转移支付力度,提高农村社会保障水平,提高农民转移性收入;稳定农资价格,降低生产成本;适度提高农副产品收购价格,保护农民的生产积极性,提高农业效益。

(五)实施创新驱动发展战略,促进创新发展

党的十八届五中全会将创新发展提到相当高的高度,提出坚持创新发展,必须把创新摆在国家发展全局的核心位置,不断推进理论创新、制度创新、科技创新、文化创新等各方面创新,让创新贯穿党和国家一切工作,让创新在全社会蔚然成风。我省要深入实施创新驱动发展战略,营造创业创新的政策环境和社会氛围。鼓励支持科研人员合理流动,带着科研项目和成果,到企业开展创新工作或创办企业。要坚持大力发展创新型经济,以技术为核心,以高科技企业为支撑,扶持培育一批具有自主知识产权、自主品牌和持续创新能力的创新型企业。健全完善以企业为主体、以市场为导向、产学研相结合的区域技术创新体系,以重大产品和关键核心技术为主攻方向,组织实施科技创新工程。确立企业技术创新的主体地位,加强技术创新公共服务平台建设,做好技术服务、科技成果交易、融资和人才服务等平台建设,大力推进自主创新和成果转化能力。

(六)加快转变经济发展方式,实现绿色发展

要充分发挥好环保倒逼作用,以实施新环境保护法为契机,健全环境监管和行政执法机制,加大环境污染案件的侦办、移交、起诉力度,把生态文明的制度要求内化为市场主体的自觉行动,实现经济发展和生态建设双促进。要继续严格执行土地保护政策,坚持耕地资源占补平衡原则,努力盘活存量建设用地,严控增量土地,优化土地利用结构,优先保障重点项目和民生项目用地，挖掘土地利用潜力，实现土地资源的节约与集约利用。加强节能减排源头的管理和控制，坚持防治结合、以防为主，不断完善节能减排的各项措施，健全完善资源节约型循环经济发展体系，强化节能减排目标管理，促进节能减排由末端治理向源头控制转变。

（山东省统计局　宋丽萍）

基于投入产出表的我省产业结构分析

投入产出表系统反映了国民经济各部门之间相互依赖、相互制约的数量关系。本文利用最新编制的2012年全省投入产出表,从定量角度分析了我省产业结构特点以及产业间相互依存、相互制约的关系,并对我省产业结构调整提出参考建议。

一、总量结构

从总产出看,2012年,在42个产品部门中,列前10位的见表1。

表1　　2012年山东省总产出列前10位的部门

排序	名称	总产出(亿元)	比重(%)
1	化学产品	21272.2	12.2
2	食品和烟草	15388.0	8.8
3	金属冶炼和压延加工品	11491.0	6.6
4	建筑	10129.0	5.8
5	批发和零售	8188.4	4.7
6	农林牧渔产品和服务	7945.8	4.6
7	纺织品	7367.7	4.2
8	非金属矿物制品	7150.4	4.1
9	通用设备	6918.6	4.0
10	石油、炼焦产品和核燃料加工品	6889.9	4.0

这10个部门的总产出合计占全社会总产出的59.0%。其中,化学产品总产出占12.2%,超出第2位的食品和烟草3.4个百分点;其他8个

部门的总产出比重均在4.0%—6.6%。

从增加值看，2012年，列前10位的部门见表2。其中，属于第一产业的有农林牧渔产品和服务1个部门，占全省GDP的8.6%；属于第二产业的有化学产品，建筑，食品和烟草，通用设备4个部门，合计占全省GDP的21.0%；属于第三产业的有批发和零售，交通运输、仓储和邮政，房地产，金融，公共管理、社会保障和社会组织5个部门，合计占全省GDP的29.3%。

表2　2012年山东省增加值列前10位的部门

排序	名称	总产出(亿元)	比重(%)
1	批发和零售	6507.4	13.0
2	农林牧渔产品和服务	4281.7	8.6
3	化学产品	3340.7	6.7
4	建筑	2937.4	5.9
5	食品和烟草	2622.7	5.2
6	交通运输、仓储和邮政	2531.1	5.1
7	房地产	1984.5	4.0
8	金融	1936.1	3.9
9	公共管理、社会保障和社会组织	1664.8	3.3
10	通用设备	1625.9	3.2

总产出比重或增加值比重列前10位的共涉及14个部门，说明这14个部门的生产基础较为雄厚，目前在我省经济发展中发挥着重要作用。由于各部门增加值率的差异，增加值比重和总产出比重的位次有较大变化。总体来说，第二产业各部门的增加值率普遍较低，第一产业和第三产业部门的增加值率相对较高。

二、产业结构变动分析

(一)2004—2014年三次产业增加值占GDP比重变化情况

经济总量不断增长的过程也是经济结构调整优化升级的过程。2014年，我省生产总值59426.6亿元，现价总量是2004年的4.0倍。按可比价计算，较2004年年均增长11.9%。其中，第一产业年均增长4.3%，第二产业年均增长13.0%，第三产业年均增长12.1%。

2004—2014年，我省三次产业占比由11.8∶56.5∶31.7调整优化为 8.1∶48.4∶43.5。其中，第一产业占比降低 3.7 个百分点，第二产业占比降低 8.1 个百分点，第三产业占比提高 11.8 个百分点。图 1 给出了 2004—2014 年三次产业比重的变化趋势。可以看出，尽管我省产业格局一直延续着"二、三、一"的结构，但第三产业在国民经济中所占比重不断提升，我省正由二产带动型的经济发展模式向二产、三产"双轮驱动"型的经济发展模式转变。

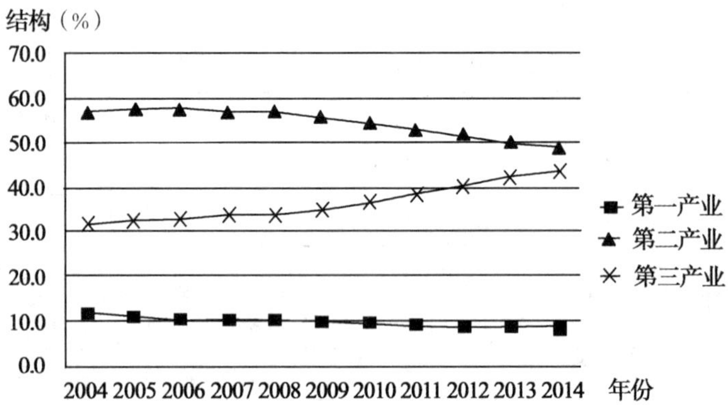

图 1　2004—2014 年山东省三次产业增加值占 GDP 比重变化趋势

（二）工业内部结构

在工业内部，传统工业占据较大份额。从投入产出表看，化学产品增加值占全部工业增加值比重最高，达到 14.7%；其次为食品和烟草，占 11.5%；通用设备占 7.1%，电力、热力的生产和供应占 6.5%，专用设备占 6.2%。这 5 个部门占据工业增加值近一半的份额，为 46.0%。工业是国民经济的主体，是经济增长的主动力，其内部结构比例关系的优化、协调与否，直接影响到整个经济的结构和效益。工业部门中增加值列前 10 位的部门见表 3。

表 3　2012 年山东省工业部门增加值及构成比重(前 10 位)

工业部门	增加值(亿元)	比重(%)
化学产品	3340.7	14.7
食品和烟草	2622.7	11.5
通用设备	1625.9	7.1
电力、热力的生产和供应	1485.4	6.5
专用设备	1404.1	6.2

续表

工业部门	增加值(亿元)	比重(%)
非金属矿物制品	1393.1	6.1
金属冶炼和压延加工品	1393.1	6.1
纺织品	1319.1	5.8
交通运输设备	1184.5	5.2
金属制品	1112.3	4.9

三、部门间的技术经济联系

分析部门间的技术经济联系，应用最为广泛的是影响力系数和感应度系数。

(一)影响力系数

影响力系数反映的是国民经济某一部门增加一个单位最终使用时，对国民经济各部门所产生的生产需求波及程度。

当某一部门的影响力系数大于(小于)1时，表示该部门的生产对其他部门所产生的波及影响程度高于(低于)社会平均影响水平(即各部门所产生波及影响的平均值)。影响力系数越大，说明该部门对其他部门的拉动作用越大。按2012年投入产出表计算42个部门的影响力系数，列前20位的部门见表4。

2012年影响力系数大于1的部门有25个，都集中在第二产业，以制造业居多，并且多集中在机械设备制造部门。它们的发展不但会产生较大的辐射作用，而且还有利于工业结构的升级和产业结构的优化。金属冶炼和压延加工品，金属制品，石油、炼焦产品和核燃料加工品，非金属矿物制品，非金属矿和其他矿采选产品，金属矿采选产品等部门是传统的重工业部门，属于资本密集型产业，其产品具有中间产品和投资品的性质。纺织服装鞋帽皮革羽绒及其制品，造纸印刷和文教体育用品，纺织品，木材加工品和家具等部门是传统的轻工业部门，技术工艺相对简单，其产品具有最终消费的性质。影响力系数小于1的部门大多集中在第三产业、农业部门以及第二产业中的少数部门，这些部门主要为其他部门提供原材料及服务，属于整个产业链中的后向部门，因而对其他部门的影响辐射力较小。

表 4　2012 年我省影响力系数和感应度系数列前 20 位的部门

影响力系数		感应度系数	
通讯设备、计算机和其他电子设备	1.4705	化学产品	4.0236
金属冶炼和压延加工品	1.3636	金属冶炼和压延加工品	3.6276
交通运输设备	1.3585	电力、热力的生产和供应	2.1015
电气机械和器材	1.3338	农林牧渔产品和服务	1.6305
化学产品	1.2882	通讯设备、计算机和其他电子设备	1.5997
纺织服装鞋帽皮革羽绒及其制品	1.2536	交通运输、仓储和邮政	1.5345
通用设备	1.2314	纺织品	1.4890
金属制品	1.2276	石油、炼焦产品和核燃料加工品	1.4654
石油、炼焦产品和核燃料加工品	1.2202	通用设备	1.4340
专用设备	1.2159	煤炭采选产品	1.3814
造纸印刷和文教体育用品	1.2014	石油和天然气开采产品	1.3329
非金属矿物制品	1.1830	金属制品	1.2896
仪器仪表	1.1816	造纸印刷和文教体育用品	1.2618
非金属矿和其他矿采选产品	1.1751	非金属矿物制品	1.2280
其他制造产品	1.1585	专用设备	1.1553
纺织品	1.1495	金属矿采选产品	1.0844
木材加工品和家具	1.1356	电气机械和器材	1.0680
建筑	1.1224	食品和烟草	1.0472
金属矿采选产品	1.1203	金融	0.9675
废品废料	1.1172	批发和零售	0.9283

（二）感应度系数

感应度系数反映的是国民经济各部门均增加一个单位最终使用时，某一部门由此而受到的需求感应程度，也就是需要该部门为其他部门的生产而提供的产出量。

当某一部门感应度系数大于(小于)1时,表示该部门受到的感应程度高于(低于)社会平均感应度水平(即各部门所受到的感应程度的平均值)。感应度系数越大,说明该部门对经济的推动作用越大。感应度系数越大的部门就越具有基础产业和瓶颈产业的属性。

从表4可以看出,2012年我省感应度系数大于1的部门有18个,大多集中在原材料、能源和运输部门等基础产业和传统的加工制造业部门,其中大多具有中间产品的性质,尤其是化学产品,金属冶炼和压延加工品,电力、热力的生产和供应这三个部门的感应度系数均在2.0以上。说明这些部门对经济有较大的推动作用。在经济快速增长时,这些部门受到的社会需求的压力最大,往往成为制约国民经济发展的"瓶颈"部门。同时,农林牧渔产品和服务的感应度系数达到1.6305,在42个部门中居第4位,说明对我省这样一个农业大省来说,农业的基础地位不能动摇。此外,第三产业中的交通运输、仓储和邮政业的感应度也大于社会平均水平,说明生产性服务业对国民经济的推动作用在增强。这些部门的稳定增长,对全省经济健康、可持续发展具有十分重要的意义。

(三)各部门交叉关联分析

交叉关联是指某个部门不仅对其他部门的推动作用较大,而且受其他部门的影响也较大。从宏观角度来看,影响力系数和感应度系数都大的产业是在国民经济发展中需要特别重视的产业。加快影响力系数大的产业发展,可以带动整体经济的快速发展;加快感应度系数大的产业发展,可以促进国民经济协调发展。

下面,我们对影响力系数和感应度系数进行交叉关联分析。以影响力系数为横坐标、感应度系数为纵坐标,以社会平均值1为界,可以将"影响力系数—感应度系数"分割为四个象限。

位于第一象限的部门为影响力系数和感应度系数都大于平均值1的部门,包括煤炭采选产品,金属矿采选产品,食品和烟草,纺织品,造纸印刷和文教体育用品,石油、炼焦产品和核燃料加工品,化学产品,非金属矿物制品,金属冶炼和压延加工品,金属制品,通用设备,专用设备,电气机械和器材,通讯设备、计算机和其他电子设备,电力、热力的生产和供应15个部门。这些部门为满足其他部门的生产需要而提供的产出量要高于社会平均水平,而且对其他产品部门的辐射作用也超过社会平均水平,具有辐射性和制约性双重性质,是对经济增长最敏感的部门,对供需双方都起较大的作用,是产业结构转型的枢纽,它们将带动和促进整个产业的升级。

位于第二象限的部门为影响力系数小于平均值1,而感应度系数大于平均值 1 的部门,属于弱辐射力、强制约力的部门,包括农林牧渔产品和服务,石油和天然气开采产品,交通运输、仓储和邮政 3 个部门。

位于第三象限的部门为影响力系数和感应度系数均小于社会平均值 1 的部门,属于弱辐射力、弱制约性的部门,包括燃气生产和供应,批发和零售,住宿和餐饮,信息传输、软件和信息技术服务,金融等 14 个部门。

位于第四象限的部门为影响力系数大于平均值 1,而感应度系数小于平均值 1 的部门,属于强辐射力、弱制约性的部门,包括非金属矿和其他矿采选产品,纺织服装鞋帽皮革羽绒及其制品,木材加工品和家具,交通运输设备,仪器仪表等 10 个部门。

四、产业的重要性与自给率

部门重要性表示内部需求(消费+资本形成)诱发的本部门产出占内部需求诱发的全部产出的比例。部门自给率表示内部供给满足内部需求的程度。部门的自给率比 1 大得越多,意味着纯出口、调出诱发的相对产出越大,说明省外对其需求越大,因此从外部需求来看的重要性也就越大;若自给率小于 1,说明该部门对外部同类部门有较大拉动作用。根据 2012 年投入产出表计算,重要性列前 20 位的部门及其对应的自给率见表 5。

表 5　2012 年山东省重要性列前 20 位的部门及其对应的自给率

位次	部门	重要性	自给率
1	建筑	0.0995	0.7589
2	金属冶炼和压延加工品	0.0916	0.7840
3	化学产品	0.0843	1.3828
4	非金属矿物制品	0.0562	0.8444
5	农林牧渔产品和服务	0.0498	0.8622
6	食品和烟草	0.0463	1.7708
7	交通运输、仓储和邮政	0.0427	0.7524
8	通用设备	0.0411	0.9778
9	交通运输设备	0.0407	0.9229
10	电力、热力的生产和供应	0.0371	0.7594
11	金属制品	0.0314	0.8864

续表

位次	部门	重要性	自给率
12	电气机械和器材	0.0289	1.0446
13	石油、炼焦产品和核燃料加工品	0.0278	1.3576
14	专用设备	0.0275	1.1479
15	通讯设备、计算机和其他电子设备	0.0259	1.0043
16	金融	0.0225	1.0136
17	煤炭采选产品	0.0206	0.6308
18	批发和零售	0.0194	2.4285
19	石油和天然气开采产品	0.0191	0.2747
20	造纸印刷和文教体育用品	0.0188	1.3128

根据我省各部门的重要性和自给率可以看出，从内部需求角度看，对国民经济重要性较大的有建筑，金属冶炼和压延加工品，化学产品，非金属矿物制品，农林牧渔产品和服务，食品和烟草，交通运输、仓储和邮政，通用设备，交通运输设备，电力、热力的生产和供应，金属制品，电气机械和器材，石油、炼焦产品和核燃料加工品，专用设备，通讯设备、计算机和其他电子设备15个部门。以上部门的重要性程度高于全部部门的平均重要程度0.0238。

从部门自给率角度看，自给率超过全部部门平均水平(1.0615)的有纺织品，燃气生产和供应，批发和零售，纺织服装鞋帽皮革羽绒及其制品，食品和烟草，其他制造产品，化学产品，石油、炼焦产品和核燃料加工品，造纸印刷和文教体育用品，居民服务、修理和其他服务，专用设备，木材加工品和家具，水利、环境和公共设施管理13个部门。

基于投入产出表的地平线图是近年来在产业结构研究中经常使用的方法。地平线图能够同时从部门重要性和部门自给率两个角度来分析产业结构。在地平线图中，部门重要性用坐标横轴表示，各部门重要性的大小等于其在横轴上所占区间的宽度。地平线图中柱状的白色部分是各部门的自给率，灰色部分是进口、调入诱发的相对产出，超过100%虚线以上的部分是出口、调出诱发的相对产出。

重要性列前 20 位部门的地平线图见图 2。

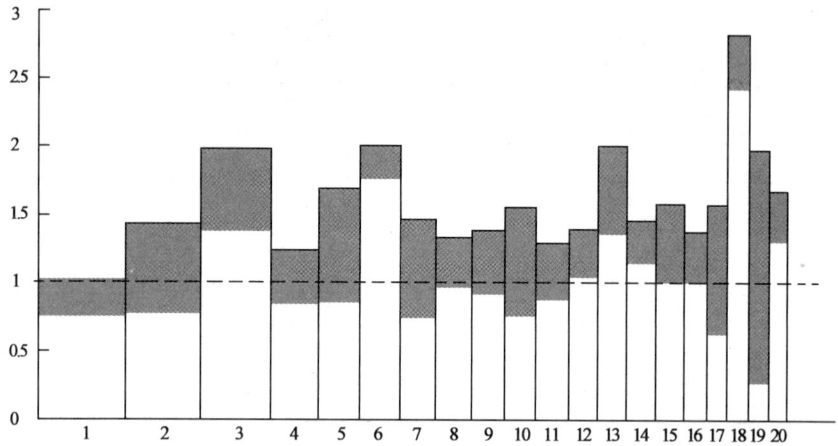

图 2　2012 年山东省重要性系数列前 20 位部门地平线

产业重要性与产业自给率高，也就是内部需求与供给都大于全社会平均水平的部门有食品和烟草，石油、炼焦产品和核燃料加工品，化学产品，专用设备。这些部门是我省经济发展的优势部门。

五、产业结构优化升级的几点建议

产业结构的优化是经济发展质量和效益的重要体现，也是推进经济结构战略性调整，加快转变经济发展方式，着力解决制约经济持续健康发展重大结构性问题的重点。当前，我国经济发展已经进入新常态，我省产业结构调整要立足实际，从全局、长远角度出发，适应新常态，积极引领新常态，加快产业的战略性调整，促进新常态下经济的持续稳定健康发展。

(一)优化产业结构，更加重视主导产业对国民经济的带动作用

产业结构调整是一个长期的动态发展过程。产业结构调整旨在优化结构，提高国民经济运行效率，促进产业的协调发展和经济的稳定增长。主导产业对国民经济的带动作用显著，其发展步伐在一定程度上决定了经济的发展步伐，因此，主导产业是稳增长的关键。从投入产出分析的角度，结合影响力和感应度系数、部门重要性和自给率系数，以及部门总产出、增加值在总量中的占比，确定我省经济发展的主导产业为：化学产品，金属冶炼和压延加工业，通用设备，通讯设备、计算机和其他电子设备，电力、热力的生产和供应，建筑，批发和零售，交通运输、仓储和邮政。从投入产出表看，这些部门的增加值总量占全部部门增加值的比重达到 40.9%，它们的发展将有效拉动我省经济平稳健康发展。

(二)加快农业产业化进程,巩固农业的基础地位

我省是农业大省,农业发展呈稳定增长态势,但其比重呈逐年下降趋势。农业的影响力系数和感应度系数都在下降,且影响力位次后移。对比 2007 年和 2012 年的投入产出表,农林牧渔产品和服务的影响力系数分别为 0.8059、0.7016,在 42 个产品部门中依次列第 34 位和第 36 位;农林牧渔产品和服务的感应度系数分别为 1.7661 和 1.6305。虽然农业在国民经济中的占比逐步下降,但农业发展关系到经济发展和社会稳定,其重要性和基础地位不会改变。因此,应加大对农业的扶持力度,提高农业生产的社会化程度,提高农业劳动生产率,加快农业产业化进程,推动农业适度规模经营。

(三)产业结构的优化升级应以工业关键部门的结构升级为突破口

工业结构层次低,高附加值、高技术含量的先进制造业发展滞后的现象依然存在。制造业是我省工业的主体,其影响力系数和感应度系数普遍高于社会平均水平。影响力系数列前 10 位的部门均属于制造业,感应度系数列前 10 位的部门有 6 个属于制造业。石油、炼焦产品和核燃料加工品,化学产品,金属冶炼和压延加工业,金属制品,通用设备,专用设备,通讯设备、计算机和其他电子设备等制造业的发展对其他部门的发展具有较强的辐射和制约作用,是工业发展的关键部门,应作为重点产业加以扶持,提高附加值,推进技术创新,延长产业链。产业结构的优化升级应以这些产业部门的结构升级为突破口。

此外,能源和原材料部门也一直是经济发展的关键部门。电力、热力的生产和供应,煤炭采选产品,石油和天然气开采产品,金属矿物制品等部门的感应度系数都比较大,居国民经济前列,说明在工业化进程的加速发展中,能源和原材料的需求快速增长。这也说明依靠资源投入和消耗来实现经济增长的粗放型增长方式没有发生根本改变,能源资源的瓶颈制约没有破解。因此,要制定政策,鼓励引导能源企业使用新技术,加快推进资源综合利用,推动能源资源节约,提高利用水平,缓解供需矛盾,促进经济的可持续发展。

(四)加快发展服务业,进一步优化第三产业内部结构

近几年来,我省服务业发展步伐加快,比重不断提高,但与发达省份相比还有不小的差距,也低于全国平均水平。从投入产出表可以看出,第三产业中的大部分产业部门的影响力系数和感应度系数以及重要性都低于社会平均水平。在感应度系数和重要性指标中,第三产业只有交通运输、仓储和邮政一个产业部门进入了前 10 位;而在影响力系数列前 20 位的部门中,没有一个来自第三产业。这表明我省第三产业的发展相对不足,对经济的作用有限,大力发展服务业仍是今后一段时期的重要任务。从第三产业内部来看,批发零售,住宿餐饮,交通运输、仓储和邮政等传统产业仍占据主体地位。应加快发展信息传输、软件和信息技术服务,科学研究和技术服务,租赁和商务服务,金融等影响力较强的现代服务业,不断优化第三产业内部结构,带动第三产业较快发展。

附:投入产出部门及分类标准

投入产出表的部门分类与现行的国民经济行业分类有所不同,投入产出表一般采用产品部门分类,即以产品为对象,把具有某种相同属性(产品用途相同、消耗结构相同、生产工艺基本相同)的若干种产品组成一个产品部门。根据《国民经济行业分类》(GB/T4754－2011),2012 年投入产出表划分为 42 个产品部门(见下表)。

2012 年投入产出表部门分类表

代码	部门名称	代码	部门名称
1	农林牧渔产品和服务	22	其他制造产品
2	煤炭采选产品	23	废品废料
3	石油和天然气开采产品	24	金属制品、机械和设备修理服务
4	金属矿采选产品	25	电力、热力的生产和供应
5	非金属矿和其他矿采选产品	26	燃气生产和供应
6	食品和烟草	27	水的生产和供应
7	纺织品	28	建筑
8	纺织服装鞋帽皮革羽绒及其制品	29	批发和零售
9	木材加工品和家具	30	交通运输、仓储和邮政
10	造纸印刷和文教体育用品	31	住宿和餐饮
11	石油、炼焦产品和核燃料加工品	32	信息传输、软件和信息技术服务
12	化学产品	33	金融
13	非金属矿物制品	34	房地产
14	金属冶炼和压延加工品	35	租赁和商务服务
15	金属制品	36	科学研究和技术服务

续表

代码	部门名称	代码	部门名称
16	通用设备	37	水利、环境和公共设施管理
17	专用设备	38	居民服务、修理和其他服务
18	交通运输设备	39	教育
19	电气机械和器材	40	卫生和社会工作
20	通讯设备、计算机和其他电子设备	41	文化、体育和娱乐
21	仪器仪表	42	公共管理、社会保障和社会组织

（山东省统计局　张秋菊　王　晓）

山东房地产开发市场分化与可持续发展研究

自20世纪90年代住房制度改革全面启动后,山东房地产开发业进入了快速发展时期,目前已成长为国民经济中居举足轻重地位的产业部门。但随着经济发展进入新常态,房地产开发步入了调整状态,市场分化现象日趋明显。本课题立足山东,研究山东房地产业发展的运行轨迹和趋势,分析山东房地产业发展的市场分化特点,探索适合山东省情、可持续的房地产开发业发展策略。

一、我省房地产市场发展历程

改革开放以来,我省房地产业经历了缓慢起步、投资膨胀、消化盘整、市场化经营四个阶段,房地产开发业已形成一个独立的产业,在推动全省经济发展中发挥了重要的作用。

(一)缓慢起步阶段(20世纪90年代以前)

1990年以前,我省房地产开发单位一般是隶属于建设主管部门的事业单位,大多具有一定的房产管理权。其在经营上基本没有自主权,开发活动一般是配合政府的城市改造而进行的拆迁还建、代建为主的房屋建设活动。也就是说,这一时期的房地产开发单位还不是真正意义上的企业。在数量上,房地产开发单位比较少,发展比较缓慢。到1990年底,全省房地产开发单位仅174家,房地产开发完成投资不足10亿元,形不成规模开发。

(二)投资膨胀阶段(1991—1995年)

1991年,国家确定了以"建、售、租"多种形式进行房改;1992年,公积金制度开始实行;1994年,我国实施分税制改革,把耕地占用税、土地使用税、土地增值税、房产税等这些与土地有关的税种都留在地方。在此背景下,我省房地产市场规模持续扩大,房地产企业个数显著增多,开发投资增速迅猛提高。1994 年，我省房地产开发投资额达到 102.6 亿元，较 1990 年增长十余倍。房地产投资的过度膨胀乃至整个经济“过热”产生的问题开始显现，为此国家加强了宏观经济调控力度，对过快增长的房地产开发业实行严格的控制措施。随着调控力度的加大，1995 年我省房地产开发完成投资 121.1 亿元，增速回落至 18.1%。

（三）消化盘整阶段（1996—1997 年）

由于上一阶段房地产开发规模扩张速度过快，超出了当时社会居民的购买能力，许多企业的高投入得不到及时回报，房屋空置面积也逐月增加，大量资金沉淀，市场出现“疲软”。1996 年，我省房地产开发投资较上年下降 14.7%，房地产企业个数减少 10.2%，房屋施工规模下降 20.7%。为促进房地产发展，使住宅建设成为新的经济增长点和消费热点，国家先后出台了调低利率，正式颁布个人购房抵押贷款办法和以住房公积金、租金改革、公有住房出售为标志的城市住房体制改革政策，基本遏制了房地产业的下跌态势。1997 年，房地产开发投资、销售开始回升，全年完成开发投资 107.8 亿元，增长 4.4%；实现商品房销售面积 499.6 万平方米，增长 16.4%。

（四）市场化经营阶段（1998 年至今）

1998 年 7 月 1 日，随着我国实施多年的住房分配制度结束，住房市场化和货币化时代开启。改革释放了房地产市场潜力，使得居民个人成为购房的主体，消费者可以自主选择，企业可以根据需求自主进行市场化开发经营，真正意义的房地产市场化格局开始形成。

1. 市场化起步阶段（1998—2003 年）。随着住房市场化改革的实施，福利分房制度下积压的住房需求得到释放，房地产企业开发投资欲望与自主经营能力不断增强，我省房地产开发市场进入投资、销售高速增长阶段。1998—2003 年，我省房地产开发投资额由 131.9 亿元快速扩张到 581.9 亿元，年均增长 34.6%；商品房销售面积由 698.3 万平方米增至 2251.5 万平方米，年均增长 26.4%。2003 年，个人购房成为住宅市场的主力军，住房市场化水平大大提高，居民居住条件明显改善，城镇居民人均住宅建筑面积达到 25.7 平方米，比 1998 年（12.8 平方米）翻了一番。

2. 市场化提升阶段（2004—2013 年）。随着房地产市场不断成熟，自 2004 年起我省房地产业进入了平稳快速发展的“黄金十年”，产业化水平不断提高，成为经济发展新的增长点。2004—2013 年间，我省房地产开发投资由 764.8 亿元增至 5444.5 亿元，年均增长 24.4%，若扣除价格因素，实际增长也在 20%以上；商品房销售面积由 2525.2 万平方米增至 10329.8 万平方米，年均增长 16.9%。其中，住宅销售面积由 2207.3 万平方米增至9300.3万平方米，年均增长17.3%，占全部商品房销售面积比重保持在90%左右。

3. 调整阶段(2014年至今)。经历十几年的快速发展后，房地产市场结构性矛盾在新常态大环境下也逐渐显现。2014年，我省房地产开发市场与全国趋势一致，步入调整期。房地产投资增速回落，商品房销售面积明显下降，库存量高企，企业对市场预期信心减弱造成新开工面积连续下降。2014年，我省房地产开发投资以19.9%的速度开局，其后增速逐步回落，全年完成投资5818.0亿元，增长6.9%。2015年，1—5月增速回落至0.5%后开始触底回升，全年完成投资5892.2亿元，增长1.3%。从销售市场看，2013年商品房销售面积、销售额双双达到历史最高点后，2014年步入调整下行期，全年商品房销售面积9180.1万平方米，下降11.1%；商品房销售额4879.7亿元，下降6.4%。2015年销售市场重新企稳回升，实现商品房销售面积9727.0万平方米，增长6.0%；销售额5408.0亿元，增长10.8%。

二、我省房地产市场分化特征

(一)区域分化呈现发展优势向发达城市群聚集的趋势

为研究我省房地产市场区域差异，我们以全省17市为样本，选取代表房地产市场特征的主要指标，对17市进行聚类分析。

根据房地产市场特征，我们建立了聚类分析的指标体系。主要包括房地产市场规模指标、供求关系指标、市场活力指标、市场结构指标、市场成熟度指标等方面。具体指标见表1。

表1　　房地产市场聚类分析指标体系

类别	指标名称
市场规模	房地产开发投资额
	土地购置面积
	房屋施工面积
	房屋竣工面积
供求关系	商品房销售面积
	商品房销售均价
	吸纳率*

续表

类别	指标名称
市场活力	房地产开发投资增速
	商品房销售面积增速
	本年新开工面积增速
市场结构	住宅销售面积占全部销售面积比重
	90 平方米以下户型销售面积占住宅销售面积比重
	144 平方米以上户型销售面积占住宅销售面积比重
	住宅投资额占全部投资比重
市场成熟度	房地产开发投资占固定资产投资比重
	人均地区生产总值
	城镇居民人均可支配收入
	城镇居民人均消费支出
	城镇化率

* 吸纳率=本年商品房销售面积/(本年商品房竣工面积+上年商品房待售面积)

选取全省 17 市 2015 年数据,采用 ward'smethod 聚类方法进行聚类分析,得到谱系图如下:

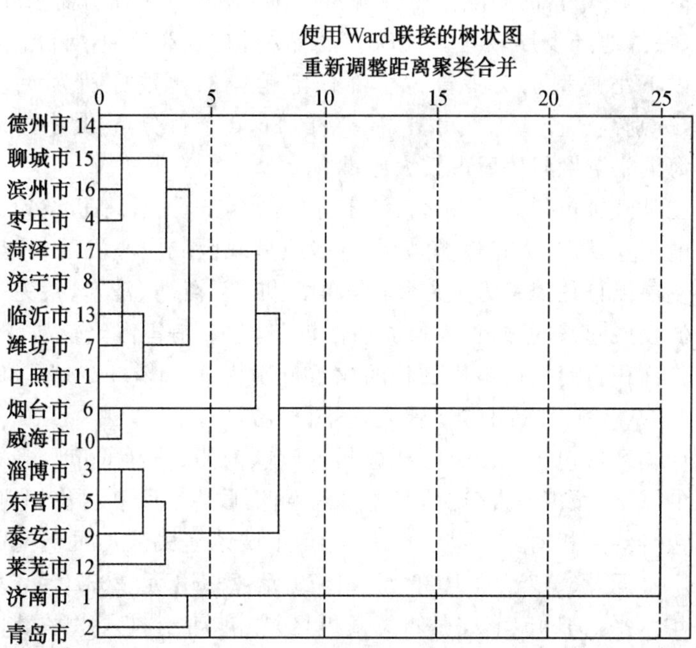

根据聚类结果，结合我省实际情况，可将17市分为四类：

第一类包括济南、青岛；

第二类包括烟台、威海；

第三类包括淄博、东营、济宁、潍坊、泰安、莱芜、临沂；

第四类包括枣庄、日照、德州、聊城、滨州、菏泽。(日照在聚类分析中与济宁等市关联最大，其次是枣庄等市。根据其房地产市场实际情况，将其与枣庄等市划为一类)

区域分化结果分析：

第一类区域为济南和青岛，这是全省最发达的两个城市。两市作为副省级城市，是文化教育和经济开放全省性中心型城市，形成省内外流入人口相对聚集地，具有独特的区位优势，特征是房地产市场规模大、房价高，房地产业发展的经济社会基础条件好，房地产开发投资、销售各项指标均居全省前列。2015年，济南、青岛2市生产总值分别为6100.2亿元和9300.1亿元，分列全省第3和第1位，人均地区生产总值分别达到58919元和102518亿元，为房地产业市场发展提供了良好的宏观经济环境。两市房地产开发规模大，在全省所占份额高。2015年，济南、青岛房地产开发分别完成投资1014.1亿元和1122.3亿元，分别占全省房地产开发投资的17.2%和19.0%。

第二类区域为烟台和威海。凭借沿海城市良好的经济发展基础、优美的滨海风景、丰富的旅游资源、适宜的气候，两市外来住房需求旺盛，养老地产、旅游地产发展较快。反映在产品结构上，2015年烟台、威海90平方米以下小户型住宅销售占全部住宅销售的比重分别为40.1%和50.0%，分别高于全省平均水平16.7个、26.6个百分点，其中外地人口购买的海滨旅游度假房屋占较大比重。

第三类区域包括淄博、东营、济宁、潍坊、泰安、莱芜、临沂7市。凭借着雄厚的工业基础、文化底蕴，7市更多地呈现区域中心发展特点，房地产市场发展以自住消费为主。其中，淄博、东营、潍坊、济宁、莱芜是依托工业资源发展起来的城市，人口流动性较差，住宅销售占比较高，2015年住宅销售面积占商品房销售面积的比重分别为90.6%、92.4%、89.6%、88.4%和87.8%，均高于全省平均水平(87.7%)。

第四类区域包括枣庄、日照、德州、聊城、滨州、菏泽6市。多为鲁西南地区的城市，城市群人口少，产业集聚度低，收入水平和房价相对较低，房地产市场约束相对大一些。6市2015年城镇居民人均可支配收入分别为25792元、26217元、21039元、21570元、28388元、20370元，均低于全省平均水平(31545元)，在四类发展区域中，属于收入水平最低的区域。2015 年共完成房地产开发投资 1067.5 亿元，商品房销售面积 2073.4 万平方米，分别占全省的 18.1%、21.3%，在全省所占份额较小。

(二)产品分化呈现用途多元化发展趋势

从房地产市场产品用途看，房地产提供的产品已从以住宅为主，发展为住、商、办、养老、旅游等多用途并举态势。2015 年，全省非住宅投资 1492.7 亿元，所占比重为 25.3%，比 2010 年提高 2.6 个百分点。其中，办公写字楼完成投资 331.9 亿元，所占比重为 5.6%，比 2010 年提高 3.4 个百分点；商业营业用房完成投资 765.0 亿元，所占比重为 13.0%，比 2010 年提高 1.3 个百分点。非住宅类销售面积 1200.2 万平方米，所占比重为 12.3%，比 2010 年提高 3.2 个百分点。其中，办公写字楼销售面积 300.0 万平方米，所占比重为 3.1%，比 2010 年提高 2.2 个百分点；商业营业用房销售面积 635.9 万平方米，所占比重为 6.5%，占比与 2010 年持平。

经济越发达的地区非住宅占产品比重越高。2015 年，非住宅销售面积占全部商品房销售面积的比重居全省前 4 位的是济南(22.5%)、烟台(13.0%)、威海(13.0%)和青岛(12.7%)，4 市以办公写字楼和商业营业用房为主的非住宅销售份额高于其他地区。而非住宅销售面积占比居全省后 5 位的是东营(7.6%)、日照(7.6%)、枣庄(7.5%)、菏泽(6.0%)和泰安(5.6%)。

沿海城市以度假旅游为目的的小户型住宅较多，内陆城市则以改善型住宅为主。90 平方米以下小户型住宅销售面积占全部住宅销售面积的比重居全省前 4 位的分别是威海(50.0%)、青岛(42.1%)、烟台(40.1%)和日照(29.0%)，均为海滨城市。90—144 平方米住宅销售占比较高的为聊城(78.9%)、菏泽(76.8%)和泰安(75.8%)。144 平方米以上大户型销售占比较高的为莱芜(37.8%)、滨州(37.3%)和东营(36.4%)。

(三)房企分化呈现强者恒强发展趋势

2015 年，全省共有房地产开发企业 6606 家，较 2010 年增长 13.9%。其中股份有限责任公司和私营企业占主体地位，分别为 3246 家和 2617 家，依次占全部企业的 49.1%和 39.6%。从资质等级看，高资质企业不断增加。2015 年，全省共有一级企业 111 家、二级企业 479 家，分别比 2010 年增长 63.2%和 70.5%；三级企业 985 家，比 2010 年减少 10.0%；四级企业 1447 家，比 2010 年增长 3.1%(见表 2)。

表 2　　2010—2015 年全省分资质等级房地产开发企业个数

资质等级	2010 年	2011 年	2012 年	2013 年	2014 年	2015 年
一级	68	75	86	90	98	111
二级	281	284	343	415	474	479
三级	1095	1025	1033	1025	1000	985
四级	1403	1285	1335	1462	1428	1447

从企业资本实力看,高资质等级企业资本实力快速壮大。2015 年全省一级企业资产总计 2105.1 亿元,较 2010 年增长 191.3%;二级企业资产总计 4921.1 亿元,较 2010 年增长 252.6%;三级企业资产总计 4928.6 亿元,较 2010 年增长 99.8%;四级企业资产总计 3192.5 亿元,较 2010 年增长 148.1%。

从完成投资、销售情况看,2015 年一级企业完成投资额 237.8 亿元、销售 496.8 万平方米,比 2010 年分别增长 56.0%、23.8%;二级企业完成投资额 592.9 亿元、销售 1181.7 万平方米,比 2010 年分别增长 95.8%、42.2%;三级企业完成投资额 615.6 亿元、销售 1340.6 万平方米,比 2010 年分别下降 5.2%、38.9%;四级企业完成投资额 508.4 亿元、销售 1302.2 万平方米,投资额比 2010 年增长 27.0%,销售面积比 2010 年下降 26.7%(见表 3)。

表 3　　分资质等级房地产开发企业投资、销售情况

资质等级	完成投资(亿元)			销售面积(万平方米)			销售额(亿元)		
	2010 年	2015 年	增长(%)	2010 年	2015 年	增长(%)	2010 年	2015 年	增长(%)
一级	152.4	237.8	56.0	401.2	496.8	23.8	170.6	265.2	55.4
二级	302.8	592.9	95.8	830.9	1181.7	42.2	359.8	660.4	83.5
三级	649.4	615.6	−5.2	2195.1	1340.6	−38.9	801.0	632.8	−21.0
四级	400.4	508.4	27.0	1777.3	1302.2	−26.7	568.3	553.5	−2.6

三、我省房地产市场发展趋势预判

(一)发展阶段水平判断

房地产业的发展水平决定于经济发展水平。一般来讲,随着经济的发展,房地产业的发展呈"∩"形趋势,即当一个国家的经济起飞时,随着

人均 GDP 的增长，房地产业以高于 GDP 的增长速度加速增长；但当经济发展到一定程度，人均 GDP 的增长达到一定的水平，房地产业的发展就会有所放慢，直至与人均 GDP 同速，甚至低于人均 GDP 的增长速度。根据著名经济学家库兹涅茨的观点，当 GDP 增长速度小于 4%时，房地产业将出现萎缩；介于 4%—5%时，房地产业将出现停滞；介于 5%—8%时，房地产业将处于稳定发展阶段；8%以上时，房地产业将高速发展。

“十二五”时期，我省生产总值增速放缓，由 2010 年的 12.3%回落到 2015 年的 8.0%，人均地区生产总值从 6000 美元增加到 1 万美元；“十三五”规划提出，地区生产总值年均增长 7.5%，人均达到 1.5 万美元，我省宏观经济进入由高速到中高速增长的换挡期，房地产业也随之步入稳定发展阶段。据推算，截至 2012 年，常住人口家庭户均住房达到 1 套。从房地产市场吸纳能力看，商品房吸纳率由 2010 年的 1.5 降至 2015 年的 0.8，市场消化能力明显减弱。十几年来大规模建房，使得存量规模越来越大，存量房的交易量不断增大，对新建房的投资也会产生影响。因此，我省房地产市场在经历多年高速增长后，开发投资增速也会相应换挡减速，进入平稳持续发展阶段。房地产业在国民经济中的地位由支柱产业转变为基础性产业。

（二）需求总量判断

一是城镇化率提高和棚户区改造为房地产市场创造增量需求。根据“十三五”规划目标，以人为核心的新型城镇化加快推进，到 2020 年，全省常住人口城镇化率达到 65.0%，较 2015 年提高 8.0 个百分点，涉及约 800 万人口由农村转移到城镇，仅此一项将带来 2 亿平方米以上的住房需求空间。规划提出完成 180 万户棚户区改造，1995 年前建成的老旧小区全部改造完毕，随着棚改货币化补偿所占比重的提升，将创造巨大的需求空间。二是住房刚性需求。全省每年城镇户籍人口结婚登记在 50 万对左右，按 2015 年城镇居民人均住房建筑面积计算，今后 5 年婚房需求约 2 亿平方米。二孩政策的实施也将带来住房需求的提高。三是消费结构转型升级促进住房改善型需求。住宅消费的收入需求弹性较大，随着国民经济长期稳定的增长，人均收入水平的进一步提高，住房需求逐渐由满足生存需求向舒适性转变，房地产业改善型需求将逐步增长。“十二五”时期，我省城镇居民人均住房建筑面积由 32.1 平方米增加到 36.4 平方米，年均增加 0.7 平方米。“十三五”规划提出提前实现城乡居民收入比 2010 年翻一番，年均增速在 7.5%以上，预计五年内将为房地产市场带来 1 亿平方米以上的改善型需求。四是非住宅需求。随着我省产业结构转型升级，服务业规模不断扩大，以办公写字楼、商业营业用房为主的非住宅需求将不断释放。

(三)房地产发展趋势

趋势一:经济步入新常态,房地产投资趋于理性。

从外部经济环境看,世界各大经济体的复苏情况总体较为疲软,对外出口、汇率和资金流向等方面仍可能呈现波动性,经济运行依然面临较为严峻的考验。从国内经济环境看,经济步入了新常态,总体呈现出低通胀、中高速增长的特点。房地产投资随着利好政策刺激,出现了筑底回升态势,但总体表现仍为趋于理性。

趋势二:房地产供给侧改革提上日程。

2015 年 11 月 10 日,习近平主席在中央财经领导小组会议上指出:“在适度扩大总需求的同时,着力加强供给侧结构性改革,着力提高供给体系质量和效率,增强经济持续增长动力。”其中“要化解房地产库存,促进房地产业持续发展”被列入供给侧改革的重点内容。这表明今后一个时期解决房地产库存问题的出发点开始从需求端的刺激转向供给侧的改革。

趋势三:房地产政策将延续正向刺激与差异化控制的基调。

根据山东“十三五”规划,城镇化建设提速、户籍制度改革、开放二胎政策以及庞大的改善型购房群体,中长期会带来持续的住房需求,为房地产市场注入持久的需求动力。从房地产政策面看,2015 年短期刺激政策基本见底,今后中长期政策更倾向于长期的制度性构建,正向刺激是政策的主基调,同时因地制宜制定差异化房地产市场调控政策。

趋势四:城市发展的不同定位带来的市场分化仍将继续。

一般来说,核心城市的经济发展最为迅速,城市化水平提高较快,吸引了大量的人才聚集于此。当城市人口密度过大时,核心城市已不足以容纳如此多的人口,城市范围于是逐渐扩大,随之而来便产生了高地价、高房价、交通拥堵等现象。最终形成以核心城市为中心,向周边城市辐射的城市现象。从我省情况看,济南、青岛将逐步成为核心城市,形成以自身为核心带动周围区域城市协同发展的格局,其余区域则形成以本市为主的单中心发展格局。城市发展的不同定位决定了城市价值的高低,所带来的房地产市场分化现象仍将持续。

趋势五:顺应趋势,房企拉开转型大幕。

目前,分化与转型已成为行业共识,单纯以规模扩张为主导的黄金时代一去不复返,以房地产为基础的资产运营、资产证券化、金融服务的黄金时代已然来临。展望未来,房地产行业的内涵会发生深刻的变化,无论是开发商还是服务商,都要迎合地产金融化趋势,并向售后的服务链条延伸,从传统单一的住宅开发转向物流地产、商业地产、酒店、写字楼等领域，积极探索发展城市配套服务的智慧社区、公共服务（如教育、医疗地产、养老地产等）。

四、我省房地产市场可持续发展对策

（一）深化户籍制度改革，为房地产提供可持续发展动力

近十年以来，国内房地产市场之所以能保持快速增长，离不开“人口红利”。但随着大规模数量扩张阶段的结束，消除流动人口户籍约束是促进房地产市场发展的重要手段。要深化户籍制度改革，全面推行居住证制度，实现就业、教育、文化、医疗、社会保障等基本公共服务的常住人口全覆盖，通过优惠的户籍政策吸引人口逐步向城市迁移，助推房地产可持续发展。建议有条件的市借鉴外地做法，将有稳定劳动关系的常住人口纳入公积金覆盖范围，促进新市民在城镇购房，鼓励农民进城购房，吸引更多的外来人口到城市安家置业，促进房地产开发市场持续稳定发展。

（二）突出济南、青岛龙头辐射作用，深度拓展房地产发展空间

要发挥好济南、青岛核心城市群引领作用，适应人口流动规律，打破行政区划界限，利用现代化的交通、通讯等基础设施的同城化的互联互通，形成两个紧密的特大城市群体，通过要素聚集、产业聚集，推动人口聚集，形成在全国有影响的核心城市群，从而刺激形成房地产有效需求。周边三四线城市群要积极依托核心城市，通过与核心城市的产业融合和与核心城市区域一体化优势，带来更大的产业集聚和人口集聚，进而形成更大范围的房地产市场需求。综观日本三大都市圈的发展历史，正是良好的城市布局规划、城市间的产业定位及交通体系建设，才使其集聚了日本2/3的人口和经济总量。

（三）加大基础设施建设，推动房地产业向优发展

公共产品是市民在城市中进行休闲体验的承载体，包括公共交通设施、商业综合体等商业设施，以及公共活动空间，比如开放性广场、体育场等，还包括具有公益性的社会机构，比如医院、学校等。从总体上看，很多城市的公共基础设施供给相对不足，布局不尽合理，与人民群众日益强烈的需求形成矛盾，长久下去会给城市发展带来难以补救的问题和困境。要采取用户导向的思维模式和体制机制，从“城市需要什么”入手进行城市规划、建设、配套、服务和管理。要进一步加大公共交通、医疗卫生、文化教育、休闲娱乐等社会民生类基础设施的投资建设，完善各项配套，提高住宅的宜居程度和舒适性。

（四）从供给端优化开发结构，适应新型城镇化要求

一方面，要根据人口流动趋势，不断优化土地供应结构。对于库存规

模小、去化周期短的区域,可增加土地供应,以平抑房价;对于待售量大的区域,要适当放缓或暂停土地供应,并出台相应政策鼓励存量住房消费。另一方面,要按照房屋用途进行开发结构的针对性调整,引导房地产企业以消费者需求为导向,结合当地人口结构、年龄分段、居民购房特点等,创新住宅产品和服务,合理调整开发结构和销售价格,推出适合居民需求的商品房,减少同质化,提高适用性。

(五)做大做强本地企业,推动房地产行业转型升级

随着我国经济发展进入新常态,房地产业在经过"高成长、高利润"的快速膨胀阶段后,逐渐进入"品质提升、结构优化、功能完善、产业成熟"的新常态,行业转型升级势在必行。根据产业经济学的"微笑曲线"模型,在产业进入成熟阶段后,产业链中间地带利润率低,适合大型企业生存。要积极扶持一批本地的优质企业,在做大做强的同时,积极向产业链环节中高附加值的下游端物业经营与服务拓展,培养专业管理团队,转变经营机制,依托互联网和大数据技术,采取"房地产+"模式,积极推动房地产转型升级。

(山东省统计局　高　韵　张永超)

山东省开放型经济可持续发展研究

山东省作为我国东部沿海大省，开放型经济起步早、发展快，对全国经济发展做出了很大贡献。近年来，受国际金融危机深层次影响，全球经济低迷，外需持续不振，加上国际政治经济环境复杂，国内环境也在发生深刻变化，开放型经济发展面临的困难不断增多，形势日益严峻。如何挖掘问题根源，破解发展难题，推动开放型经济有质量、有效益、可持续的科学发展，是当前和未来一段时期急需解决的问题。本文结合“十二五”时期发展指标，对山东省开放型经济发展进行了论述，剖析了存在的问题并提出对策建议。

一、山东省开放型经济主要发展历程

改革开放以来，山东省认真贯彻执行党中央关于扩大对外开放的重大决策，坚持把中央精神与山东实际相结合，牢牢把握机遇，适时制定重大开放战略，有效地推动了山东开放型经济持续、快速发展。回顾我省对外开放历程，主要经历了五个发展阶段。

（一）实施沿海经济发展战略阶段

党的十一届三中全会，把对外开放首次列为我国的基本国策，山东开放型经济开启了新航程。1984 年，山东进入以开放促开发阶段，随着国务院批准青岛、烟台为首批沿海对外开放城市，山东半岛经济开放区逐步形成，并以此为契机，提出“东部开放、西部开发、东西结合、共同发展”的战略举措，对外开放迅速展开。同时，对外贸体制进行改革，完善外贸管理和审批制度，在全行业实行承包经营责任制等，激发了外贸企业经营活力。这一时期，我省大力发展劳动密集型出口加工业，对外贸易实现第一次飞跃。外贸总额从 1984 年的 35.2 亿美元提升到 1992 年的 77.8 亿美元，年均增长 10.4%。

(二)实施外向带动战略阶段

1992年,邓小平视察南方谈话,强调抓住有利时机,集中精力发展经济建设,加快改革开放步伐。山东全面贯彻南方谈话精神,提出"全面开放、重点突破、梯次推进、东西结合、加快发展"的战略举措,全面实施外向带动战略和大经贸战略。外贸体制改革按照中共十四大确定的方针,实行统一政策、平等竞争、自主经营、自负盈亏、工贸结合和推行代理制。外贸宏观调控体系和经营机制逐步完善,外经贸协调服务体系不断健全。这一时期,山东对外开放全面加速,开放型经济进入一个新的发展阶段。外贸总额从1993年的72.9亿美元提升到1998年的166.2亿美元,年均增长13.5%。

(三)实施经济国际化战略阶段

为适应国内外政治经济形势新变化,1998年山东首次提出把实施国际化战略作为跨世纪发展的基本战略之一,将对外开放战略提到一个更高层次。这一时期,山东开放型经济成功经受住亚洲金融风暴影响,对外开放向更高层次推进。2000年,面对中国即将"入世",山东提出经济发展新思路:"实施经济国际化战略,构筑全方位、宽领域、纵深化对外开放格局。"同时,制定了一系列发展措施,并强调:一要尽快实现利用外资的新突破,二要努力扩大对外贸易,三要加快投资环境的规范化、制度化、法制化建设。当年实现外贸总额249.9亿美元,比上年增长36.8%;利用外资29.7亿美元,增长20.4%。这一阶段山东掀起新一轮对外开放热潮,开放型经济取得更大发展。

(四)应对"入世"过渡期阶段

2001年,面对中国"入世"新形势,山东提出"抢抓机遇,应对挑战,推进经济运行机制同国际接轨,在更大范围、更深程度上参与国际经济合作与竞争"的新要求,制定了《山东省应对加入世贸组织全面实施经济国际化战略行动纲要》,对"入世"应对工作进行全面系统部署,对外开放实现重大突破。2003年,将外经贸列为全省经济工作重点,要求全省上下把对外开放作为头等大事来抓。2005年,提出树立世界眼光、战略思维、省情意识,在全球范围内布局对外开放。这一阶段,开放型经济迅速向纵深发展,全方位、宽领域、多层次的开放格局初步形成。外贸总额从2001年的289.6亿美元提升到2007年的1226.2亿美元,年均增长27.2%。

(五)进入科学发展阶段

2007年,山东提出把对外开放作为全省拓展发展空间、增强发展动力的一项重要战略和基本政策,确立了"从加快发展转到科学发展、又好又快发展上来"的战略构想。2008年,又提出实施"深化日韩、提升东盟、突破欧美、拓展非洲”的全面开放战略，完善内外联动、互利共赢、安全高效的开放型经济体系。这一阶段，面对国际金融危机深化蔓延的严峻形势，省政府出台《关于促进外经贸平稳较快发展的意见》，有效应对国际金融危机，开放型经济发展成效显著。“十二五”时期，山东继续坚持以科学发展为主题，以加快转变外贸发展方式为主线，以“稳增长、调结构、促平衡”为重点，加快培育外贸竞争新优势，提高外贸发展质量，增强外贸发展的协调性和可持续性，努力推进开放型经济有质量、有效益、可持续的科学发展。

二、山东省开放型经济发展现状

“十二五”时期，随着我国经济发展步入新常态，方式调结构步伐，开放型经济保持了良好的发展势头，为促进国民经济平稳健康发展做出了重要贡献。

（一）对外贸易稳中有增

“十二五”时期，山东对外贸易总体实现稳定增长。2011－2015 年，全省累计实现进出口 12675.6 亿美元，年均增长 5.1%。其中，出口 6778.4 亿美元，年均增长 6.7%；进口 5897.2 亿美元，年均增长 2.9%。

1. 外贸规模逐年攀升。全省进出口规模由 2010 年的 1889.5 亿美元提升到 2015 年的 2417.5 亿美元。其中 2011－2014 年，全省外贸进出口、出口和进口规模均呈逐年递增态势。2015 年，受多种因素影响，全省外贸规模比上年出现缩减。“十一五”到“十二五”期间，山东外贸规模除 2009 年和 2015 年出现缩减，总体上保持逐年攀升态势。

2. 市场多元化建设取得进展。全省贸易伙伴遍及全球近 230 个国家和地区，新兴市场开拓步伐不断加快，市场布局不断优化。2011－2015 年，传统市场出口总体保持稳定，新兴市场中对东盟、俄罗斯、拉丁美洲和非洲的合计出口比重逐年攀升，由 2011 年的 22.2% 提升到 2015 年 24.8%。

3. 区域外贸发展优化调整。积极推进中西部城市承接沿海城市产业转移，沿海地区引领出口，中西部地区外贸活力增强。2011－2015 年，青岛、烟台、潍坊、威海 4 市累计出口 4523.4 亿美元，年均增长 6.5%，低于全省 0.2 个百分点；省会城市群和鲁南经济带分别出口 1057.2 亿美元和 751.5 亿美元，年均增长 8.5% 和 13.1%，分别高出全省 1.8 个和 6.4 个百分点。

（二）招商引资成效显著

山东在扩大引资规模的同时，不断提升利用外资的质量和效益，推动利用外资由注重引资规模向引进先进技术转变，由制造业为主向制造业与服务业并重转变，外商投资结构和投资规模效益均得到很大改善。

1. 外商投资规模持续扩大。2011—2015年，全省累计实际到账外资为690.6亿美元，年均增长12.2%。2015年，总投资过亿美元的项目达59个，合同外资67.0亿美元，比上年增长80.0%；世界500强企业投资46个项目，投资总额32.0亿美元，分别增长1.1倍和1.7倍。外商投资规模扩大，外资大项目投资保持增长，项目质量明显提升。

2. 外商投资产业结构不断优化。2011—2015年，外商投资产业结构逐步优化，服务业累计合同外资377.1亿美元，到账外资232.6亿美元，年均分别增长17.9%和16.6%。2015年服务业合同外资105.5亿美元，实到外资60.7亿美元，占比分别为52.6%和37.2%，较2010年分别提高18.6个和6.5个百分点。

3. 外资企业平稳运营。随着投资环境的日益改善，外资企业平稳发展，成为推动全省经济社会发展的重要力量。从2014年外商投资企业联合年报结果看，上报企业14078家，完成投资总额1036.2亿美元，实现营业收入17552.9亿元；完成纳税总额893.4亿元，占全省国地税税收总额的12.1%，拉动了地方财政收入增长；吸纳就业人员179万人，缓解了我省就业压力。外资企业引进了国际先进生产设备、技术工艺和管理经验，培育了一批具有国际水平的优秀人才，为加快企业改革和发展注入新活力。

(三)国外经济合作稳步推进

山东积极参与国外经济合作，全省“走出去”步伐不断加快，国外经济各项合作稳步推进。

1. 境外投资步伐加快。2011—2015年，全省累计实际对外投资229.5亿美元，年均增长25.6%。投资形式实现多元化发展，以设立境外营销网络、境外并购、优势产能境外转移、境外资源开发等方式实现境外投资，加快了发展步伐。

2. 对外承包工程和劳务合作开展顺利。2011—2015年，山东对外承包工程和劳务合作实现了快速发展。对外承包工程累计完成营业额434.8亿美元，年均增长11.1%。外派各类劳务人员27.4万人，年均增长5.1%。

三、存在的问题及因素分析

(一)外贸规模偏低，与粤苏浙相比差距明显

多年来，山东经济发展始终走在全国前列，但外贸发展明显落后于主

要沿海省份。外贸总量与经济实力相当的江苏、广东相比差距较大，即使与经济实力低于山东的浙江相比也有明显的差距。2015 年，山东进出口总额为 2417.5 亿美元，仅相当于广东的 23.6%、江苏的 44.3%、浙江的 69.6%。占全国进出口总额的 6.1%，分别较广东、江苏和浙江低 19.7 个、7.7 个和 2.7 个百分点。从“十二五”时期增速看，我省进出口年均增长 5.1%，低于全国 0.8 个百分点，分别低于广东和浙江 0.3 个和 1.4 个百分点，仅高于江苏 1.9 个百分点。

(二)出口商品结构仍需优化，高附加值产品出口比重偏低

出口商品结构优化升级对经济增长有长期稳定的促进作用，高技术含量、高附加值产品出口比例越高，对经济增长的促进作用越大。我省高附加值产品出口比重偏低，与全国及主要沿海省份相比差距较大。2015 年，机电产品出口占比为 40%，较全国低 17.7 个百分点，分别较广东、江苏低 28.1 个和 25.5 个百分点。高新技术产品出口占比 12.3%，较全国低 16.5 个百分点，较广东和江苏依次低 24.0 个和 26.4 个百分点。

(三)服务贸易发展滞后，结构不合理

山东服务贸易尚处在发展的初级阶段，发展水平落后于货物贸易，问题主要表现在比重低、发展慢、结构不合理。山东是外贸大省，服务贸易总额仅为货物贸易的 1/10 左右。2015 年服务贸易进出口 341.6 亿美元，为货物进出口的 14.1%，较全国低 4.4 个百分点。服务贸易发展慢，出口结构不合理，主要集中在旅游、运输、建筑、加工服务领域，而金融保险、计算机服务、技术贸易等现代服务业的国际竞争力较低。

(四)外贸企业转型升级难，可持续发展能力弱

我省部分中小企业从事低端加工贸易，在国际竞争中处于劣势地位，经营成本上升及国际性的产业转移给企业生存带来挑战，迫于节能环保、生态环境保护等政策压力，长期依赖低能源和低环境成本不可持续，很多企业面临转型升级困难。部分劳动密集型传统企业缺少技术研发人才，在长期经营过程中重市场、轻技术，创新能力较弱，在产品创新及转型升级方面存在较大困难。融资难的问题没有根本改善，虽然有些企业开展的项目有市场、有技术，但资金缺乏、融资困难致使扩大生产规模困难重重，直接影响企业的健康持续发展。

(五)利用外资与主要沿海省份差距大

近年来，我省利用外资规模保持稳定增长，质量和效益不断提高，但作为沿海经济大省，利用外资规模与沿海发达省份相比仍存在较大差距。2015 年，山东新签合同外资 200.4 亿美元，实际到账外资 163.0 亿美元，较上年分别增长 25.7%和 7.3%。合同外资和实到外资仅相当于广东的

35.7%和60.6%,相当于江苏的50.9%和67.2%。与经济实力低于山东的浙江相比,合同外资少79.7亿美元,实到外资少7亿美元。

四、促进开放型经济可持续发展的对策建议

(一)努力开拓国际市场,推动外贸持续稳定增长

当前,国际经济环境严峻复杂,外需持续低迷,稳增长仍是我省经济工作的重要任务。要对外贸运行中出现的苗头性、倾向性问题,及时进行深入分析,多策并举,主动应对。同时,加大政策扶持和服务保障力度,在认真落实国家各项政策的基础上,及时制定出台稳定外贸增长、促进外经贸转型升级的政策措施,促进对外贸易难中求进。要千方百计地巩固传统市场,开拓新兴市场,保持外贸政策的稳定性和连续性,进一步贯彻落实好国家和省委、省政府出台的促进外贸增长的各项政策和配套措施,努力推动山东外经贸持续稳定发展。

(二)加快推进转型升级,促进中小企业健康持续发展

中小企业是我省经济发展中的重要组成部分,在繁荣经济、增加就业等方面发挥着重要作用,其健康持续发展是我省经济平稳健康发展的保证,对促进我省经济转型升级和长远发展具有重要意义。当前,我省中小企业面临诸多困难,政府应完善服务职能,为企业创造良好的经营环境,为解决企业各种问题积极创造条件,对创新能力强、竞争优势强和发展潜力大的企业给予鼓励扶持。企业应克服自身问题,关注国际社会发展变化,科学决策投资经营领域,及时转变管理经营模式,增加研发投入,提高创新能力,增强产品竞争力,打造知名品牌,努力在国内外竞争中赢得新优势,取得新发展。

(三)大力发展服务贸易,加快培育外贸竞争新优势

服务贸易是当今国际贸易的发展方向,服务贸易比重的高低是衡量一个国家和地区对外贸易水平的重要标志。发展服务贸易,培育外贸竞争新优势,是外贸转型升级实现可持续发展的重要动力。山东在推进结构调整和经济转型升级过程中,应进一步夯实服务业的发展基础,加快提升其在GDP中的比重,以服务业为重点扩大对外开放。大力发展服务贸易和服务外包,提高服务贸易比重,提升服务贸易发展水平,以结构优化拓展发展空间,形成产业升级新支撑和外贸增长新亮点,不断推动山东由贸易大省向贸易强省转变。

(四)积极发展电子商务,培育新型商业模式

发展电子商务,不仅能创新技术和管理,而且还为创新贸易方式、发展新型业态的服务型供应商拓展了发展空间。随着互联网技术的迅速发

展，运用电子信息和互联网技术手段降低企业经营成本、更大范围拓展国际市场份额成为企业的新实践。要充分利用互联网技术快速发展优势，加强互联网对商贸产业的支撑，鼓励依托大数据促进行业精准营销、创新发展。加快发展跨境电子商务，打造新型国际商务平台，在原有的国内市场基础上，改造传统商品市场，引进国际商务先进技术手段和运营模式，集中培育更多的生产性服务项目和服务供应商，打造综合的生产与服务相联系的供应链体系，形成整体对外竞争新优势。

（五）坚持改革创新扩大开放，推进开放型经济可持续发展

改革创新是经济发展的动力和源泉。当前我省开放型经济发展进入转方式、调结构关键时期，外贸增速总体处于下滑态势，不改革创新和扩大开放，发展就难有活力、难以持续。只有坚持改革创新，破除不合理的体制机制障碍，解决发展中的难题，才能不断推动开放型经济持续发展。同时，进一步扩大开放，深入研究新形势下对外开放的策略和步骤，科学合理地确定阶段性的目标和任务，特别是在农业和服务领域对外开放问题上，要研究制订具体方案，更加积极主动地参与国际经竞争合作，不断深化改革扩大开放，努力推进开放性经济的转型升级和持续发展，加快实现全省经济社会全面、协调、可持续发展。

（山东省统计局　毛清华）

我省小城镇发展情况的调查分析

小城镇区别于大、中城市和农村村庄，具有一定的规模，主要由从事非农产业生产活动人口聚集的社区组成，是一定区域的政治、经济和文化的中心。广义的小城镇包括20万人以下的小城市、国家批准的建制镇、尚未设镇建制的乡政府所在地的集镇和纯属集市贸易的集镇。狭义的小城镇是指国家批准的建制镇。本文研究的小城镇是狭义上的小城镇，即山东省内所有国家批准的建制镇。近年来，山东省委、省政府大力推进新型城镇化建设，科学规划，多措并举，精心扶持，小城镇建设呈现出了稳步发展的良好势头，人口规模不断扩大，基础设施更加完善，经济实力明显增强，社会事业健康发展，为全省社会经济的发展和城乡二元结构的改善提供了重要支撑。

一、小城镇社会经济发展取得明显成效

(一)人居环境显著改善，人口聚集能力增强

2014年，全省建制镇建成区总面积达到44.6万公顷，比上年增加2.2万公顷，增长5.3%；镇均建成区面积为401.4公顷，比上年增加17.1公顷，增长4.4%。建成区绿化面积8.3万公顷，比上年增加1.2万公顷，增长17.2%；镇均建成区绿化面积为74.3公顷，比上年增加10.4公顷，增长16.3%。建制镇人居环境大大改善，吸引人口向镇区集中。

2014年，全省有建制镇1112个，比上年增加9个；居民委员会585个，增加127个。建制镇常住人口5567.8万，比上年增加98.8万，镇均常住人口5.01人，比上年增加0.05万人。其中，常住人口超过10万的镇有31个，比上年增加4个。镇建成区总人口1596.4万，比上年增加135.8万，总人口占建制镇常住人口的比重为28.7%，比上年提高2.0个百分点。人口城镇化率28.7%，比上年提高1.8个百分点，为全省

55.0%的城镇化率贡献了16.3个百分点，贡献率比上年提高1.1个百分点。非农产业从业人员比重54.7%，比上年提高1.5个百分点。人口集聚效应日益凸显，城镇化率稳步提升。

(二)农业生产条件明显改善，社会化服务水平稳步提升

2014年，全省建制镇耕地面积5865.2千公顷，比上年增长3.0%，占全省耕地面积的76.9%；有效灌溉面积4182.1千公顷，比上年增加75.4千公顷，增长1.8%，占全省的82.3%。农作物播种面积9437.2千公顷，比上年增长1.0%，占全省的85.5%。其中，粮食播种面积6776.5千公顷，比上年增长1.7%，占全省的91.1%。建制镇农业生产条件的逐步改善，为全省粮食连年丰收、农业增效、农民增收打下了坚实基础。

建制镇在全省深化农村改革中发挥了积极的示范作用，农技服务机构稳步增加，社会化服务水平进一步提升。2014年，全省建制镇农业技术服务机构共有3382个，比上年增加110个，镇均3个；农业技术服务人员19778人，比上年增加720人，镇均17.8人，比上年增加0.5人；农村合作社71292个，增加12179个，增长20.6%，镇均64.1个，比全省平均水平多10.1个。随着农业规模经营的深入推进，经营成本的降低，农业经营收益不断提高。2014年，建制镇耕地流转面积793.5千公顷，增长48.2%；镇均713.5公顷，比全省乡镇平均水平多140.3公顷，高24.5%。种植大户、畜禽养殖大户分别为21654户、19256户；镇均依次为19.5户和173.3户，分别比全省平均多2.6户、29.5户。

(三)经济实力显著增强，就业结构不断优化

2014年，全省建制镇公共财政收入749.6亿元，比上年增加100.6亿元，增长15.5%；镇均公共财政收入6751.5万元，增长8.3%。年末工业企业13.1万个，较上年增长2.9%；全年实现工业总产值7.0万亿元，增长9.8%；实缴税金864.5亿元，增长16.1%。其中，规模以上工业企业2.1万个，增长2.3%；实现工业总产值5.9万亿元，增长10.5%。建筑企业2410个，增长4.8%；建筑业总产值1697.3亿元，增长0.2%。社会消费品零售总额6518.0亿元，增长12.7%。其中，限额以上社会消费品零售总额2413.3亿元，增长17.7%。

随着第二、第三产业的较快发展，建制镇的劳动力就业结构也发生相应改变。第一产业从业人员占比由上年的46.9%下降为45.3%，第二产业从业人员占比由30.2%上升为30.8%，第三产从业人员占比由22.9%上升为23.9%，比上年提高1.0个百分点。

(四)基础设施日益完善，城镇功能不断增强

2014年，全省建制镇市政公用设施完成投资261.8亿元，比上年增长16.0%。建制镇自来水、燃气用户数分别为1443.2万户和421.3万户,依次比上年增长5.6%和6.5%。镇均自来水、燃气用户数分别为1.3万户和0.4万户,依次比上年增加690户和230户。通公共交通、通宽带、通有线电视、通自来水的村,占全省行政村的比重分别为83.8%、97.9%、99.1%、98.8%,依次比上年提高3.7个、2.2个、0.5个和1.2个百分点。垃圾集中处理村52325个,比上年增长29.4%;镇均47.1个,比全省平均多7.4个。污水集中处理的村6769个,增长23.5%,镇均6.1个。公用设施投资力度的加大,使建制镇基础设施得到了全面改善。

2014年,全省建制镇金融机构网点4583个,比上年增长3.6%,镇均4个。50平方米以上的超市27142个,增长5.8%;镇均24个,增加1个。公园及休闲健身广场26408个,增长24.7%;镇均24个,增加5个。建制镇公共基础设施的完善,加之配套服务机构的建设,让城镇承载能力得到明显提升。

(五)社会事业发展较快,公共服务水平不断提高

2014年,全省建制镇基础教育稳步发展,小学有7942所,在校学生有307.6万人,比上年增加5.1万人;幼儿园、托儿所12706个。医疗服务机构的不断完善,较好地方便了居民的就诊和医疗。建制镇有医院、卫生院3486座,比上年增长6.2%;病床数10.4万床,比上年增长2.7%。文化事业繁荣发展,拥有图书馆、文化站2847个,剧场、影剧院223个,体育场馆112个。

2014年,全省建制镇参加新型农村合作医疗参保人数4695.0万人,占建制镇户籍人口的81.6%;参加新型农村社会养老保险人数3013.9万人,占建制镇户籍人口的52.4%。各种社会福利收养性单位数1412个,比上年增长7.9%;床位数16.8万床,比上年增长7.9%;收养人数11.5万人,比上年增长2.9%。随着社会公益事业的不断发展,社会保障和公共服务水平日益提高,受益群体持续扩大,进一步促进了建制镇的全面发展。

二、小城镇发展的主要举措和路径

(一)以政策规划为先导,科学制定小城镇发展路线

早在20世纪90年代初,山东省就提出了“两带五群”的城市发展战略;20世纪90年代中期进一步提出“两大中心,四个层次”的城镇化发展格局。2000年省委七届四次全会将城镇化作为全省经济社会发展的四大战略之一,随后出台了《关于大力推进新型城镇化的意见》和《山东省城镇化发展纲要(2012—2020年)》。2003年提出构建“三圈一群”的城镇发

展布局的初步构想，即大力培育以济南为中心的鲁中都市圈、以青岛为中心的胶东都市圈、以济兖邹曲为中心的鲁南都市圈及山东半岛城市群，充分发挥各自优势，明确发展方向，促进区域共同发展。2011 年，省政府先后批准了《黄河三角洲城镇发展规划》和《鲁南地区城镇发展规划》两大区域城镇发展规划，为优化城镇体系布局、促进区域竞合共赢提供了科学依据。2014 年正式提出以山东半岛城市群、鲁南城镇发展带和以济南、青岛两城市为核心，以济淄泰莱德聊、青潍、烟威、东滨、济枣菏、临日六个城镇密集区为辅的“双核六区”的新型城镇化发展战略，进一步提升城市群和县域经济的带动作用，促进全省小城镇的发展。2015 年制定了《山东省农村新型社区和新农村发展规划（2014－2030 年）》等文件，进一步明确了山东总体城镇化发展方向。根据山东省人口流动 80％是在省内流动的特点，省委、省政府提出了发展城市群，构建城镇发展带的战略路线。

（二）以“蓝黄”两大国家级战略为带动，进一步提升小城镇经济水平

2014 年，山东半岛蓝色经济区、黄三角高效生态经济区实现生产总值增速分别比全省平均高 0.2 个和 0.6 个百分点。根据第六次人口普查数据，山东半岛蓝色经济区城镇化率为 55.3％，比全省高出 5.6 个百分点。山东陆海统筹、蓝黄融合、一体化发展态势逐步显现，有力地带动了区内小城镇发展，提升了全省小城镇的总体质量。如东营市大王镇镇横跨“蓝黄”两区，初步形成了绿色造纸、汽车配件、橡胶轮胎、精细化工四大产业集群，成为世界最大的环保型新闻纸生产基地、全国最大的汽车摩擦材料研发生产出口基地、全国重点子午胎生产聚集地、全省重要的石油及盐化工基地。大王经济开发区成为全省第一个在乡镇设立的省级经济开发区。近五年来，企业直接投入城镇建设资金达 30.0 亿元，目前全镇 65.0％以上的农村劳动力转移到企业务工，每年工资性收入达 8.5 亿元。泰安肥城市边院镇尽管不在“蓝黄”两大国家战略发展区内，但是凭借其丰富的岩盐、石膏、花岗石等矿产储量，建立了完备盐化工产业体系，其现代化盐化工产业园已被纳入山东半岛蓝色经济区联动示范基地。现有天津渤化集团、山东信发集团、鲁中能源集团、山东盐业公司、新加坡澳亚集团、联想集团等多家大型企业集团投资兴业。2014 年，全镇实现地方财政收入 1.6 亿元、农民人均纯收入 16762.0 元、固定资产投资 46.2 亿元，比上年分别增长 30.5％、22％、48.1％。

（三）以培育“百强示范镇”为抓手，加大政策扶持力度

2012 年山东首次开展“百强镇建设示范行动”，2013 年百强示范镇范围扩大到 200 个，省政府对位列前 20 名的示范镇，给予每个镇 800.0 万元资金奖励。2014 年，全省 200 个示范镇地方财政收入达 355.0 亿元，增长37%;镇均财政收入达1.8亿元,是全省平均水平的2.0倍左右;示范镇建成区人口达648.0万人,较上年增长12.0%。2015年,省财政按照每个镇500万元的补助标准,对200个示范镇发放补助。补助款项将统筹用于道路交通、供水、污水处理、垃圾处理、供气、供热等基础设施建设和工业园区、农村新型社区等公共配套设施完善等方面。施行两批"百镇示范工程"以来,这些镇无论从经济实力还是社会管理等方面都有了很大提高,为全省的城镇建设提供了典型范本,是省内其他小城镇建设的学习样本。

三、小城镇发展存在的主要问题

(一)小城镇总体水平依然较低,影响全省城镇化水平的提高和县域经济的发展

《2014年中国中小城市绿皮书》数据显示,山东有18个全国百强县,分别比江苏、广东和浙江多1个、16个和4个,全国百强镇山东无一入围,而江苏有23个,广东有22个,浙江有19个。建制镇发展较慢成为制约我省城镇化水平提高的最大障碍,同时也在一定程度上制约了县域经济的发展。

(二)产业同质化严重,非农产业支撑较弱

依托资源、交通等自身特点发展特色产业是小城镇发展的灵魂。目前,我省建制镇发展普遍存在"千篇一律,千镇一面"的现象,产业同质化比较严重。不少建制镇依旧单纯依托农业产业发展,非农产业发展相对缓慢。2014年,我省建制镇非农从业人员占全部从业人员的54.7%,比全省平均水平低14.7个百分点。从全省建制镇情况看,非农从业人员占比超过70%的建制镇有213个,其中超过80%的有79个,仅占全省建制镇总数的7.1%。

(三)城乡二元土地所有制限制了小城镇发展

一方面,我国现行政策中城镇和乡村的土地所有制不同,进入流转市场的条件和补偿机制不同,土地使用政策和费用不同,农村宅基地、乡镇企业迁入镇区用地不能相互置换,这些不仅限制小城镇的扩张发展,而且还在一定程度上阻碍了乡镇企业发展进程,延缓了产业化的聚集,导致农民进城后多半是"离土不离乡,进厂不进城",农村剩余劳动力只流动不转移。另一方面,农民土地流转意识低、集中成片流转困难等原因又导致农村土地流转不畅,影响了企业在小城镇周边的农村发展,难以形成产业集群,从而制约了小城镇的发展。2014年,在全省981.3千公顷土地流转面积中,只有163.9千公顷流入农业企业,仅占16.7%。

(四)基层财政体制差别较大,小城镇发展资金短缺

目前,我省县级财政体制差别较大。如"地方小税"中的耕地占用税、城镇国有土地使用税、土地增值税、城市维护建设税、契税、教育费附加、公用事业附加等,这些税收有的县归乡镇所有,有的则直接由县里收走,再分成或者包干,镇上花多少要多少,甚至个别镇的整个地方财政收入,由县镇之间分成或包干。而同样是分成,各地比例也不一样,如有的是5∶5,有的是7∶3。按《预算法》,一级政府一级财政,共有五级财政,其中包括乡镇财政。但实际上部分乡镇往往没有自己的财政。同时,随着农村税费改革的进一步推进和深化,乡镇财政情况紧张,资金短缺现象比较普遍,不利于小城镇的发展。2014 年,全省公共财政收入小于财政支出的镇有 348 个,占全部建制镇的 31.3%;财政收入与财政支出持平的有 242 个,占全部建制镇的 21.8%,两者合计占比为 53.1%。全省超过半数以上的建制镇入不敷出或收支平衡,缺乏必需的财政资金,不仅影响了建制镇的公共财政投入和基础设施建设,而且还制约了建制镇的快速发展。

四、加快我省小城镇建设的几点建议

(一)因地制宜制定小城镇发展规划,狠抓政策落实

目前,山东省城镇化发展已经显露出农业人口就近就地城镇化居主体地位、城市布局较为均衡、城镇承载能力较强、公共服务保障水平较高等特点,但是各地小城镇发展依旧不均衡,在发展速度上还存在一定差距。因此,要因地制宜地针对各地区制定发展规划和目标,在小城镇的建设水准、设施要求上不划统一杠杠,不搞一刀切,配合区域中心城市扩容、顺应县域扩展趋势,继续支持小城镇发展,同时狠抓政策落实,确保促进小城镇发展的政策落到实处,资金投入用到点子上,真正激发各地小城镇的发展潜力,促进全省小城镇总体实力的提高。

(二)优化产业结构,杜绝人为培植

要从当地历史沿革、自然条件、产业基础出发,科学地确定小城镇的发展脉络,培育其内生动力,加快传统产业改造升级,培育发展各具特色的产业体系,杜绝人为培植,扎堆上项目。如有特色种养的小城镇要大力发展农产品加工业,提高产品附加值;有传统优势工业的小城镇要在化解产能过剩的基础上注重加快产能升级,大力发展战略性新兴产业和先进制造业。城市周边小城镇要积极适应城市居民消费多样化趋势,积极培育面向城乡的文化与休闲旅游、都市休闲业,努力形成"一镇一品"的专业经营格局。

(三)提高土地建设利用率,促进小城镇和谐发展

小城镇建设要按照“望得见山、看得见水、记得住乡愁、留得住乡情”的总体思路,杜绝盲目扩张规模、随意更改规划的旧模式。要按照统筹全城规划的思路,探索经济社会发展、城乡建设、土地利用规划“三规合一”,优化生产、生活、生态空间布局,合理确定城镇边界、功能分区、开发强度和保护性空间,搞好地下空间开发利用。加强城乡空间利用管制,着力破解城乡土地二元化,提高土地利用率,突出生态宜居,营造空间尺度宜人、生活服务便利、生态环境友好的人居环境。推进规划建设由“扩张型”向“科学增长型”转变,进一步促进小城镇和谐发展。

(四)提高城镇建设资金保障能力

一方面,要完善财政转移支付制度。合理确定各级政府在教育、基本医疗、社会保障等公共服务方面的事权,完善促进基本公共服务均等化的公共财政体系。逐步完善乡镇财政体制,调整优化财政收支结构,保证小城镇具有相对稳定的财力来源。另一方面,要健全多元化的投融资机制。积极推进城镇化金融创新,加强银政企合作,整合资源,构筑新的资本运作平台,探索新的合作模式,建立健全投融资长效机制,完善专项贷款、过桥贷款等政策,解决城镇建设资金投入规模大、回报周期长等问题。充分利用多元化的方式吸引社会资本投入交通、能源等基础设施、公共服务设施、保障性住房和农村新型社区建设。通过投贷结合,引导商业银行、保险、社保等社会资金参与城镇化建设。

(山东省统计局　孙　靖)

我省新能源生产调研报告

我国进入新的发展转型阶段后，坚持走绿色发展道路，建设两型社会已成为基本发展理念之一。我省是全国能耗第一大省，能源消费结构中长期以煤炭和油品为主，清洁能源所占比重仅在2%左右。大力发展新能源产品生产，既能优化我省的能源消费结构，促进节能减排，又可发展低碳经济，改善提升环境质量。为了及时、全面、准确地反映我省新能源生产行业的发展状况，我们对济南、东营、德州等市相关企业进行了调研。

目前我国纳入新能源统计的主要产品有煤层气、页岩气、致密砂岩气、煤制天然气、垃圾焚烧发电量、生物质发电量及其中的沼气发电量、核能发电量、风力发电量、太阳能发电量、潮汐能发电量、地热发电量、生物乙醇和生物柴油等14种品种。从我省情况看，新能源生产主要集中在新能源发电和生物乙醇的生产。

一、新能源发电

（一）我省新能源资源和生产现状

我省是新能源较为丰富的省份。全省沿海陆地及海上风能资源可开发规模为3075万千瓦，受台风和热带气旋影响较小，开发建设条件优良，适宜风电规模化发展；全省大部分地区为Ⅲ类太阳能资源区，2/3以上的面积年日照时数在2200小时以上，便于开发利用的太阳能资源约7310万吨标准煤；农作物秸秆、林木剩余物、畜禽粪便、垃圾等生物质能资源折合标准煤约1.4亿吨，可供能源化利用量折合标准煤约4500万吨。

从近几年新能源的发展情况看，我省新能源发电规模不断扩大，产量迅猛增长。2015年底，新能源发电设备容量为1060.0万千瓦，比上年增长41.8%，占全部发电设备容量的比重为10.9%，比上年提高1.5个百分点。2015年新能源产品发电量为227.4亿千瓦时，比上年增长

31.7%,远远高于同期火电2.3%的增长速度。在全部发电量中的比重继续加大,2015年末比重为4.9%,比上年提高1.1个百分点。各品种生产均快速增长,风力、生物质、垃圾焚烧、太阳能和沼气发电量比上年分别增长20.3%、36.9%、63.7%、2.6倍和10.5%。

(二)新能源发电行业中存在的主要问题

1. 建设投入高。新能源发电运行的技术和设备要求更高,我国相关生产技术与设备滞后,缺少相关的核心技术,生产设备进口依赖性较强,导致生产成本较高。电厂建设投资资金远高于火力发电,建设风力、太阳能、生物质电厂的投入相当于建设同等规模火电厂的数倍。

2. 选址条件多。新能源发电因为各自的特殊性,在建厂选址上限制更多,地域性特点明显。风力发电需要建立在风力资源丰富的山区或海边;太阳能发电除了选择太阳能资源丰富的地区,建设还需要较大规模的空地,每万千瓦需要占地300亩土地;垃圾焚烧发电因为在生产过程中会产生二恶英、灰渣和飞灰重金属等物质,存放过程中会产生异味和污水,建厂选址会在远离居民居住区和缩短垃圾运输长度两者之间平衡;生物质发电和沼气发电需要考虑原料收集半径。

3. 产量不稳定。新能源发电受天气、原料等影响,产量呈现波动性特征,对电网的稳定和安全有一定影响。当天气适合、原料充足时,新能源发电量充足,电网就需要关停或减少一部分火电发电机组的发电能力,将一部分负荷由新能源发电供电。而当条件不适宜时,又需要启动或增加火电发电机组发电,来补充失去新能源发电的容量。对于火力发电机组来讲,频繁启动或者降低负荷运行会提高其发电煤耗和发电成本。突然失去一部分新能源电量需要紧急调度火电发电机组启动或增加发电,对于电网的安全性也存在隐患。

4. 生产成本高。风力和太阳能发电受风力大小和阳光强弱的影响,发电设备平均利用小时远低于普通火力发电设备。2015年风力和太阳能发电设备平均利用小时分别仅为普通火电的33.9%和17.2%,设备利用率低提高了单位电力的成本。生物质和沼气发电原料具有分散性和季节性特点,收集、运输、储存及供应难度大,需要支付高昂费用。原料除了可以用以发电外,种植业、造纸业和家具建材业都可以利用,再加上本行业纷纷投产,原料收购市场多元无序竞争。为了获利,囤积惜售、抬高价格,甚至掺水、掺沙增加重量,导致原料收集困难、质量不佳、供应不足、价格偏高。垃圾焚烧发电用到的城市垃圾以混合收集为主,因为未进行垃圾分类,垃圾成分复杂,餐厨和餐饮等有机物占比较大,水分较多,另外搀杂了大量不可燃成分,造成垃圾热值偏低。由于建设投入和维修费用高、设备利用率低、原料成本上升等原因,新能源发电成本要高于一般火力发电,短期内难以与火电进行直接竞争。目前新能源发电项目的发展主要依靠政策补贴,随着补贴逐年下降,企业生产经营困难逐渐增大。

5. 扩大生产积极性不高。当前新能源发电量有限,上网价格高,稳定性差,短期内很难将其作为电力供应主体。企业运行的国家补贴资金到位时间周期长,地方还需要同时投入一定的配套资金补贴。更为重要的是火电价格的比价效应,当前煤炭价格走低拉低了火电的成本,在经济总量考核压力下,各方投入新能源的积极性不高。

(三)新能源发电行业进一步发展的对策建议

1. 健全政策激励和保障机制。新能源发电属于社会公益事业,发展应该更加关注环境和社会效益,而不是单纯的经济效益。政府应该在新能源发展中牵头并占主角,要多措并举,大力扶持发展,并减轻企业经营负担。要保持政策的稳定性和连续性,适度增加补贴额度,辅以财税优惠、技术支持等手段提高企业盈利能力。对于符合国家产业政策、有良好市场前景的重点项目,优先安排争取国债资金、国家和省专项资金。要协调相关政府部门简化行政手续,积极帮助企业解决发展中遇到的项目核准、技改环评、电网接入和土地征收等问题,降低项目建设运行的行政成本。

2. 科学、有序地发展各种新能源发电产业。根据电力市场发展、能源结构调整需要和各市资源分布的具体条件,对新能源发电项目进行合理布局、有效规范。在落实市场消纳条件的前提下,有序推进各种新能源发电的发展。

(1)稳妥推进风电开发。统筹考虑风电产业发展,正确处理好资源开发与环境保护、土地利用、电网发展的关系,统筹陆上风电项目与相关产业发展,科学规划布局陆上风电项目。同时,根据山东省海上风电开发建设有关规定和要求,做好我省海上风电项目的推进和实施。

(2)加快发展光伏发电。按照集中开发与分布式利用相结合的原则,积极推进太阳能的多元化利用,鼓励在太阳能资源优良、未利用土地上建设集中式或分布式光伏电站,支持以“自发自用,余量上网,电网调节”为主要方式的分布式光伏发电项目建设。优先支持在用电价格较高的工商业企业、工业园区建设规模化的分布式光伏发电系统。支持在学校、医院、党政机关、事业单位、居民社区建筑和构筑物等推广小型分布式光伏发电系统。鼓励在城市路灯照明、城市景观以及通讯基站、交通信号灯等领域推广分布式光伏电源。根据地表现状,合理规划以及制定相关政策扶持、利用农民的土地和屋顶进行太阳能发电,增加农民收入。

(3)大力发展生物质和沼气发电。一是在秸秆剩余资源较多的地区，鼓励发展生物秸秆直接燃烧的热电联产，提高能源利用效率；二是在农村生物质资源比较丰富、人口密集的乡镇，依托大型畜禽养殖场，结合污染治理，积极发展生物质燃气发电；三是在城市和工业企业集中的地区积极推动造纸、酿酒、印染、皮革等工业有机废水和城市生活污水处理沼气发电。

(4)安全发展垃圾焚烧发电。要积极采用垃圾焚烧项目解决城镇化的快速发展造成城市垃圾激增与垃圾处理能力不足的矛盾。在建设垃圾焚烧发电厂时，要始终将垃圾进行无害化处理放在首位。加强企业环保设施投入，对垃圾渗滤液和烟气进行环保处理，污水和烟气排放严格按照国家相关规定，严格将指标控制在合格范围内。足额保证垃圾处理资金到位，并在全社会逐步推行垃圾分类。

3. 加大宣传力度。新能源发电作为一种新兴产业，被认知和认可需要一个长期的过程，加强对其的宣传是一项重要工作。要在各种媒体上加大宣传力度，提高民众对新能源发电的认知程度，减少对其的担忧和困扰，以实现加强企业和居民的绿色能源意识，营造全社会共同支持新能源发展的良好氛围。

二、生物乙醇的生产

生物乙醇主要作为油品增氧剂和改良剂，与一般汽油掺混使用，能促进汽油充分燃烧，有效降低汽车有害气体排放，起到减少 PM2.5 和减轻雾霾的效果。我国自 2000 年起试点推广车用乙醇汽油，在节约替代能源、改善环境质量、促进农民增收等方面成效显著，取得巨大生态效益和社会效益。目前我省生物乙醇生产企业有 1 家，主要采用玉米芯、玉米秸秆等农业废弃物提取完功能糖之后的生物残渣做原料，生产纤维素乙醇。

目前生物乙醇行业主要存在以下四个方面的问题。一是行业准入门槛高、管理严。作为国家推广使用的新型清洁能源，生物乙醇生产项目上马需要国家发改委审批，施行定点生产。生产要按照省发改委每月下达的供应计划定量供应，以销定产。自 2013 年以来，供应数量逐年减少，2015 年产量仅为批复产能的一半。二是销售市场受限，扩大范围程序复杂。目前生物乙醇在全国推广使用的仅有 9 个省，我省生产企业销售市场仅限于我省济南、泰安和聊城 3 市。因为扩大销售范围需要修改相应的省内法规，办理手续复杂，审批时间长。三是市场封闭运行和公民整体环保意识较差限制销售量快速增长。目前省内加油站内普通汽油和乙醇汽油并行销售，没有禁止销售普通汽油。公民对乙醇汽油的效能和环保认识程度不够，使用的主动性和积极性不高。2015年乙醇汽油销售量继续下降，比上年下降27%。四是亏损严重影响企业可持续发展。国际原油价格下跌，汽油销售价格随之下降，而生物乙醇销售实行与汽油同价，销售亏损日益严重。尽管企业通过控制生产工艺等措施逐步降低生产成本，但远远比不上快速下降的油价。因为生产的是特殊产品，完不成下达的计划任务将会取消生产资格，企业通过其他产品的盈利支持乙醇生产线正常运行，但长期亏损运营必然影响企业的持续经营。

尽管目前生物乙醇的发展遇到了一些困难，但我省发展生物乙醇生产的优势依然显著。一是产品品质更高。目前我省企业生产的生物乙醇属于第2代燃料乙醇产品，与第1代相比，具有绿色环保、低碳节能等诸多优势。二是原料价格更低。生产使用的原料为玉米秸秆渣，与国内其他7家同类企业使用粮食和木材作为原料相比，不占用粮食和其他工业原料，资源丰富、成本更加低廉。如果成品油价格提高，能最快结束亏损，开始盈利。三是潜在市场巨大。2015年企业产品仅允许在省内的济南、泰安和聊城3市使用，3市2014年汽油消费量仅占全省消费量的19.8%，未来如果在全省推广使用，其产能还可以扩大数倍。四是社会效益深远。目前企业年消化玉米芯和秸秆约20万吨，有效地减少了当地和周边秸秆焚烧带来的污染，改善环境的成效显著。秸秆变废为宝也给农民带来一定收入，更在潜移默化中将“没有垃圾，只有放错位置的资源”的循环发展理念深入人心。

加快发展我省生物乙醇生产，助推企业发展主要从以下四方面入手。一是简化有关手续，提高效率，尽快打通企业销售的法规瓶颈，消除产品进入省内其余市场的约束。二是全力支持，打破行业垄断和地方保护主义，坚持税收和补贴政策优惠。对于有利于环境的新能源产品，继续保持免征增值税，消费税先征后免。在目前的产品市场培育期间，保持目前的补贴不再下降，并保证按时足额到位。三是双管齐下，积极培育消费市场。进一步开放汽油销售市场，在全省范围内积极推广使用乙醇汽油。同时，加大成品油市场的治理，对不合格汽油和掺混汽油等采取零容忍态度，坚决打击查处。四是大力宣传，提高社会使用清洁化能源的意识，加大对乙醇汽油和普通汽油对比实验结果的宣传，让乙醇汽油更环保的理念得到更多认知。

（山东省统计局　刘　晶　辛　超　武金梅）

关于群众满意度调查的探索与研究

自2009年起，威海市每年由考核办和统计局负责对所辖区市、国家级开发区开展两次群众满意度调查，调查内容包括居民收入、城乡建设、医疗卫生、教育工作、环境保护、群众文化生活、困难群众救助、社会治安、干部作风九个方面。工作中，我们始终坚持把民意调查作为干部作风转变的重要抓手，把群众意见作为改善民生的重要导向，把整改落实作为调查工作的重中之重，逐步建立起一套集收集民意、整改问题和改善民生于一体的工作机制，有效地解决农村环境脏乱差、计划生育特殊家庭生活压力大等一大批事关群众生产生活的重点难点问题。在工作过程中，我们也发现调查问题设计较抽象、样本代表性不强、访问员水平不高等问题在一定程度上影响了调查访问的质量。按照山东省考核办的部署和要求，威海市考核办从发现的问题入手，结合区域实际，通过座谈、街头问卷、入户调查等形式，对群众满意度调查工作进行了较为系统深入的探索和研究。

第一部分　调查形式

群众满意度调查的形式主要有三种，分别是电话访问调查、网上调查和问卷调查。

一、应用分析

（一）电话访问调查与网上调查的比较分析

电话访问具有节省经费、节省时间以及可以实时监督调查过程等诸多优点，是国内外普遍采用的调查方式。网上调查具有时间灵活、形式多样等优点，是电话调查的有益补充。两者之间的差异主要体现在以下几个方面。一是样本量方面。电话访问一般按简单随机或特定比例进行抽样，从科学经济的角度考虑，一般400个成功样本即可保证调查的可靠性；网上调查，可以根据需要适当增加样本量，理论上可以全面覆盖所有互联网用户。二是抗干扰方面。电话访问容易受到外界因素的干扰，容易出现调查对象因开车、上班、思考时间紧张等因素而产生的拒访、答题失真等问题，而网上调查一般不受上述因素的影响，被访者可以自由选择答题时间，有助于受访者反映真实的感受。三是访问内容方面。受访问时长限制，电话访问一般不易超过8个问题，而网上评议几乎不受时长限制，可访内容多，形式也相对多样。访问效果方面，电话访问中，对于群众不满意的问题，一般要追问不满意的原因，记录可能存在偏差，而网上调查受访者可以直接填写不满意的原因，更清晰准确。

与电话调查相比，尽管网络调查有一些优势，但劣势也相对明显。一是作弊风险较大，如果控制不好，调查结果容易受影响，准确性会大幅下降；二是人群覆盖面不能有效保证，农村地区尤其是50岁以上的农村人群上网率偏低，影响调查的代表性；三是群众主动参与度不高，从了解的情况看，群众除非确有问题才会上网反映，否则一般不会上网进行评议。

（二）问卷调查的应用分析

问卷调查有入户调查和街头随访两种形式。威海市曾在2012年对教育、卫生、社会救助和文化生活四个方面的工作组织过一次入户问卷调查。从操作情况看，群众对入户问卷调查比较认可，反映问题也比较直接，效果总体不错，所辖各区市、国家级开发区的入户调查成绩排序与电话调查基本一致。

虽然群众对入户问卷调查的接受度较好，但其也存在一些问题。一是安全问题。一方面城市居民出于安全考虑，即使有社区工作人员参与也不愿开门答卷，拒访率偏高；另一方面农村养狗户较多，对访问员的人身安全有一定威胁。二是结果容易失真。为顺利开展工作，访问员一般需要社区或村委成员陪同，由于害怕社区或村委知道自己反映问题，很多居民都选择“满意”，问题被掩盖。三是成本高。2012年，威海市共入户调查1200份问卷，花费15万元，平均每份问卷125元，远远高于电话访问的费用。四是费时长。入户调查一份成功的问卷需10—30分钟，且时间多耗费在进门介绍和与群众交流环节，群众实际答题时间较短。

街头随访随机性大，虽然从理论上讲其结果应该更为真实可信，但这需要访问员有高度的责任感。如果访问员懒于走动，固定在某地进行随访，则有可能出现故意安排人员主动参与调查的极端情况，调查结果的真实性得不到有效保证；另外，也不能完全保证每张问卷均由被访问者填写。我们采用街头随访方式对教育工作访问题目进行前期预调查时,就发现回收的问卷中存在笔迹相似、答案相似以及正反问题答案不一致、学历层次与工作性质不匹配等问题。

二、相关建议

建议群众满意度调查工作采用电话调查的形式,并在适当时间开展网上调查。问卷调查形式需慎重对待,尽量不使用。

如开展网络调查,建议把握好以下三点:首先,严控调查质量。可通过短信平台向不同市、县的手机用户发送邀请参与调查的信息,受邀者凭验证码在规定时间内登录网站答题,当提交问卷达到规定数量后,所有验证码作废,调查结束。其次,加强宣传,引导公众积极参与。可采取给予受访者话费奖励的方式进行鼓励引导,费用可从节省的电话访问费用中进行调剂。据统计,电话访问每个成功样本的费用在15元左右(包括电话访问和听取录音两部分费用)。最后,加大对非理性干扰网上调查工作的惩处力度,使基层将工作重心真正放在以扎实工作促满意度提升上来。

第二部分　问卷设计

问卷设计是群众满意度调查中最基础、最关键的工作,直接关系到数据收集情况的好坏,决定着调查结果的准确性、有效性和可靠性。

一、问卷形式

目前,国内群众满意度调查问卷主要有抽象问题问卷和具体问题问卷两种。抽象问题问卷,问题一般比较概括,涵盖面相对宽泛;具体问题问卷,则是将需调查的工作细化分成若干指标,调查问题围绕指标设置,针对性较强。

(一)抽象问题问卷

抽象问题问卷优点明显,主要有:(1)被访者可同时对多个方面的工作进行评价,调查结果的综合性和包容度较好,可比性较强。比如,威海市调查问卷将中小学教育、看病就医、社会治安等9个问题汇总成一个问卷,征求同一名被访者的意见。这样的调查结果,既可分解为单项工作提供指导,也可以对全市工作形成综合评价,结果运用性较好。(2)调查工作量较小。在同样的置信度和容许误差下,抽象问题问卷的工作量相比于具体问题问卷会减少50%以上。但是,抽象问题问卷的短板也比较明显:(1)个别问题“不了解率”偏高。受调查时间限制,绝大多数电话调查都不可能给被访问者预留充足的思考时间,由于问题比较抽象和宽泛,群众对不熟悉的问题的“不了解率”一直居高不下。例如,威海市调查的中小学教育问题,2013 年上半年的“不了解率”为 26%,2013 年年终为 28.5%,2014 年上半年为 26.25%,2014 年年终为 29.7%,2015 年上半年为 30.1%,呈逐步扩大趋势,不利于精准掌握群众对教育工作的具体态度。(2)容易受媒体宣传等因素干扰。比如,干部工作作风问题,经过群众路线教育实践活动和“三严三实”专题教育,各级干部工作作风实际上有了比较大的改进,但由于十八大以来各级加大对违法违纪案件的处理力度,新闻媒体也对相关事件进行深度报道,导致干部工作表现总体满意率呈逐步下降趋势。(3)不能真实反映群众对某项工作的感受,调查结果容易失真。有的被访问者反映,由于问题指向性不强,且预留回答时间较短,很难在短时间内形成一个综合准确的评价意见,不能真实、全面地反映自己对相关工作的看法。也有的被访问者反映,由于进行单维度评价,回答精度很容易受某些细节影响。以教育工作为例,当被问及对教育工作是否满意时,被访问者首先想到的往往不是令其满意的教学质量、师风师德等好的方面,而是让其不满意的学校饭菜质量等问题,在出于解决饭菜质量问题的迫切期望下,被访问者最后可能选择对整个教育工作“不满意”。这样的选择,既无法准确测量被访问者的真实想法,又不利于开展有针对性的后续整改。(4)解释时间长。有访问员反映,访问过程中,经常有被访问者对问题不了解、不明白,需要逐一解释,既浪费时间,又容易让被访问者情绪急躁。

(二)具体问题问卷

2012 年,威海市曾以具体问题问卷形式,组织开展了入户调查。从中发现,具体问题问卷针对性强,群众对相关问题的不了解率少,可以准确测量被访问者的态度。同时,由于问卷采用具体问题,多数被访问者在回答“不满意”时都会说明不满意的原因,调查的指向性比较强。具体问题问卷有助于相对准确地反映群众对某项具体工作的满意程度,有助于发现工作中存在的具体问题,便于各级政府进行有针对性的整改。但是,具体问题问卷比较细致,所需成功样本量往往是抽象问题问卷的数倍,调查工作量大,成本较高。

从以上分析可以看出,两种问卷互为补充,各有其适用范围。省对市的调查主要目的是评判群众对当地党委政府相关工作的总体感受,并将调查成绩作为综合考核系数,从易于进行综合评价和比较的角度出发,我们认为,抽象问题问卷更加适用于省级对市级的电话访问调查。多数市级对县级、县级对镇街的电话访问调查,仅作为当地综合考核的一个项目进行计分,在这种情况下,无论采用抽象问卷还是具体问卷都是可行的。但我们认为,市级开展群众满意度调查的目的不应是为了简单地打个分,而应是要通过调查发现问题、改进工作,这就需要调查能更加准确地把握和衡量群众对相关工作的感受程度,显然具体问题问卷在这方面更有优势。

(三)相关建议

目前各级各部门开展的调查项目较多,客观上确实对群众生活造成一定干扰,也不利于各级各部门准确掌握群众需求,因此规范统一电话调查项目,在省群众满意度调查中逐步引入具体问题问卷是有现实需要的。我们建议由省统一组织对市、县两级开展群众满意度调查,省对市一级的电话访问调查仍暂时采用抽象问题问卷形式。同时,对县级进行具体问卷调查试点,分析抽象问题问卷和具体问题问卷对调查结果的影响,确定调查结果的具体运用方式后,适时对市级开展具体问题问卷电话调查。

二、备选选项

群众满意度调查中的备选选项实质是满意度调查中测量的标度问题,标度选择和对应分值确定直接影响电话访问成绩。

(一)现行的通用标度

现有关于标度的研究指出,建议分 7 级以内,分级越高,信度越高,7 级以上随分级增加,信度逐步降低。因此,分级要适中,不宜采用 7 级及以上标度。其中,2 级、4 级和 6 级标度,由于不符合李克特分级标度一般采用奇数的原则(偶数没有中点,不能体现中性表达),一般不使用。剩余标度中 1 级无实际意义,7 级标度一般也不使用,主要原因是用文字语言描述 7 级标度比较困难,同时 7 级标度要求被访问者对问题的分辨能力非常高,但目前群众对政府工作的体验和感受的区分度往往不够高,主观上不具备精准评价能力。因此,目前国内开展的一般性调查几乎都采用 3 级或 5 级标度。3 级标度,采用满意、基本满意、不满意 3 级描述,省内各类调查多有采用;5 级标度,采用满意、比较满意、一般、不太满意、不满意 5 级描述,代表性调查有中组部委托国家统计局实施的“组织工作满意度民意调查”。

(二)5 级标度和 3 级标度在应用中的比较分析

现行的群众满意度调查工作主要采用电话访问形式,因此简单易懂、便于沟通、能真实反映被访问者的情况,是设计和选择标度的基本原则。因此,设计和选择标度,首先要考虑实用性,什么样的标度方法最容易被群众接受就选用什么样的标度;其次要考虑可操作性,就是标度设计要符合省内多数群众的语言习惯和思维方式。

5级标度,以一般为中点,满意、比较满意和不太满意、不满意在其两端呈对称分布,其敏感度和辨识度较高,但语言表述难度比较大。从群众对语言的理解看,多数群众对满意和比较满意、不太满意和不满意的区分度不高,访问过程中需访问员多次提醒才能完成正确的选项选择。同时,在个别情况下,存在表述歧义,因习惯不同,个别群众可能认为"比较满意"比"满意"要好,"不太满意"比"不满意"更差。

3级标度,语言表述简洁,表达逻辑清晰。但是,相比5级标度而言,其敏感度相对较低,且有研究认为基本满意偏向满意,3级标度不是对称分布。实际操作中,我们认为一般和基本满意差不多,将3级标度理解为以基本满意为中点的对称分布。

5级标度与3级标度相比,最大优点是敏感度高,但语言表述难度也大。我们认为,群众满意度调查工作的基本功能是测量群众对政府工作的态度,了解持肯定(满意)、中性(基本满意)、否定(不满意)态度的群众比例,不需要进行更高精度的测量。因此,建议保留满意、基本满意、不满意3级标度。

(三)对赋值计分法的前瞻性研究

群众满意度调查工作实践中,为满足考核需要,我们对满意、基本满意和不满意3个标度赋予了不同分值,进而实现对调查结果的量化处理。赋值计分法,即在调查时,要求被访问者在一定的规则下直接对某项工作进行赋分。例如,可要求被访问者按1分、2分、3分、4分、5分5个标度对教育工作进行打分。赋值计分法模式,虽可直接解决调查结果量化问题,但不利于测量群众满意度的分布情况。不同区域、不同类型的被访问者的评价标准是不同的,有的被访问者可能认为3分就是满意,3分以上为非常满意;有的可能认为4分为满意,4分以上为非常满意;有的认为5分才是满意。这就意味着,3分、4分和5分3个标度都可能代表满意,但是,到底哪些群众满意、哪些群众不满意,我们是无法确定的,从而也就无法测量社会情绪的比例结构及分布状况。因此,建议群众满意度调查工作暂不采用赋值计分法。

三、选项赋分

群众满意度调查工作测量的一个重点就是群众对政府工作的情绪分布状况,17市之间的比较理论上也应通过满意率、总体满意率、不满意率、不了解率等项目的对比来实现。因此,为测算考核系数,就必须对满意、基本满意、不满意3个选项赋不同分值,计算群众满意度综合得分,进而计算横向系数和纵向系数。

对于具体赋分值，我们认为，“基本满意”和“不满意”的赋分值可以考虑调整。在实际工作中，被访问者对某项工作“不满意”，并不代表该工作就是“一无是处”，将“不满意”设置为0分，客观上讲存在一定偏差。另外，从现实情况看，不少地市的“基本满意”评价数较多，但由于对应分值较低，一定程度上放大了与先进地市群众满意度得分的差距。因此，建议“满意”赋100分，“基本满意”赋75分，“不满意”赋50分。

但是，如果对现有问题进行具体化，设置指向性较强的问题开展调查，则建议使用“满意”100分、“基本满意”75分、“不满意”0分的赋分规则。将“不满意”设置为0分，是因为在指向明确的前提下，群众评价不满意，就代表该项具体工作确实没有做到位。

第三部分　样本抽取

本部分讨论的调查范围包括17市和138个县(市、区)，共155个被调查主体，未涉及各类开发区。被调查主体总人口数据为2013年度数据，来源于《山东统计年鉴(2014)》。

一、样本量的确定

样本量的确定有按总人口比例确定样本量和利用统计学方法计算确定样本量两种办法。

(一)按照总人口比例确定电话访问样本量

(1)对17市的调查，如沿用《2014年度上半年科学发展综合考核群众满意度电话访问工作方案》中的方法，以全省总样本量占全省总人口的0.05%为标准，则17市总样本量为5万个。

(2)对138个县市区的调查，如仍以占总人口的0.05%为标准，则会出现多数县市区样本量太少、不具备代表性的问题，甚至在极端情况下，长岛县只访问21个样本。因此，需对不同县市区的抽取比例进行调整，确保样本量均能处于合适区间(400—900个)。在确保样本量充足的前提下，经估算，138个县市区合计样本量为8.57万个。市级和县市区级两个层面的调查，共需访问样本13.57万个，占全省总人口的0.1394%。

(二)利用统计学方法计算确定样本量

群众满意度调查，从统计学上看，实质是对百分比类型数据的简单随机抽样调查。调查样本量(n)主要取决于容许的抽样误差(E)、调查对象的变异程度(P)、特定置信度的分位数(Z)和总体数量(N)四个因素，样本量计算公式为：

$$n=P(1-P)/\left[\frac{E^2}{Z^2}+P(1-P)/N\right]$$

当调查对象变异程度未知时，为稳健考虑，一般取变异程度(P)的最大值 0.5，则。当总体数量(N)足够大时，上式可以简化为：

$$n=\frac{Z^2P(1-P)}{E^2}=\frac{0.25Z^2}{E^2}=\frac{Z^2}{4E^2}$$

从这个公式可以看出，对百分比类型数据的简单随机抽样调查，当总体数量(N)很大时，其样本量(n)只和特定置信度下分位数(Z)和容许抽样误差(E)相关。下表是在不同置信度下，容许抽样误差所对应的合适样本数量。

90%与95%置信度下，容许抽样误差所对应合适样本量

容许的抽样误差(%)	1	2	3	4	5	6	7	8	9	10
90%置信度下样本量(人)	6765	1691	752	423	271	188	138	106	84	68
95%置信度下样本量(人)	9604	2401	1067	600	384	267	196	150	119	96

在群众满意度调查工作中，不论针对市还是县市区的调查，总人口(N)一般均有数万甚至数百万，足够大，完全具备采用上述简化公式的条件。因此，如果置信度为 95%、容许抽样误差为 5%，那么针对 17 市、138 个县(市、区)的访问样本量应为 384 个，可以取整 400 个，全省调查样本总量为：155×400＝62000(个)。

2015 年 8 月，国家统计局发布的《城镇棚户区改造群众满意度调查报告》指出，该调查是在 90%的置信度、容许抽样误差在 5%以内，各类政策涉及的调查样本量 300 个的条件下进行的。相比之下，群众满意度调查工作如选择 95%置信度、容许误差 5%，样本量 400 个，是完全可靠的，不会影响调查结果的权威性。

利用统计学方法计算确定样本量的方法既有利于统一标准、提高效率，也有助于降低调查成本。

二、抽样框的选取

从群众满意度调查工作的实践中可以看出，抽样框质量直接关系着调查结果的准度。优秀的抽样框至少要满足以下三点。一要“全”，尽量涵盖所有用户。抽样框的覆盖范围是随机抽样调查质量的关键前提，建议将移动电话、固定电话全部纳入抽样框。二要“真”，尽可能地剔除空号码。大量空号的存在,会占用大量的访问时间,不利于提高工作效率。三要“细”,尽量明确号码所属各镇、街道范围。要在最大程度上准确区分号码属地,以便对138个县(市、区)进行有效访问。

第四部分　组织实施

一、组织形式

(一)现行的调查形式

目前,群众满意度调查工作的组织形式是“下管一级”,即省对17市进行调查,17市对所属县(市、区)、开发区进行调查,县(市、区)、开发区对其所属镇街进行调查。这种调查形式符合我国行政管理体制,有助于市以下各级准确把握成绩变化原因,总结工作经验,发现问题不足,有针对性地开展整改。但在实际操作过程中,这种组织形式也有不少的弊端。一是容易导致访问次数过多、样本量大等问题,一定程度上干扰群众生活。据统计,威海市2015年正在开展或预计开展的市县两级各类电话调查成功样本数量达到90903个,涉及群众满意度调查的32350个,约占全市总人口的1.16%。由于我市部分电话调查仅以固定电话做抽样框,所以对固定电话用户来说调查频次明显偏高。二是访问员水平不高,影响调查质量。省内17市目前均无稳定的访问员队伍,几乎所有访问员都是临时招聘的兼职大学生,流动性大、沟通能力差等问题不可避免,对调查质量有不小的负面影响。三是个别地区为提升本区域的群众满意度调查成绩,采取特殊措施干扰上级调查访问,影响调查结果。

(二)省统一组织对县级开展电话访问调查的可行性分析

统一组织开展电话访问调查,是有很大优势的。一是有助于提升调查质量,降低工作成本。省考核办可以组织力量对调查问卷、访问形式等内容进行规范,通过组建稳定的高水平访问员队伍或向专业公司购买服务的方式,不断提高调查科学化水平,有效避免各地重复开展工作造成浪费。二是有助于解决访问扰民问题。统一组织电话调查工作,可以最大程度地减少调查开展的次数和调查样本量。以威海市为例,全年开展2次调查,样本量最少可以控制在6400个,比目前的32350个大幅减少。三是有助于加快工作指导转变,提高市以下各级工作效能。如果省里统一调查,市以下各级必然会对各项工作提出新的更高要求,拿出更加扎实的工作措施,推动各项工作高效有序开展。因此,从减少干扰,提升访问质量以及结果运用等方面考虑,建议由省考核办统一组织对市及县级开展群众满意度调查。

(三)省统一组织对县级开展电话访问调查需注意的问题

1.如何对各类开发区开展电话访问调查?如省里仅对县级行政区划进行调查,对威海市而言,仅有环翠区、文登区、荣成市、乳山市4个县级区市可以列入调查范围内,如此便会产生两个问题。一是高区、经区、临港区3个国家级开发区没有群众满意度调查结果,威海市级综合考核就无法对其群众满意度进行评价打分,也不利于其发现问题、改进提高;二是从行政区划上讲,高区、经区、临港区3个国家级开发区属于环翠区,环翠区的调查样本中势必包含3个国家级开发区的居民,因此对环翠区的调查结果也不能准确反映环翠区的工作实际。这个问题在省委宣传部组织的环卫一体化电话调查中已有体现。

2.如何准确甄别被访问者的属地?在调查实践中,移动电话持有者经常存在"本区办号、他区使用""外市办号、本市使用"的现象,如果仅按照号码属地来判断被访问者属地是不够科学的。对于这个问题,我们认为,应从三个方面着手解决。一是由各移动运营商以镇街为单位整理移动电话号码库,各县(市、区)开发区按所辖镇街对本区域内的移动号码进行汇总。二是在问卷中增加甄别环节,对"本区办号、他区使用""外市办号、本市使用"等现象进行甄别,无法甄别到县(市、区)的作为市级样本使用。三是将电话访问形式调整为网络调查形式,通过设置问题对被访问者所在区域进行有效甄别,当某县(市、区)达到规定的成功样本量即停止访问,未完成的继续进行。

另外,如省里决定直接对县级进行群众满意度调查,建议参照考核事项清理规范工作,对现有各类调查进行摸底排查、规范清理,以有效解决扰民问题,提升群众满意度调查工作的公信力。

二、调查频次

现阶段,群众满意度调查多为一年两次,具体时间安排一般是县级早于市级、市级早于省级。下级调查时间早于上级的主要目的是,通过调查发现问题,抓紧整改,期待在上级调查中取得好成绩。如果按"下管一级"的组织形式开展电话调查,建议省、市两级的调查不固定时间,避免各级提前进行干预。如果省统一组织调查,建议不固定调查次数和时间段。

另外,有必要重新调整并确定各次调查成绩在总成绩中的比例。目前,年中成绩权重为40%,年末成绩权重为60%,我们认为,年中、年末调查同等重要,权重应保持一致。如果群众满意度调查不固定调查频次,一年开展若干次,则建议不分配权重,年终成绩取年内历次调查成绩的平均值。

三、调查顺序

调查顺序对调查成绩是有影响的。实践证明,如果按行政区划的常规排序开展调查,排序在后的县(市、区)可以利用调查前的时间进行高频率的宣传发动,对成绩提升有一定帮助。从2012年开始,威海市一直按照“不提前通知,同组同时间”的原则,组织开展群众满意度调查,调查的公平、公正性才能够得到有效维护。今年,全省调查也采取不提前通知的方式,效果很好。建议群众满意度调查工作按照“不事先通知,同一时段同时展开”的办法进行,以降低外界因素对调查结果的影响。

但是,同一时段同时开展调查也存在一定的问题,主要表现是访问效率较低,需增加大量访问员来提高效率。另外,从调查中访问员的表现和调查后听取录音情况看,电话访问工作既耗体力又耗精力,访问员连续工作1小时以上就会出现反应迟钝、表述混乱等问题,就会不自觉地态度生硬、加快进度,对访问质量影响很大。因此,在开展电话访问时,要特别注意控制访问员的劳动强度,避免其长时间高强度工作。

第五部分　结果运用

一、群众满意度调查结果的使用方法

目前,对群众满意度调查结果的运用主要有两种方法,一是作为综合考核系数,二是作为综合考核子项。

(一)省对市级调查结果的运用

群众满意度是一种主观判断,得分高低与纳入综合考核的各项工作的开展情况确实存在联系,工作进展好,满意度自然相对较高;工作进展差,满意度也势必降低。将群众满意度调查成绩作为综合考核系数,可以促使各市统筹抓好经济和民生工作,做到“两手抓,两手硬”。同时,也赋予了公众对政府工作更大的话语权。总体而言,这种方法是科学可行的。但是,实践经验同样证明,调查成绩极有可能因为个别工作的大进步、大滑坡而陡然提升或深度下滑,在这样的情况下,不管是横向系数还是纵向系数都会成为一个放大器,既能放大成绩、掩饰不足,也会放大问题、抹杀成绩。

而将群众满意度调查作为综合考核子项,则有可能降低各市对群众满意度调查工作的关注度。假设群众满意度工作在千分考核中占100分,据以往经验,其最高分与最低分间的分差一般在10分左右。为缩小

群众满意度10分左右的分差，地方政府可能需要在民生领域等不容易出“显绩”的工作上投入很多财力和精力，而相同的财力和精力投入到经济工作上可能会做出更大的显性成绩。从投入产出比的角度出发，个别政府可能忽视甚至放弃某些民生工作，主攻经济项目，不利于转变“重经济，轻民生”的工作观念，也不利于经济社会的平稳和谐发展。综上，建议省对市级的调查结果仍然作为系数使用。

(二)省对县级调查结果的运用

考核系数对综合考核成绩的影响很大。在省对县级的调查中，如果过于强调群众满意度成绩对综合考核成绩的影响，部分县级政府为提升考核成绩，必然会想方设法提升群众满意度，不排除以非正常手段获取“不当得利”。另外，各市对县级的考核基本上是在省对市考核基础上进行扩展完善的，考核项目比较细致，经济、民生指标涵盖相对广泛，各项主要工作在考核体系中均有体现，理论上不需要设置考核系数进行再调节。因此，建议省对县级调查的结果中，将群众满意度成绩作为考核子项使用。

二、考核系数应用分析

横向系数是由本市得分与考核组平均得分测算得出，可考性和可比性都比较强，有助于被考核单位发现横向差距，但对本市自身当年的努力程度体现不好。纵向系数，由本市当年得分除以上年度得分测算得出，可以直观体现自身工作表现，是横向系数很好的补充。

(一)优化调整纵向系数

纵向系数，虽可直观体现自身工作努力程度，但也存在一定问题，主要表现在可比性不强，测算方法有待于进一步完善。对于绝大部分工作，尤其是对有“天花板效应”的工作而言，基础好的市的工作难度一般要大于基础差的市。假设两市当年得分均比上年提高1分，按现行办法测算，上年得分高的市的纵向系数小于上年得分低的市。工作难度大，纵向系数反而小，有悖于考核科学公平的原则，有进一步优化的必要。

经研究，我们给出的具体优化办法是，以可提升空间(下降空间)为依据计算纵向系数，计算公式为：1+(本年得分－上年得分)÷可提升空间(下降空间)。具体来讲，正向增长计算公式为1+(本年得分－上年得分)÷(100－上年得分)，负向增长计算公式为1+(本年得分－上年得分)÷上年得分。可简化为：本年得分÷上年得分。经测算，该优化办法可以有效提升纵向系数的科学性。

(二)科学、合理地设置考核系数

考核系数对综合考核成绩影响很大,导向作用十分明显。考核工作的主要目的是发现问题、推动工作,要发现问题,就需要比较,既要和兄弟单位横向比,又要和自己纵向比。所以,考核系数应包括横向系数和纵向系数两个方面,并合理分配权重。对于仅以纵向系数作为考核系数的设想,我们认为,这种设想在理论和实践层面都存在一些问题。第一,没有横向系数就意味着舍弃了横向比较,前面找不到“标兵”,后面没有了“追兵”,不利于兄弟单位之间寻标对标、比学赶超。第二,纵向系数是以群众满意度调查成绩为基础计算得出的,但群众满意度调查是一个简单随机抽样调查,两次调查结果之间没有绝对的可比性,不能认为后一次调查成绩比前一次调查成绩好,就代表群众满意度有实质提升。从实际情况看,访问员质量、访问时间等因素对群众满意度调查成绩的影响十分明显。2014 年年末,威海市调查前期使用大学生访问员,后期使用机关职员作为访问员,结果发现机关工作人员的调查成绩要明显低于大学生访问员。两次调查时间相隔几天,但成绩反差却很大,如果仅凭成绩波动就判断群众满意度有大变化,显然是不科学的。因此,依据相邻年份的群众满意度调查成绩计算考核系数,可能会加大综合考核成绩的波动。第三,群众满意度与经济指标明显不同,不能无限增长,达到一定程度后,只会在一个合理的空间内波动,对于已达到这个空间的地区而言,仅采用纵向考核系数是不够公平的。因此,我们建议,通过横向系数和纵向系数确定一个综合考核系数,同时可以适当提高纵向系数的权重。

(威海市考核办)